István Eörsi
Tage mit Gombrowicz

István Eörsi

Tage mit Gombrowicz

Aus dem Ungarischen
von Hans Skirecki

Gustav Kiepenheuer Verlag

Gedruckt mit Unterstützung
des Sächsischen Staatsministeriums für Wissenschaft und Kunst

ISBN 3-378-01016-9

1. Auflage

Einbandgestaltung PEIX, Sven Herzberg
Satz Dörlemann Satz GmbH, Lemförde
Druck und Binden Clausen & Bosse, Leck
Printed in Germany

September 1990

Erste Eintragung
(Anlauf)

Seit Jahren lese ich fast ausnahmslos Bücher, die ich für meine Arbeit benötige. Ich bin der Schreibmanie in einem solchen Maß verfallen, daß ich gegen meine bessere Überzeugung die Lesezeit als Faulenzerei betrachte. Passiert es dennoch, daß ich »einfach so« lese, schaue ich dabei ständig auf die Uhr und zähle die »geschafften« Seiten. Dieser Quantitätswahn – eine Männermonstrosität, besonders in fortgeschrittenem Alter – hat mich auch beim Schreiben gepackt, ich zähle die getippten Seiten und sogar meine Gedichtzeilen. Und wenn wir schon bei Gedichten sind: Früher verging kaum ein Tag, ohne daß ich einen Gedichtband aus dem Regal nahm. Heute kommt es wochen- und monatelang vor, daß ich nur die in Zeitungen und Zeitschriften erschienenen Gedichte überfliege, besser gesagt, ich fange damit an, sehe aber meistens keinen Grund, sie zu Ende zu lesen.

Zuweilen spiele ich mit dem Gedanken, mein zielstrebiges, gefräßiges Ich zu überwinden und mich, wie früher, in das Reich der Geistesfürsten zu vertiefen. Ich nahm mir vor, Dostojewskis Romane zu lesen, »einfach so«, besonders die *Dämonen*, oder die Bücher, die vom sechzehnten Lebensjahr an für eine beträchtliche Zeit meiner Phantasie und meinen intellektuellen Begierden Nahrung gaben: den *Doktor Faustus*, den *Zauberberg* und – Herr, verzeih! – *Joseph und seine Brüder*. Letzteres habe ich noch nicht einmal aufgeschlagen, die anderen habe ich angefangen, aber ich kam über die ersten Freuden des Wieder-Schmeckens nicht hinaus. Echte oder erfundene Aufgaben drängten sich dazwischen, es mußte etwas geschrieben und zum Schreiben etwas gelesen werden, so daß ich meiner Nostalgie wieder und wieder Aufschub gewährte.

Als ich ahnte, daß mich das Ungeheuer, das ich bisher noch einigermaßen im Zaum hielt, über kurz oder lang abwerfen würde, und daß die Ziele, denen ich, nicht ganz erfolglos, nachjagte, mir das Mark auszusaugen und nur meine sterbliche Hülle zurückzulassen drohten, entschloß ich mich zu einem Trick: Ich lese ein großes Werk, das ich sonst nicht lesen würde, und zwar, um darüber zu schreiben. Bisher war das Lesen ein Instrument zum Schreiben, jetzt drehe ich den Spieß um. Denn mir war klar, daß meinem Eifer ohne ein Instrument wieder die Luft ausgehen würde.

Mich verlangte ohnehin danach, ein fremdes Reich zu besuchen. Mehr noch, ich hatte Lust zu emigrieren, aber so, daß ich dabei zu Hause bleiben kann. Große Kunstwerke sind Reiche. Wenn sich der Vorhang hebt und das erste Wort des Wächters uns gewahr werden läßt, daß wir in Helsingör sind, dann entfaltet sich vor uns nicht eine Tragödie, die den Titel *Hamlet* trägt, sondern Hamletland, ein geschlossener, lückenloser Kosmos, in dem jedes Wort, jede Tat, jede Relation unersetzbar, unverkürzbar und unaustauschbar ist – so wie die Welt selbst.

Mein Verlangen galt diesmal nicht einem solchen fiktiven Reich – das freilich realer als die Realität, aber doch ein Produkt der Phantasie ist –, sondern der Welt eines anderen Menschen, die mir fremd und zugleich vertraut sein und durch beides einen Schlüssel zu meinem Selbst geben sollte. Befassen wir uns nur mit uns selber, können wir die Distanz verlieren, die Voraussetzung für das Verstehen ist. Der uralte Wunsch des Menschen zu objektivieren, Dinge herzustellen, dient ihm nicht nur zur Befriedigung von Bedürfnissen, sondern auch dazu, in der Außenwelt das in ihm Verborgene wahrzunehmen, also sein Ich über sein Ich hinaus auszudehnen. Davon zeugen schon die Verzierungen der ältesten Werkzeuge und Gebrauchsgegenstände.

Wenn wir uns in Gegenständen gerne betrachten, wie vielgestaltig können wir uns dann erst am Vergleichen erfreuen, am Geflecht von Ähnlichkeiten und Gegensätzen, das uns die Welt eines andereren Menschen bietet. Hauptsächlich auf diese Weise wirkt die Literatur, und vor allem das Drama, auf uns. Und was wir als Katharsis bezeichnen, das ist vielleicht nicht mehr (aber auch nicht weniger), als daß unser Wesen beim Betrachten der Leiden und Leidenschaften, oder allgemeiner: des Charakters und Schicksals anderer an Erfahrungen und Erkenntnissen gewinnt, die von Alltagsinteressen weniger beeinflußt und eingeschränkt werden. Wahrscheinlich leitete mich ein ähnlicher Wunsch nach Katharsis, als ich von einem Ausflug in den Kosmos eines anderen Menschen zu träumen begann.

Zu einem solchen Ausflug kann am wirksamsten ein Tagebuch oder ein Memoirenband anregen. Mir fiel ein, daß mir vor Jahren, als ich in Berlin lebte, ein Zufall die Berliner Notizen von Witold Gombrowicz in die Hand gegeben hatte. Ich kaufte mir die deutsche Ausgabe seines mehr als tausend Seiten langen *Tagebuchs* aus den Jahren 1953 bis 1969, und ich wußte schon nach den ersten Seiten: Dieses Buch suchte ich. Ich beschloß, es beim Lesen sofort zu kommentieren und mich auf diese Weise zum Weiterlesen anzuspornen. Diesen Plan habe ich nicht verwirklicht, ich schrieb nicht, während ich las, sondern ich machte mir Notizen, da mich von Seite zu Seite zunehmend das verworrene Gefühl verfolgte, *etwas* müßte ich noch in Erfahrung bringen, bevor ich mich an die Arbeit machte. Zwischendurch las ich der Abwechslung halber zum ersten oder zum wiederholten Mal etliche Romane und Stücke von Gombrowicz, und jetzt, am heutigen Tag, habe ich mich wieder über sein *Tagebuch* hergemacht. Ich bin unverbesserlich, weil ich wieder nicht »nur so« lese, sondern um meine Schreibsucht befriedigen zu können. Niemand kann aus seiner Haut, wie es scheint.

Zweite Eintragung
(Über ein demokratisches Pronomen)

»MONTAG

Ich.

DIENSTAG

Ich.

MITTWOCH

Ich.

DONNERSTAG

Ich.«

So beginnt Gombrowicz' *Tagebuch*. Nicht das wirkliche, das er seit 1953 führte, sondern das gegen Ende seines Lebens als Buch herausgegebene. Er hat den zitierten Scherz vor den Text geschmuggelt und damit die Grundfrage des gesamten Werkes intoniert, das »Wer bin ich?«. Diese Frage, die trotz des Persönlichen nicht rein persönlich ist, drang zu Beginn der Neuzeit – nach langer Latenz – in den Mittelpunkt des Denkens. Der Mensch lehnte sich dagegen auf, bloß ein Geschöpf zu sein, Werk eines anderen und Teil einer harmonischen Struktur, und selbst seinen freien Willen, also seine Freiheit, fertig erhalten zu haben. Deshalb wandte er den Blick nach innen und entdeckte eine merkwürdige Diskrepanz: Die Außenwelt kam ihm weiter vernünftig und zweckmäßig vor, daß sie Schöpfung war, daran nagte noch kein Zweifel, aber das Ich hatte sich in ein undurchschaubares Terrain verwandelt, in dessen Tiefe es von Geheimnissen wie von Schlangen wimmelte. Villon, der größte Dichter jener Zeit, bringt dieses Weltgefühl exakt in seiner *Ballade des menus propos* zum Ausdruck:

> Ich kenn das Maultier und das Pferd,
> Ich kenne ihre Last und Lade,
> Ich kenn der Würfel Zahl und Wert,
> Ich kenne Bice und Beate,
> Ich kenne Bild und Traum der Nacht,
> Ich kenn, wie falsch der Böhme spricht,
> Ich kenne Rom in seiner Macht
> Ich kenne alles, mich nur nicht.

Mein Brief an mich

Und schließlich die vierzeilige Zueignung:

Fürst, alles kenn ich überhaupt,
Ich kenne rot und bleich Gesicht,
Ich kenn den Tod, der alles raubt,
Ich kenne alles, mich nur nicht.

Unter allen Wörtern, die Begriffe bezeichnen, ist »ich« das demokratischste. Auch »Tisch« ist ein gemeinsamer Name für Gegenstände, die sich nach Form, Größe, Material und Wert unterscheiden, und wer »Krieg« sagt, dem ist es nicht einerlei, ob der Kampf, den er meint, mit Pfeilen oder mit Atombomben ausgetragen wird. Dennoch erreichen diese Unterschiede nicht die Heterogenität des Wortes »ich«, das nämlich alle menschlichen Wesen nivelliert. Ich erinnere mich, als Heranwachsender habe ich mir den Kopf darüber zerbrochen, ob ein Mädchen, wenn es dieses Pronomen ausspricht, das gleiche meint wie ich, wenn ich »ich« sage. Vielleicht suggerierte mir das unverdauliche Erlebnis des körperlichen Andersseins der Mädchen die Mutmaßung, das Wort bezeichne mit ihrer Stimme etwas anderes, und nur eine kritiklose Konvention gebe sich mit dieser Schlamperei unseres Sprachgebrauchs zufrieden. Später trat an die Stelle der Verschiedenheit der Geschlechter der Wertunterschied zwischen Menschen. Im Gefängnis war ich vorübergehend mit einem mehr oder weniger übergeschnappten jungen Mann namens Laci zusammmengesperrt, der seine achtjährige Nichte vergewaltigt hatte. Laci begann seine Sätze meistens, stotternd, so wie Gombrowicz sein Tagebuch: »Ich … ich … ich … ich …« Nun können aber zwei Tische und selbst zwei Kriege nicht so verschieden sein wie diese beiden Personen. Das Wort »ich« ist das demokratischste, weil es in jedem Fall eine Person bezeichnet. Mit der Person ist vielerlei verknüpft, zum Beispiel sind es auch die Persönlichkeitsrechte. Laci darf ebensowenig getötet oder auch nur geschlagen werden wie Gombrowicz.

Und doch fällt es schwer, die großzügig-demokratische Bedeutung des Wortes »ich« zu akzeptieren. »Ich bin nie Antisemit gewesen«, sagte Eichmann bei seiner Gerichtsverhandlung in Jerusalem, er sei nur so erzogen worden, wenn man einem eine Akte vorlege, müsse sie bearbeitet werden. »Kein Feilschen – ich soll glücklich sein«, schrieb Attila József, ein Jahr bevor er sich das Leben nahm. Mich beunruhigt der Gedanke, daß so unterschiedliche Menschen mit ein und demselben Wort so unterschiedliche Grundeinstellungen ausdrücken. Und nicht nur das, für beide war der Mittelpunkt der Welt das, was dieses Personalpronomen benennt. Insofern gab es zwischen ihnen keinen Unterschied.

Wenn Gombrowicz vierfach dieses Ich seinem Werk voranstellt, weist er lediglich auf den wichtigsten Gegenstand seiner schriftstellerischen Erkundungen hin: auf sich selbst. Die Dinge sind nicht ihrer selbst wegen interessant, sondern der Beziehung wegen, die er mit ihnen eingegangen ist.

Dritte Eintragung
(Über das Elend kleiner Nationen)

Witold Gombrowicz reiste 1939, eine Woche vor Kriegsausbruch, auf dem Seeweg nach Argentinien und blieb dann vierundzwanzig Jahre lang dort. Bis zu seinem Tod im Jahr 1969 konnte er seinem Vaterland nicht einmal einen Besuch abstatten. Zurückgelassen hatte er in Polen ein gewisses Renommee – sein erster Roman, *Ferdydurke* (1938), war für die literarischen Cafés und Salons von Warschau eine Sensation gewesen. Es zeugt nicht allein von Anpassungsschwierigkeiten, daß er in den Kriegsjahren nur einige Artikel schrieb, angeblich über die Kochkunst. Ihn bedrückte es wahrscheinlich, daß er in Sicherheit lebte, jenseits des Ozeans, während sich Hitler und Stalin sein Land teilten, Angehörige und Verwandte vom Tode bedroht waren, Widerstandskämpfer ihr Leben riskierten, Landsleute aus allen Bevölkerungsschichten in Konzentrationslagern auf die fast unausweichliche Vernichtung warteten und Kunst in der Heimat zu einem absurden Luxus wurde. Gombrowicz sah sich nicht als mutig im physischen Sinn, aber als Schriftsteller gestand er mutig ein, er sei froh, dem Leid in Polen entgangen zu sein. Daß seine Freude darüber nicht ungetrübt gewesen sein dürfte, hat sein Befinden in der Emigration sicherlich beeinträchtigt.

Nazideutsche und sowjetische Stiefel traten die Leichen der Patrioten in den Staub, das Vaterland litt und erlebte neuerlich alles Leid früherer Zeiten. Wieder wurde es zwischen Großmächten aufgeteilt, die Opfer vergaß man, ihre Sterne galten als zweitrangig, wenn sie überhaupt beachtet wurden. Nach dem Krieg, unter kommunistischer Herrschaft, begann eine neue Leidenszeit, dabei sind wir doch nicht irgendein Volk, wir haben der Welt Mickiewicz und Kościuszko, Chopin und Kopernikus gegeben, und 1683 hat Sobieski bei Wien das Weltreich der Türken geschlagen.

Der emigrierte polnische Schriftsteller Witold Gombrowicz sitzt derweil im fernen Buenos Aires, an einem Donnerstag des Jahres 1953 liest er in den in London herausgegebenen *Wiadomości* einen Essay über die polnische, die heimatliche Literatur. Er liest also eine Emigrantenzeitschrift, aber ich muß gleich anmerken, daß es nicht das gleiche ist, ob man polnischer Emigrant in London ist, in Paris oder in Südamerika. In London und Paris wimmelt es von polnischen Patrioten, wenn sich zwei in einem Bistro treffen, entsteht sogleich aus Landsmanntugenden und Nostalgien ein Mini-Polen. Das hat schon Heine über seine polnischen Emigrantenkollegen in Paris geschrieben. Sie heißen Crapülinski und Waschlapski, sie hausen in derselben Wohnung, demselben Zimmer, demselben Bett und warten träumerisch, daß nach dem heroischen Sobieski nun auch der neue Erlöser komme, der große Eselinski, denn

Polen ist noch nicht verloren,
Unsre Weiber, sie gebären,
Unsre Jungfraun tun dasselbe,
Werden Helden uns bescheren.

Nun wandeln sich aber Emigrantenzeitschriften, da in ihren Redaktionen viele Landsleute aus und ein gehen, gleichsam von selbst in kollektive Geburtszimmer um. Aus Argentinien gesehen, zeichnet sich das versunkene Polen deutlicher ab als von London oder Paris her, von den Fenstern der Warschauer Cafés ganz zu schweigen.

Gombrowicz also sitzt am Schreibtisch und studiert, was in der erwähnten Zeitschrift ein bekannter Dichter geschrieben hat: »Unsere Schriftgelehrten konnten, weil sie überwiegend mit dem Polnischen beschäftigt waren, nicht der Aufgabe gerecht werden, unserer Literatur einen geeigneten Platz unter den anderen zu finden und unseren Meisterwerken Weltrang zuzuweisen … Nur ein großer Dichter, ein Meister seiner eigenen Sprache, hätte seinen Landsleuten einen Begriff vom Niveau unserer Dichter geben können, die den Größten der Welt nicht nachstanden, und sie davon überzeugen können, daß diese Dichtung aus dem gleichen Metall, vom gleichen Feingehalt ist wie Dante, Racine und Shakespeare.«

Gombrowicz schüttelt den Kopf. »Aus dem gleichen Metall?« fragt er. Nicht doch. »Mickiewicz mit Dante oder mit Shakespeare zu vergleichen, hieße eine Frucht mit Konfitüre, ein Naturprodukt mit einem verarbeiteten Produkt, Wiese, Feld und Dorf mit Kathedrale oder Stadt zu vergleichen, die ländliche mit der städtischen Seele, die in den Menschen, nicht in der Natur wurzelt und mit Wissen vom Menschengeschlecht geladen ist. War denn Mickiewicz nun kleiner als Dante? Wenn wir uns schon mit solchen Messungen befassen sollen, so sei gesagt, daß er die Welt von den sanften Hügeln Polens aus betrachtete, während Dante auf den Gipfel eines gewaltigen Berges (aus Menschen) gehoben war, von dem sich andere Perspektiven eröffneten. Dante, ohne vielleicht ›größer‹ zu sein, hatte einen höheren Standort: das macht ihn überragend.«

Wie gut ich solche Erwägungen kenne! Ich habe schon in der Elementarschule gelernt: Petőfi ist der fünftgrößte Schriftsteller der Welt. Shakespeare – Goethe – Dante – Voltaire – Petőfi, so lautete die verbindliche Weltrangordnung unserer weißhaarigen Lehrerin. Und ihre Liste ist ausgesprochen freigeistig: Voltaire weicht wohltuend ab von der Wertordnung des christlich-nationalen Kurses, der in meiner Kindheit herrschte. Freilich fällt auf, daß von Mickiewicz jede Spur fehlt – die ehrgeizigen kleinen Nationen schieben immer nur ihre eigenen Großen ins Spitzenfeld der Großen großer Nationen. Unsere Lehrerin äußerte bei jeder Gelegenheit, Petőfi könnte noch weiter vorrücken, wenn er der Welt so bekannt wäre wie seine erwähnten Kollegen. Solche Bemerkungen stifteten schon damals Verwirrung in meinem Kopf. Wäre Petőfi größer, wenn man ihn in würdiger Übersetzung auf englisch oder französisch lesen könnte? Wäre Kafka kleiner, wenn seine als Manuskript hinterlassenen Romane vernichtet worden wären, wie er es in seinem Testament verlangt hatte? Hat die Wirkung eines Werkes Einfluß auf die künstlerischen Fähigkeiten?

Ich hole tief Luft und bringe meine Vermutung zum Ausdruck, es wäre auch dann nicht alles in Butter, wenn Petőfis gesammelte Werke in einer würdigen Übersetzung erschienen. Was würde eine an Goethe und Shelley, Puschkin und Baudelaire erzogene Leserschaft zu Petőfis komplexer Metapher sagen: Wenn der Hut Gottes die Erde sei, dann sei unser Vaterland der Federbusch daran. Auch ich bewundere Petőfis beste Gedichte, aber wäre von den oben Erwähnten anzunehmen, daß sie sich zu solchem Geschwätz, im Original noch dazu gereimt, verstiegen hätten?

Der polnische Schriftsteller Gombrowicz nimmt in einem argentinischen Haus an einer Teegesellschaft teil, und auf einmal kommt ein Pole am Tisch auf Polen zu sprechen. Natürlich ist bald die Rede von Mickiewicz, Kościuszko, Sobieski, der Schlacht von Wien. Die Anwesenden müssen zur Kenntnis nehmen, daß in Nietzsches und Dostojewskis Adern polnisches Blut kreiste und daß schon zwei polnische Schriftsteller den Nobelpreis erhalten haben. Gombrowicz schlürft seinen Tee und denkt bei sich, daß das doch eine sehr ungeschickte Form des Eigenlobs sei. »Mit unserem halbfranzösischen Chopin und nicht ganz astreinen Kopernikus können wir gegen die italienische, französische, deutsche, englische und russische Konkurrenz nicht bestehen; gerade unter diesem Gesichtspunkt sind wir zur Zweitrangigkeit verurteilt.« Er muß also wählen: Soll auch er in dem für die armen Verwandten so typischen Tonfall reden, oder soll er einen anderen Ton anschlagen und die polnische Selbstbeweihräucherung lächerlich machen? Da er sich aber als ein Wesen mit entwickeltem Selbstgefühl kennt, spürt er, daß er nicht mit miesmacherischen Worten die Ehre der Nation verletzen darf; damit würde er sich auch selbst schaden. Also versucht er, Geringschätzung in seine Stimme zu legen und auf diese Weise zu verdeutlichen, daß er der Zukunft seiner Nation einen höheren Wert beimißt als ihrer Vergangenheit. Ja, auch in Chopin, Mickiewicz und Kopernikus fließe nicht nur polnisches Blut. Andererseits würden durch Chopins Herkunft die Werke all der schlechten polnischen Musiker nicht besser, wie der Sieg bei Wien einem Bürger von Radom heute auch nicht ins Paradies verhilft. »Nein, wir sind nicht die direkten Erben vergangener Größe noch Kleinheit – nicht des Verstandes noch der Dummheit – weder der Tugend noch der Sünde – und jeder ist nur für sich allein verantwortlich, jeder ist er selbst.«

An dieser Stelle bemerkt er, daß er nicht tief genug war. So gibt er zu, daß in den großen Errungenschaften einer Nation auch kollektive Werte und Tugenden »sowie jene Spannungen, Energien, Reize, die in der Masse entstehen und ihr Ausdruck sind«, Gestalt annehmen. Seinen Tee umrührend meint er, ein wirklich vitales Volk verstehe sich darauf, seine Verdienste maßvoll einzuschätzen und sie gleichzeitig geringzuschätzen, und es sei erhaben über alles, was nicht mit seinen aktuellen Angelegenheiten zusammenhänge.

Merkwürdigerweise fällt ihm erst am Ende seiner langen Tischrede der Satz ein, der ihm am treffendsten scheint: »Nämlich daß nichts Eigenes dem Menschen imponieren kann; wenn uns also unsere Größe oder unsere Vergangenheit imponieren, beweist das, daß sie uns noch nicht in Fleisch und Blut übergegangen sind.«

*

Während ich diese Seiten schreibe, laufe ich immer wieder in die Diele hinüber; im Fernsehen überträgt eine ausländische Station die American Open. Zuweilen tauchen auf dem Bildschirm auch die märchenhaften und doch so realen Glasgiganten Manhattans auf. Nostalgie befällt mich, und Neid: teures Amerika, wie fremd sind dir solch polnisch-ungarische Sorgen! Vorgestern spielte der Chinese Chang für Amerika, dann die schwarze Zina Garrison und die vermutlich spanischstämmige Mary Joe Fernandez, gestern der Schotte McEnroe, dann Aaron Krickstein, dessen Name an jüdische Herkunft denken läßt, hernach der aus dem Iran stammende

Agassi, und schließlich erfreute ich mich an den verblüffenden Angaben des in Griechenland geborenen Sampras. Undenkbar, zu fragen, wer von ihnen ein echter Amerikaner ist; sie sind es selbstverständlich alle. Gerade in ihrer Verschiedenheit liegt die Größe, die Vielschichtigkeit oder, wenn man so will, die Identität Amerikas. Und wir sollen ihnen erklären – als ob ihnen das irgend etwas bedeutete –, daß Frédéric Chopin eigentlich Pole und Franz Liszt eigentlich Ungar war! Neulich habe ich gelesen, daß Edward Teller, der große amerikanische Atomwissenschaftler ungarischer Abstammung, die Gedichte von Endre Ady immer noch gerne im Original liest. Das wurde mir mitgeteilt, damit ich stolz sei – aber worauf? Ich wünsche Teller, daß er Ady genießt, aber uns gereicht das ebensowenig zum Ruhm, wie den Engländern nicht die Brust schwillt, wenn der verdienstvolle alte Herr auch Shakespeare und Shelley mag und im Original liest.

Mit dieser Argumentation habe ich insofern Pech, als sie die vom nationalen Ruhm Besessenen – die ich seit Jahren gerne Büffel nenne – zu Verwünschungen herausfordert und alle anderen langweilt, so trivial ist sie.

*

Ajtósi-Dürer-Straße – was für ein amüsanter Name! In ungarischen Lexika aus der Zeit zwischen den beiden Weltkriegen liest man, zum Glück unter dem Buchstaben D, daß der Vater des Nürnberger Malers ein ausgewanderter Ungar namens Ajtósi* war. In einem Lexikon steht unter dem Stichwort Ajtós: »Einstiges Dorf, heute als Ajtósfalva zu Gyula im Komitat Békés gehörig. Aus diesem Dorf stammten die Vorfahren von Albrecht Dürer (Ajtósi).« Der Lexikonartikel schweigt leider über das, was mich am meisten interessieren würde: Warum ist der Papa ausgewandert? Vielleicht ließ ihn eine Stimme aus dem Himmel wissen, er werde einen Maler zeugen, woraufhin er sich vorstellte, was für Kunstwerke der Sprößling zwischen 1471 und 1528 in Ajtós erschaffen würde. Da mag ihm eingefallen sein, daß er es in Nürnberg wohl weiter brächte.

* Ajtó heißt auf ungarisch Tür. (Anm. d. Ü.)

Der Vater des Dichters Attila József wiederum wurde als Aron Josef ins Geburtenregister eingetragen, er war durch und durch Rumäne, und nicht nur das, er war ein rumänischer Zigeuner. Auch das habe ich neulich gelesen. Ich bin gespannt, wann es in Ungarn die erste Josef-József-Straße geben wird.

*

Die Nacht vom 24. zum 25. Oktober 1956 verbrachte ich im Haus des Schriftstellerverbandes. Ungefähr zwanzig Leute hatten sich hier eingefunden, einige namhafte Autoren, dazu wir Jüngeren. Wir hörten im Radio die Standgericht-Nachrichten, die den Aufständischen immer wieder gestellten Ultimaten und deren Verlängerungen. In dieser Nacht forderte der Sportreporter György Szepesi – dessen aufgeregte, ich könnte auch sagen: engagierte Stimme in den vorangegangenen Jahren die Bevölkerung mit den atemberaubenden Leistungen unserer Fußballkünstler fanatisiert hatte, weshalb sie deren Erfolge unbewußt mit seiner Person in Zusammenhang brachte – die Aufständischen auf, die Waffen niederzulegen, weil ihre Streitsüchtigkeit angeblich unsere Olympiamannnschaft störe, die zu ihrer Vorbereitung Ruhe benötige. Der Patriotismus des Fußballreporters – die einzige erlaubte und geförderte Form des Patriotismus zur Zeit des Stalinismus – wirkte plötzlich ausgesprochen komisch. Das Gebäude des Schriftstellerverbandes war übrigens von sowjetischen Panzern umstellt, was die sensiblen Künstlerseelen nicht wenig beunruhigte. »Guck raus, ob sie noch dort sind«, bat mich der Dichter Zoltán Zelk, der mit seinen fünfzig Jahren für mich ein alter Mann war. Dennoch überraschte mich seine Bitte, saßen wir doch beide nur drei Schritte vom Fenster entfernt. »Warum guckst du nicht raus?« fragte ich. »Warum, warum! Weil sie schießen!« antwortete er entrüstet.

In derselben Nacht, in einer Pause zwischen den Nachrichten, zog er heftig über Georg Lukács her, was damals, besonders unter den Reformkommunisten, noch kein tägliches Pflichtpensum war. Er warf ihm vor allem seinen Kosmopolitismus vor und fand es empörend, daß er von Thomas Mann mehr hielt als von Zsigmond Móricz. Seinen Weltruhm benutzte Lukács nicht, um die ungarischen Werte zu propagieren, im Gegenteil. Sein langer Monolog war an mich gerichtet, ich war ein Schüler Lukács' und hatte schon einige kosmopolitische Essays von ihm ins Ungarische übersetzt.

Ich entgegnete, meines Wissens habe Lukács die beiden Schriftsteller nie miteinander verglichen. Aber wenn jetzt er, Zelk, es tue, dann hätte ich dazu zu sagen: Sosehr ich Móricz' Schreibkunst und soziale Sensibilität bewundere, könne ich doch nicht die Augen davor verschließen, daß sein Gedanken- und Lebensmaterial, seine Anschauung und sein Interesse im ungarischen Boden verankert seien und so manches seiner Werke jenseits unserer Grenzen selbst in guter Übersetzung nur als exzentrisches Kuriosum gelten könne. Thomas Mann hingegen sei ein Weltgeist, sein Deutschtum, sein Europäertum und seine gesamtmenschlichen Dimensionen ergänzten sich harmonisch. In dieser Art predigte ich, aber nicht lange, denn die um den Schlaf gebrachten Schriftsteller fielen mir ins Wort, knurrig gaben sie mir zu verstehen, ich sei genauso ein Kosmopolit.

Vierte Eintragung
(Eins in die Fresse)

Gombrowicz zitiert Czesław Miłosz, den einzigen lebenden polnischen Schriftstellerkollegen, auf den er etwas gibt: »Der Unterschied zwischen dem westlichen Intellektuellen und dem östlichen besteht darin, daß ersterer nie richtig eins in die Fresse gekriegt hat.« Demnach, fährt Gombrowicz fort, »bestünde unser Trumpf (ich schließe mich selbst nicht aus) darin, daß wir Vertreter einer brutalisierten Kultur sind, also dem Leben näherstehen«. Und er schüttelt skeptisch den Kopf. Ein geprügelter Körperteil ist kein Körperteil im normalen Sinn. Die Kultur sollte in erster Linie denjenigen dienen, denen man nicht die Zähne ausgeschlagen hat. Es sei denkbar, setzt er hinzu, »daß hinter lauschigen Gardinen, im stickigen Zimmer des Bourgeois eine Härte heranwächst, die jene, die mit Flaschen auf Panzer losgingen, sich nie hätten träumen lassen. Unsere brutalisierte Kultur wäre also nur dann zu etwas nütze, wenn sie, gut verdaut, zu einer neuen Form wirklicher Kultur würde, zu unserem durchdachten und organisierten Beitrag zum universalen Geist.«

Ich schreibe das in einem kleinen westdeutschen Zimmer, das in neun Tagen, mit der Vereinigung der beiden Deutschländer, zu einem gesamtdeutschen Zimmer avancieren wird. Der 3. Oktober wird der Tag sein, an dem sich eine bourgeoise Kultur mit einer brutalisierten zusammentut. Denn Ost und West sind in der Typologie von Miłosz und Gombrowicz offenkundig kein geographisches, sondern ein geopolitisches Begriffspaar, die Aufteilung folgt der Bruchlinie historischer Erfahrungen. Nun gibt es aber anderswo in Europa keine Intellektuellen, die so eins in die Fresse gekriegt hätten wie die ostdeutschen. In einem von Stacheldraht und Mauern umgebenen Land mußten sie tagtäglich zur Kenntnis nehmen, daß diejenigen nicht frei seien, die draußen sind. Doch die Macht gab sich mit der bloßen Kenntnisnahme nicht zufrieden. Sie zwang mit Druck oder feineren Mitteln ihre Intellektuellen, diese Absurdität »letztendlich« und »aus welthistorischer Perspektive« zu verkünden. Westlich der Mauer wiederum versuchten Intellektuelle von Rang, angeekelt, gute Miene zum schlechten Witz zu machen. Stacheldraht und Mauer waren in ihren Augen die verdiente Strafe für die Hitlerei. Sie meinten, mit der Forderung nach dem Abriß der Mauer würden sie die Folgen der Naziverbrechen in Zweifel ziehen.

Aber können wir sagen, die westdeutschen Intellektuellen hätten nicht auch eins in die Fresse gekriegt?

1986 sah ich auf der Probebühne der Westberliner Schaubühne ein Monodrama, dessen Text sich der Schauspieler, Michael Maasen, aus Aussagen Eichmanns montiert hatte. Als er, Eichmann personifizierend, sagte – ich habe es an anderer Stelle schon zitiert –, er sei nie Antisemit gewesen, nur so erzogen worden, und wenn ihm eine Akte unterkomme, dann habe er sie zu bearbeiten, wurde der neben mir sitzenden M. speiübel. Hinausgehen konnte sie nicht, denn Eichmann-Maasen hielt seinen Monolog vor der einzigen Tür des Raums, und wir Zuschauer gehörten zum Bühnenbild, wir saßen als Schöffen an langen Tischen, vor uns Mineralwasser, Notizblock, Stift. Von nun an konnte ich zwei Dramen genießen, das von Eichmann und das von M. Da M. lange nach dem Zweiten Weltkrieg geboren ist, ließ sich ihr Unwohlsein nicht damit erklären, daß der zitierte Satz womöglich voll ihr Schuldbewußtsein getroffen hatte. Nach der Vorstellung – M. schluckte immer noch, kreideweiß, zitternd – fragte ich sie, wer von ihren Angehörigen Nazi gewesen sei. Der eine Großvater war, wie sich herausstellte, Gründungsmitglied gewesen, und ein Bett, in dem Hitler vor der Machtergreifung geschlafen hatte, wenn er in Großvaters Städtchen übernachtete, steht noch auf dem Dachboden und genießt hohes Ansehen. Und die Mutter hatte, da war sie zweiundzwanzig und noch nicht verheiratet, drei Tage lang geschluchzt, als sie vom Tod des Führers erfuhr. M. war etwa zehn Jahre vorher von Ost- nach Westberlin übergesiedelt, aber eins in die Fresse kriegte sie an diesem Abend nicht als Ost- und nicht als Westdeutsche, sondern sie erlitt die Schlappe in ihrer gesamtdeutschen Qualität.

Ich glaube, im zwanzigsten Jahrhundert hat sich die Brutalisierung unserer Kultur nicht nach geopolitischen Zonengrenzen gerichtet. Denken wir nur daran, wie euphorisch die Intellektuellen – von wenigen Ausnahmen abgesehen – den Ersten Weltkrieg begrüßten; denken wir an die anschließende bittere Ernüchterung, an die wachsenden revolutionären Hoffnungen nach 1917, die weit über die Anziehungskraft der bolschewistischen Ideologie hinausreichten; denken wir an das allmähliche Sterben der welterlöserischen Illusionen (die massenweise Vernichtung ihrer Träger erwähne ich nur am Rande), an den Aufstieg und Verfall all der nationalen und rassischen Mythen (und ihr unterschwelliges Fortleben), an die Wucht der Gewalt, die Ideologien gebar und beerdigte, oder zuletzt an die deutliche Niederlage der Linken, die Geburtshelferin so vieler bedeutender Werte dieses Jahrhunderts war: In keinem Land West- und Osteuropas konnten sich die Intellektuellen den Fäusten entziehen, die auf sie einschlugen.

Hinzu kommt noch, daß die gestählten Bewohner der stickigen Zimmer hinter den lauschigen Gardinen von einem weniger handgreiflichen, aber allgegenwärtigen Ungeheuer zusätzlich brutalisiert wurden: dem Markt. Die Film-, aber auch die neuere Theatergeschichte ist ein ununterbrochener Freiheitskampf gegen die Diktatur des Geldes. Eine Niederlage ist schon die bloße Tatsache, daß in unseren Ohren Wörter wie »Büchermarkt« oder »Gemäldeauktion« ganz selbstverständlich klingen. Ein Maler aus der *Familie Thibault* schuf zu Beginn des Jahrhunderts ein nach Metern zählendes Bild und schnitt es dann, je nach der Geldbörse des Käufers, in Stücke, für jeden so viel Zentimeter, wie er sich leisten konnte. Heute, am Ende des Jahrhunderts, regt sich niemand mehr über eine solche Brutalität auf. Für uns versteht es sich von selbst, daß sich Kunst, um überleben zu können, nach den Erfordernissen der allgemeinen Warenproduktion richtet.

Daß die osteuropäischen Intellektuellen eins in die Fresse gekriegt haben, fällt deutlicher auf, weil in dieser Region das etatistisch-bürokratische System, das unter der Bezeichnung »Volksdemokratie« oder »Diktatur des Proletariats« lief, der bürgerlichen Gesellschaft den Hals brach, bevor sie sich entwickeln konnte. Die Strukturierung von oben nach unten mit einem zentralen Willen war doch eine organische Fortsetzung des feudalistischen Aufbaus. In Rußland richtete sie sich trotz der Millionen Menschenopfer scheinbar selbstverständlicher ein, weil ihr Urbanisierung und Verbürgerlichung der alten Struktur weniger hatten anhaben können, trotz der Millionen Menschenopfer. Die Armseligkeit der Zivilgesellschaft löste bei den Intellektuellen entweder Minderwertigkeitsgefühle und kritiklose Verehrung des Westens oder aber den Wunsch aus, das Elend zu einer Tugend, einem Überlegenheitsbewußtsein zu schmieden. Der »ungarische Weg«, der »polnische Stil« und ähnliche Pseudotheorien beweisen: ein Teil der osteuropäischen Intellektuellen möchte nicht zur Kenntnis nehmen, daß sie sind, was sie sind. (Aber sie können ihren jetzigen Zustand nur hinter sich lassen, wenn sie eben das begreifen.) Ob wir nun fliehen vor dem, was wir sind, oder uns noch stärker daran klammern, wir werden in jedem Fall verkrüppeln. Das ist die besondere Art, wie den osteuropäischen Intellektuellen die Fresse poliert wurde.

Fünfte Eintragung
(Über den Enthusiasmus)

Auf seine Studentenjahre zurückblickend schreibt Gombrowicz in den *Polnischen Erinnerungen*: »Ich haßte den Enthusiasmus.« Er zitiert einen Aphorismus: Mit zwanzig sei man ein Brandstifter und mit vierzig ein Feuerwehrmann. »Glücklicherweise oder unglücklicherweise – wahrscheinlich unglücklicherweise, was mein persönliches Leben anbetrifft – zählte ich mich schon um die zwanzig zu den Feuerwehrmännern und lauschte mit skeptischem Lächeln den dröhnenden Reden und Gesängen einer wie stets in der Geschichte aufgewühlten Studentenschaft.« Vielleicht sah er im Geiste schon die Nagelstiefel, die das Glashaus der polnischen Illusionen in Scherben treten würden. Vielleicht auch ahnte er den nahenden Zusammenbruch des noch euphorischen polnischen Staates. Er nahm nicht teil an den Unabhängigkeitsfeiern, und wenn zu den Klängen eines Militärmarsches Soldaten vorbeimarschierten, bemühte er sich, nicht im Gleichschritt zu gehen.

Dieser Grad früher – um nicht zu sagen: veranlagungsbedingter – Desillusionierung erfüllt mich mit Neid und Bedauern zugleich. Ich gestehe, ich habe es bis heute, längst jenseits der Altersgrenze für Feuerwehrmänner, nicht soweit gebracht, daß ich Enthusiasmus bedingungslos mit Fanatismus, Kritiklosigkeit oder geistiger Faulheit gleichsetze, obwohl sich auch solche Mutmaßungen in den meisten Fällen nicht vertreiben lassen. Der Enthusiasmus ordnet – auf Ausschließlichkeit bedacht – den ihm sympathischen Realitätssegmenten alles zu, was er für wertvoll hält oder halten möchte. Nur daß sich die Realität auch in der Realität aus Segmenten recht unterschiedlichen Wertes zusammensetzt; begehen wir unbedingt einen Fehler, wenn wir das eine oder andere wertvolle Segment hervorheben? Natürlich steigert sich eine solche Haltung zu den Dingen erst zum Enthusiasmus, wenn sie sich gefühlsmäßig auflädt, dann aber verträgt dieser meistens keine Kritik, keinen Spott, keine Relativierungsversuche. Als ich das – sehr früh – witterte, bemühte ich mich, die Augen auf Heines hehres Beispiel gerichtet, meine Empfänglichkeit für Ideale mit Ironie zu tränken. Ich meinte, so seien die Gefahren des Enthusiasmus dezimierbar, und ich müßte auch nicht auf das Vergnügen verzichten, das die Symphatie zu Menschen und Ideen in mir auslöste. Freilich, ich weiß: Eine ironische Haltung kann einen auch *innerhalb* eines Lagers isolieren, und dann kann sich in geistiger Hinsicht eine sehr fruchtbare – wenngleich praktisch unbequeme und mitunter gefährliche – Situation ergeben: das Gefühl gleichzeitigen Drinnenseins und Draußenseins.

*

Anfang der sechziger Jahre, noch ziemlich jung, fuhr ich mit meiner noch viel jüngeren Geliebten nach Polen, wo wir einige Tage verbringen wollten. Wir gerieten in ein überfülltes Zugabteil und mußten lange stehen, bis wir – bereits auf polnischem Gebiet – mitten in der Nacht Sitzplätze am Fenster ergattern konnten. Auf einer Bahnstation tauchte eine bauchige Korbflasche vor unseren staunenden Augen auf, ein behaarter, kräftiger Arm reichte sie uns aus dem Nachbarfenster zu. Ich ergriff sie und nahm einen Zug, in der Flasche gluckerte ein ausgezeichneter trockener Weißwein, auch meine Freundin trank einen Schluck, aber da tauchte auch schon in der Tür der Inhaber des haarigen Armes auf, ein hünenhafter Pole mit schwellenden Fettpolstern und Muskeln. »Witold«, sagte er und klopfte sich auf die Brust, »hoho, hoho«, schnappte mir die Korbflasche vom Mund weg und lud uns in sein Abteil ein, wo bereits viel Platz war. Er legte sich die Korbflasche auf den Arm und nahm die Öffnung in den Mund. Sooft er den Ellbogen anhob, rannen ihm ein paar Schluck Wein in die Kehle. Derweil redete er in einem Gemisch aus polnischen, französischen und deutschen Brokken auf uns ein. Die zwanzig Liter hatte er am Plattensee gekauft, in einem Bauernhaus, für seine kranke Großmutter, aber der Oma werden auch sechzehn Liter reichen, dann fünfzehn, vierzehn, dreizehn, die grand-mère ist alt, zehn werden genug sein, und er hob den Ellbogen an, trank, prüfte den Weinpegel, ließ uns immer wieder kosten. »Grand-mère malade, Wein pour elle Medikament«, sagte er entschuldigend, wenn er den Schatz wieder unter seine Fittiche nahm, auf den Arm legte und gleich auch den Ellbogen anhob. Nach drei Uhr – es dämmerte bereits – erreichten wir einen Bahnhof, wo in Güterwaggons russische Panzersoldaten hockten, dazu Hunderte Panzer und Panzergerät; Witold war mit einem Satz am Fenster, streckte die linke Hand hinaus, die die Korbflasche hielt, ballte die rechte zur Faust und schüttelte sie drohend, dazu brüllte er aus voller Kehle, ich verstand nur zwei Worte: »Polskaja kawallerija!« In einem Film Wajdas greift – wie es auch in der Wirklichkeit geschah – polnische Kavallerie nazideutsche Panzer an, und hier nun bedrohte dieser Witold die Sowjetarmee mit einer ähnlichen Aktion. Zwei andere Polen hatten alle Mühe, den Tobenden zu beschwichtigen, der dann im Handumdrehen einschlief, Großmutters restlichen Wein zwischen den Knien.

Gombrowicz haßt Enthusiasmus, auch Witold wäre ihm zuwider; ich weiß aber bis heute nicht, ob wir eine bessere Welt hätten, wenn niemand zu Pferde gegen die aus Panzerrohren schießenden Massenmörder angeritten wäre. Freilich würde ich Witold dazu schon deshalb nicht raten, weil ich mich ihm nicht anzuschließen wagte. Andererseits ist das Nazireich zusammengebrochen und das sowjetische im Zerfallen begriffen, Witold aber lebt, blüht und gedeiht. Obzwar ich nicht weiß, ob er seither seine »Unreife« nicht zu gemeingefährlichen Verrücktheiten nutzt.

*

Als 1945 – da war ich vierzehn Jahre alt – die Russen einmarschierten, erlebte ich das als Befreiung. Ich gehörte zu den Ghettobewohnern, und die Rote Armee rettete mir sprichwörtlich das Leben. Aber nicht nur die Opfer der Judengesetze sahen Grund zur Freude. Der Krieg war zu Ende. In Ungarn gab es eine Bodenreform. Die Großbetriebe wurden verstaatlicht. Man versprach eine Mehrparteiendemokratie, eine Zukunft, frei von rassischer, nationaler und Klassenunterdrückung. Arbeitersöhne und Bauerntöchter drängten zu den Universitäten. Und wenn auch aufmerksame Augen schon 1945 hätten registrieren können – manche registrierten es tatsächlich –, daß sich mit sowjetischer Hilfe eine stalinistische Schreckensherrschaft anbahnte, so versuchte doch die Mehrheit der maßgeblichen Intellektuellen anfangs, einen solchen Verdacht zu unterdrücken. Die Begeisterung schwand auch 1949 nicht völlig, als die kommunistische Diktatur begann. Dutzende Schriftsteller – und nicht nur die untalentierten – verfaßten parteitreue Ergüsse, Stalin und Rákosi stiegen zu kultischen Figuren auf. Die meisten Schreiber verdummten nicht einmal aus niedrigen Beweggründen, sondern sie folgten dem Gebot ihres Herzens. Zum sechzigsten Geburtstag von Rákosi im Jahr 1952 habe ich selbst ein Mini-Epos über dieses Mini-Monster verfaßt, und für das Geschreibsel bekam ich – ohne daß vorher ein Buch von mir erschienen wäre – einen Staatspreis. Werke dieses Kalibers, von Juden und Nichtjuden, von ehemals kommunistischen, sozialdemokratischen und der westlichen Tradition verbundenen Dichtern, von Autoren proletarischer, bäuerlicher und gutbürgerlicher Herkunft, stürzten wie ein Regenguß über das Land herein. Wer sich dem verweigerte, durfte nicht veröffentlichen und hatte um seine Freiheit zu fürchten. Aufrichtigkeit wäscht unter solchen Umständen heute niemanden rein, denn unsere Irrtümer waren lukrativ.

Und dennoch, wenn ich auf vier Jahrzehnte zurückblicke, nehme ich wahr, daß die Rebellion gegen die eigenen Illusionen oftmals der schriftstellerischen Entwicklung einen fruchtbareren Boden bereitete als die nie ins Schwanken geratene Redlichkeit. Die im Geist der traditionellen bürgerlichen Werte erzogenen Intellektuellen hatten für Stalin von Anfang an nur Verachtung übrig, sie leisteten der Bolschewisierung seelisch Widerstand und nahmen dafür manches Risiko in Kauf, aber das Pathos dieses Widerstands nahm ihnen die Notwendigkeit ab, ihre ehrenwerten Prinzipien und Traditionen zu überdenken. In Ungarn war die bürgerliche Kultur nicht für die Unmenschlichkeiten der Horthyzeit oder des Zweiten Weltkriegs verantwortlich, teilweise jedoch für den so geringen Widerstand. Frigyes Karinthy, den nur ein Hirntumor vor den schlimmsten Jahren der Judenverfolgung bewahrte, hat in einem seiner schönsten Gedichte das Dilemma des wahrhaft humanistischen Kulturmenschen sehr genau definiert:

> Eher fressen mich die Würmer auf,
> Als daß ich die Würmer auffresse –

auf den Gedanken, daß man Würmer auch zertreten kann, ist er gar nicht gekommen.

Die Nachfolger dieses verfeinerten Humanismus fielen auch auf Stalin nicht herein. Allerdings erkannten sie nicht, daß dessen Scheußlichkeiten – wie Gombrowicz in einer Auseinandersetzung mit antikommunistischen Emigranten schreibt – eine Reaktion auf die jammervolle Geschichte Osteuropas waren. Später wurden auch diese Schriftsteller »unreif«, also zu Intellektuellen, die auf die neuen Fragen der Zeit keine spezielle, historisch motivierte Antwort wußten. Als die Kádárära sie zu Wort kommen ließ, schöpften sie für ihren Sonderfrieden das gute Gewissen aus den wenigen schlimmen Jahren, als die Terrorherrschaft nicht nur gehenkt, eingekerkert, zu Tode gefoltert und interniert, nicht nur Industrie und Landwirtschaft zerstört, nicht nur das intellektuelle Arbeiten unterminiert, nicht nur die historischen Hoffnungen von Millionen Ungarn in Verzweiflung umgewandelt, sondern gewissermaßen als Krönung ihnen auch noch die Druckerschwärze entzogen hatte.

Oktober 1990

Erste Eintragung
(Ein unterhaltsames Duell)

In einer Emigrantenzeitschrift wird Gombrowicz von einem Schreiberling namens Jan Ostrowski heruntergemacht: »Vom Importeur literarischer Neuigkeiten während des Krieges hat Gombrowicz sich zu einem Exporteur polnischer Literaturerzeugnisse gewandelt.« Oder: »Er hat sich und die Emigration ›besudelt‹ ... Jetzt bekommt er erst einmal polemische Prügel und eine kräftige Dosis anästhisierendes Schweigen.« Was bewegt einen solchen Typ zu seinen Sudeleien? »Natürlich – gesunde Ideale. Ich aber als schändlicher Zerstörer und Zyniker weiß, daß nichts leichter ist, als gesunde Ideale zu haben ... Diese gesunden Ideale sind das Verderbnis, die Krankheit, der Fluch unseres unredlichen Jahrhunderts.«

Wer als Pole und im Bewußtsein seines weltliterarischen Rangs vierundzwanzig Jahre und nahezu unbekannt in Argentinien lebt, den bewahren sogar geistige Überlegenheit, künstlerisches Selbstbewußtsein und moralische Selbstsicherheit nicht vor Überempfindlichkeit. Er möchte – schon weil er ein Freund der Wahrheit ist – anerkannt werden, aber sein Stolz verbietet ihm, dafür Kompromisse einzugehen. So fällt dann vor ihm ein Vorhang des Schweigens. Er schlägt mit seinem goldenen Schwert um sich, woraufhin durch die Risse des zerfetzten Vorhangs die Aasfliegen hereinschwirren. Auf diese Weise wird er ungewollt zu einem Komödienhelden, denn nichts ist unterhaltsamer, als wenn Mittel und Ziele einander nicht entsprechen, genauer, wenn das Mittel – in diesem Fall Gombrowicz' Schwert – den Zielen – in diesem Fall den Aasfliegen – weit überlegen ist.

Zweite Eintragung
(Klees Birnen)

Auf einem kleinformatigen Bild von Klee ein Mann unter einem Birnbaum. Die Birnen hängen grotesk-genau über dem Mann, alle sind auf ihn gerichtet – Birnen oder eher Brüste: denn wenn der Blick nach oben gleitet, verraten die magisch wachsenden Formen immer unmißverständlicher ihre verborgene wahre Bedeutung.

Ich kneife die Augen zusammen und trete ein paar Schritte zurück, zwischen mich und das Bild gleitet ein junger Mann, Jeans, blaues Hemd, Umhängetasche, geflochtene Kette. Ich kann ihn nicht kennen, und doch ... Durch die Straßen treiben viele solche Gestalten, aber das hier ist das Metropolitan Museum. Sein Gesicht sehe ich zwar nicht, die angespannte Körperhaltung jedoch läßt seinen Zustand ahnen. Er schiebt den Kopf dicht an das Bild, ohne die Beinstellung zu verändern: er beugt sich waagerecht nach vorn, und wie durch eine verborgene Feder streckt sich unglaublich sein Hals. In dieser Körperhaltung wippt sein Kopf auf und ab. Er stöhnt auf, sämtliche Besucher des Klee-Saales – wir sind fünf – sehen ihn an. Ein älterer Herr läßt seinen Stock mit dem Silbergriff fallen. Die Saalaufseherin – eine dicke Schwarze – sitzt auf ihrem Stuhl, sie ist eingenickt.

Der junge Mann nimmt ein Flakon aus seiner Umhängetasche, streckt den Arm aus, zielt auf das Bild. Macht er Spaß? Und wenn er wirklich in Aktion tritt? Ich greife in die Hosentasche und lasse mein Messer aufschnappen, das ich für 18 Dollar in Costa Rica gekauft habe. Viel Zeit habe ich nicht. Wenn ich ihn anschreie, spritzt er womöglich sofort los. Ich muß aufpassen, wenn ich zusteche, denn springt er zur Seite, landet die Klinge genau zwischen den Birnen.

Er brüllt auf, dann stoße ich das Messer genau in sein Genick. Das Flakon entgleitet ihm und zerbricht, ein öliger Saft, wie Tinte, breitet sich über den Fußboden aus. Er selbst erstarrt für einen Augenblick, dreht sich um seine Achse und stürzt rücklings. Die Blutlache an seinem Kopf ist zu meiner Überraschung kleiner als die Ölpfütze. Er liegt mit offenen Augen da, jetzt erkenne ich ihn. Das ist der Taxifahrer, der gestern Ginsberg gefragt hat, ob er ihn noch hochbekomme. Auch gestern war er sehr aufgeregt, er sei dreiundzwanzig, sagte er.

Während ich hinausrenne, blicke ich zurück. Niemand rührt sich. Spöttischer Triumph der Birnen.

*

Ginsbergs Küche, nach einem Bob-Dylan-Konzert. Mitternacht. Jack, ein schmächtiger kleiner Chinese mit verträumtem Blick, brät Ente nach Pekinger Art. Nach den Studentenunruhen ist er vom Platz des Himmlischen Friedens geradewegs in diese Küche an der Lower East Side geflüchtet. Seither schläft er beim Meister, in einer Art Kammer, kocht, kauft ein, macht sauber, gibt Sprachstunden und übersetzt die Werke seines Quartiergebers, natürlich nicht für die Miete, sondern aus Enthusiasmus. Sein größtes Problem ist, daß er das in den Originaltexten immer wieder auftauchende Wort »cunt«, welches sich in unsere wohlklingende Sprache mit »Fotze« übersetzen läßt, auf chinesisch nicht niederschreiben kann, weil die Entsprechung, wenngleich im gesamten Territorium des chinesischen Reiches immerwährend zu hören, in den Jahrtausenden der schamvollen chinesischen Schriftgeschichte nicht ein einziges Mal eine sichtbare Form angenommen hat. Jack hat bereits alle in Betracht kommenden Gelehrten aus dem Chinesenviertel um Rat gefragt, aber sie schütteln nur die Köpfe. So daß die chinesische Literatur hinsichtlich dieser Gedichte aus der Schriftlichkeit in die Mündlichkeit zurückweicht.

Jack gibt Birnenkompott in kleine Schalen. Ginsberg gegenüber sitzt ein sehr selbstbewußter, schwarzmähniger neunzehnjähriger Dichter, zwischen ihnen und mir gegenüber sein Freund, im gleichen Alter, mit Pickeln im Gesicht und mit mädchenhaftem Lächeln. »István meint, Bob ist vom Kapitalismus korrumpiert, und was wir heute von ihm gehört haben, das war nicht mehr Musik, sondern entertainment und business.« – »Warum benutzt du nicht dein eigenes Wort«, frage ich ihn, »warum sagst du nicht Moloch statt Kapitalismus?« Ginsberg verzieht den schiefen Mund zu einem Lächeln. Als er in *Howl* gegen den Moloch, das abscheuliche Symbol des Geldes, wütete, sang Bob Dylan noch seine Gedichte zur Gitarre, und er hätte es nicht geduldet, daß abscheuliche Drums alles zu einem Einheitsbrei zerhämmerten.

Später liest Jack aus einem sexuologischen Werk vor, das vor zweitausend Jahren in China geschrieben wurde: Nur Stümper betrachten beim Liebesakt die Ejakulation als allein heilbringend. Für ihn ist das Buch ein großer Trost, denn er ist schon einunddreißig und muß beobachten, daß er quantitativ auf dem absteigenden Ast ist. Aus dem Buch erfahren wir, daß wiederholte Verzögerung den Genuß auf eine höhere Ebene hebt; beim ersten Mal empfinden wir ein leichtes Kribbeln am Rückgrat, nach dem zweiten »not-coming« ein Schweben, nach dem dritten bekommt man einen klaren Kopf und so weiter, bis zum neunten Mal, da wird das Universum durchscheinend, und wir schwimmen frei darin, selige Fische. Ginsberg lauscht der improvisierten Übersetzung genüßlich. »Nun ja«, sagt er, »die Männer sind zwischen sechzehn und zwanzig Jahren am kräftigsten, danach sind sie zu immer mehr Weisheit gezwungen. Die Frauen dagegen erreichen den höchsten Punkt um das dreißigste Lebensjahr.« Er steckt die letzte weiße kleine Birne in den Mund und steht auf. »Jack schläft in seiner Kammer«, sagt er, »István im

Gästezimmer, du«, er zeigt auf den Langmähnigen, »in dem daneben, und du«, er berührt den Pickligen am Arm, »mit mir.« Wir lachen alle, der Picklige errötet.

Wir haben für die Heimfahrt vom Konzert ein Taxi genommen, weil die beiden Jungen in der Küche schon warteten. Der Taxifahrer, mit dem Kopf hin und her zuckend, fragte Ginsberg in nervösem Ton, ob er sich noch mit Frauen abgebe. »Mit Jungen«, lautete die Antwort, »wieso, bist du etwa interessiert?« Der Fahrer schraubte den Kopf nach hinten und wieder nach vorn, zur regennassen Windschutzscheibe. »Und kriegst du ihn noch hoch?« fragte er. »Frag dich in zwanzig Jahren selber«, lautete die Antwort. »Na, wie alt bist du denn?« – »Vierundsechzig.« – »Ich dreiundzwanzig. Wieso in zwanzig Jahren? Gibst du mir nur noch zwanzig Jahre? Wofür hältst du mich?« – »Beruhige dich«, sagte Ginsberg, »und sieh nach vorn. Du wärst fast auf den Gehweg gefahren.«

*

Am Morgen ist Ginsberg am Waschbecken – er hat kein Bad, von dem Raum neben seinem Schlafzimmer ist die Toilette abgetrennt, diesseits des Verschlags das Waschbecken, jenseits eine kleine Wanne – dabei, seine weiße Unterhose auszuwaschen. Der Langmähnige hat uns bereits verlassen, der Picklige liegt noch dösend im Schlafzimmer. »Ich kriege das Braune immer schwerer aus meinen Unterhosen raus«, erläutert der Dichter. »Früher habe ich mich nach dem Scheißen jedesmal gewaschen, aber heute ist auch das schwerer hinzubekommen. Ich bin viel außer Haus, und neuerdings ist es nicht mehr so berechenbar, wann, deshalb versuche ich immer morgens, die Sache in Ordnung zu bringen, aber wie ich mich auch mühe, das Zeug geht nicht ganz raus … Kurz und gut, es wird immer schwieriger …«

Zuneigung überflutet mich. »So gehts mir auch«, sage ich.

*

Ich renne aus dem Klee-Saal, die Treppe hinab, durch eine riesige Halle voller Menschen, die sich in mehrere Ausstellungsräume gliedert, erreiche, zwischen zwei Einlassern hindurchschlüpfend, die Vorhalle, durchquere sie, bin aus der Eingangstür. Auf den Stufen unter mir sitzen vereinzelt junge Leute in der Herbstsonne, gelbhäutige, schwarze, weiße Studenten, auch Ältere, allein, zu zweit. Ich muß noch ungefähr dreißig Stufen hinter mich bringen, dann kann ich im Gewimmel der Fifth Avenue untertauchen, oder rechts, im Central Park, dort schließe ich mich den Joggern an. Mit gesundem Verstand ist nicht anzunehmen, daß ein Mörder nach dem tödlichen Messerstoß Lust zum Joggen bekommt. Also noch dreißig Stufen. Verblüfft werde ich gewahr, daß ich gar nicht fliehen möchte. Ich bleibc oberhalb der Stufen stehen und warte auf die Verfolger.

Niemand, nirgends. Ich habe Zeit. Im Stehen, damit man mich gleich bemerkt, beginne ich in einer Biographie zu lesen, die ich am Vortag bekommen habe. Ihr Held ist William S. Burroughs, der Verfasser von *Naked Lunch*, im Freundeskreis Bill gerufen. Ich schlage das Buch dort auf, wo Bill am Nachmittag des 6. September 1951 zu seiner Frau Joan Vollmer – denn obgleich er hauptsächlich Jungen liebte, brauchte er sich auch in Frauenbetten nie zu schämen, und mit Joan, die er anbetete und sehr schätzte, hatte er ein Kind – sagt, es wäre jetzt Zeit, daß sie den Wilhelm-Tell-Akt hinter sich brächten. Sie setzt sich ein Whiskeyglas (laut anderen ein Wasserglas) auf den Kopf, Burroughs legt sein Gewehr an – er hat es bei sich, weil sich der Käufer, der es übernehmen will, verspätet – und zielt, er ist als guter Schütze bekannt, ein Knall, ein Freund, der sich im Zimmer aufhält, hört, wie das Glas auf den Boden fällt, er wundert sich, daß es nicht zerbrochen ist, es spritzen keine Splitter, wie er vor dem Knall befürchtete, aber Joan gleitet mit durchschossenem Kopf zu Boden. Wir sind in Mexiko, Bill verbringt volle dreizehn Tage in Untersuchungshaft – »wegen einer Frau, was für eine Schande«, seufzt ein jovialer Wärter –, dann wird er gegen eine Kaution freigelassen, ein paar Wochen lang meldet er sich noch auf der Polizei, dann reist er in die Staaten zurück, wo man ihn nicht zur Verantwortung zieht. Unter dem Eindruck des Erlebnisses wird er – wie er selbst schreibt – Schriftsteller; ein großer Schriftsteller, muß ich hinzufügen.

Habe ich den Taxifahrer etwa niedergestochen, weil ich gleichfalls ein großer Schriftsteller sein will?

Ich stehe oberhalb der Stufen, drei Reihen tiefer studiert ein junger Mann ein Klee-Album. Sein Körper ist vorgeneigt, der Kopf bewegt sich auf und ab. Großer Himmel! Von oben sehe ich, daß er sich gerade das Bild mit den Birnen anguckt. Er zündet sich eine Zigarette an, nimmt einen Zug und hält die Glut an die größte Birne. Plötzlich ruckt sein Kopf nach hinten, er grinst mich an und brennt sie aus dem Buch. Ich drehe mich um und haste auf dem gleichen Weg zum Klee-Saal zurück. Als ich an der Tür bin, schleppen zwei Männer auf einer Tragbahre gerade eine (ohnmächtige? tote?) Frau hinaus, die schwarze Saalaufseherin. Ich verstehe nicht, wie ihre schwarze Haut so blaß sein kann. Ich stürze in den Saal, die Birnen prunken noch üppiger über der Ölpfütze, von der Leiche des Taxifahrers keine Spur.

Dritte Eintragung
(Jüdische Angelegenheiten 1)

Gombrowicz prahlt in seinen *Polnischen Erinnerungen* damit, daß man ihn in jungen Jahren in den Warschauer Cafés den Judenkönig genannt habe: Es wimmelte von Juden an seinem Tisch. Sie waren es auch, die seine Bücher am schnellsten erfaßten. Sein eigentlicher Entdecker war der geniale jüdisch-polnische Schriftsteller Bruno Schulz, »mein großer und unvergeßlicher Freund«, schreibt Gombrowicz; Schulz habe seinen »vollen Enthusiasmus« in die Diskussion über *Ferdydurke* eingebracht. Auch später, in den Jahren der Emigration, unterstützten ihn hauptsächlich Juden, als erste haben sie seine Werke gefühlt und verstanden. Und dennoch »sind meine intellektuellen oder gar geistigen Beziehungen zu Juden nie auf das Gleis einer persönlichen Freundschaft gelangt. Schulz war mir unendlich nahe, wir diskutierten stundenlang über die uns faszinierenden künstlerischen Probleme, und doch stand ich dem ersten besten Verwandten vom Lande hundertmal näher; Schulz' private Existenz interessierte mich nicht, er war für mich Bewußtsein und Sensibilität *in abstracto*.«

Diese sonderbare Tatsache erklärt Gombrowicz damit, daß Schulz Jude war. Da ihm – wie er schon in den ersten Sätzen des Abschnitts über die Juden äußert – seine adlig-gutsherrliche Herkunft keinen antisemitischen Komplex eingeimpft hatte, denn »in meiner Familie hielt man Antisemitismus für ein Zeichen geistiger Beschränktheit«, müssen wir für diese *in concreto* gezeigte menschliche Gleichgültigkeit eine andere Erklärung suchen.

Mir will scheinen, daß Gombrowicz deren Ursache – und überhaupt seine besonderen Beziehungen zu Juden – in der Verschiedenheit nach Blut und Rasse sieht. Fast vermutet er, daß die Juden deshalb so empfänglich für ihn sind, weil von mütterlicher Seite etwas jüdisches Blut in seinen Adern fließt. Er verwirft diese Möglichkeit zwar, aber die Richtung des Erklärungsversuchs spricht für sich.

Das Rassenspezifische des Judentums interpretiert Gombrowicz historisch. Die Juden seien eine tragische Nation, vielfach verzerrt durch jahrhundertelange Vertreibung und Unterdrückung, »kein Wunder also, daß die Form des Juden, sein Aussehen, seine Daseinsweise, seine Art sich auszudrükken, manchmal der Groteske nahekommt – die bärtigen Kaftanträger aus den Ghettos, die ekstatischen Dichter aus den Künstlercafés, die Millionäre von der Börse, sie alle waren in diesem oder jenem grotesk, als Erscheinung fast unglaubwürdig ... Und weil der Jude intelligent ist, spürt er das; er spürt es, kann sich aber von seiner schlechten Form nicht befreien – daher kommt es, daß er sich so oft selbst als Karikatur empfindet, als seltsamen Witz des Schöpfers. Dieses gespannte Verhältnis des Juden zur Form, die Tatsache, daß sie ihn bedrängt oder belustigt oder erniedrigt, die Tatsache ferner, daß der Jude nie hundertprozentig er selbst ist wie der Bauer oder der Adlige mit seiner seit Generationen ererbten Form, mit der er vollkommen verwachsen ist, die Tatsache schließlich, daß der Jude immer eine Kompromittierung der Form und ihre Katastrophe sein muß – das alles hat mich an ihnen bezaubert. Denn ich strebte in meiner Kunst dahin, das menschliche Ringen mit der Form hervorzuheben, damit der Mensch ihre Tyrannei begreift und gegen ihre Übermacht ankämpft.«

Doch als Gombrowicz seine polnischen Erinnerungen aufschrieb (1959–61), hatten auch Bauern und Adel bereits die Identität mit ihrer eigenen Form verloren. Die in den Dörfern Gebliebenen sahen jetzt einander, das Land und ihre neuen Herren mit anderen Augen; nicht mehr eine persönlich-ererbte Abhängigkeit verband sie, sondern ein von oben aufgezwungenes, durch Demagogie verdecktes Unterordnungsverhältnis. Es bildeten sich provisorische und teilweise unorganische Formen heraus, mit denen keine gesellschaftliche Schicht identisch sein konnte. Bis 1959 wurde also die Deformation – wenn sie der Unfähigkeit zur Identifikation mit der Form entsprang – zu einer gesamtgesellschaftlichen Erscheinung, was der Aufmerksamkeit des in Argentinien und später in Frankreich lebenden Gombrowicz wohl kaum entgangen ist.

Oder kann vielleicht die fortwährende Disharmonie vieler Generationen die Gene umformen? In diesem Fall nämlich würde die jüdische Formlosigkeit aufgrund ihrer tiefen historischen Wurzeln von vornherein *in concreto* die Fremdheit gewährleisten – im Gegensatz zu den biologisch noch nicht wahrnehmbaren und bewertbaren, modernen Fällen der Formlosigkeit.

Ich selbst halte es für höchst unwahrscheinlich, daß bei den mentalen Unterschieden und Spannungen zwischen Juden und Nichtjuden rassische Verschiedenheiten eine große Rolle spielen.

Nehmen wir zum Beispiel Ironie und Sarkasmus, diese angeblich ausgesprochen jüdischen Eigenschaften. Ich erwähne nur, daß von Platon über Voltaire und Diderot bis Lajos Nagy, Brecht oder Gombrowicz zahllose Namen genannt werden könnten, die belegen, daß es auf die genannten Eigenschaften kein jüdisches Monopol gibt. Kein Zweifel aber, wenn eine Menschengruppe dauerhaft aus einer Lebens- und Denkweise ausgeschlossen ist, sieht sie deren Schattenseiten *von außen her.* Andererseits möchte sie die Ausgeschlossenheit früher oder später los- und zu einem Teil der Gemeinschaft werden. Sie betrachtet das, wozu sie gehören will, sarkastisch, und sie will zu dem gehören, was sie sarkastisch betrachtet. Der Bogen des Humors, der den Widerspruch überbrückt, spannt sich von der sanften Ironie bis zur grausamen Satire. Wie viele Generationen eine solche Lebenssituation auch dauert, ich glaube nicht, daß sie in der Psyche oder den Genen *vererbbare* Spuren hinterläßt. Doch die kulturelle Atmosphäre und sogar die Wertordnung der Gemeinschaft kann eine derartige Diskrepanz in großem Maß beeinflussen. Pfiffigkeit zum Beispiel ist in den Augen herrschender Schichten eher eine verdächtige Eigenschaft, für die unablässig Bedrängten hingegen eine lebenswichtige Tugend. (Auch das ist keine jüdische Spezialität. Schwejk oder die klassischen Stummfilmhelden werden von ihr immer wieder gerettet.) Der Humor zieht in Hierarchien, an deren Spitze der Held, der Heilige und der Märtyrer stehen, in der Regel den kürzeren; aber er fühlt sich wohl in den Rissen und Ritzen zwischen der vorgestellten und der realen Welt. Das Judentum, das jahrhundertelang Objekt und leidendes Subjekt dieses Widerspruchs war, hat ihn offensichtlich stärker erlebt und die einzig mögliche Art, diese Situation seelisch und geistig zu ertragen, ja zu überwinden, von Generation zu Generation weitergegeben: die ironisch-sarkastische Betrachtungsweise.

Auch Gombrowicz selbst lehnte von Jugend an die herrschenden (unreifen, provinziellen) Existenz- und Denkformen des Polentums, aus denen die Juden a priori ausgeschlossen waren, ab. Die Juden konnten (wenn sie sich nicht snobistisch und prinzipienlos den maßgeblichen Erwartungen anpaßten) nur grinsen über das von Ehrenkodex und Krähwinkelduellen dominierte Polentum, das, berauscht von seinem endlich erkämpften selbständigen Staat, den Westen geringschätzte und zugleich nachäffte. Gombrowicz grinste ebenfalls und über das gleiche, aber anders, intellektueller, weil ihm die Erkenntnis nicht aus seiner Situation, sondern trotz seiner Situation gekommen war. Grinste er über das gleiche wie die Juden, so mußte er auch über die Seinigen, über seine eigene Familie grinsen. Er war nicht mit seiner Form identisch, ganz wie – seiner Auffassung nach – die Juden.

Wie konnte er dann meinen, *persönlich* stünden ihm die Verwandten aus der Provinz näher als seine geistigen Kampfgefährten? Ich verstehe das nicht. So, wie der Mensch sich in einer wie auch immer gearteten Heimat heimischer fühlt als in der wildromantischsten Landschaft im Ausland? Wäre das die Erklärung? Gombrowicz verbrachte vierundzwanzig Jahre in Argentinien, er schrieb über dieses Land das Buch *Argentinische Streifzüge* und befaßte sich auch im *Tagebuch* immer wieder mit den dortigen Traditionen, gesellschaftlichen und kulturellen Verhältnissen, moralischen Zuständen und Menschen; aber als Verfasser literarischer Werke entfernte er sich keine Minute von seiner Heimat, und seine in der Emigration entstandenen Dramen und Romane – auch *Trans-Atlantik*, das in Argentinien spielt – sind durch und durch polnisch. Bedeutete der Provinzonkel das Zuhause, von dem er aufbrach, und Bruno Schulz die fremde weite Welt? Argentinien interessierte ihn doch nicht nur *in abstracto*, und der Jude Schulz schrieb polnisch, nach Gombrowicz' Urteil auf Weltniveau. Ich wiederhole: Das verstehe ich nicht.

Denkbar, daß meine Verständnislosigkeit eine jüdische Eigenheit ist. Für einen emanzipierten Juden, der nicht in der jüdischen Kultur aufgewachsen ist, der in seinen Atheismus immer auch den Gott Israels einbezog, der sich nicht mit dem jüdischen Staat verbunden fühlt und den dessen konservativ-nationalistische Politik geradezu anwidert, der vom Judentum also ausschließlich die Diskriminierung auf sich nimmt – für einen solchen Menschen haben die durch Geburt bestehenden, die religiösen, rassischen, nationalen, familiären Bindungen keine wertbestimmende Bedeutung. Es ist wahr, auch Gombrowicz schätzte Bruno Schulz mehr als irgendeinen seiner polnischen Verwandten. Warum interessierte ihn dennoch nur die persönliche Existenz der letzteren? Weil deren Körperwärme bei ihm eine stärkere Resonanz auslöste?

Im *Tagebuch* und in den *Polnischen Erinnerungen* ist jedenfalls kaum die Rede von Körperwärme und elementarer Zuneigung. Es gibt einige entscheidende Passagen über die animalischen Wohlgefühle und Nostalgien, die die unreife

Jugend bei ihm auslöste. Im übrigen aber: nicht nur Alleinsein, sondern hundert Jahre Einsamkeit. Und Bruno Schulz war der einzige unter den Zeitgenossen, über den er aus dieser Einsamkeit heraus mit größter Anerkennung und Sympathie schrieb. (Da lebte sein Freund allerdings nicht mehr; im November 1942 hatte ihn in seiner Vaterstadt Drohobycz ein Gestapooffizier namens Günther erschossen.) Warum behauptet Gombrowicz dennoch, er hätte sich nur *in abstracto* für ihn interessiert?

Lag es wirklich an Schulz' Judentum? Nichtjüdische Kollegen interessierten ihn weit weniger. In seinem Tagebuch widmet er Schulz zwölf zusammenhängende Seiten, mehr als jeder anderen Person. Ich zitiere: »Bruno war ein Mensch, der sich selbst verleugnete. Ich ein Mensch, der sich selbst suchte. Er wollte die Vernichtung. Ich die Verwirklichung. Er war der geborene Sklave. Ich der geborene Herr. Er wollte Erniedrigung. Ich wollte ›darüber‹ stehen, ›überlegen‹ sein. Er war von jüdischer Rasse. Ich stammte aus einer polnischen Adelsfamilie. Und er war Masochist – unaufhörlich, unbezähmbar, und das war ihm ewig anzumerken. Nein, er eignete sich nicht zum Herrschen! Ein Gnom, winzig, riesenköpfig, war er gleichsam so verängstigt, daß er nicht den Mut zu existieren fand, er war aus dem Leben geworfen, mogelte sich verstohlen, am Rande durch.« Er habe nach eigener Vernichtung gestrebt, nach Nichtsein, aber nicht aus einem Kafkaschen Schuldgefühl heraus, »es war eher der Instinkt, der das kranke Tier beiseite gehen, sich zurückziehen läßt«. Gott interessierte ihn nicht, und trotz seiner moralischen Empfindsamkeit ließ ihn die Moral als Doktrin, als Handlungsmaxime kalt. Ausgeklinkt aus dem Leben, blieb ihm nur die Kunst, deren fanatischer Sklave er wurde. Gombrowicz hingegen wollte über der Kunst stehen, er wollte »ich sein – ich, weder Künstler, noch Idee, noch irgendein Werk von mir – nur ich. Über der Kunst stehen, über Werk, Stil und Idee.«

Verständlich, daß eine solche masochistische Veranlagung für Gombrowicz' Aggressivität ein nur allzu bereitwilliges Subjekt war. »Er mochte es, wenn ich ihn angriff«, erinnert er sich verwundert. Wenngleich er Schulz' Judentum als Gegenbild zu seinem eigenen adligen Polentum sowie die Kafka-Analogie und den Wunsch nach Vernichtung (den ihm der Gestapooffizier dann erfüllte) mehrfach erwähnt, möchte ich Gombrowicz nicht glauben, daß die Veranlagung zu masochistischem Leiden eine jüdische Spezialität ist. Unter den Personen mit jüdischer Abstammung finden sich auch solche, die dem Genießerischen und der Heiterkeit zuneigen – muß ich auf Heine hinweisen? – und Demütigung ebensowenig dulden wie etwa ein polnischer Landadliger. Ich bedaure sehr, daß ich ihm das nicht beweisen konnte, als ich mich im Juli 1969 gerade in Vence im Süden Frankreichs aufhielt. Gombrowicz ist in diesem mittelalterlichen Städtchen gestorben, im genannten Jahr und Monat, zwei Wochen nach meiner Ankunft, an einer Ateminsuffizienz.

November 1990

Erste Eintragung
(Fiasko)

Ich möchte irgendeinen Tag aus Gombrowicz' vierundzwanzig argentinischen Jahren heraufbeschwören, ganz banal: das ermüdende Erwachen, das Pinkeln, das Zähneputzen, die verabredeten und zufälligen Begegnungen, wie er irgendeinen von all den 8610 Tagen mit Fakten und Menschen möblierte, wie er zu Bett ging oder ins Bett, allein oder mit einer Frau oder – obzwar es dafür keinen eindeutigen schriftlichen Beweis gibt – mit einem Jungen, ich möchte von innen her einen Tag beleuchten, in den er sein überentwickeltes, vieleckiges Ich stopfte. Ich denke mir ihn etwa auf den Straßen der Kleinstadt Tandil, neben gemächlich schlendernden Menschen, über dem Hals eines jeden das gleiche Gesicht, ein Schild über einer Haustür: »Nueva Era, Tageszeitung«, er tritt ein und fragt den Redakteur, ob es in Tandil Schriftsteller gebe. Der Redakteur rümpft die Nase, in Tandil seien siebzig Maler tätig, und von den Schriftstellern wolle er, mit Verlaub, nur Cortez erwähnen, der auch in Blättern der Hauptstadt veröffentliche. Dann sitzt Gombrowicz im Café mit Cortez und mit sechs jungen Schriftstellern, die ihn verehren, weil er doch schon vierundfünfzig ist und ein berühmter ausländischer Autor, sie haben keine Zeile von ihm gelesen, aber darauf geht Gombrowicz nicht ein, es wäre ein großer Fehler, wenn er über sich spräche und nicht von der Selbstverständlichkeit ausginge, daß man, was ihn betrifft, sowieso Bescheid weiß,

ich sehe Gombrowicz an einem Montag im Jahr 1961 in einem Restaurant in Buenos Aires, er sitzt allein, verspeist gerade einen überaus wohlschmeckenden Fisch,

ich sehe ihn auf einem Fest, die Menschen fallen unvermittelt zu Paaren auseinander, staunend nimmt er wahr, daß der Tanz die Musik auslöst, er sitzt an einem gedeckten runden Tisch, allein, und sieht dem zweigeschlechtlichen Treiben zu,

ich sehe ihn in der Stadt Goya, 1956, ein Hund, ein Krämer vor seinem Laden. Ein Lastwagen, rot. Kein Kommentar, »hier ist es so, wie es ist«. Er geht in den Club Social, trinkt Kaffee, unterhält sich mit einem Burschen namens Genaro. Dem, will mir scheinen, stehen die Zähne vor, er hat schweißige Hände. Mir fällt Schorschi ein, mit dem ich im Herbst 1944 im selben Haus wohnte, auch er hatte vorstehende Schneidezähne. Ich werde unsicher. An der Mauer gegenüber jedenfalls ein Affe und ein Papagei,

ich sehe ihn im Bummelzug, eingekeilt in die Menschenmenge, er hat versprochen, daß er sich eine Ausstellung ansieht, wir schreiben 1949, womöglich '52, eigentlich sind ihm institutionalisierte Kunstbesichtigungen und alle zu gesellschaftlichen Ereignissen verflachte Kunst zuwider, aber ihn haben drei junge Männer eingeladen. Der eine, ein Sechzehnjähriger, ist ein talentierter Dichter und wahrscheinlich ein Taschendieb, im Gehen macht er auf dem Bürgersteig einen Salto. Die Stimme des zweiten hat er noch nicht gehört, obwohl er mit ihm schon in einem Dutzend Cafés der Stadt gesessen und ihn weinen gesehen hat, Gombrowicz spürt, daß seine Rätselhaftigkeit gespielt ist, dennoch kann er sich der Faszination seiner rundlichen Unreife nicht entziehen. Der dritte, nun, der war einmal, als er krank darniederlag, in seiner Wohnung aufgetaucht, er hatte Tee gekocht und ihn

Meister genannt. Der Zug hält auf offener Strecke, in Gombrowicz' Erinnerung taucht das Café in Warschau auf, wo vor der Emigration er der König war,

ich sehe ihn krank in einer Hütte liegen, in seinem ersten, armen Jahr in Argentinien, 1939, er ist zum Schlafen hineingekrochen und hat zum Hinauskriechen nicht die Kraft, alles pocht, schmerzt, Zahn, Gesicht, Zeit,

ich sehe, wie er in Tandil einen kommunistischen Studenten aus Bahią Blanca ausfragt, ob er nie gezweifelt habe, o doch, einmal, einmal? Gombrowicz möchte den Grund des Zweifels wissen, vielleicht die sowjetischen Konzentrationslager oder die Überrumpelung Ungarns, möglicherweise die in die Welt geschrienen Verbrechen Stalins, nein, nein, nichts davon, sein Glaube sei wegen Kandinski ins Wanken gekommen, ein einziges Mal, weil die Kommunisten ihn wegen seiner abstrakten Malerei verstoßen hätten, Gombrowicz schüttelt mißbilligend den Kopf,

ich sehe ihn in seinem Zimmer, wie er mit einer aus Draht geflochtenen Fliegenklatsche Fliegen liquidiert, auf rätselhafte Weise durch das Fensternetz eingedrungene Fliegen, an einem Freitag, 1958, er nimmt sich gerade die vierzigste vor, da fällt ihm ein, daß er als Kind auf dem Landsitz mit den Bauernkindern Frösche zu Tode gepeitscht hat, daran hatte er seinen Spaß, aber jetzt, er gewahrt es mit Erschrecken, erfüllt ihn das Leiden der Fliegen mit Furcht, ist das nicht ein Zeichen von Lebensuntauglichkeit, ist das nicht eine Generationskrankheit, fragt er sich –

ich lese das Tagebuch vergebens, ich phantasiere vergebens, vergebens verstehe und spüre ich ihn, ich bin außer ihm, kann seine Haut nicht von innen betasten, seine Einsamkeit ist auch kartographiert eine andere Welt, wenn ich doch aus mir in ihn durchbrechen könnte und zurück in mich, aber dann schon zusammen mit dem Kosmos, der seinen Namen trägt.

Zweite Eintragung
(Über die polnische Form)

Immer noch: 1953. Zurück zu einem Grundgedanken des *Tagebuchs*:

»Ich greife die polnische Form an, weil sie die meine ist.«

Czesław Miłosz hat Gombrowicz' Roman *Trans-Atlantik* kritisiert, er habe nur Vergnügen am Spott über das unreife, provinzielle Polen vor 1939 und tue so, als wäre dieses Polen bei einer Mondkatastrophe vom Erdball gefegt worden. »Die Abrechnung auf eigene Faust ist vielleicht nützlich, oder aber notwendig, aber für mich sind das Menschen, mit denen schon gründlich genug abgerechnet worden ist.« (Nämlich durch die Kommunisten.) Aus Miłosz' Zeilen läßt sich herauslesen, daß er in Gombrowicz' Originalität etwas Altertümliches, Verschrobenes entdeckt hat. Er vergleicht ihn mit Don Quijote, »der Windmühlen und Schafen ein eigenartiges Leben verlieh«.

In seiner Antwort stellt Gombrowicz fest, daß Miłosz sein Werk aus der Sicht des Vaterlandes beurteilt, er hingegen aus seiner eigenen Sicht. Gerade der Don Quijote, diese Parodie der »fürchterlichen Ritterromane«, beweise, »daß man auf unvergängliche Weise über vergängliche Dinge schreiben kann«.

Was bedeutet es in diesem Zusammenhang, daß die »polnische Form« auch die seine sei?

Trans-Atlantik karikiert schwelgerisch den Polen mit seinem leeren Pathos, der sich noch immer duelliert, aber mit leerer – ungeladener – Pistole, leer ist sein Patriotismus, sein Gestensystem, sein Hierarchierespekt, leer sind seine herrschaftlichen Vergnügungen. »Leer« ist das häufigste Attribut im Roman.

Warum ist diese Form Gombrowicz' Form?

Und warum ist sie spezifisch polnisch?

Von meinem ungartümelnden Urgroßvater vermeint die Familiensaga zu wissen, daß er ein Auge im Duell verlor. Ich sah mir oft sein Porträt im Zimmer meiner Eltern an, ein ganz ordentliches Ölgemälde, mich beeindruckte vor allem die schwarze Höhle unter der rechten Augenbraue des alten

Herrn. Aber Leere ging nicht nur von den Duellen aus, sondern auch – die besten Prosaschriftsteller der ungarischen Provinz, Mikszáth und Móricz, berichten darüber – von den Gesten und Gepflogenheiten der Gentrywelt. Miłosz hat nicht recht: Was die Kommunisten in dieser Region auch angestellt haben, diese Mentalität verdient keine Anteilnahme, keine Rücksicht. Den Kommunismus-Spezialisten im Westen ist nicht so sehr vorzuwerfen, daß sie die Verbrechen des Kommunismus aufbauschen, sondern daß sie ihm eine einzigartige, dämonische Existenz zuschreiben. Dabei kann der Kommunismus »nur vom Standpunkt der strengsten und tiefsten Existenz wirksam verurteilt werden und nie vom oberflächlichen und abgestumpften Standpunkt des bürgerlichen Lebens«.

Gombrowicz greift die polnische Form nicht an, weil sie die seinige ist, sondern weil er sie verabscheut. Er greift sie an, weil er sie kennt; er ist in ihr aufgewachsen. In diesem und nur in diesem Sinn ist der Satz über die polnische Form wahr. Um ehrlich zu sein, mir gefiele es besser, wenn er so lautete: Ich greife die polnische Form an, weil ich verkümmern würde, müßte ich sie die meine nennen. Und noch besser gefiele er mir so: Ich greife die polnische Form an, weil mich schmerzt, daß sie leer und verlogen ist.

*

Gombrowicz erklärt jeder Form den Krieg, die nicht aus den Gesetzen des Ich hervorgeht. Das ist ein heikler Standpunkt, aber kein »dichterischer«, kein »literarischer«. Für den Ästheten ist das Werk wichtiger als das Ich. Gombrowicz ist da anderer Meinung.

Heutzutage ist sein Standpunkt der einer Minderheit. Der Herr Schriftsteller schlendert die Straße entlang, erblickt eine bizarre Dame und denkt: Der bin ich schon in Baudelaires Gedichten begegnet. Ich gehöre in dieser Hinsicht zu den Ausnahmen. Wenn ich Baudelaire lese, erkenne ich Frauen wieder und nicht umgekehrt.

O. O., der Dichter, begründet in einem Vers, warum er nicht an den Unterschriftenaktionen der Opposition gegen das Kádárregime teilgenommen hat. »Na freilich, das ist die

Methode aller wirklich effektiven Bewegungen / Von den großen Weltreligionen bis zu den lokalen Putschen / Mit Wahnsinn gegen den Wahnsinn ... Meine Chance ist das Gedicht, darauf verstehe ich mich / Ich wäre verrückt, mir ein anderes Terrain zu suchen.« Der »Wahnsinn«, den O. O. im Namen der Lyrik für seine Person ablehnte, war eine Solidaritätserklärung, ein Protest gegen die Inhaftierung von Václav Havel und seinen Gesinnungsgenossen. Davon kann ein Dichter, Handwerker der Wortdrechselei, a priori nichts verstehen. Auf dieses Wahnsinnsterrain kann er sich nicht wagen, nicht, weil er sich dort den Knöchel verstauchen könnte, sondern weil er ein Dichter ist. Auf dieses Verhalten paßt Gombrowicz' Ausdruck »fremde Form«. Sie ist die Form des Schöngeistes in der Literatur, welche – zumindest in diesem Gedicht – O. O.s Person mustergültig ausfüllt.

Dritte Eintragung
(Europa einholen)

Kopfschüttelnd rügt Gombrowicz die polnischen Künstler, deren einzige Weisheit darin bestehe, daß man »Europa einholen« müsse. Dabei vergäßen sie, daß sie spezifische Europäer seien, geboren in einer Region, wo Europa nicht mehr ganz Europa, sondern auch noch etwas anderes sei. »Ich wundere mich, daß die polnischen Maler nicht versuchen, den Trumpf des Polentums in der Kunst auszuspielen. Wollt ihr ewig den Westen nachahmen? Vor der Malerei kuschen, wie die Franzosen? Ernsthaft malen? Auf den Knien malen, mit tiefer Hochachtung, schüchtern malen? Ich akzeptiere diese Art der Malerei, aber sie ist doch gegen unsere Natur, wir haben schließlich andere Traditionen. Die Polen haben sich nie übermäßig um die Kunst geschert, wir neigten immer der Ansicht zu, die Tabakdose sei für die Nase da und nicht die Nase für die Tabakdose, uns paßte eher der Gedanke, daß ›der Mensch über dem steht, was er schafft‹.«

Meiner Ansicht nach gingen auch Villon, Shakespeare, Molière und Goethe von ihrer Nase und nicht von ihrer Tabaksdose aus. Ich gebe Gombrowicz jedoch darin recht, daß der Künstlertyp, der nicht ein mit Malerei beschäftigter Mensch, sondern bloß ein Maler sein will, ein von Grund auf europäisches Phänomen ist. Hier nämlich haben die meisten Intellektuellen mit der Orientierungsfähigkeit auch ihr Interesse am gesellschaftlichen Umfeld verloren. Sie konnten und wollten ihre sozialen Wurzeln nicht begreifen, die gesellschaftliche Sphäre wurde unübersichtlich für sie, oder sie entwickelte sich gegen ihre Interessen, oder sie waren kompromittiert von Katastrophen und Trivialitäten. Da das bürgerliche Leben im Westen – von Krisenzeiten abgesehen – gesichert scheint, kann sich der Künstler gelassen auf seine Werkstattprobleme zurückziehen und stolz verkünden, daß er außer der Kunst nichts versteht. Aber warum ist er darauf stolz? So wirkt er nicht weniger absurd als ein Don Juan, der mit seiner Impotenz prahlt.

Nach Gombrowicz haben wir zwei falsche Konzeptionen hinter uns gelassen. Die aristokratische zwingt den Rezipienten, sich für »etwas zu begeistern, das er weder verstehen noch empfinden kann«; die proletarische zwingt den Künstler »etwas zu produzieren, das er verachtet, das unter ihm steht und sich nur für Simpel und Winzlinge eignet«. In uns ringen diese beiden konträren Schulen miteinander, töten einander, ein Vakuum tritt an ihre Stelle – können wir es füllen? Gombrowicz vertraut darauf, aber nur, wenn die polnische Kunst ihre eigene Gesinnung organisiert, ihr zum Leben verhilft, wenn sie ein auf sich zugeschnittenes Welt- und Menschenbild entwickelt.

Heute, wo man gerne und überall vom »Anschluß an Europa« und vom »Einholen Europas« plappert, sollten wir diese Ermahnungen sehr ernst nehmen. Selbst wenn wir so deutlich, als betrachteten wir sie von außerhalb, die in unserem Land stetig triumphierende Provinz sehen – und dabei denke ich nicht an die Ausdünstungen der Systeme oder Regierungen, sondern an die Milliarden Kapillarprozesse, die den Alltag und die Gefühls- und Denkformen einer Gesellschaft bestimmen –, und wenn wir sie auch verachten und hassen mögen: wir können sie doch nicht in Klammern setzen, als gäbe es sie nicht, und wir können uns nicht resolut einer anderen Tradition anschließen, einer »fremden Form«, um Gombrowicz' Lieblingsterminus zu gebrauchen. Die Provinz muß mit der Kritik an der Provinz verschmolzen werden. Diese Kritik aber – obwohl sie Gedanken und Ideale von außen her aufnehmen sollte – muß dem Alltagsleben entspringen, das sie grundlegend umgestalten möchte.

Ich denke nicht daran, mich als Prediger eines ungarischen Eigenwegs zu verdingen. Der ungarische Eigenweg ist ein Gemisch aus Unwissenheit und nationaler Selbstbeweihräucherung. Gegen die Integrationskraft der Weltwirtschaft könnte der nationale Eigenweg nur bestehen, wenn spezifisch ungarische Wirtschaftsgesetze die supranationalen matt setzen könnten. Doch diese Region, Mittelosteuropa, ist seit 1945 einen eigenen Weg gegangen und hat eigene Erfahrungen gesammelt. Es sind überwiegend schlechte, fast unerträgliche. Und dennoch, können wir zu zwei Generationen sagen, all das, was sie durchgemacht und getan haben, sei vergeblich gewesen? Lassen sich fünfundvierzig Jahre einer gesamten geopolitischen Zone ausradieren? Und wenn wir sie ausradieren würden, wo fände beispielsweise Ungarn Anschluß? An das heutige Europa? Nicht eher an das vor fünfundvierzig Jahren zusammengebrochene Horthysystem?

»Statt euch zu fremder Reife hochzuziehen, versucht lieber, Europas Unreife bloßzustellen.« Und natürlich auch unsere eigene, noch viel augenfälligere Unreife. Auch wir brauchen den Markt; aber unsere Begeisterung dafür soll nicht an einen Orgasmus grenzen. Auch wir brauchen westliche Demokratie; aber wir sollen nicht vergessen, daß auch dieses Gebilde nicht das Überleben der Menschheit garantieren kann.

Vierte Eintragung
(Über die Krämpfe des Glaubens)

Eine polnische Dame will Gombrowicz in einem Brief überzeugen, daß man nur dann glauben kann, »wenn man glauben will«, und sie schreibt ferner: »Ein Glauben ohne Glauben an den Glauben ist nicht stark, er kann auch niemanden befriedigen.« Der Empfänger des Briefes meint dazu: »Der

Vater dieser Dame hat gewiß einfach geglaubt – ohne vorbereitende Maßnahmen. Sie aber muß, um glauben zu können, zunächst ›glauben wollen‹, ihr wird der Glaube zu einer Anstrengung.« Diese Art Glaube dulde keine Zweifel. »Und hier tut sich eine erschreckende Analogie auf. Hat man im Gespräch mit einem Kommunisten nicht den Eindruck, mit einem ›Gläubigen‹ zu sprechen?«

Ich kenne die Krämpfe und Anstrengungen des Glaubens an den Glauben von kommunistischer Seite her. Und für den Kommunisten sieht alles noch ungünstiger aus. Das Dogma von der Unbefleckten Empfängnis läßt sich zwar nicht beweisen, aber auf empirischem Weg auch nicht widerlegen, weil es sich wie jedes Wunder auf ein einmaliges Ereignis bezieht. Heines prächtiger Witz, Christi Foltertod sei unbeweisbar, weil am dritten Tag das Corpus delicti verschwand, beinhaltet ja, daß das Dementi ebenso unbeweisbar ist. Demgegenüber reiben die Thesen, Behauptungen und Versprechungen der kommunistischen Parteien – da sie unablässig und unverkennbar mit den Tatsachen in Konflikt geraten – den Glauben an den Glauben leichter auf. Und dennoch …

Wollte ein Kommunist nach dem XX. Parteitag weiter an die Erlösungsfunktion der Stalinschen und Nach-Stalinschen Sowjetunion glauben, mußte er Morgen für Morgen eine halbe Stunde lang vor dem Spiegel stehend aufsagen: Der heutige Leitartikel der Prawda (des Neuen Deutschland, der Népszabadság) hat recht. Nach der Niederschlagung der ungarischen Revolution mußte er dafür wenigstens eine Stunde reservieren, und wenn er zur Vorsicht neigte, fügte er zwischen »hat« und »recht« das Wörtchen »im wesentlichen« oder »letztlich« ein. Nachdem die Blumen des Prager Frühlings erbarmungslos geköpft worden waren, benötigte er zwei Stunden vor dem Spiegel. Und als die polnischen Arbeiter durch einen Militärputsch davon überzeugt wurden, daß »im wesentlichen« und »letztlich« sie die Macht ausübten, verlängerte sich das Ritual des Selbstbetrugs auf vier Stunden. (Ich spreche jetzt nur von den zu Selbstbetrügern heruntergekommenen Gläubigen; die zynischen Säulen des Parteistaates bedienten sich anderer Praktiken. Die meisten Stützen des Systems entschlossen sich freilich zu irgendeiner

Mischung aus beiden Extremen, wobei deren Anteile schwankten.) Diese Seelenübungen zermürbten auch viele ernstzunehmende Intellektuelle, geistig, psychisch und physisch. Die Meister des Selbstbetrugs erlitten des öfteren Herzinfarkte – wer kann schon täglich so viele Stunden vor dem Spiegel stehen, ohne Schaden zu nehmen! –, manche zogen sich in Nervenheilanstalten zurück, ich hörte sogar von einem, der sich unvermutet der Religion an den Busen warf (denn ohne Glauben konnte er nicht mehr leben). Ich kann mich von dem Gedanken nicht befreien, daß mein Bruder – einst Rektor der Budapester Universität, den trotz seiner außerordentlichen Intelligenz und Bildung selbst das Dröhnen der gegen Dubček vorrollenden Panzer nicht aus seiner ideologischen Narkose weckte (»Die Sowjetunion hat im wesentlichen immer recht«) und der jetzt, sein Hemd zerreißend und Wortfetzen murmelnd, zwischen den alten Kulissen seiner als Hölle funktionierenden Wohnung auf und ab watschelt – wohl auch deshalb ein Opfer der Alzheimer-Krankheit wurde, weil er nur so dem immer quälenderen Kontrast zwischen seinem Glauben-Wollen und seinen sich häufenden Erfahrungen entrinnen konnte.

Gombrowicz klagt (wir schreiben immer noch 1953) rechtens: »So darf man denn auch Katholizismus heute nur als eine Kraft des Widerstandes denken, und Gott ist zur Pistole geworden, mit der wir Marx erschießen wollen. Aber … ist das ein Triumph Gottes, oder Marxens? Wäre ich Marx, so wäre ich stolz – an Gottes Stelle aber, als einem Absolutum, wäre mir nicht ganz geheuer.« Ob zur Staatsreligion verkommen oder im Dienst einer opfermütigen Opposition – Ideologien werden zum Instrument, ihr ursprünglicher Inhalt gerät zur Nebensache oder in Vergessenheit. Die Führer der Staaten, die sich auf Marx beriefen, hatten Marx jahrzehntelang nicht gelesen (manche haben der Versuchung ihr Leben lang widerstanden) und sich mit einigen Zitaten begnügt, herausgesucht für sie von den zu diesem Zweck gehaltenen »Ideologen«, um ihre Macht legitimieren zu lassen. Und die Führer der von christlichen Parteien gelenkten westeuropäischen Länder befassen sich mit den Taten der großen Banken eingehender als mit denen der Apostel.

Für Gombrowicz war der Brief jener polnischen Dame eine echte Herausforderung. »Gibt es denn irgendeine gemeinsame Sprache zwischen mir, der ich von Montaigne und Rabelais herkomme, und dieser glaubensversessenen Briefschreiberin?« Einige Seiten später antwortet er darauf: »Wenn ich mit dem Katholizismus leben kann, so deshalb, weil Ideen mich immer weniger interessieren und ich allen Nachdruck auf das Verhältnis des Menschen zur Idee lege. Die Idee war und ist immer ein Schirm, hinter dem andere und wichtigere Dinge geschehen. Die Idee ist Vorwand. Die Idee ist Hilfsmittel.«

In meinen Gefängnisjahren war ich ein Apostel des Atheismus. Sind Heroen unterschiedlicher Dogmen in einer Zelle eingesperrt, wird die Atmosphäre durch ihre Zusammenstöße unerträglich: Gegenüber den gemeinsamen Schergen müssen sie den Anschein von Solidarität wahren, obwohl sie aneinander mehr leiden als an ihnen. Meine Kampfeslust wurde immer wieder geschürt, weil die meisten meiner frommen Widersacher – hauptsächlich die Katholiken – das Erdenleben mit konservativ-nationalistischen Augen beurteilten. In manchen Fällen zeugten die Religiosität oder das Bekenntnis zu ihr nicht von einem Glauben, sondern von purer Negation, davon, daß der Gottesfürchtige *kein* Freidenker, *kein* Kommunist oder Sozialist, *kein* Jude war. Von einem positiven Inhalt zeugte diese Religiosität nur insofern, als der Verkünder sich mit ihrer Hilfe zu einem *Ungarn* deklarieren konnte, mit dem Recht des Blutes.

Nach der Freilassung behielt ich meine materialistische Weltauffassung, aber ohne den Eifer, der Missionare und Glaubensstreiter auszeichnet. Ganz ähnlich wie Gombrowicz war ich immer mehr der Meinung, daß bei der Beurteilung eines Menschen seine Ansichten über die materielle Einheit oder den Schöpfungszustand der Welt längst nicht so ins Gewicht fallen wie die ideologisch – zugegeben – nichtssagende Frage, ob er mich unter dem Bett versteckt, wenn ich zu ihm fliehe, oder ob er mich bei der Polizei verpfeift, wenn ich auf die Russen schimpfe.

Mit der Kirche hat Gombrowicz gemeinsam, daß auch er den Menschen nicht traut, für die Hölle empfänglich ist und die Schönheit in diesem Jammertal fürchtet, daß also auch er sich vor einer »übermäßigen Bezauberung« schützen möchte. Nur daß die Kirche der Schönheit mißtraut wegen ihrer Sinnlichkeit und daß sie die Bezauberung als Folge der Verführung und als Trick der Sinne auffaßt (während sie zugleich die Schönheit als Werk Gottes rehabilitiert); Gombrowicz hingegen sieht in der Schönheit eine abgeklärte Form, also Reife, Ersterben der Entwicklungsdynamik, er schreckt zurück vor dem Gewordenen, und zwar im Namen des Werdens. Er hat andere Gründe, Distanz zur Natur zu halten, als die Kirche, doch das gemeinsame Bestreben behagt ihm. »Entscheidend ist für mich, daß sowohl die Kirche als auch ich die Zweiteilung des Menschen fordern, sie – in ein menschliches und ein göttliches Element, ich – in Leben und Bewußtsein. Nach einer Zeit, da Kunst, Philosophie und Politik nach dem integralen, einheitlichen, konkreten, wörtlichen Menschen suchten, wächst das Bedürfnis nach dem unfaßbaren Menschen als einem Spiel der Gegensätze, einem Springbrunnen, der aus Antinomien hervorschießt, einem System unendlicher Kompensierung. Und wer das als ›Eskapismus‹ bezeichnet, ist nicht ganz gescheit.«

Gombrowicz kritisiert den polnischen Katholizismus, er sei bei der Verfolgung praktischer Ziele zu einer allzu bequemen und leichten Philosophie verflacht und dadurch zum Hemmschuh der polnischen Entwicklung geworden. Während wir zum Rückzug blasen, »reicht uns der geniale Christus die Hand: diese Seele hat wie keine andere das Geheimnis des Rückzugs erkannt. Eine Lehre, die das Römische Reich zugrundegerichtet hat, ist uns Verbündeter im Kampf um die Zerstörung all der allzu hochstrebenden Gebäude, die wir heutzutage errichten, in unserem Bemühen, zu Nacktheit und Einfachheit, zur gewöhnlichen, elementaren Tugend zu kommen.«

Auch ich, dessen Schule nicht die katholische Kirche, sondern der Marxismus war, teile den Menschen in Sein (oder, wenn man so will, Leben) und Bewußtsein auf. Auch ich werfe meiner ehemaligen, verflachten kirchenähnlichen Philosophie vor, daß sie im Interesse praktischer Ziele unser Menschen- und Gesellschaftsbild verwässerte. Indem sie den konkreten, einheitlichen, wortwörtlich genommenen Menschen, das historisch einmalige Wesen herausstrich, mißachtete sie eine einleuchtende Tatsache, die im übrigen auch Grundlage der künstlerischen Dauerhaftigkeit ist: daß nur Allgemeines individuell verwirklicht werden kann, daß nur die über die Geschichte hinausreichenden Erfahrungen und Energien in Raum und Zeit konkretisiert werden können und daß zugleich jede einzelne Konkretisierung dieses Erfahrungs- und Energiekapital bereichert. Im konkreten Menschen ist eine vieltausendjährige Abstraktion verkörpert, sie wird von seinem Tun ausgedrückt, aber auch verdeckt. Der zur Staatsreligion erhobene Marxismus nahm diese Abstraktion nicht zur Kenntnis, er verstand den existierenden Menschen lediglich als Produkt des Augenblicks, in welchem er gerade auftritt, und er wollte diesen flachen Historismus kompensieren, indem er den scheinbar hyperrationalistischen, in Wirklichkeit mystischen Begriff der historischen Notwendigkeit hinzusetzte. Auf diese Weise kann man freilich allen willkürlichen Wendungen der Politik den geweihten Stempel der Notwendigkeit aufdrücken, und alle Schrecknisse der »hemmungslos entfesselten Welt«, die »allzu hochstrebenden Gebäude« erheben sich vor uns als Werke dieser Notwendigkeit. Der Rückzug, den Gombrowicz verkündet, bedeutet nur, daß wir unsere Zivilisation mit unserer Kultur in Einklang bringen müssen, sonst könnte unsere Welt zusammenstürzen. Wir müssen unsere Kultur über noch mehr Fäden mit unseren psychologischen und biologischen Gegebenheiten verknüpfen, müssen also wieder das Spiel der Gegensätze zwischen den historischen und transhistorischen Erfahrungen und Energien entdecken, den »Springbrunnen, der aus Antinomien hervorschießt«, den wir im Dienst praktischer und seichter Ziele verstopft haben.

Obgleich er nicht an Gott glaubt, ruft Gombrowicz für diesen Rückzug Christus zu Hilfe. Ich sehe Christus nur als Opfer. Um neun Uhr, am Kreuz hängend, erkannte er, daß man ihn hintergangen hatte. »Eli, Eli! Lama sabachtani«, schrie er laut – mein Gott, mein Gott, warum hast du mich verlassen –, und in diese verzweifelte Frage deute ich nun das Schicksal der Erlösung hinein. Ich betrachte die Erlösung als aussichtsloses Unterfangen, und selbst wenn ich sie nicht so sähe, würde ich niemand anderen damit beauftragen. Mich zieht es eher zu dem einen oder anderen griechischen Gott, der sich nicht über Erlösung den Kopf zerbrach, aber für mehr Harmonie zwischen Körper, Seele und Geist sorgte als jede mir bekannte himmlische oder irdische Macht.

Nehmen meine Hoffnungen auch eine andere Richtung, so bemerke ich doch ähnliche Verhältnisse und Gefahren wie mein polnischer Kollege im Jahr des Herrn 1953. Auch ich bin empfänglich für die Hölle, auch ich traue den Menschen nicht, weil ich weiß, wie direkte Interessen uns deformieren können. Ich erfahre tagtäglich, in welche massenmörderischen Fanatismen wir uns flüchten und welche archaischen Emotionen in den vermeintlich modernen Nationen aufbrechen können. Wir sehen im Fernsehen die Spuren scheinbarer Ritualmorde, Säuglinge, denen man die Augen ausgestochen, und Leichen greiser Bauern, denen man die Haut abgezogen hat. Ich weiß, daß die menschliche Zivilisation spurlos im Abgrund zwischen dem höchstentwickelten Fernsehen und den von ihm übertragenen archaischen Bildern versinken kann, und ich ahne die teuflischen Lüste der Hölle, in die man uns treibt oder in die wir uns treiben lassen. Und wenn mir vor der Schönheit – vor den Jammertal-Lügen des Ästhetisierens – bange ist, dann weil in einer schlechten Welt Schönheit die Moral entwaffnet und einen wertvollen Ausweg aus dem Reich der Qualen und Konflikte bietet. Verblüfft und mit Genugtuung vermerke ich: Was Gombrowicz mit dem Katholizismus in Verbindung bringt, das rechne ich dem Marxismus zu. Einerlei, in welcher nach Ausschließlichkeit trachtenden Weltinterpretation wir erzogen wurden: Wenn sie humanistische Wurzeln hat und unsere Entwicklung organisch ist, können wir aus unterschiedlichen Prämissen zu verwandten Erkenntnissen gelangen.

Dezember 1990

Erste Eintragung
(Über den Perfektionismus)

Wir haben schon den Zwanzigsten. Wochen ohne Gombrowicz. Ich habe in einem fort gearbeitet, und deshalb konnte ich nicht arbeiten. Oder habe ich gearbeitet, um nicht zu arbeiten? Denn jetzt ist *das* meine Arbeit und alles andere – Artikelschreiben, politische Rhetorik, Kleinarbeit am Theater – nur Umweg, Vorwand, Rechtfertigung.

Ich nehme mir wieder das *Tagebuch* vor und sehe, daß ich beim zweiten Lesen noch nicht über die 56. Seite hinaus bin. Gombrowicz sitzt in einem Konzertsaal in Colón und beobachtet das Spiel des Pianisten, der »seine Größe wie einen Frack trägt«. Wo liegt Colón? Ich sehe nach, obzwar es für diese Episode unwichtig ist. Ich versuche, mir den polnischen Kollegen in der Loge eines auf kein Colón reduzierten, jedenfalls aber südamerikanischen und von der Heimat weit entfernten Konzertgebäudes vorzustellen, wie er leidet, weil »die Musik nur der Vorwand für eine gesellschaftliche Versammlung« ist. Statt dies zynisch zur Kenntnis zu nehmen, halten die Konzertbesucher es »für ihre Pflicht, ihr furchtsam zu huldigen«.

Gombrowicz, der »Moderne«, der »Vorurteilsfreie«, der »Anti-Dandy« sitzt also in der Konzertloge und hört dem virtuosen Klavierspiel zu, beziehungsweise er würde zuhören, wenn der Pianist nicht so virtuos spielte. »Eigentlich wußte niemand, was gespielt wurde, denn die Perfektion des Pianisten machte es unmöglich, sich auf Brahms zu konzentrieren, und Brahms' Vollendung lenkte vom Pianisten ab.«

Das klingt ein wenig übertrieben, Gombrowicz will den Snobs eins auswischen und stellt sich genüßlich die Wirkung vor. Aber was die Perfektion als künstlerisches Ziel betrifft, kann ich ihm nur zustimmen. Ein vermittelnder Künstler – Musiker, Regisseur, Schauspieler –, der nach Perfektion strebt, degradiert die Kunst zu einem technischen Problem. Die Perfektion schließt ein unentbehrliches Element aller künstlicher Betätigung aus, das Risiko, und konfrontiert das künstlerische Material nicht mit den Herausforderungen der Zeit, sondern nur mit seinen inneren Anforderungen. Der Verfall des westdeutschen Theaters setzte ein, als auch die Nachschwingungen der revolutionären Stimmungen von '68 sich gelegt hatten, was den Glauben an die gesellschaftlich-ethische Mission des Theaters schwächte. Der große Peter Stein, der in Gorkis ein wenig tschechowisierten *Sommergästen* noch unerhört plastisch die selbstbetrügerische Affektiertheit und Vergeblichkeit der unter dem eigenen Parasitentum leidenden Intellektuellen wiedergegeben hatte, beschönigte Mitte der achtziger Jahre in der ähnlich bravourösen Inszenierung der *Drei Schwestern* nostalgisch die Illusionen der Gestalten, während er zugleich die technische Perfektion und die Ästhetik des Bühnenbildes (und dessen Kosten) ins Maximale steigerte. Die mit Reichtum gepaarte Vollkommenheit lenkte von Tschechows anders ausgerichteter – desillusionierter und still sarkastischer – Vollkommenheit ab, jedoch so, daß die Zuschauer, Teilnehmer einer modischen gesellschaftlichen Zusammenkunft, für ihr Geld nicht nur das Spiel, sondern auch das Delikate ihres eigenen Genusses erleben konnten. Unter den Fingern des perfektionistischen Regisseurs funktioniert der Mensch, der Schauspieler, der die Emotionen und Gedanken verkörpert und die Konflikte austrägt, wie ein Instrument, das sich in den Zusammenklang des Orchesters einfügt. Er muß auf seine Spontaneität und den Wunsch nach eigenständiger Gestaltung verzichten, um seinen vorgesehenen Platz unter den übrigen visuellen und auditiven Wirkungselementen einnehmen zu können. In einer ganzen Reihe Vorstellungen der Westberliner Schaubühne drängte sich die »Gegenstandsdramaturgie« in den Vordergrund: die Schauspielerin steht, das ferngesteuerte Bett bewegt sich. Im Lebensraum des Liebespaares gleitet das ferngelenkte Glashaus hin und her, vorwärts und rückwärts. Oder: Die Natur verdrängt den Menschen von der Bühne. Diesem Phänomen begegnete ich erstmals 1977 bei der Aufführung von *Wie es euch gefällt* (gleichfalls in der Inszenierung von Peter Stein). In einer Westberliner Filmwerkstatt hatte man den Wald von Arden aufgebaut, ich saß auf einem Felssockel, vor mir plätscherte ein Bach, dazu Bäume,

Sträucher und dergleichen, aber die genialen Schauspieler konnten ihre Präsenz gleichsam nur signalisieren – inmitten all des Faszinierenden verloren sie sich einfach.

Vollkommenheit ist also nur zu erreichen, wenn der Künstler den menschlichen Faktor in die Schranken einer strengen Komposition preßt und solchermaßen das damit verbundene Risiko auf ein Minimum reduziert. Der Gegensatz der Vollkommenheit ist nämlich nicht die Ungeschicklichkeit und noch nicht einmal die Unvollkommenheit, sondern das Risiko, das der Künstler eingeht, indem er den Menschen ins Zentrum des Projektes stellt. Am weitesten ist in dieser Hinsicht Grotowski mit seinem »armen Theater« gegangen, als er den – im konkreten und im abstrakten Sinn des Wortes – entblößten menschlichen Körper zum Mittelpunkt machte. Da aber diese Körper (und die gleichfalls entblößten Seelen) nur einige, allerdings außerordentlich wichtige Dinge erleben konnten – Folterung, Demütigung, Sehnsüchte und Begierden –, waren die Möglichkeiten des armen Theaters auf höchstem künstlerischem Niveau zwar, aber doch schnell erschöpft. Für die Wechselhaftigkeit unserer Grundemotionen und Grundsituationen sorgt eine Unendlichkeit in Raum und Zeit entstandener Umstände. Auf sie verzichtete Grotowski, und als echter großer Künstler wollte er sich nicht wiederholen. Deshalb verstummte er so bald, man könnte sagen, in der Mitte eines Satzes, den er nicht für vollendbar hielt.

*

Mitte der siebziger Jahre nahm ich gemeinsam mit dem Choreographen Ferenc Novák, dem Fotografen Péter Korniss und dem Meistertänzer Sándor Vásárhelyi in der siebenbürgisch-ungarischen Gemeinde Szék an einem Fest teil. Da meine drei Begleiter zum Arbeiten hingefahren waren, mußte ich, auch in ihrem Namen, die repräsentative Funktion des Gastes aus Budapest übernehmen. Ich drückte die Ellbogen an den Leib, senkte den Kopf bis zum Rand des Glases und kippte, ohne die Ellbogen zu bewegen und in einem Schwung, den Pflaumenschnaps hinunter, der sicherlich mehr als fünfzig Prozent hatte. Da ich diese Operation, die jedesmal mit Anstoßen verbunden war, zur Rettung der Ehre unserer Hauptstadt mindestens zwanzigmal ausführen mußte, erlebte ich die Stunden dieses Festes in einem Bauernhaus wie einen surrealistischen Traum. Petroleumlicht, Halbdunkel, Burschen und Mädchen im stampfenden Tanz – aber die Volkstracht war ihre *Kleidung*, keine Requisite, kein Putzwerk. Die Köpfe stießen fast an die niedrigen Deckenbalken, die Lieder, die Schreie und die Tanzfiguren, zu Paaren und mit Wechsel des Partners, erinnerten an ein uraltes, wahres Ritual. In der Wohnstube lag auf der oberen Ebene des Bettes ein alter Mann im Sterben, sein Röcheln ging in der Musik unter. Zwei junge Burschen gerieten in Streit, Schläge wurden ausgeteilt, vielleicht auch Messer gezogen (oder fabuliere ich das jetzt hinzu?), die Tänzer und Tänzerinnen umringten sie. Der Alte verließ mit Mühe seine Bettstatt, drängte sich keuchend durch den Ring und warf sich zwischen die Streithähne. »Nicht hier«, japste er, »ihr zündet mir noch mein Haus an!« Nachdem er sie auf diese Weise getrennt hatte – und auch das schien zum Ritual zu gehören –, ließ er sich wieder aufs Bett helfen und setzte das Sterben fort. Auch das Tanzen wurde fortgesetzt, Novák machte sich Notizen, Korniss fotografierte, Vásárhelyis Augen traten hervor, und auch ich machte weiter, die Ellbogen fest an den Leib gedrückt.

Ein halbes Jahr später sah ich in einer perfekten Inszenierung die Széker Tänze auf der Bühne eines Budapester Theaters wieder. Aber: nirgendwo niedrige Deckenbalken, kein sterbender alter Mann, die Kleider zu Kostümen umfunktioniert, und die Tänzer in der vorteilhaften Bühnenbeleuchtung wirkten noch transsilvanischer als jene damals. Befreit aus dem engen und drückenden Raum – denn in Szék war es, als trügen die Tanzenden das Haus auf dem Rücken –, ließen sich die Programmnummern flink und fehlerfrei abspulen. Die exakt notierten und mit brillanter Technik imitierten Tänze, Meisterwerke der Volkskunst, wirkten aber auf der großen Bühne so verlogen, daß ich meinen Freunden und Reisegefährten meinen Ekel schamvoll verschweigen mußte. Ich wurde den Verdacht nicht los, daß von uns vieren ich es war, der bei jenem Fest die nützlichste Arbeit vollbracht hatte, die Ellbogen fest an den Leib gedrückt.

Zweite Eintragung
(Partisanenpatriotismus)

»Meine Einstellung zu Polen folgt aus meiner Einstellung zur Form – ich möchte mich Polen entziehen, so, wie ich versuche, mich der Form zu entziehen – möchte mich über Polen emporschwingen, so wie über den Stil – hier und dort die gleiche Aufgabe.«

Dieses unpatriotisch anmutende Bekenntnis ist die patriotischste Äußerung, die man von einem Gombrowicz erwarten kann. Für den Künstler ist ausschlaggebend, welches Verhältnis er zur Form findet, und in diesem Vergleich verbindet er die Form mit dem Vaterland.

Das »Polen«, dem er sich entziehen möchte, ist nichts anderes als die Provinz, und die »Form«, der er gerne den Rükken kehren würde, ist die »reife«, abgeklärte, in der Provinz und in der Imitation ausländischer Muster wurzelnde Form. Das Bekenntnis zur »unreifen« Form ist nicht nur eine Lebensphilosophie, sondern auch logische Folge des gegen die Provinz angehenden, »unreifen« – fast möchte ich schreiben: »partisanenhaften« – Patriotismus (und umgekehrt). Ich bin nicht gewillt, so Patriot zu sein wie die »reifen« Patrioten, die Affen der fertigen Formen, der Volkstrachten, Fahnen, Wappen, Phrasen und ranzigen Wertordnungen; mein Patriotismus besteht darin, daß ich mich dem entziehe, und zwar hinein in die »Unreife«, das Risiko und Abenteuer. Was ich dadurch verliere, auf das verzichte ich – auch im Interesse meines Künstlertums – leichten Herzens, und was ich gewinne, davon weiß ich kaum mehr, als daß ich erst hinterher Kasse machen werde.

Dritte Eintragung
(Über die Todessehnsucht)

Wenn er Becketts müde ist, liest Péter Nádas, wie ich in einem Radiointerview hörte, Gombrowicz. Er liest Gombrowicz, weil die Aussichtslosigkeit bei ihm »in einer Form erscheint, die humorvoller, ironischer und spielerischer ist«.

Auf die Frage der Interviewerin, worin diese Aussichtslosigkeit bestehe, antwortet Nádas knapp: »Im Tod.« Die Journalistin gibt sich mit der Antwort nicht zufrieden. Ob hinter der unablässigen Todessuche und Todessehnsucht nicht Feigheit stecke, ob er nicht den Aufgaben des Lebens auszuweichen versuche, ob er sich nicht immer wieder mit dem Tod befasse, weil er sich nicht zum Leben in allen seinen qualvollen Extremen bekennen wolle, fragt sie. Nach einer kleinen Pause antwortet Nádas, ja, er sei feige, aber, setzt er hinzu, »die Künste entspringen immer der Feigheit«, meistens sei auch die Philosophie eine Frucht der Feigheit, ganz im Gegensatz zu den »technischen Wissenschaften«.

Wie so viele hervorragende Künstler verabsolutiert auch Nádas seinen Typ. Nicht alle große Kunst rührt aus Ängsten her. Kleist hatte Angst. Shelley nicht. Auch Goethe nicht. Dostojewski vermutlich ja, Tolstoi auf keinen Fall. Gogol ja, Puschkin nein. Und Petőfi? Kafka hatte Angst, Brecht nicht. Auch Sophokles nicht, vermutlich im Gegensatz zu Euripides: Und auch die Angst – oder Feigheit, um das im Interview verwendete Wort zu benutzen – rührt nicht unbedingt daher, daß man sich nicht zum Leben bekennt, sondern sie rührt – wie bei Kafka – vom Scheitern her, vom mißglückten Bekenntnis zum Leben. Thomas Mann ist wieder ein anderer Typ: Er bekennt sich zu seiner Angst und zähmt sie mit den Mitteln der Kultur. Für wieder etwas anderes könnte Baudelaire ein Beispiel sein: Quelle seiner Todessehnsucht ist nicht die Feigheit, sondern der Überdruß, deshalb ruft er triumphierend nach dem Tod, der ihn als alter Kapitän hinausgeleiten soll aus der ins Kosmische gesteigerten Notarsmentalität. Und was die Philosophen betrifft, so ist nicht jeder ein Schopenhauer. Die sogenannten letzten Fragen des Seins sind in ihrer Abstraktheit eher theologische als philosophische Themen. Epikurs berühmter Ausspruch, daß uns der Tod nichts angeht, denn solange wir hier sind, ist der Tod nicht hier, und sobald der Tod hier ist, sind wir nicht hier, ist meiner Ansicht nach für die meisten Philosophen ein akzeptabler Ausgangspunkt, da der Tod, mangels konkreter Erfahrungen, für das Philosophieren weniger Stoff bietet als das Leben.

Nádas behauptet: »Ich nehme mir das Leben nur deshalb nicht, weil ich andere nicht kränken will. Es langweilt mich.« Die Langeweile ist natürlich etwas anderes als die Furcht. Wenn meine Beobachtungen in bezug auf Menschen mit Ängsten zutreffen, dann muß ich daraus schließen, daß die Furcht – außer dem körperlichen Leiden – die einzige Erfahrung ist, derer man nicht überdrüssig wird. Der Langeweile kann man freilich überdrüssig werden, und dann wird sie wirklich furchterregend. Aber wer der Furcht überdrüssig würde, was – ich wiederhole – sehr selten der Fall sein dürfte, der ließe auf diese Weise auch die Feigheit und damit die Lebensgefahr hinter sich. Daß beide Gefühle gleichzeitig auftreten, bestreite ich jedoch, denn die Langeweile und die Furcht sind zwei Hähne auf einem Mist.

Den ersten Teil des Zitats – daß Péter Nádas sich aus reiner Höflichkeit und Rücksicht nicht umbringt – nehme ich gerade ihm nicht ab. Denn er ist ein freier Mensch; in seinem Tun läßt er sich von seiner inneren Wahrheit leiten, nicht vom zu erwartenden Effekt. Aber wenn es nicht so wäre, warum denkt er dann nicht auch an diejenigen, denen er mit seinem Selbstmord eine Freude bereiten würde? (Ich beziehe meine Frechheit in dieser aparten Thematik daher, daß ich Nádas' erwähnte Aussage für Koketterie halte. Käme sie aus tiefstem Inneren, spräche er sie nicht aus.)

Mir ist auch unverständlich, wieso er seine Todessehnsucht humorvoller, ironischer und spielerischer ausgerechnet bei Gombrowicz entdecken konnte. Ich möchte aus dem *Tagebuch* zitieren: Wir schreiben 1953, Gombrowicz ist ein Jahr älter als sein ungarischer Kollege, nämlich neunundvierzig: »Ich glaube also nicht, daß der Tod das eigentliche Problem des Menschen wäre, und bin der Ansicht, ein Kunstwerk, das ganz unter seinem Eindruck steht, ist kein völlig authentisches Werk. Das Eigentliche ist gerade das Altern, jene Form des Todes, die wir täglich erleben. Aber gar nicht einmal das Altern selbst, sondern daß es so völlig, so fürchterlich von der Schönheit abgeschnitten ist. Wir leiden nicht an unserem langsamen Sterben, sondern eher daran, daß der Reiz des Lebens uns unzugänglich wird … Läßt sich das reife Alter wirklich nicht mehr mit Leben und Jugend verknüpfen?« Diese fixe Idee schlug Wurzeln in ihm, und sie »macht mir die Welt elastisch; und wenn ich früher meinte, es sei schon alles gesagt, so bin ich heute von einer Unmenge Ideen- und Formenkombinationen umgeben, und fruchtbar wird alles ringsum. Meiner Ansicht nach mag die Jugend im Innersten die eigene Schönheit nicht und wehrt sich gegen sie – daher ist diese Abneigung gegen die Schönheit schöner an ihr als die Schönheit selbst – und darin liegt die einzige Möglichkeit, die todbringende Distanz zu überwinden.«

Diese Argumentation besagt genau das Gegenteil der Nádasschen. Gombrowicz bekennt sich nicht zum Tod – genauer, nicht zu dessen erlebbarer Form, dem Altern –, und ihn erfüllt Lebenssehnsucht. Nádas könnte sagen, schau an, Gombrowicz ist auch feige, und deshalb empfindet oder denkt er nichts, was ihn völlig vernichten würde. Doch dann müßte er aus seinem Empfindungsreich ausschließen, daß gelegentlich die Sonne scheint. Ich empfand sogar im Zuchthaus von Márianosztra Freude, wenn Sonnenstrahlen durch die Gitter krochen. Was der Zuchthauskommandantur wohl zur Kenntnis gelangte, denn sie ließ Bretter vor die Zellenfenster nageln.

Ist einer, der das Atmen, diesen antiquierten Brauch, nicht aufzugeben wagt, feige?

Vierte Eintragung
(Künstlerschicksal und Emigration)

Gelegentlich mißt auch Gombrowicz seinem eigenen Künstlertyp Allgemeingültigkeit bei. »Ich möchte Cioran auch darauf hinweisen, daß nicht nur die Exilliteratur, sondern die Kunst überhaupt aufs engste mit dem Verfall verbunden ist, daß sie aus der Dekadenz erwächst und die Umwandlung von Krankheit in Gesundheit ist. Überhaupt grenzt alle Kunst ans Lächerliche, an Niederlage und Erniedrigung.« Diesmal führe ich keine Gegenbeispiele an. Ich meine, die Kunst wird oft, aber nicht immer von Krankheit genährt, und sie vermag die Krankheit oft, aber nicht immer in Gesundheit umzuwandeln. Und was das Lächerliche, die Niederlage und die

Erniedrigung betrifft, so sind sie als Momente unbedingt Teile eines Lebenswerkes; mitunter gewinnen sie sogar die Oberhand. Doch diese Eigenschaften vermischen sich, in sehr unterschiedlichen Anteilen, mit einer Art Triumphgefühl, mit der Freude des Künstlers, daß er – wenn alles gutgeht – selbst das erbärmlichste Lebensmaterial bewältigen kann. Diese Genugtuung nennt Gombrowicz, wenn ich mich nicht irre, Größenwahn, der bei jedem schöpferisch Tätigen vorzufinden ist.

Sisyphos ist lächerlich, weil er nicht aus seinen Erfahrungen lernt und immer wieder von vorn anfängt; aber im Pathos seines Neubeginns steckt eine Schönheit, die nicht vom Komischen vernichtet wird (wie dieses auch die Schönheit nicht töten kann, sie verschmelzen ineinander, können miteinander nicht fertig werden). Sisyphos triumphiert: Schau an, der Mensch stellt sich sogar dem Absoluten entgegen und läßt sich nicht unterkriegen. Seine Erniedrigung wird von Überlegenheit, Stolz, Größenwahn kompensiert, denn er gibt den Göttern nicht klein bei. Sein Schicksal – und die Parabel von der Kunst – ist auch so zu formulieren: Er schreitet von Niederlage zu Niederlage dem Sieg entgegen. Der Stein rollt immer wieder den Berg hinab, aber Sisyphos ist nicht unterzukriegen. Oder: Er gelangt von Sieg zu Sieg zur letzten Niederlage. Er läßt sich zwar nicht unterkriegen, aber der Gegenstand seines Eifers, der Stein, rollt immer wieder den Berg hinab. Es trifft also zu, daß die Kunst ans Lächerliche, an Niederlage und Erniedrigung grenzt, aber sie grenzt auch an deren Gegenteil, und es hängt bei den meisten Künstlern von der Betrachtungsweise, der Veranlagung und den Erfahrungen ab, welche Komponenten die Oberhand gewinnen.

Der Fingerzeig für Cioran stammt aus einem Artikel, mit dem Gombrowicz auf einen Essay des in Paris lebenden rumänischen Schriftstellers über »Bequemlichkeiten und Unbequemlichkeiten des Exils« antwortet. Wir schreiben immer noch 1953, mit vierzehnjähriger Praxis in Südamerika (also am Ende der Welt) kann Gombrowicz als Experte gelten. Getreu seinem Naturell, seinem Vergnügen am Akt des Widerspruchs und an den Widersprüchen der Welt, wagt er mit der Zurückweisung der elegischen Ausführungen seines Kollegen die Behauptung, das Exil wirke auf wahre Schriftsteller anregend. Das Gift unbefriedigten Ehrgeizes wie auch das verzweifelte Kämpfen und Scheitern im luftleeren Raum rühren nicht aus der Emigration her, sondern aus der Kunst selbst: »Kein Wunder, daß die im Schoß der Nation gehätschelten Treibhausgeschöpfe welken, sobald sie diesen Schoß verlassen.«

Als ich im Frühjahr 1983, um meine Anstellung als Dramaturg gebracht und legaler Publikationsmöglichkeiten nahezu völlig beraubt, mit einer einjährigen Reiseerlaubnis nach Westberlin kam, war mein erstes Fernseherlebnis, daß Budapest nicht einmal auf der Wetterkarte Europas existiert. Ein namenloser grauer Fleck zwischen Wien und Belgrad, das war mein Vaterland, das mir und sich – solange ich mich dort aufhielt – ununterbrochen einreden wollte, es sammle die Lichtstrahlen der Welt in seinem Fokus. Ich war kein Emigrant im juristischen Sinn des Wortes, ich hatte ja einen ungarischen Reisepaß, aber an höchstbefugter Stelle hatte man mich wissen lassen, solange ich mich im Ausland aufhielte, dürfte ich auch besuchsweise nicht nach Hause kommen, »seitens des Staates liegt darin das Business«, hieß es, solange ich im Ausland bin, bin ich nicht zu Hause. Ich blieb drei Jahre in Berlin, die ungarischen Behörden verlängerten bereitwillig meinen Paß gleich zweimal in dem Glauben, über kurz oder lang würde ich zur Vernunft kommen und emigrieren.

Einige Wochen nach meiner Ankunft gab ich einer Lektorin des Rotbuch Verlags ein paar Erzählungen von mir in deutscher Übersetzung. Sie bedankte sich dezent und versprach eine schnelle Antwort. Einige Monate später begegneten wir uns in einer Gesellschaft, ich hauchte ein Dankeschön, daß sie mich – ich war gerade zweiundfünfzig geworden – wieder in einen jungen Schriftsteller verzaubert habe. Was ich zu Hause einreiche, werde als nicht zu veröffentlichen binnen kürzester Zeit abgelehnt (oder binnen kürzester Zeit angenommen, um dann nach höchst langer Zeit herausgegeben oder nicht herausgegeben zu werden), aber dieses sichere Anzeichen übersprudelnder Jugend, daß man mich nicht einmal einer Antwort würdige, hätte ich nach Jahrzehnten jetzt wieder von ihr, der Rotbuch-Lektorin, geschenkt bekommen, Dank, Dank, Dank. Die Lektorin lachte, sie würdigte, ohne gekränkt zu sein, meine Ironie und versprach erneut eine schnelle Antwort, die sie mir bis zum heutigen Tag (25. Dezember 1990) schuldet.

So befremdlich es klingt, trotz der Nachteile, die man als Unbekannter und Ausländer hat, konnte ich in den Jahren in Berlin zum erstenmal von meiner Schriftstellerei leben. Allerdings hatte ich einen guten Start, denn im ersten Jahr bekam ich ein Stipendium. In dieser Zeit ergaben sich wertvolle Kontakte. 1984 zeigte die Schaubühne in Berlin mein 1965 geschriebenes Gefängnisstück *Das Verhör*, und ich wurde wenigstens in Fachkreisen bekannt. Das Stück wurde noch in einigen anderen Städten gespielt, ich selbst inszenierte es in Hamburg, dann auch mein Stück *Der Kompromiß* in Osnabrück, kurz, der Laden kam in Gang, und wenn er auch nicht so blühte, wie anfangs erhofft, sicherte er mir doch das Auskommen und die stetige schriftstellerische Arbeit.

Nach Gombrowicz kann die Emigration theoretisch, von materiellen Schwierigkeiten abgesehen, ein unglaublicher Ansporn für die Literatur sein. Wer früher selbst das Maß seiner Freiheit festlegte, bei dem lösen ein Übermaß an Freiheit und das existentialistische Grundgefühl, in die Welt hinausgeworfen zu sein, lähmende Ängste aus. Die anerkannten Großen kleiner Nationen konnten sich – von den Zeiten der schlimmsten Diktaturen abgesehen – in den Wäldern des künstlerischen Lebens immer frei bewegen, ähnlich wie geschützte Tiere. Fehlt dieses Gehege, erleben das die meisten als Katastrophe. Hinzu kommen ein anders geartetes Anforderungssystem und eine Wertordnung, die sie ohne Hilfe verarbeiten müssen. Kein Wunder also, daß nur sehr wenige die übermäßige Freiheit zu nutzen verstehen, vorwiegend Personen, die das Vaterland früher nicht verwöhnt hat. »Der Verlust des Vaterlandes«, schreibt Gombrowicz, »stößt nur den nicht in die Anarchie, der tiefer sieht, über das Vaterland hinaus, für den das Vaterland nur eine Ausdrucksform des ewigen und universalen Lebens ist. Der Verlust des Vaterlandes bringt nur diejenigen nicht aus der inneren Fassung, denen die Welt Vaterland ist. Die Zeitgeschichte ist für allzu nationale und partikulare Literaturen zu gewaltsam und zu grenzenlos gewesen.«

Ich glaube, das alles habe ich schon vor meiner in Berlin gewonnenen Freiheit gewußt oder wenigstens geahnt.

Aus Berlin zurückblickend kam mir die Unmenge von Emotionen, die ich bewußt auf nebensächliche und uninteressante Symptome verschwendet hatte, auf einmal lächerlich vor. Mir wurde bewußt, daß mich so manches Mal nur die Eitelkeit geleitet hatte, wenn ich im Dreß eines Vorkämpfers der Wahrheit auf die Fechtbahn trat. Da die Eitelkeit eine gemeinsame unausrottbare Eigenschaft der Künstler ist, muß man den Umgang mit ihr lernen. Die Distanz machte mir klar, daß ich die Eitelkeit nur kompensieren kann, wenn ich meine Ironie auch gegen mich selbst einsetze. Da ich, als sarkastischer Mensch, giftigen Speichel habe, heilen meine Wunden schneller, wenn ich sie nicht lecke. Das Selbstmitleid, elendestes Symptom erhabener Moral, macht mich zum Gefangenen derer, denen ich mich entziehen möchte.

Die meisten Schriftsteller gehen im Exil zugrunde, weil sie aus Furcht, vom Strom der Freiheit mitgerissen zu werden, sich krampfhaft an ihr Selbst klammern, an die Vergangenheit, an die einzige Hoffnung, das Vaterland zurückgewinnen zu können. Dann jedoch müssen sie – sagt Gombrowicz weiter – auf ihr Ich verzichten und sich an eine gewisse Kollektivität klammern, um genügend Kräfte zu sammeln. Sobald sie jedoch auf das Ich verzichten, können sie nur noch Zaubertricks zeigen, aber nicht mehr echte Schriftsteller sein. Zum Glück gab es für mich zu Hause nicht das Rettungsseil der Kollektivität, darum vermißte ich es auch nicht. Ich holte in der allzu groß geratenen Freiheit so tief Luft, als wäre ich aus Meerestiefen aufgetaucht. Ich hatte, gleichsam als Schmuggelgut, die Briefe, die mir meine verstorbene Frau und meine verstorbene Mutter ins Gefängnis geschrieben hatten, und meine auf Toilettenpapier gekritzelten Gedichte mitgenommen (in der Absicht, in Berlin meine Gefängnismemoiren zu schreiben), und heulte, die Dokumente des Totenreiches durchstöbernd, wochenlang. Solche Anfälle später Trauer erhöhten mein Freiheitsgefühl noch. Zur Perspektive der Zeit trat jetzt die Perspektive des Raumes, und durch beide Vergrößerungslinsen sah ich ein niedergetretenes Land, das sich innerlich seinem Niedergetretensein angepaßt hatte und zu seiner Kümmerlichkeit verkümmert war. Aus ihm freizukommen hieß frei zu werden. Andererseits wußte ich – im Gegensatz zu Gombrowicz – vom ersten Augenblick an, daß ich zurückkehren würde, weil die Kontinuität meines Lebens es so verlangte. Die übergroße Freiheit der Emigration, die den an die heimischen Gewohnheiten und Werte gepflockten Schriftsteller abschrecken, verlockten mich, genügend Vorrat für kargere Jahre zu sammeln.

Januar 1991

Erste Eintragung
(Wem gehört mein Gewissen?)

Jemand hat Gombrowicz aus Paris ein Bücherpaket geschickt, darin auch Camus' Essayband *Der Mensch in der Revolte* – vermutlich in dem Bewußtsein, daß der Emigrant in der Ferne für derlei kein Geld hat. Der Beschenkte schimpft über »die grenzenlose Idiotie einer Gesellschaftsordnung, die die Türen der Theater, Konzertsäle und Buchhandlungen vor ihm (dem Künstler) zuschlägt, Türen, die dem Geld der Snobs sperrangelweit offenstehen«. »Unter der Bank«, also während der Bürozeit, liest er das Buch. Er bewundert den französischen Kollegen, daß er sich »so menschlich und von so edler Absicht, so rührend um den Menschen besorgt« – genauer, er bemüht sich ehrlich, ihn zu bewundern, aber seine Nüchternheit hindert ihn immer wieder daran. »Weshalb habe ich, wenn ich Moralisten lese, immer den Eindruck, daß ihnen der Mensch entwischt? Ohnmächtig, abstrakt und theoretisch kommt mir die Moral vor – als vollziehe sich unsere wahre Existenz irgendwo jenseits von ihr.« Der Moralist geht vom individuellen Gewissen aus, Gombrowicz aber denkt nicht an die Vervollkommnung seines Gewissens, sondern vor allem daran, inwiefern sein Gewissen ihm gehöre. Auch in den Konzentrationslagern töte das Individuum nicht, weil es zu der Einsicht gekommen sei, dazu ein Recht zu haben, sondern weil andere ebenfalls töten. »Die schrecklichste Tat wird leicht, wenn der Weg zu ihr geebnet ist, in den Konzentrationslagern zum Beispiel war der Pfad zum Tod schon so ausgetreten, daß ein Spießbürger, der zu Hause keiner Fliege etwas zuleide tun konnte, mit Leichtigkeit Menschen zu Tode brachte.« Das Gewissen sei ein Produkt der Kultur, und die Kultur wurzle nicht im Individuum, sondern sei gemeinsames Eigentum menschlicher Gemeinschaften. Gombrowicz hält sich nicht für eine »autonome Seele im Kosmos« – der Weg zu ihm führe über andere Menschen. Und dann summiert er: »Die Einsamkeit, die Camus ausstrahlt, ist nicht weniger quälend als der trockene, marxistische Kollektivismus.«

Wenn wir die Allmacht des individuellen Gewissens leugnen, müssen wir auch den Begriff der von der Geschichte abstrahierten Schuld und Tugend leugnen. Gombrowicz betrachtet als den Träger der Moralität die Kultur, also ein Gebilde, für das Kollektivität und Historizität kennzeichnend sind. »Ihr Denken ist nur scheinbar individualistisch – es beschäftigt sich mit dem Individuum, ist aber nicht das Werk des Individuums.« Zu dieser Einsicht gelangt ein Schriftsteller, der sein Ich und seine persönliche Freiheit stets über alles stellt. Wenn er über sein Schriftstellertum nachdenkt, rückt er – als Schutz gegen den unerträglichen Druck der Welt – das »Ich« in den Vordergrund, wenn er über die Welt meditiert, sieht er die Rolle des »Ich« als eine untergeordnete. Das ist nur ein scheinbarer Widerspruch. Als Urheber einer fiktiven Welt, als Demiurg übernimmt der Schriftsteller eine göttliche Rolle, das heißt, er drückt allem, was er geschaffen hat, gut sichtbar oder verborgen sein Zeichen auf. Der Mensch als Produkt der Verhältnisse belegt seinen auch historisch determinierten Platz unter den Dingen der Welt.

Zweite Eintragung
(Jüdische Angelegenheiten 2)

Warum ist unsere Abstammung so wichtig?

Gombrowicz hatte schon vor der Emigration, in den Warschauer Cafés, gern mit seinem adligen Stammbaum geprahlt. Er erfand mit den Bourbonen verschwägerte Verwandte und hielt Vorträge über Familienwappen und Adelsgeschlechter, bis die üblichen Debatten über den Surrealismus, den Sozialismus, das Proletariat und die Kunst verstummten und alle, selbst die Kommunisten, zu einem Bummel in den Wald der Stammbäume aufbrachen. Dieser Gewohnheit blieb er auch in Schweden treu, am Tisch einer echten Aristokratenfamilie kam er – in taktloser und herausfordernder Selbstdemütigung – immer wieder darauf zu sprechen, wie weit er hinter seinen vornehmen Gastgebern stehe. Dann holte er das Thema in Argentinien erneut hervor, womit er alle Welt gegen sich aufbrachte. Aber warum nur? Er hätte seine Adelsbindungen mit einigen zutreffenden Phrasen abtun und beispielsweise sagen können, daß menschliche Werte über Vorurteilen stehen; doch das hätte er nicht als redlich und intelligent genug empfunden. Zudem hatte er beobachtet, daß das Demokratiebewußtsein der mit Phrasen um sich werfenden Demokraten meistens verdampft, wenn ein waschechter Herzog zugegen ist. »Wenn du dich gegen etwas verteidigen mußt, ist das der Beweis, daß dieses Etwas existiert.«

Ich beneide Gombrowicz: Mit seinem ironisch, wenn nicht gar clownesk vorgezeigten Stammbaum war es für ihn leichter, über das adlige Polen, den polnischen Katholizismus und den Provinzialismus der polnischen Kultur herzuziehen, als wenn er sich zum Beispiel mit russischen Muschik-Vorfahren gebrüstet hätte. Oder mit jüdischen Großeltern.

Zu aristokratischen Ahnen kann man sich in Mittelosteuropa leichter bekennen als zu jüdischen. Und es fällt auch leichter, sie zu verleugnen.

Im Alter von vier oder fünf – also um die Mitte der dreißiger Jahre – stieg ich eines Tages nach der Heimkehr von der Margareteninsel auf unser gut gefedertes Sofa, sprang und hopste und schrie dazu: »Ich bin Jude! Ich bin Jude! Ich bin Jude!« Meine Eltern kamen ins Kinderzimmer geeilt, sie schüttelten den Kopf, Mutter grämlich, Vater lächelnd, schließlich meinte er: »Mit so etwas gibt man heutzutage nicht an.« Ich hatte das rätselhafte Wort an jenem Tag zum erstenmal gehört – vermutlich hatte mich auf der Insel jemand als Juden beschimpft – und ahnte nicht, was es bedeutete.

Mutter erzog mich in ungarischem Geist. Ihr Vater hatte seinen Namen Engel in Eörsi ändern lassen und den reformierten Glauben angenommen. Er war Gutsinspektor im Komitat Zala gewesen, ein Mann mit ausgeprägt ungarischen Emotionen. Mein Onkel István, ein Verehrer des Kriegsgegners Ady, zog begeistert in den Ersten Weltkrieg. Bei Kriegsende war er Oberleutnant, Fotos zeigen einen Gentry mit gestutztem Schnurrbart. Trotz seines Selbstbewußtseins, seiner Eleganz und seiner Kriegsauszeichnungen verhungerte er 1944 im Zwangsarbeitsdienst.

Bevor Mutter heiratete, trat sie Vaters orthodoxer Familie in Szombathely zuliebe zum jüdischen Glauben über, blieb im Herzen aber eine gläubige Reformierte. Ihr Vater war 1919 an der Grippe gestorben, ihre Mutter, eine Frohnatur und dem Kartenspiel ergeben, setzte mit einiger Förderung durch den Sohn ihr damenhaftes Leben bis 1944 fort. Am 5. April mußte auch sie sich den gelben Stern annähen. An diesem Tag alterte sie um zwanzig Jahre, sie wurde ganz krumm, ich sah sie nie mehr lächeln. Als wir Anfang Januar 1945 ins Ghetto getrieben wurden, brach sie unterwegs zweimal zusammen. Wir mußten sie stützen, Mutter und ich. Die Belagerung von Budapest überlebte sie, aber zu Beginn des Sommers – einige Tage bevor wir vom schrecklichen Tod ihres Sohnes erfuhren – erlitt sie einen Gehirnschlag. Sie lag schnarchend auf dem erwähnten Sofa und verscheuchte unbewußt die Fliegen, die um ihren Kopf schwirrten; »Ich komme schon, Istvánchen«, murmelte sie.

Vater kehrte am 16. Juni 1945 – an meinem Geburtstag – vom Zwangsarbeitsdienst zurück. Ich lief ihm die Treppe hinab entgegen, er saß bei den Hausmeistersleuten und löffelte Suppe. Dreißig Kilo hatte er abgenommen, und er zitterte am ganzen Leib. Ich half ihm die Treppe hinauf, in den zweiten Stock. Da wußten wir schon, daß seine Angehörigen – die Mutter, der jüngere Bruder, die Schwester, deren Mann, Tochter und Enkel – aus dem Ghetto von Szombathely nach Auschwitz gebracht worden waren. Gabi, die Tochter meiner Tante, bekam im Viehwaggon ihr zweites Kind. Natürlich wurden beide zusammen mit der sechsjährigen Tochter Marika unverzüglich vergast, und das gleiche Schicksal erlitten meine rheumakranke Tante und meine Großmutter. Berci, der Mann meiner Tante, ein beliebter Arzt, verlor den Verstand, bevor man ihn umbrachte. Vom Bruder meines Vater weiß ich nicht, welche Abteilung der Todesfabrik ihn tötete, und wann.

Mutter ließ sich in ihrem Ungarinsein und ihrem Glauben

durch nichts beirren. Sie hatte meinen Bruder und mich noch 1944 den reformierten Glauben annehmen lassen, womit auch Vater einverstanden war, zum einen, weil er nicht ausschloß, daß der uns einigen Schutz gewähren könnte, zum anderen, weil er den Religionen gegenüber völlig gleichgültig war. An der Existenz Gottes zweifelte er nicht, aber über ihn könne man nichts Sicheres wissen, meinte er, weil er unseren menschlichen Horizont übersteige. Mutter hingegen ging sogar während der Belagerung zu den Bibelstunden der Reformierten, mit dem Stern am Mantel. Zu Beginn des neuen Systems änderte sie – es war damals leicht – unseren Namen in den ihrigen um, seitdem heißen wir von Rechts wegen Eörsi. Vater nahm das übel. Aus unserer Namensänderung schloß er, wir hätten mit seiner Heimkehr nicht mehr gerechnet. Deshalb trug ich, um ihn zu versöhnen, bis zum Abitur meinen alten Namen Schleiffer.

Übrigens betrachtete sich auch Vater als Ungar. Der Zionismus in allen Spielarten war seinem gemütlichen Biertrinkerwesen und seinem toleranten Deismus fremd. Er trat der Sozialdemokratischen Partei bei und war spürbar zufrieden, als er 1949, bei der »Vereinigung« der beiden Arbeiterparteien, seiner bürgerlichen Mentalität wegen nicht in die Avantgarde neuen Typus' übernommen wurde. Über seine vernichteten Angehörigen sprach er vor uns Kindern nicht, aber wenn in Gesellschaft der eine oder andere Name fiel, traten ihm Tränen in die Augen.

*

Wieder in Budapest. Die Donau unter meinem Fenster in schwachem Nebel. Schlanke Brücken verbinden, was getrennt ist, die Trennung mit ihrem bloßen Dasein bekräftigend. Bei keinem anderen Bauwerk spüre ich so deutlich, daß darin ein Gedanke Gestalt annimmt.

Vor einigen Monaten hat mein einstiger Freund Sándor Csoóri in seiner Zeitschrift eine Artikelserie veröffentlicht. Aus ihr erfahren wir, daß sich in Ungarn »umgekehrte Assimilationstendenzen zeigen: das liberale ungarische Judentum möchte im Stil und gedanklich das Ungartum ›assimilieren‹. Dazu konnte es sich ein parlamentarisches Sprungbrett zimmern wie noch nie zuvor.« Csoóri schließt auf diese Weise aus dem Ungartum alle aus, die jüdischer Abstammung und liberal eingestellt sind. Assimilieren kann man ja nur etwas, das dem Assimilierenden fremd ist. »Ich glaube, vielleicht war die Zeit Adys die letzte, in der Fragen der Nation, Fragen des Ungartums noch als nachvollziehbares existentielles und historisches Problem im Judentum auflodern konnten. Das Judentum lernte zum Beispiel nicht nur die Sprache, sondern auch den in der Sprache mitgeschwemmten Schmerz. Mit der Räterepublik, mit der Horthyära und besonders mit der Zeit der Judenvernichtung erlosch die Möglichkeit einer geistigen und psychischen Verschmelzung.« Sprich, die Juden können für die Probleme des Ungartums nie mehr empfänglich sein, denn diesem haben sie 1919 die Kommune übergestülpt, denn ihm können sie die Judengesetze der Horthyzeit nicht verzeihen, und vor allem kann ihnen wiederum nicht verziehen werden, daß sich 1944 rund sechshunderttausend von ihnen vergasen ließen.

Auf der Metrostation Kispest ist angeblich mit dem Schrei »Jude!« ein Lehrer ins Gesicht geschlagen worden.

»Wir sind, Ungarn und Juden, wie zwei Versuchstiere, die die Geschichte zusammengenäht hat, jedes in seinem Lederlappen, um zu sehen, welches das andere durch diesen Lederlappen vergiftet. Nun, dieses erzwungene Zusammensein ist für jeden von uns verhängnisvoll. Uns tötet das in uns strömende Endprodukt ihres Stoffwechsels, sie geniert es, daß sie unablässig auf uns Rücksicht nehmen müssen. Dieses Genieren wird die Situation bereinigen. Ich halte den gänzlichen Bruch für unvermeidlich.« Das ist ein Zitat von László Németh aus dem Jahr 1927. Alle Argumente Csoóris, über die aktuelle Politik hinaus, sind Némeths geistiges Eigentum. Er, der Meister, proklamierte vor Auschwitz den Kampf der beiden »Rassen« auf Leben und Tod. Seine Werke trugen dazu bei, daß die ungarischen Intellektuellen dem, wortwörtlich, mörderisch gewordenen Rassismus schutzlos ausgeliefert waren. Csoóri schreibt fünfundvierzig Jahre nach Auschwitz, nachdem der Rauch der Krematorien an den Himmel geschrieben hat, wohin es führt, wenn »die Rasse die Zinne der höchsten Verzweiflung« (Németh) ist. Zu allem Überfluß schreibt Csoóri nach 1956. Hingen denn damals die Abkömmlinge der Juden anders am Strick, hockten sie in den Gefängnissen anders auf dem Kübel als ihre Schicksalsgenossen?

Csoóri faßt sich ans Herz, sooft man ihn einen Antisemiten nennt. Er habe nie behauptet, der Jude sei schlechter als der Ungar. Nicht schlechter, nur anders (wie auch Németh meinte). Aber was ist ein Ungar? Dem Zitat entnehmen wir, daß er kein Jude ist. Kein Liberaler. Und kein Sozialist, ergänzt man gewöhnlich noch. Was ist er dann? Christ? Nur ist das Christentum eine noch internationalere Ideologie als der Liberalismus und der Sozialismus; im Gegensatz zu denen verträgt es nicht einmal das Attribut »national«. Ist der Ungar also national? Auch kein Unterscheidungsmerkmal. Sinnvoll kann ich von einem Ungarn nur sagen, daß er Ungar ist, wie die Nähmaschine eine Nähmaschine.

Némeths Beispiel folgend nennt Csoóri die jüdischstämmigen Ungarn in edler Schlichtheit »Judentum«. Das Judentum habe sich in seiner Mehrheit »über die Sicherheit unter Kádár mit den Sowjets im Hintergrund mehr gefreut, als wenn 1956 selbständig gewordene Ungarn die Regierung übernommen hätten«. Allmählich umfängt mich Hoffnungslosigkeit. Wenn ich antworte, daß die nach Übernahme der Regierung strebenden »selbständig gewordenen Ungarn«, das heißt die führenden Köpfe der Revolution, zu einem beträchtlichen Teil jüdischer Abstammung waren, dann unterscheide ich die Zeitgestalten – ganz wie Csoóri – nicht nach politischen und moralischen Gesichtspunkten, sondern nach den Nürnberger Gesetzen.

Der Komponist Zoltán Jeney zitiert Péter Bornemissza, einen Prediger aus dem 16. Jahrhundert: »Wenn du mit Scheiße kämpfest, ob du obsiegst, ob sie obsiegt, du bist beschissen.« Es gibt Argumentationen, mit denen ich nur streiten kann, wenn ich mich hinab in das Begriffssystem meines Gegners begebe. Wie in eine tief gegrabene Latrine.

Andererseits muß auch der Augiasstall ausgemistet werden. Eine Herkulesarbeit. Der Heros leitete, um der Aufgabe gerecht zu werden, zwei Flüsse durch den Stall. Wäre ich auf Symbole aus, würde ich sagen, sie waren der Fluß der

Vernunft und der Fluß der reinen Gefühle. Wie auch immer, nach der Arbeit stank der Held so fürchterlich, daß er, um die stymphalischen Vögel zu töten (das war sein nächster Auftrag), nicht zu Pfeil und Bogen greifen mußte. Er scheuchte sie mit den lärmenden Kupferrasseln des Hephaistos einfach auf, und wenn sie über ihn hinwegflogen, stürzten sie vom Gestank betäubt zu Boden. Herkules konnte sich kaum vor ihnen retten.

*

Zwei Wochen lang schien sich die Welt verschworen zu haben, mich von der verdammten Judenthematik fernzuhalten. Ich hatte über meinen hingerichteten Freund István Angyal zu schreiben, dazu mußte ich viele hundert Seiten Untersuchungs- und Gerichtsakten lesen.

Doch der Fall Angyal lenkte mich nicht nur ab, er führte mich auch zum treulos verlassenen Thema zurück. Mein Freund war Kommandeur einer bewaffneten Gruppe gewesen, und er hatte den Aufstand von 1956 als kommunistische Revolution aufgefaßt, als einen Versuch der Arbeiter und Bauern, die Produktionsmittel endlich in Besitz zu nehmen. Am 7. November, dem Jahrestag der russischen Oktoberrevolution, als die Waffen in ganz Budapest bereits schwiegen, ließ er in den Häusern der Umgebung neben nationalfarbenen und schwarzen auch rote Fahnen hissen, ohne sich um den Protest der Bewohner zu kümmern, und setzte so den Kampf gegen das sowjetische Militär fort. »Das ungarische Volk«, schrieb er zwei Wochen später im Gefängnis, »trägt, wie schon 1848, die Fahne der ›Weltfreiheit‹ durch Europa in einer Zeit, wo es um Sein oder Nichtsein der Menschheit geht. Es ist beglückend, Sohn eines solchen Volkes zu sein.« Nach der Verhaftung mußte er beim ersten und dann auch beim zweiten Verhör einen kurzen Lebenslauf abgeben. Er ließ lediglich aus, daß in Auschwitz seine Mutter vergast und seine Schwester nach einem Fluchtversuch vor den angetretenen Häftlingen gehenkt worden war. Unter den Angetretenen hatte auch er gestanden, damals sechzehn Jahre alt. Die Flucht hatten sie gemeinsam geplant, aber zur verabredeten Zeit hatten sich Deutsche in der Männerbaracke aufgehalten und so sein Leben für einen vierzehn Jahre später geknüpften Strick gerettet. Da Angyal seine Herkunft nie verheimlichte, ließ er die Auschwitz-Episode vermutlich beide Male aus, weil er nicht wollte, daß sie bei der Beurteilung seines Falles als mildernder Umstand berücksichtigt würde. Schließlich hatte er an der Revolution als Sohn des ruhmreichen ungarischen Volkes teilgenommen. Beglückend das Gefühl, Sohn eines solchen Volkes zu sein; und für dieses Glück lohnte es sich sogar, zu vergessen, mit welcher Apathie die große Mehrheit der ungarischen Bevölkerung den Holocaust von sechshunderttausend ungarischen Juden hingenommen hatte. Ich selbst dachte und fühlte ähnlich wie mein Freund. Als einen Monat nach meiner Verhaftung endlich ein Anwalt mit mir sprechen durfte (natürlich in Anwesenheit eines Ermittlungsoffiziers), untersagte ich ihm gleich im ersten Satz, meine jüdische Abstammung als mildernden Umstand in die Waagschale zu werfen. Daran lag mir nicht nur, weil mir jedes jüdische Bewußtsein fehlte, sondern hauptsächlich, weil ich mich in der Revolution auf beglükkende Weise eins gefühlt hatte mit dem Volk.

Im Gefängnis wurde meine bisherige Vogel-Strauß-Politik unhaltbar. Wir mußten oft die Zellen wechseln, womit engere Kontakte zwischen uns verhindert werden sollten. Die Judenhetze blieb fast nirgends aus, immer wieder stand ich vor einem Dilemma: Wenn ich meine Herkunft preisgebe, bringe ich den jeweiligen Schmäher in eine peinliche Situation und wecke Mißtrauen gegen mich selbst; denn für viele einfache Menschen waren – zumindest anfangs – die Wörter »Kommunist«, »Jude« und »Spitzel« Synonyme. Und wenn ich schweige, ist es so, als wäre ich als potentieller Spitzel auf die Antisemiten angesetzt. Verrate ich meine Herkunft nicht, spreche mich aber gegen den Antisemitismus aus, mogle ich mich einerseits in eine unaufrichtige Position und werde andererseits früher oder später doch verdächtig. Ich probierte alle möglichen Varianten aus, und keine behagte mir. Schließlich half mir die Zeit gütig aus der Bedrängnis. Es gab im Knast einige bessere Herren, vorwiegend Juristen, die einfach von jedem registrierten, ob er Jude war oder nicht. Diesbezüglich verfügten sie über eine enzyklopädische Bildung. Da ich als Dichter schon einen gewissen Namen hatte und mein Bruder vor der Revolution ein hoher Beamter im Justizministerium gewesen war, legten diese Herren mit einigen flinken Fragen meine Wurzeln bloß, um dann das Resultat ihrer Nachforschungen umfassend zu popularisieren. Glücklicherweise mußte ich wegen meiner Renitenz eine Disziplinarstrafe nach der anderen einstecken, deshalb konnte ich trotz meiner Herkunft und meines offen vertretenen idealen Kommunismus nicht lange für einen Spitzel gehalten werden. Ich bekannte mich also zu meinem Judentum als einer biographischen Tatsache, aber auch dazu, daß ich meiner Erziehung, Kultur und Aktivität nach ebenso Ungar sei wie die Mitgefangenen. Mein inneres Ringen drückte sich auf komische Weise alle zwei Wochen aus, wenn wir ins Bad gebracht wurden: Sollte ich unter der Dusche, wo wir zu dritt und viert standen, das Zeichen des Bundes verdecken, den der Ewige mit meinen Ahnen geschlossen hatte?

Übrigens gab es unter den politischen Häftlingen keinen allgemeinen Antisemitismus. Aber nach 1956 sperrte das Regime mit Vorliebe die Besten mit Gesindel zusammen. Es bastelte Prozesse, in denen der makellose Aufständischenkommandeur mit dem Warenhausplünderer, der revolutionäre Dichter mit der diebischen Prostituierten, der idealistische Zeitungsredakteur und naive Märchendichter mit rückfälligen, in Mordfälle verwickelten Kriminellen vor Gericht standen. Da in den Zellen alle politischen Strömungen und alle gesellschaftlichen Klassen und Schichten vertreten waren, hätte sich Voltaires Naturkind, zu uns gesperrt, ein exaktes Bild vom moralischen und politischen Querschnitt Ungarns machen können. Wie meine Freunde war ich so eine Art Naturkind; wir waren aus dem Himmel der Ideologien, Utopien und Illusionen in das Zellenreich gefallen. Auf freiem Fuß hatten wir einfach nicht zur Kenntnis nehmen wollen, daß zwölf Jahre vor der Revolution in Ungarn der Faschismus floriert hatte und daß unter der Oberfläche immer noch die rassistischen, nationalistischen, klerikalen Stimmungen der Horthyzeit wirkten. Die plötzlichen und unabweisbaren Erkenntnisse ließen mich nicht an meinem Ungarsein zweifeln, erfüllten mich aber mit Unruhe.

Heute weiß ich, daß ich mir meine Naivität bis zum Herbst 1956 in einer Hülle aus Verdrängungen bewahrt habe. Die erste Warnung erhielt ich im Februar 1945, als im befreiten Budapest der Schulunterricht wieder begann. Ich besuchte damals die vierte Klasse des Gymnasiums, ging also das achte Jahr zur Schule. Vorher hatten in unserem Gymnasium die jüdischstämmigen Jungen und die christlichen Jungen getrennt gelernt. 1945, mit Fortsetzung des Schuljahrs, wurde die jüdische Klasse nach dem Alphabet auf die beiden anderen verteilt. Gleich am ersten oder zweiten Tag sagte ein frischgebackener Klassenkamerad zu mir: »Bisher hatten wir es besser, jetzt habt ihrs besser.« Ich war verblüfft, mir war gar nicht in den Sinn gekommen, daß die deutsche Besatzung und der Naziterror für irgend jemanden hätten besser sein können als die Befreiung. Dann tat ich die Episode mit der Überlegung ab, der Klassenkamerad stamme vermutlich aus einer faschistischen Familie. (Er stammte nicht aus einer faschistischen Familie. Später wurde er Offizier im Innenministerium, wo er sich auf einen wichtigen Posten hochdiente.)

Als die kirchlichen Schulen verstaatlicht wurden, hätte ich neue Signale wahrnehmen müssen. Gefördert von der katholischen Kirche, bildeten sich in den Schulen Widerstandszentren heraus. Das war im Schuljahr 1947/48; die kommunistische Partei bemühte sich bereits – mit sowjetischer Hilfe – um das Machtmonopol, aber noch betätigten sich auch andere Parteien. Die katholische Kirche organisierte in den Schulen Kongregationsversammlungen. Zu einer solchen ging ich einmal, aus Neugier (die Anwesenden hielten mich wahrscheinlich für einen beauftragten Beobachter). Ein junger Priester sprach, an seine zündenden Worte erinnere ich mich heute noch. »Der Sohn unseres ersten heiligen Königs, Stephans, der heilige Imre, war durchaus nicht der Jüngling mit dem mädchenhaften Gesicht und der Sanftmut, als der er in Wort und Bild gewöhnlich dargestellt ist. Er war ein kämpferischer Mann, der sich dem abscheulichen wilden Eber entgegenstellte, dessen Hauer ihn dann töteten. Er ist unser Vorbild, er, der mit dem wilden Eber Kämpfende«, und so weiter. Der wilde Eber, das Untier Kommunismus, die atheistische Bestie, will im heiligen Land Stephans und Imres die Schulen Gottes enteignen.

Parallel zu den monströsen Schauprozessen gegen Erzbischof Mindszenty und andere Persönlichkeiten der katholischen Kirche fanden allerlei kleinere Prozesse statt, mit denen die katholischen Jugend- und Studentenvereinigungen zerschlagen werden sollten. In unserer Schule war ein Klassenkamerad der Hauptangeklagte. Zum Prozeß führte eine Anzeige des Schülerbundes, der kommunistisch gesteuert war und den bei uns überwiegend Kinder jüdischer Abstammung leiteten. Der Schülerbund warb Zeugen für den Prozeß. Ich ließ mich darauf nicht ein, aber immerhin ging ich zur Verhandlung und hörte mir beklommen die belastenden Aussagen meiner Klassenkameraden und einiger Funktionäre vom Schülerbund an: Der Beschuldigte habe im Gymnasium eine illegale Organisation aufgebaut, die Anweisungen einer klerikalen Zentrale ausgeführt und eine Revolte gegen die gesetzliche Ordnung und die Verfassung unserer Republik angezettelt. Er wurde zu einer Gefängnisstrafe auf Bewährung verurteilt und obendrein von jeglichem Besuch einer ungarischen Oberschule ausgeschlossen.

Ein Jahr später, beim Abiturbankett, standen die christlichen Mitschüler – bis auf einen – nach dem Essen auf, verabschiedeten sich von den Lehrern und zogen ab, ihr eigenes Fest zu feiern. Meine Stimmung sank auf den Nullpunkt, mir fiel sofort der Prozeß ein. Das halbe Dutzend Bekennende – und nicht nur die aus unserer Klasse – hatte 1944 ausnahmslos den gelben Stern getragen. Und auf dem Bankett hatte erneut das faschistoide Trennungsprinzip gesiegt. Doch dann verdrängte ich auch dieses quälende Erlebnis. Ich wollte keine Trennung, ich wollte als junger Ungar am Aufbau des Sozialismus in der ungarischen Gesellschaft teilnehmen.

Im Oktober und November 1956 hatte ich es von anderer Seite mit diesem Syndrom zu tun. Einige Bekannte wollten mit der Revolution nichts zu tun haben und nahmen deshalb die Regierung Kádár hin, weil der Zerfall des kommunistischen Systems ihrer Meinung nach neuerlich einer antisemitischen Regierung in den Sattel geholfen hätte. Aber im revolutionären Budapest hatten die Massen Demokratie gefordert, und die Judenemanzipation sei, so argumentierte ich, ein Teil davon. Wer das Ganze aus dem Blickwinkel des Teiles beurteile, sperre sich selbst in ein Ghetto.

Wieder auf freiem Fuß, geriet ich mit der ungarischen Provinz in Konflikt, die einerseits ihre Nahrung aus dem geerbten Rassismus bezog und andererseits eine logische Antwort auf Ungarns stalinistischen und poststalinistischen Provinzialismus war. Ich konnte immer weniger die Augen davor verschließen, daß viele Kollegen mich nicht als Ungarn sahen. Obgleich es mich im allgemeinen wenig interessiert, als was ich gesehen werde – die Situation eines Menschen ändert sich, ob er will oder nicht, mit den Meinungen über ihn. Meine Auslandsaufenthalte linderten glücklicherweise die quälenden Spannungen zwischen meiner Selbstbewertung und meiner Situation. Mir ist es völlig einerlei, wofür man mich hält; und wofür ich mich halte und wie ich über mein Vaterland denke, zählt gleichfalls nicht. Daß ich dorthin gehöre, ist eine Tatsache, an der niemand – mich eingeschlossen – etwas ändern kann.

Dritte Eintragung
(Elfenbeintürme)

Elfenbeintürme zeichnen sich dadurch aus, daß jeder nur einem Künstler Unterkunft gewährt. Er genießt seine vornehme Einsamkeit und bringt, wie eine Spinne, ein zartes Netz hervor, seine Kunst. Aus dem Fenster betrachtet er die umliegenden Elfenbeintürme, und sein Befinden richtet sich danach, inwieweit der seinige dem Vergleich mit ihnen standhält. Er beobachtet ferner die Menge, die sich unter seinem Turm eingefunden hat; ihre Anführer, die gerissenen oder besonders feinen Kritiker, läßt er gelegentlich in sein Speisezimmer ein, und wenn sie dann ehrfurchtsvoll hier und da ein Stückchen von der elfenbeinernen Zuckerdose abbrechen, blickt er taktvoll zur Seite.

In brutalen Zeiten kann der Elfenbeinturm oder – sofern gewaltsam vernichtet – schon die bloße Erinnerung an ihn

Trost spenden, zum moralischen Widerstand auffordern. Es gibt (oder gab) etwas, das sich von der geifernden Dummheit abhebt, es existieren noch andere Werte als die von der jeweiligen Macht anerkannten. Nur stellt sich von diesen Werten – wenn wir erbarmungslos das Seziermesser ansetzen – meistens heraus, daß sie aus der Schatzkammer einer gedachten oder schöngeredeten Vergangenheit stammen. »Où sont les neiges d'antan«, grübelt Gombrowicz, »weshalb wirkt das alles so überlebt?«, und er denkt dabei an die Bücher von vier großen Dichtern aus der polnischen Emigration. Sie sehen das Heute mit den Augen von gestern. Vergangenes scheint ihnen schon deshalb wertvoll, weil es vergangen ist.

Die Lampen hier auf der Erde,
Die Sterne am Himmel, ferne,
Die Lampen sind neu,
Uralt sind die Sterne –

Was hatte Babits gegen den elektrischen Strom? Gombrowicz hat recht: Das rein Ästhetische als Einstellung und Lebensform hebt die Kunst zu den Sternen in die alte, die religiöse, Sphäre empor. Dort oben verschanzt sie sich hinter Tabus. Gombrowicz behauptet von seinen vier Lyrikern, ihr vor dem Krieg entstandenes dichterisches Bauwerk vermöge das tobende Grauen der neuen Welt nicht aufzunehmen, »es will ihnen einfach nicht in die Metapher, paßt ihnen nicht in den Stil«. Ein ähnlicher Anachronismus blüht auch in Ungarn. Aber unsere Elfenbeintürme wurden in den letzten Jahrzehnten mit Billigung der verachteten Macht errichtet.

Vierte Eintragung
(Über die Misanthropie)

1953 zu Silvester hielt Gombrowicz auf einem Bankett in Buenos Aires – vermutlich vor Emigranten – eine Rede »an die Nation«. Darin nannte er die innige Sehnsucht nach der verlorenen Heimat und die nostalgische Erinnerung an deren Schönheiten lächerlich. »Es ist nicht wahr, daß Grójec mehr sei als ein entsetzliches Provinzloch, in dem eure graue Existenz sich einst fristete. Nein, lügt nicht: Radom war nie ein Gedicht, selbst bei Sonnenaufgang nicht! Die Blumen dort waren nicht wundervoll und unvergeßlich – und Elend, Schmutz, Krankheit, Langeweile und Unrecht haben euch auch damals umringt wie zur Dämmerung heulend die Hunde auf den öden polnischen Dörfern.«

Ich genieße diese patriotische Rede und male mir ihre Wirkung aus. Die Herren im Frack und die Damen im Abendkleid, wie sie, das Champagnerglas in der Hand, zu hören bekommen, daß »niemand von euch sich um Polen scherte, solange er in Polen lebte«, und daß die Emigranten endlich den pathetischen Sinn ihres Wanderlebens begreifen sollten. Beim Zuhören rötet sich die Stirn der Herren, und den Damen bricht Schweiß in den Achselhöhlen aus. Der Unschicklichkeit macht sich schuldig, wer die konventionellen Lügen öffentlich und vor dem Angesicht der Betroffenen entlarvt. Das ist unentschuldbarer als Verleumdung, denn es ist nicht widerlegbar.

Nach einem mit patriotischen Programmen vollgestopften Tag 1983 in Princeton fragte ich die Frau eines Funktionärs der örtlichen ungarischen Kolonie, ob sie nach Ungarn zurückkehren würden, wenn bei uns die Freiheit ausbräche. Wir saßen in der Glasveranda ihrer zweistöckigen Villa mit den fünf Schlafzimmern, zu der auch ein Garten und ein Stück Wald gehörten; durch den Wald zog sich ein kleiner Fluß. »Wir«, sagte sie, »können uns dort nicht mehr eingewöhnen.« Unser Dialog rückte die Beteuerungen und Versicherungen, die ich einige Stunden vorher bei der Prüfungsvorstellung ungarischer Studenten gehört hatte, das patriotische Pläneschmieden zu Denkmalsausschreibungen und Stiftungen, die Große Lüge in ein nüchternes Licht: Die ungarischen Intellektuellen wollen, wenn sie sich in die obere Schicht der amerikanischen Gesellschaft eingefügt haben, ihr sorgloses Leben mit gutem patriotischem Gewissen genießen. Ich wußte sofort, daß meine Frage unverzeihlich war, dabei hatte ich sie nur unter vier Augen gestellt. Gombrowicz hingegen redete auf einem Bankett, vor einer großen Gesellschaft. Eine unangenehmere Rede hätte auch Alceste nicht halten können.

Kürzlich sah ich im Budapester József-Katona-Theater den *Menschenfeind.* Mit Freude erkannte ich mich im Helden eines großartig gescheiten, verständnisvollen und dennoch unversöhnlichen Meisterwerkes wieder. Das Lügensystem des gemeinschaftlichen Lebens empört einen Menschen derart, daß er sich mit allen und jedem anlegt. Da er nicht zwischen den wichtigen und unwichtigen Auslösern seines permanenten Zorns unterscheidet, wird er komisch. Auch ich weiß: womit ich hadere, und sei es auf diesen Seiten, wäre in Geld ausgedrückt meistens nicht so viel wert, daß ich davon den Verschleiß meines Schreibmaschinenbandes decken könnte. Für Gombrowicz gilt das erst recht. Fühle ich mich vielleicht so sehr zu ihm hingezogen, weil ich in uns beiden eine Art Alceste sehe?

Lukács pflegte zu sagen, der Misanthrop sei der Prototyp des zu früh gekommenen Revolutionärs. Daher rühre auch seine Komik. Er erkenne nicht, daß die Gesellschaft seine ethischen Erwartungen ablehne, und deshalb verwickle er sich unablässig in lächerliche Konflikte. Vielleicht hat Lukács daran gedacht, daß Alceste zu seiner jakobinischen Moral noch keine Guillotine hatte, die vollkommen leeren und verderbten Höflingsnischel abzuschlagen. Oder daran, daß Alceste am Ende des Stückes ein Jahrhundert vor Rousseau hinaus aus der verdorbenen Gesellschaft in die Natur zog. Könnte es sein, daß auch Gombrowicz ein zu früh gekommener Revolutionär ist? Und auch ich einer bin? Aber welcher Revolutionär kam nicht zu früh? (Oder zu spät, wie Antigone, die das Matriarchat verpaßte?) Denn zur rechten Zeit kommt keiner, das muß ich gegen meine revolutionären Neigungen einsehen – in diesem Fall nämlich würde er siegen und die strahlende Idee, in deren Namen er antrat, zu den gegebenen Möglichkeiten herunterziehen. Dann kann er nur hoffen, daß es ihm gelingen wird, rechtzeitig auf natürliche Weise oder mit kollegialer Beihilfe abzutreten.

Interessant, daß Rousseau im Misanthrop nicht seinen Vorgänger erkannte. »Es gibt zwei Dinge, die Sie nicht bestreiten werden, mein Herr«, schrieb er 1758 an D'Alembert. »Erstens, daß Alceste in diesem Stück ein rechtschaffener Mensch ist, aufrichtig, ehrenwert, ein wahrer Mann von Anstand; zweitens, daß der Verfasser ihm eine lächerliche Persönlichkeit verleiht. Das reicht aus, scheint mir, um Molière kein Pardon zu geben.« Und er mache ihn obendrein *deshalb* lächerlich, *weil* er ein braver Mensch sei. Seinen Freund Philinte hingegen charakterisiere das Stück als klug. Er werde, so Rousseau, dargestellt als »einer dieser Männer von Welt, deren Grundsätze in vielem denen von Gaunern ähneln, einer dieser überaus Gemäßigten, die stets finden, alles gehe gut, weil es in ihrem Interesse liegt, daß nichts besser geht, die stets mit jedermann zufrieden sind, weil sie sich um keinen scheren, die an einem reichgedeckten Tisch behaupten, das Volk hungere nicht, die sich mit prall gefüllter Börse in der Tasche empören, wenn Reden zugunsten der Armen ertönen; die aus sicherem Haus klaglos zusehen, wie gestohlen, gebrandschatzt, das gesamte Menschengeschlecht niedergemetzelt und massakriert wird: Gott hat ihnen überaus löbliche Sanftmut gegeben im Ertragen anderer Leid.« Wer spricht hier? Etwa Alceste? Oder eher Saint-Just? Läßt sich von Rousseau nicht behaupten, daß er ein Bindeglied zwischen den beiden Herren ist?

In diesem Fall hat Molière – sosehr ihn der Briefschreiber auch herunterputzt – gut gearbeitet. Er schuf eine Figur, deren Text ein großer Genius hundert Jahre später nahtlos weiterführen konnte. Ein anderer großer Genius, Lessing, nahm Molière so in Schutz: »Aber lachen und verlachen ist sehr weit auseinander. Wir können über einen Menschen lachen ... ohne ihn im geringsten zu verlachen.« Und weiter: »... der Misanthrop wird nicht verächtlich, er bleibt, wer er ist, und das Lachen, welches aus den Situationen entspringt, in die ihn der Dichter setzt, benimmt ihm von unserer Hochachtung nicht das geringste.« Auf den Charakter des zu früh gekommenen Vorkämpfers der Wahrheit, oder besser: auf den Charakter des Vorkämpfers der zu früh gekommenen Wahrheit fällt kein Schatten.

Hegel nannte die Satire als Darstellungsweise unvollkommen, weil ihr das Element der *Versöhnung* fehle. In der Tat: Alceste rebelliert gegen eine moralische Dürftigkeit, die Rousseau noch hundert Jahre später als unerträglich empfindet. Mich zieht gerade das Fehlen der Bereitschaft zur Versöhnung an. Die Irrationalität, welche die Satire durch die frappante Gegenüberstellung von Schein und Wesen ans Tageslicht befördert, ist so himmelschreiend, daß Versöhnung – die Herrschaft der Weisheit über die Vernunft – einem Paktieren gleichkäme.

Was denn, spricht wieder Alceste aus mir?

Fünfte Eintragung
(Geduldige Ungeduld)

Gombrowicz analysiert sein visionäres Theaterstück *Trauung* und fragt sich dann, ob ein Autor Mißbrauch treibt, wenn er sein eigentlich unbekanntes Werk selbst kommentiert. Auf diese Frage antwortet er mit einem entschiedenen Nein. Wir müssen uns einreden, daß es die Leute nach uns verlangt, daß sie uns um jeden Preis kennenlernen möchten, deshalb: »Zwing sie, sich für das zu interessieren, was dich interessiert. Je mehr sie von dir wissen, desto mehr werden sie dich brauchen. Das ›Ich‹ ist kein Hindernis im Verkehr mit den Menschen, ›Ich‹ ist das, was ›sie‹ begehren. Wichtig aber ist, daß dieses ›Ich‹ nicht eingeschmuggelt wird wie eine verbotene Ware. Was erträgt das ›Ich‹ nicht? Halbheit, Ängstlichkeit, Verschämtheit.«

Brecht stellte gleichfalls die Frage, wie er sich beim Publikum Akzeptanz verschaffen könnte. Da er sich in einer weniger verzweifelten Lage befand, suchte er eine praktischere Antwort. Auch die Taktik des Einschmuggelns lehnte er nicht ab. Ihm schien es zum Beispiel zweckmäßig, daß er über seine unbekannten und sogar über seine unveröffentlichten Schriften sprach, als erfreuten sie sich allgemeiner Bekanntheit. So, unter Verwendung der Triebfedern des Snobismus, ließe sich Interesse für diese Werke und hauptsächlich für ihren Verfasser wecken.

Doch brauchen große Persönlichkeiten, die nach Geltung streben, viel Geduld, wenn sie sich nicht korrumpieren lassen wollen. Mit dem Exil verpflichteten sich Gombrowicz und Brecht zu solcher Geduld. Das Pathos des Sich-etwas-Einredens zeigt, daß die Wichtigkeit und die fehlende Anerkennung des »Ich« die Geduld trainierten, aber auch Ungeduld auslösten, und diese beiden entgegengesetzten Kräfte erhöhten die Produktivität wie auch die Unzufriedenheit.

Zu besonderen Grübeleien veranlassen uns Persönlichkeiten, die – wie Kafka – nicht einmal versuchen, die Akzeptanz für ihr »Ich« zu finden. Steckt hinter dieser Haltung Resignation? Depressivität? Fehlendes Selbstvertrauen? Oder Hochmut, ein noch größerer als bei Gombrowicz und Brecht, der die Welt seiner Gnade nicht für würdig hält?

Warum hat Gombrowicz für Kafka nichts übrig? Warum findet er ihn langweilig? Ich habe den starken Verdacht – den ich allerdings vom Text her nicht abstützen kann –, daß dessen Persönlichkeit ihn abstößt: die gewollt oder ungewollt vorgezeigten Wunden, der Drang, sich zu verstecken, der ständig auf Kriegsfuß steht mit dem vom schriftstellerischen Sein nicht zu trennenden Wunsch, sich selbst auszudrücken. Ein so großes »Ich«, das nicht auf Anerkennung aus ist – könnte Gombrowicz darin nicht eine Provokation gegen sein eigenes »Ich« gesehen haben?

Sechste Eintragung
(Randbemerkung zu einem Callboy)

Rundfunkinterview mit einem Budapester Callboy. Er arbeitet acht bis zehn Stunden am Tag, vier bis fünf davon körperlich, der Stundenlohn: 2000 Forint. Sonntags nie; so viel Entspannung braucht er schon. Er berichtet sehr sachlich und ohne männliche Prahlerei. Zweckmäßige Ernährung, Einteilung der Kräfte, disziplinierte Lebensführung. Da er täglich vier bis fünf Kundinnen versorgt, arbeitet er vermutlich mit chinesischer Technik: Er spart mit der Ejakulation.

Zum Thema äußert sich auch eine Klientin, verheiratet, mit Kind. Ihre Beziehung zu dem jungen Mann nennt sie korrekt, seine Dienstleistung sei völlig frei von psychischen Faktoren. »Als ob ich zur Pediküre ginge.«

Mit dem Wort »Dienstleistung« verändert die Interviewte radikal das Geschlechterverhältnis, wie es sich nach dem Zerfall der matriarchalischen Gesellschaft in Europa entwikkelt hat. Die herkömmliche Moral verpflichtet die Frauen, Dienstleistungen zu erbringen. Das beweist nicht nur die Prostitution, sondern auch die Institution der bürgerlichen Ehe: Der Mann als Familienoberhaupt sorgt für den Unterhalt der Frau, die ihn dafür sexuell bedient. Dementsprechend bildeten sich die Normen der Sexualität nach den Bedürfnissen des Auftraggebers heraus. Der Akt endet mit der Befriedigung des Mannes. Die Effektivität des Liebesbeisammenseins mißt man an der Potenz (also daran, wie oft der Mann befriedigt wird). Die Befriedigung der Frau galt lange als nebensächlich, als Zugabe, in breiten Kreisen und über lange Zeiten sogar als amoralisch. Als Halbwüchsiger hörte ich als Beweis für die Subordination der Frau, daß sie ja »unten liegt«.

Wenn die Kundin des Callboys Qualität und Quantität ihrer Befriedigung in den Mittelpunkt des sexuellen Kontaktes stellt und hierfür selbst die Art der Zärtlichkeiten beim Zusammensein bestimmt, wird sie dem Partner überlegen, wie sich auch auf dem Arbeitsmarkt der Arbeitgeber in der günstigeren Position befindet. Sie wählt unter den Dienstleistenden denjenigen aus, von dem sie sich am meisten verspricht, den sie, wenn er nichts taugt, jederzeit auswechseln kann.

Fragt man mich, ob mir diese Entwicklung gefällt, würde ich den Kopf diagonal bewegen. Mir gefällt nicht, daß die geschäftliche Haltung beim sexuellen Zusammensein – welchen Geschlechts der Auftraggeber auch sein mag – die psychischen Faktoren ausspart. Perfekte Technik kann höchste Wonne bereiten, aber ihre Alleinherrschaft und die Freudlosigkeit der damit einhergehenden Wiederholungen trocknen das Quellgebiet der menschlichen Gefühle aus und vernichten die Empfänglichkeit für individuelle Liebe, die doch zu den beglückendsten Errungenschaften unsrer Kultur gehört. Andererseits bin ich der Überzeugung, daß sich diese Empfänglichkeit nur durchsetzen kann, wenn die Geschlechter gleichberechtigt sind. Deshalb gefällt mir auch das Selbstbewußtsein, das die betreffende Kundin als Auftraggeberin an den Tag legt. Zwischen den Geschlechtern kann sich ein gleichberechtigtes emotionelles und intellektuelles Verhältnis nur entwickeln, wenn der männliche und der weibliche

Orgasmus gleichberechtigt sind, in der moralischen Beurteilung ebenso wie im Bett.

*

Am Ende dieses Gedankengangs angelangt, las ich Gombrowicz' Erzählung *Jungfräulichkeit* – zufällig folgt gerade sie im Sammelband. Ein Mädchen ist so unschuldig, daß sie, als der jungfräuliche Geliebte, ein Matrose, sie um ihre Hand bittet, glaubt, er wolle ihre Hand abtrennen und an sich nehmen. Wegen ihrer übersteigerten Jungfräulichkeit sexualisiert ihre Phantasie die ganze Welt. Sie ist ihr in solchem Maß ausgeliefert, daß sie schließlich (»mit dir! nur mit dir!«) zusammen mit dem Geliebten über einen im Abfall gefundenen Knochen herfällt, den der Hund der Familie schon halb abgefressen hat.

Wieder das gleiche Thema: Die uns aufoktroyierten sexuellen Ideale widerstreben unserem Naturell; wehe dem, der sie ohne Heuchelei und reinen Herzens ernst nimmt!

Februar 1991

(G. und die Kritiker)

Gombrowicz war auch ein Homo politicus, der in nicht enden wollenden Konflikten seine Kräfte mit den großen weltanschaulichen Strömungen und politischen Bewegungen der Zeit maß; dennoch kommentiert er in seinem tausendseitigen *Tagebuch* keine aktuellen politischen Ereignisse. 1956 zum Beispiel verliert er weder ein Wort über den Posener Aufstand, noch erwähnt er die ungarische Revolution. Stalins Namen schrieb er nicht nieder, auch nicht in dessen Sterbejahr. Über das sogenannte »Tauwetter« und die Auswirkungen des XX. Parteitags schrieb er zwar, aber nie in aktuellen Zusammenhängen. 1968, in Frankreich, nahm er sich das Tagebuch nur noch selten vor, bemerkenswert ist immerhin, daß er über die Studentenunruhen kein Wort verliert und den Einmarsch in die Tschechoslowakei nur eben erwähnt.

Auch seine privaten Dinge breitet er nicht vor der Öffentlichkeit aus. Aber sind private Dinge in jedem Fall Privatsache? Ich bin überzeugt, daß fast jedes wichtige literarische Werk eine Fülle autobiographischer Daten birgt. Erlebnisse sind Energiequellen, die die Phantasie beflügeln. Auch wenn der Schriftsteller die Handlung frei erfindet oder alten Chroniken entnimmt, würden die Mikroprozesse, die die Story ausfüllen und veranschaulichen, ohne Mobilisierung persönlicher – anders gesagt: autobiographischer – Erfahrungen verkümmern.

Die Gattung des *Tagebuches* stellt dieses Persönliche zwar in den Mittelpunkt, aber gerade dadurch läßt sie dem Autor freie Hand, was von den Fakten seines Lebens er aufschreiben möchte. Gombrowicz hat seine Leser nicht in sein Liebesleben eingeweiht. Hier und da wehrte er sich gegen die Anschuldigung, homosexuell zu sein, aber immer nur ganz allgemein und so zweideutig, daß das Dementi als Eingeständnis aufgefaßt werden kann und umgekehrt. Er berichtete zwar über eine Frau, aber nicht der Story zuliebe, sondern weil er eine alarmierende Erfahrung gemacht hatte: in ihren Körper eintretend habe er endgültig den Zustand der Unreife hinter sich gelassen. Gegen Ende seines Lebens gibt er uns mit den folgenden Worten zu verstehen, daß sich seine Lebensform geändert hat: »Gestern gingen Rita und ich ins Jahr 1967.«

Mir scheint, daß Ereignisse der Tagespolitik und des Privatlebens aus dem gleichen Grund im *Tagebuch* nicht erscheinen: Gombrowicz wollte auf höchstmöglichem geistigem Niveau seinen Platz in der Welt definieren, und er meinte wohl, Zufälle des Alltags zögen seine Reflexionen übermäßig in Bodennähe hinab und lieferten ihn den alltäglichen Auseinandersetzungen und Intrigen aus.

In einem Fall konnte (oder wollte?) er die aktuellen Kränkungen nicht verdrängen: in seinem Verhältnis zur Kritik. Unablässig und voller Wunden entrüstet er sich, die Kritik – seitens der offiziellen Literaten in der Heimat und der Schreiberlinge in der Emigration – behandle ihn unwürdig, verunglimpfe, verfälsche, geringschätze ihn in Wort und Schweigen. Diese Ausnahme macht er wahrscheinlich, weil – in der später noch durch die Stagnation im südamerikanischen Exil vertieften Einsamkeit – die Verständnislosigkeit seine künstlerische Existenz in solchem Maß bedrohte, daß er ein Versiegen seiner Inspirationsquellen fürchtete.

1954 analysiert er scharfsinnig und unversöhnlich an einem Donnerstag, am nächsten Sonntag und auch am darauffolgenden Sonntag – im *Tagebuch* nennt er immer nur das Jahr und innerhalb eines Jahres Wochentage – die Rolle der Literaturkritik und ihre Wirkung auf sein Leben. Dabei geht er von der nationalen Seite der Frage aus: Von einem Polen ist nicht zu erwarten, daß er sich die Mühe macht, herauszufinden, wo bei ihm der Schmerz zum Ernst, die Unreife zur Reife wird. »Von allen Polen aber ist der Literaturkritiker, dieser Berufswerter, das Wesen, das sich am wenigsten in den Menschen und damit in der Literatur auskennt – denn bei ihm erdrückt der intellektuelle Ballast das unmittelbare, intuitive menschliche Empfinden restlos.« Er beruft sich auf *Ferdydurke*, seinen frühen Roman – als er dieses »ungewöhnlich schwierige Buch voll Augentrug und falscher Fährten« schrieb, habe er bereits gewußt, daß er verloren wäre, wenn er sich diesen Herren wehrlos ausliefern würde. Also beschloß er, auch seine »Einstellung zur Kritik« offenzulegen.

Hier eine Episode aus Gombrowicz' frühen Herrenjahren in Polen. Man hatte ihn zu einer Abendgesellschaft in der Provinz eingeladen. Er fuhr mit hohen Erwartungen hin, denn dort war eine Person, die ihn völlig bezauberte und vor der er glänzen wollte. Aber beim Betreten des Salons empfingen ihn statt der erhofften Bewunderung das Mitleid alter Tanten, die Witzeleien der Vettern, die schwerfällige Ironie des kleinen Landadels. Wie sich herausstellte, hatte in irgendeiner Zeitung ein namhafter Schriftsteller eine Novelle von ihm verrissen, in nachsichtigen Worten zwar, aber mit unmißverständlichem Zweifel an seinem Talent. Diese Kritik war den Gästen unter die Finger gekommen, und sie hatten ihr sofort geglaubt, war sie doch von jemandem aus dem Fach geschrieben. Gombrowicz fühlte sich den ganzen Abend lang erbärmlich. Aus Argentinien blickt er mitleidig auf den Jüngling zurück, der den Quälereien ausgeliefert gewesen war, er bedauert, daß er damals nicht bei ihm sein konnte. Er tut so, als hätten ihn die Erfahrungen und die inzwischen doch nicht ausgebliebenen Erfolge abgehärtet, gleichzeitig verrät er immer wieder, wie verletzbar er ist. Er schreckt nicht vor Grobheiten dieser Art zurück: »Die Frage ist: Auf welche Weise kann ein niederer Mensch einen höheren Menschen kritisieren, seine Persönlichkeit beurteilen, seine Arbeit einschätzen – auf welche Weise kann das geschehen, ohne sofort absurd zu sein.« Doch trotz all dieser Erörterungen bekennt er, daß er sich in einer Abhängigkeit sieht: zwar schrieben die Schriftsteller für alle Menschen, aber entscheidend sei für sie das Urteil der Kritiker und dominierend die Angst vor ihm.

Gombrowicz macht seiner Verbitterung Luft: »Über die Literatur zu schreiben ist leichter, als Literatur zu schreiben – da liegt der Hase im Pfeffer.« Der Hase liegt woanders im Pfeffer. Wenn wir bedenken, wie wenige Kritiker seit Jahrtausenden Bleibendes verfaßt haben, können wir uns vorstellen, wie ungeheuer schwer das Fach des Kritikers ist. Gombrowicz rät ihm dies: »Stolz und wütend alle künstliche Überlegenheit abwerfen, die deine Situation dir verleiht. Denn Literaturkritik ist nicht die Beurteilung eines Menschen durch einen anderen (wer hätte dir das Recht dazu gegeben?), sondern der Kampf zweier absolut gleichberechtigter Personen. Deshalb – urteile nicht. Beschreibe nur deine Reaktion.«

In diesen Zeilen steckt eine gehörige Portion Wahrheit. Die Kritiker der großen Zeitungen sind so privilegiert, daß sie Sachkenntnis nicht einmal zu heucheln brauchen. Ein Schuhmacher braucht Jahre, sein Handwerk zu erlernen, die Theater-, Film- und Buchrezensenten jedoch wuchern aus den Zeitungsseiten. Und wie Pilze auf der Wiese ähneln sie einander. Wie sich die Zeitungen den Interessen einflußreicher politischer und wirtschaftlicher Kreise anpassen, von denen sie abhängig sind, so hütet die Mehrzahl der Kritiker – oft nicht einmal bewußt – die seelische und geistige Bequemlichkeit der zahlungsfähigen Kulturkonsumenten. Recht hat Gombrowicz auch, wenn er sagt, daß der Kritiker – ähnlich wie der Schreibende – seiner Aufgabe nur gerecht werden kann, wenn er eine souveräne Persönlichkeit ist. Oberste Aufgabe des Kritikers ist es, das Werk durch den Filter seiner

Erfahrungen mit der Welt zu vergleichen, wobei er sich auf die Form konzentrieren sollte. Von der Flexibilität und Stabilität der Form hängt es ab, wie intensiv, anschaulich und unverwechselbar darin alles bewahrt ist, was sie aus der amorphen Wirklichkeit aufgenommen hat. So kann also der Kritiker als Spezialist der Form durchaus ein Künstler sein, wie Gombrowicz es verlangt. Diese Auffassung möchte ich ergänzen: »Die Geschichte der Ästhetik kennt neben dieser Gestalt des Dichter-Kritikers nur noch einen anderen Typus, der wirklich fruchtbar gewirkt, wirklich Neues gebracht hat: den philosophischen Kritiker« (Georg Lukács). Hervorheben möchte ich besonders das Wort »nur«. Zu einem großen Ästhetiker oder großen Kritiker kann nur ein Künstler oder Philosoph werden – ist jemand weder dies noch das, kann er trotz seines Esprits, seiner Gescheitheit, seines brillanten Stils und seiner Teilwahrheiten nicht mehr als ein Kellner des Augenblicks sein.

März/April 1991

Erste Eintragung
(Über den Kommunismus 1)

Was kann der Geist für seine Ideale opfern? Die Karriere? Ganz gewiß. Das Glück? Vermutlich. Das Leben? Vielleicht – alle Hochachtung vor Giordano Bruno! (Aber wir wollen auch über Galilei nicht den Stab brechen.)

Darf er seine Moral opfern?

Gombrowicz liest das ein Jahr vorher, also 1953 erschienene Werk des marxistischen Ideologen Dionys Mascolo, *Le Communisme*, und verwendet ein gutes Dutzend Druckseiten darauf, unter seinen widersprüchlichen Gefühlen und Gedanken Ordnung zu schaffen. Diese Tatsache allein mutet heute phantastisch an. Der Kommunismus ist ein toter Hund, vor den Augen der Öffentlichkeit in Zersetzung begriffen. Vornehmere Gemüter bedenken ihn höchstens mit einem verächtlichen Adjektiv oder, im Vorbeigehen dorthin spuckend, woher der Gestank kommt, mit dem ätzenden Speichel des Geistes.

Gombrowicz charakterisiert das Buch so: Es sei »von absolutem Ernst und absuluter Kinderei«. An anderer Stelle: »Äußerst weise, ungewöhnlich dumm. Zutiefst moralisch, erschreckend unmoralisch. Absolut real, wahnsinnig irreal. Sehr aufrichtig, sehr unaufrichtig.« Mascolo werfe »oft einen erleuchtenden Lichtstreif auf die giftige Alchemie der heutigen Kultur, auf unser Spiel mit falschen Karten. Aber der eigenen Fälschung steht er vollkommen hilflos gegenüber. Das kommt daher, daß er nicht er selbst, sondern nur ein Werkzeug sein will, das ist ein Mensch, der sich seiner Aufgabe untergeordnet hat. Er kann die Welt nicht verstehen, weil er sich der Welt aufzwingen will, mehr noch, er glaubt, es sei die einzige Form des Verstehens, sich aufzuzwingen.«

Schon dieser einleitende Gedankengang schürft tief. Bevor wir über den Wahrheitsgehalt eines Ideensystems nachdenken, müssen wir die Frage aufwerfen, welche Anforderungen es an seine Jünger stellt. Was den Kommunismus betrifft – und jetzt spreche ich natürlich nicht von den ehemaligen Parteistaaten und den Monstern, die sie begründeten, sondern von ihrer meistens nur als Berufungsgrundlage dienenden Philosophie und Ethik –, so müssen wir überlegen, was diese Freiheitsideologie mit der Freiheit ihrer Anhänger macht. Werden sie zum Werkzeug degradiert, besteht ihre Freiheit darin, auf sie zu verzichten. Diesen Widerspruch wollte Marx überwinden, wenn er behauptete, er selber sei kein Marxist, er ertrage also nicht einmal die Gefangenschaft in seiner eigenen Theorie. Je hermetischer ein Ismus ist und je selbstsicherer er sich für den alleinigen Überbringer der Wahrheit hält, um so gebieterischer schreibt er seinen Anhängern – und wenn alles schlecht läuft, den unter seine Oberhoheit geratenen Bürgern – ihr Blickfeld vor, um so kleinlicher richtet er das Terrain ein, das in diesem Blickfeld liegt. Marx entband sich selbst von den Pflichten des Marxismus, seinen Anhängern aber nahm er jede Abweichung übel. In sein Denken war integriert, was Lukács in *Geschichte und Klassenbewußtsein* so formulierte: Man müsse das richtige Bewußtsein von außen in die Arbeiterklasse hineintragen. Deshalb mußten diejenigen, die sich zu dieser Aufgabe berufen fühlten, als Werkzeug fungieren, indem sie sich nicht als Person, sondern als Träger des richtigen Bewußtseins verstanden. (Träger im wörtlichen Sinn ist in Gombrowicz' *Operette* der Professor, auf dessen Rücken der Lakai, diese Stalin-Figur, auf die Bühne geritten kommt.)

Inwieweit taugt ein Werkzeug als Diskussionspartner? Gombrowicz erkennt an, daß Mascolo nicht selten recht hat, es fehle ihm nur »an einer einzigen Wahrheit, nämlich der bescheidenen, warmen, vertraulichen Wahrheit des Autors«. Wenn jemand Werkzeug ist, gehört die von ihm vertretene Wahrheit nicht ihm, vielmehr dienen beide, er und die Wahrheiten, das welthistorische Subjekt und die Objekte, einem gemeinsamen Herrn: dem Weltgeist, der historischen Notwendigkeit, dem Weltproletariat. Das alles trifft auf deprimierende Weise zu, erschöpft den Tatbestand aber nicht. Das Fehlen der »bescheidenen, warmen, vertraulichen Wahrheit des Autors« kann über den Stil hinaus auch in einer bewußt angewandten Stillosigkeit zugegen sein, genauer, in der geistigen Haltung, die von der Stillosigkeit verdeckt wird, zuweilen selbst für die erbarmungslosesten Augen.

Diese Haltung ist von einem freiwillig gebrachten Opfer bestimmt. Wenn es wahr ist – und Gombrowicz würde es nicht bestreiten –, daß wir in einer durch und durch verlogenen Welt leben, wo das Böse nicht von außen über uns herfällt, sondern uns von innen zersetzt, wird es immer Intellektuelle geben, die sich und ihre Werke einer mit Erlösung lockenden Gewalt unterordnen. So werden sie zu Werkzeugen; aber da sie dieses Schicksal bewußt und gelegentlich aus Hochmut in Kauf nehmen, auch von persönlichen Beweggründen motiviert, versteckt sich ihre separate Wahrheit hinter dieser unpersönlichen Rolle.

In meinen empfänglichsten Jahren lebte ich im Bannkreis eines Menschen, der seine unabhängige Geistigkeit auf das bewußteste und auf höchstem intellektuellem Niveau, der Suggestion seiner inneren Freiheit folgend, zum Mittel umwandelte. Georg Lukács schloß sich schon Anfang 1919 nicht aus Naivität den Kommunisten an, vielmehr wußte er – und schrieb es auch –, daß er die Sünde wählte, denn die

Menschheit sei nur über den Weg der Sünde erlösbar. Die Sünde war, wie er selbst auf meine entsprechende Frage hin sagte, die Gewalt. Nach dem Ersten Weltkrieg bedurfte es keines Beweises, was Humanisten in engelhafter Unschuld heute zu leugnen versuchen: daß die Menschheit von ökonomischen, politischen und militärischen Zwängen regiert wird. So lag der Gedanke nahe, das heuchlerisch versteckte Gewaltsystem der herrschenden Minderheit durch eine von der Mehrheit offen ausgeübte Gewalt zu stürzen, indem man hinwegfegte, was der Schaffung einer gewaltfreien, einer freien Gesellschaft im Weg stand. Es war ein genialer Volltreffer, daß Lukács als vorbildlich eine Wahrheit der Hebbelschen *Judith* zitierte (»wenn Du zwischen mich und meine Tat eine Sünde stellst: wer bin ich, daß ich mit Dir darüber hadern, daß ich mich Dir entziehen sollte!«). Er stellte die Sünde – Töten, Rauben, Wortbruch im Interesse der Idee – nicht als moralisch hin, wie Lenin es tat (nach dem alles moralisch ist, was der Arbeiterklasse dient); nein, er nannte sie Sünde, womit er schon damals in seine während der Jahrzehnte variierende unbequeme Rolle innerhalb der kommunistischen Weltbewegung schlüpfte.

Doch die bewußte Anwendung der Sünde geht mit großen Schwierigkeiten einher. Lukács' Paradoxon, töten dürfe nur, wer unerschütterlich wisse, daß Töten unter allen Umständen verboten sei, stellt die Sünde – in der Art Raskolnikows – als Privileg eines auserwählten moralischen Genies hin. Nun kann sich aber eine Bewegung, die ihr Ziel in der Befreiung der ganzen Menschheit sieht, nicht allein auf moralische Genies verlassen, und sie kann nicht anerkennen, daß für sie andere moralische Normen gelten als für die Menschen des Alltags. So kam es, daß die in Ausnahmefällen zulässige ethisch motivierte Straftat in der Bewegung zur Massenkriminalität, zur öden Praxis des »Der Zweck heiligt die Mittel« verkam.

Gombrowicz würdigt, daß Mascolo den Kommunismus als »äußerst schwere und blutige Aufgabe« versteht. Aber was hätte er zu jemandem gesagt, für den das nicht nur eine intellektuelle Erkenntnis, sondern auch eine moralische Verpflichtung bedeutete? Ich verweise nicht nur auf die biographische Tatsache, daß Lukács 1919 als Politkommissar flüchtende Rotarmisten erschießen ließ, sondern auch darauf, daß er jahrzehntelang kontinuierlich – aber zum Glück nicht konsequent – das geistige Niveau seiner Bücher herunterschraubte, um sein Parteibuch, seine freiwillig übernommene Rolle nicht zu verlieren. Gegen Ende seines Lebens erzählte er oft von einem Schlachtengemälde – den Namen des Malers habe ich vergessen –, auf dem einer Reiterarmee ein Abgrund den Weg versperrt. Die ersten Reihen werfen sich in die Tiefe, damit die nachfolgenden über die Pferdekadaver und Reiterleichen hinweg die andere Seite erreichen. »Auch mein Lebenswerk dient vielleicht nur dazu«, pflegte er zu sagen, »beim Füllen des Abgrunds mitzuhelfen.«

Lukács' lebenslange Treue zum Kommunismus nährte sich aus einem religiösen Bedürfnis und zugleich aus intellektuellem Hochmut. Sein hyperrationales Ich war von Kindheit an durchdrungen von der Sehnsucht nach einem erlösenden Ideensystem und einer diesem System dienenden Gemeinschaft. Als die materialistisch-rationalistische Philosophie mit der messianistischen Revolution verschmolz, ordnete er seinen schon damals weltberühmten Geist und seine Person mit dem Pathos des »Wer bin ich« dieser Vereinigung unter. Da er sich seines Ranges bewußt war, mischte sich Hochmut in die Verzichtsgeste. Die schöpferischen Intellektuellen leben meistens für ihr Werk, und sie sehen den höchsten Triumph ihrer Persönlichkeit darin, wenn sie diese mit dem Werk verschmelzen können. Worin besteht nun aber die Bedeutung des individuellen Werkes gemessen am Glück der Menschheit? – In dieser Frage kristallisiert sich der Lukácssche Hochmut heraus, der ihm selbst in den Jahrzehnten des Stalinismus zu einer heiteren Grundhaltung verhalf. Deshalb blieb er in Moskau, als im Zuge der Säuberungen die Mehrheit der in die Sowjetunion emigrierten ungarischen Kommunisten umgebracht wurde. Obgleich ihm eine Professur in Amerika angeboten worden war, nahm er lieber den wahrscheinlichen Tod in Kauf, als daß er auf sein ungebrochenes – und letzten Endes beglückendes – Pathos verzichtet hätte. So persönlich kann die unpersönliche Rolle des Werkzeugs sein; wogegen Gombrowicz mit Recht Widerwillen empfand.

Mein Widerstreben ist anderer Art. Relativ schnell trat die wirkliche Natur der anfangs noch begründeten Illusionen zutage, und es wurde klar, daß die »Sünde«, also die Gewalt, im Interesse einer immer unmenschlicheren neuen Herrschaftsschicht zur Anwendung kam, immer mörderischer und hemmungsloser. Lukács jedoch hatte inzwischen, einen peinlicheren Anblick bietend als die durchschnittlichen Gläubigen, seine nüchtern-kritische Sicht aufgegeben und suchte Vorwände, Ausreden und Motive für die Rechtfertigung der wachsenden Zahl von Schurkereien im Weltmaßstab, geradeheraus gesagt, er lief dem Geld hinterher und verhüllte, als er seinen Kredit verlor, sogar seine wirklichen, Unsterblichkeit verheißenden Verdienste auf lange Zeit.

Dieses Problem stellt sich nicht allein im Zusammenhang mit dem Kommunismus. Ein emigrierter polnischer Schriftsteller namens Goetel ist der Meinung, die ins Exil gegangenen Polen müßten ihr Vaterland zurückgewinnen, weil sie nur dort ein vollwertiges Leben führen könnten. Habt ihr denn nicht von der katholischen Kirche gelernt, ruft Gombrowicz ihnen zu, daß ihr eine unsterbliche Seele habt, unabhängig von dem Breitengrad, auf dem ihr euch gerade aufhaltet? »Wenn man euch sagte, daß ihr … nur unter der Bedingung Polen sein könnt, daß ihr als Menschen schlechter werdet – etwas weniger begabt, weniger klug, weniger edel –, würdet ihr dieses Opfer Polen bringen?« Die Antwort steckt in der Melodieführung. Der Patriotismus kann genauso zur Religion werden wie der Kommunismus. Der Individualist Gombrowicz sah seine höchste menschliche Pflicht in der individuellen Erfüllung. Aber das Individuum kann sich nur in Wechselwirkung mit anderen Menschen entwickeln. Andererseits sind auch andere Menschen keine Abstraktionen, sondern Individuen. »Ich sehe auch, daß ich mit Herrn Goetel nie einig werde – denn ihm geht es um Polen, mir dagegen um die Polen.« Und wenn wir hinzusetzen, daß Gombrowicz die Nicht-Polen als nicht weniger wichtig betrachtete, können wir uns ein Bild machen von seinem fruchtbaren schriftstellerischen Individualismus, der Mascolo ablehnt und Goetel auch.

Gestern bin ich mit dem Auto aus Paris durch Belgien nach Berlin gekommen. Sonnenschein. Wind. Wolkenballen. Regen. Wieder strahlender Sonnenschein. April. Das Abenteuer der Veränderung. Aber: Veränderungen sind eine Serie von Wiederholungen. Und doch keine einfachen Wiederholungen, sondern Variationen. Ich widerstehe der Verlockung, in der gestrigen Fahrt eine seichte Bestätigung der Hegel-Goetheschen Dialektik von der »Dauer im Wechsel« und dem »Wechsel in der Dauer« zu suchen, und ich sinne auch nicht darüber nach, inwieweit der moderne Verkehr unsere Raum-Zeit-Koordinaten verändert hat; ich erwähne nur noch, daß ich den Ziegenkäse, den ich am Morgen auf einem Pariser Markt gekauft hatte, am Abend in V.s Berliner Küche kostete.

*

»Ich habe Gott in mir gestürzt. Habe rücksichtslos denken gelernt. Habe, wichtiger noch, meine Schönheit in der Zerstörung alter Schönheit, habe Liebe in der Trennung von alten Liebhabern finden gelernt. Andere Bande, die mich hätten hemmen können – Vermögen, gesellschaftliche und soziale Rücksichten –, sind schon längst gefallen. Heute gibt es keine Ehre, keine Autorität, keine Bindungen mehr, die mich halten würden, ich bin frei, frei und et cetera frei! Weshalb lehne ich den Kommunismus ab?«

Es ist eine todernste Frage. Gombrowicz fühlte sich – ähnlich wie hundert Jahre vorher Heine – vom Kommunismus so angezogen wie Faust vom Satan. »Und wenn heute der Kommunismus für viele zu einem so faszinierenden Phänomen geworden ist, dann deshalb, weil er die bisher stärkste Materialisierung der Intelligenz darstellt – es ist, als hätten die Beschwörungen der aufgeklärtesten Geister schließlich eine gesellschaftliche, das heißt aus Menschen bestehende Kraft aus dem Nichtsein hervorgerufen, die zu konkretem Handeln fähig ist. Dieser Teufel mußte an die Wand gemalt werden – jetzt geht es darum, uns von ihm nicht zur Hölle schicken zu lassen«, mahnt Gombrowicz. »Ich malte den Teufel an die Wand meiner Zeitung«, schrieb Heine 1855, ein Jahr vor seinem Tod, nämlich den Teufel des Kommunismus, und zwar in dem Bewußtsein, »daß den Kommunisten die Zukunft gehört … In der Tat, nur mit Grauen und Schrecken denke ich an die Zeit, wo jene dunklen Bilderstürmer zur Herrschaft gelangen werden: mit ihren rohen Fäusten zerschlagen sie alsdann erbarmungslos alle Marmorbilder der Schönheit, die meinem Herzen so teuer sind.« Aber: »Der Teufel ist ein Logiker!« sagt er mit Dante. »Ein schrecklicher Syllogismus behext mich, und kann ich der Prämisse nicht widersprechen, ›daß alle Menschen das Recht haben zu essen‹, so muß ich mich auch allen Folgerungen fügen.« Und Heine setzt zum Höhenflug an, er verflucht die alte Welt, »wo die Unschuld zugrunde ging, wo die Selbstsucht gedieh, wo der Mensch vom Menschen ausgebeutet wurde!«. Möge das Reich der Lüge und Ungerechtigkeit zerstört werden! »Und gesegnet sei der Krautkrämer, der einst aus meinen Gedichten Tüten verfertigt, worin er Kaffee und Schnupftabak schüttet für die armen alten Mütterchen, die in unserer heutigen Welt der Ungerechtigkeit vielleicht eine solche Labung entbehren mußten – fiat justitia, pereat mundus!«

Ästhetisch haben beide Exilschriftsteller eine niederschmetternde Meinung vom Kommunismus. Die Marmorstatuen der Schönheit werden zunichte. Aus dem *Buch der Lieder* werden Tüten gedreht. Die Kommunisten aber tilgen das Individuum und sogar die faßbare Realität selbst aus ihrer Sprache. Die Abstraktion, in der sie sich heimisch fühlen, ist völlig kunstfeindlich. Andererseits betrachten beide den Kommunismus als *logische Folge* der alten, verlogenen Welt, als satanische Folge, die mit ihren eigenen Mitteln nicht zu schlagen ist. Diese Stimme der Logik erfüllt beide mit Angst und Schaudern, aber während Heine geneigt ist, der teuflischen Wahrheit zuliebe auch den Untergang der Welt hinzunehmen, ist es Gombrowicz' Hauptsorge, wie wir uns gegen den zum Leben und gar zur Macht erwachten Teufel wehren können.

Er findet, daß der Kommunismus weniger ein philosophisches oder ethisches als vielmehr ein technisches Problem sei. Wenn die Kommunisten behaupteten, damit der Geist richtig funktioniere, müßten erst einmal die materiellen Bedürfnisse befriedigt werden, dann hätten sie auch zu beweisen, daß ihr System den Menschen einen höheren Wohlstand garantiere. Doch wo ist der Beweis? Die materialistischen Philosophen möchten den Geist durch eine Änderung der materiellen Bedingungen beeinflussen, dennoch erzählen sie unablässig vom Geist und verlieren kaum ein Wort darüber, wie die Materie zu bezwingen wäre. »Solange aber die technische Machbarkeit des Kommunismus nicht geklärt ist, werden alle anderen Überlegungen nur Tagträume sein.«

Ich muß gestehen, die vertrackten Dinge der technischen Machbarkeit haben mich auch in der Zeit nicht interessiert, als ich mich für einen hundertprozentigen Marxisten, ja Kommunisten hielt. Ich konnte sowohl Kaffee als auch Heine-Lieder jederzeit und je nach Bedarf konsumieren, und nur die Wahrheit interessierte mich, also das Gesetz, das essentieller ist als das Stammeln des Seins. Ich meinte, die praktischen Fragen gehörten in die Sphäre des Zufälligen, so sei es also ein Zufall, daß der Sozialismus nicht funktioniere. Demgegenüber gehörten die materialistische Weltanschauung, die historische Betrachtungsweise sowie die dialektische Methode in die Sphäre des Wesens, da sie es ermöglichten, die unterschiedlichsten Prozesse und Erscheinungen zu verstehen. Noch bevor ich *Geschichte und Klassenbewußtsein* gelesen hatte, stimmte ich mit Lukács darin überein, daß sich die Orthodoxie in Fragen des Marxismus ausschließlich auf die *Methode* bezieht. »Denn angenommen – wenn auch nicht zugegeben –, die neuere Forschung hätte die sachliche Unrichtigkeit sämtlicher einzelnen Aussagen von Marx einwandfrei nachgewiesen, so könnte jeder ernsthafte ›orthodoxe‹ Marxist alle diese neuen Resultate bedingungslos anerkennen, sämtliche einzelnen Thesen von Marx verwerfen – ohne für eine Minute seine marxistische Orthodoxie aufgeben zu müssen.« Dieser extreme Dualismus der Methode und der von ihr erreichten Ergebnisse, der im existierenden Sozialismus die Theorie den jeweiligen taktischen Interessen anpaßte, schreckt mich inzwischen ab. Ich schloß nämlich – natürlich nicht allein – aus dem Gegensatz zwischen der Methode und den Behauptungen, die sich auf sie beriefen, daß die Methode zwar richtig sei, aber die Behauptungen nicht von ihr herrührten, und daß ich in einer neuartigen Klassengesellschaft lebte, an die Marx nicht gedacht habe oder nicht habe denken können. Und die technische Machbarkeit des Sozialismus, diese auch aus philosophischer Sicht ausschlaggebende praktische Frage, verwies ich stets in die Kompetenz der Spezialisten und überließ sie einer ungewissen Zukunft.

Freilich kann ich sagen, daß ich in bezug auf die technische Machbarkeit nicht zuständig bin. Oder ich kann einen künstlerischen Standpunkt einnehmen und mit Gombrowicz sagen, daß mich nicht die (abstrakte) Idee, sondern die (konkrete) Persönlichkeit interessiert; ich muß nicht die Wege der Zukunft ausspähen, sondern die Kräfte, die den Menschen formen. Das alles kann ich durchaus behaupten; aber darf ich mich dann noch als Sozialisten bezeichnen? Geben mir die vielen »Anti«-Überzeugungen (die antirealsozialistische, die antikapitalistische) das Recht, daß ich mich als Anhänger irgendeines »Pro«-Weltbildes in Szene setze? Hilft es mir, wenn ich zu den vielen konkreten »Anti-« ein kleines abstraktes »Sollen« hinzumogle?

Zweite Eintragung
(Ein alter Kurde, im Türkensitz)

In erschütternden Bildern sendete das deutsche Fernsehen den Staatsbürgern heute einen Bericht über den Exodus der irakischen Kurden in die Schlaf-, Speise- und Wohnzimmer. Hundertzwanzigtausend sind in den Bergen verhungert oder erfroren. Millionen haben sich mit Kindern und armseligem Gepäck auf den Weg gemacht, ohne Nahrungsmittel, Trinkwasser, Decken. Aus irakischen Militärhubschraubern werden sie beschossen, mit Napalmbomben attackiert. Aber selbst die unter freiem Himmel durchlittenen Frostnächte und Regenfälle, der Hunger und die mit bester Importtechnik ausgerüstete feindliche (das heißt: einheimische) Soldateska können sie nicht von der Flucht abhalten – doch wohin? Zu den Todfeinden: den Türken und Iranern. Ich sah, auf dem Teppich liegend, Schnaps schlürfend, wie die türkische Polizei auf sie einschlug – einerlei, wohin, nur weg aus dem Irak, aus der Heimat, wo der Diktator ihr ganzes Volk ausrotten möchte.

Auf dem Bildschirm erschien dann ein älterer Kurde, mit verschränkten Beinen hockte er im Kreis jüngerer Männer. »Die Amerikaner«, sagte er, »haben in Kuweit für die Menschenrechte gekämpft. Stehen uns Kurden denn die Menschenrechte nicht zu?« Ob es wohl in der antiirakischen Koalition auch nur einen einzigen gottverfluchten Politiker gibt, der diese Frage zufriedenstellend beantworten kann? Oder der zu einem so einfachen und unumstößlichen Gedankengang fähig wäre?

Als ich den Alten betrachtete, fiel mir Gombrowicz' Forderung ein: »Nicht die Idee, die Persönlichkeit ist uns wichtig.« Würde doch ein berufener Künstler diesen Alten darstellen, damit sich mir sein ganzes Wesen offenbarte! Wie er saß, wie er blickte, wie die anderen auf ihn blickten, wie er sprach, wie die anderen ihm zuhörten – schon das alles zeigte, daß er eine bedeutende, unverwechselbare Persönlichkeit war. Aber auch seine von einem individuellen Stil bestimmte, wortkarge Argumentation mit ihrer abstrahierten Wahrheit beeindruckte mich tief.

Gombrowicz erzählt, wie glücklich ihn ein lobender Brief machte, weil der Briefschreiber genau den Kern seiner Bestrebungen traf: »›Die Freiheit, die Sie in Ihrem Tagebuch zeigen, ist wahrhaftiger als die professorale, angestrengte Freiheit Sartres.‹« Die intellektuelle Freiheit sei in der Tat als eine neue Gefangenschaft auffaßbar, wenn sie die Frucht entschlossenen Bemühens sei. »Die Sartres und Mascolos scheinen zu vergessen, daß der Mensch seinem Wesen nach dazu geschaffen ist, bei mittlerem Druck und mittleren Temperaturen zu leben. Wir kennen heute tödliche Kälte, kennen das Lebensfeuer, aber die Geheimnisse der lauen Sommerbrise, die erfrischt und atmen läßt, haben wir vergessen.«

Das alles ist richtig – aber wir dürfen nicht vergessen, daß der mittlere Druck und die mittleren Temperaturen nicht infolge eines übermäßigen Freiheit-Wollens verlorengingen. Im Gegenteil: Dieses übermäßige, angestrengte und gefangennehmende Wollen entspringt der verzweifelten Erkenntnis, daß den menschlichen Dimensionen überall der Untergang droht. Doch diese Verzweiflung führt zu neuen Verformungen, die Freiheit trifft der Schlag angesichts ihrer eigenen

Entscheidungen. »Um frei zu sein, muß man nicht nur frei sein wollen – man muß das Freisein auch nicht allzusehr wollen.« So lautet Gombrowicz' originellste Erkenntnis auf diesem Gebiet. Schillers Aufsatz *Über naive und sentimentalische Dichtung* legt dar, daß der naive Dichter mit der Natur identisch ist und der sentimentalische mit ihr identisch sein will. Seien wir also identisch mit der Freiheit, ohne das zu wollen. Woher aber soll ich heute nacht – mit den Bildern der ihrer Freiheit beraubten, zum bloßen Wollen verdammten, in ihrer Existenz bedrohten Kurden im Kopf – diese ungezwungene Selbstverständlichkeit nehmen?

Dritte Eintragung
(Ich habe mir den Meister angeschaut)

In Paris habe ich eine Gombrowicz-Ausstellung und einen Videofilm aus den letzten Jahren des Meisters gesehen. Ein schönes Haus mit Garten in Vence, geräumige Veranda, die attraktive junge Ehefrau, zwei Interviewer. Vom Text verstand ich nicht viel, aber ich erfaßte die Ironie des langsamen, gedehnten Tonfalls, den im Sprechen zutage tretenden Selbstgenuß, das stetige Vibrieren der Finger, den raschen Blick auf den Fragenden – oder die Gattin – nach dem einen oder anderen zugespitzten Satz und das zufriedene Lächeln, mit dem Gombrowicz das Gelächter quittierte. Gegen Ende des langen Gesprächs lagen Schatten auf seinem Gesicht – die Augen leuchteten, die Falten auf der Stirn verdichteten sich. Mich überkam das Gefühl, Zeuge bei der Geburt seines Todes zu sein. Unsere einseitige Bekanntschaft ist tiefer und reicher geworden, seit ich sah, wie er seine Pfeife stopfte, und seit ich die schneidende oder melodisch gezogene Dichtung seiner Stimme im Ohr habe.

Mai 1991

Erste Eintragung
(Die Harfe und der Harfner)

Heute brachte ich einer Zeitungsredaktion ein gestern geschriebenes Gedicht oder – um aus dem Titel zu zitieren – »einen improvisierten Bericht« über den Zustand der Welt, wie er sich beim abendlichen Fernsehen, Schinkenbrote kauend, in mir geformt hatte. Der Redakteur gratulierte mir mit warmen Worten und sprach von einem publizistischen Meisterwerk, das er am liebsten auf Seite drei bringen würde statt in der Literaturbeilage, aber wegen der Gedichtform würden seine holzköpfigen Kollegen ihm das nie erlauben.

Ich hatte den ganzen Nachmittag an dem Gedicht gearbeitet, um das »Improvisierte« in eine strengere Form zu zwängen. Danach nahm ich mir Gombrowicz' *Tagebuch* vor und machte dort weiter, wo ich Wochen vorher aufgehört hatte. Wie der Zufall es will, kam ich zu einer Eintragung, die sich mit dem Tod des polnischen Dichters Tuwim befaßt. Gombrowicz hält ihn für den größten zeitgenössischen Dichter Polens; den größten – aber war er wirklich groß? »Das Peinliche ist, daß wir von jedem Gedicht Tuwims behaupten können, es sei ›wunderbar‹, aber auf die Frage, was Tuwim eigentlich an Tuwimschem in die Weltliteratur eingebracht hat, wissen wir keine Antwort. Denn Tuwim als Tuwim, das heißt als Persönlichkeit, existierte nicht. Eine Harfe ohne Harfner.« Gombrowicz möchte ihm um keinen Preis ähneln.

Nicht zu sehr Künstler sein – das ist sein schriftstellerisches Programm! Nicht auf die Harfe konzentrieren, die auch der Wind zum Klingen bringt, sondern auf die Person des Harfners! »Für mich geht es in der Literatur nicht um Karriere und eventuelle Denkmäler, sondern darum, das Wertvollste aus mir hervorzubringen, zu dem ich fähig bin. Sollte sich herausstellen, daß das, was ich schreibe, wertlos ist, so habe ich nicht nur als Schriftsteller, sondern auch als Mensch verspielt.« Ein Schriftsteller, für den die Kunst hoch über allem steht, degradiert sich zum Werkzeug, zur Harfe, zum Diener, und selbst wenn er schöne Werke erschafft, bleibt er das Wichtigste schuldig, was die Literatur und vor allem die Dichtung bieten kann: die Person, die – wie eine Antigone, ein Hamlet, ein Don Quijote, ein Faust – für sich einen Platz in der Wertordnung der Menschheit verlangt.

*

Gombrowicz lehnt auch die der Ideologie dienende Kunst ab. »Was ist die Idee, was selbst die Weltanschauung in der Kunst? Für sich allein genommen, sind sie nichts – bedeutungsvoll können sie nur in Hinsicht darauf sein, wie sie empfunden und geistig ausgeschöpft wurden, wie hoch sie erhoben wurden und welchen Glanz sie von dieser Höhe verbreiten.«

Ideologische Kunst und poetische Dichtung haben also die gleichen Wurzeln. Man wird Fürsprecher von etwas und verliert seine lebendige Stimme. In beiden Fällen wird die Illusion spürbar, der aufzuarbeitende Stoff lasse sich in eine fertige Form schwappen. Doch der Künstler, dieser professionelle Form-Schöpfer, muß wissen: »Die Wirklichkeit ist nichts, das sich restlos in Form fassen ließe. Form ist unvereinbar mit dem Wesen des Lebens. Jeder Gedanke aber, der diese Unzulänglichkeit der Form bestimmen wollte, wird dadurch schon zur Form und bestätigt nur unser Streben nach ihr.« Der Gedanke von der perfekten Form schöpft seine Kraft, so meine ich, aus der Fiktion, daß sich die Zeit anhalten läßt, und sei es nur für einen Augenblick. Wäre es an dem, könnte die Form restlos die zum Kristall erstarrte Vollständigkeit des Augenblicks fassen. Da sich die Zeit aber nicht anhalten läßt, bewahren die großen dichterischen Meisterwerke nicht nur diesen Augenblick für die Nachwelt, sondern auch seine Vergänglichkeit, die ihn umfängt wie der Duft die Blume. Deshalb ist Gombrowicz' Ratschlag, der Künstler solle nicht in der Kunst verweilen, sondern im Grenzgebiet zwischen der Kunst und dem Leben, nützlich: So kann er mit den Formen zusammen auch ihr unablässiges Entstehen und Verfallen deutlich machen.

Zweite Eintragung
(Über nationale Angelegenheiten)

Eine Tageszeitung bestürmt ehrenwerte Leute des öffentlichen Lebens – so auch mich – mit Fragen zu »Ungartumbewußtsein und Verbürgerlichung«. »Ist am Ende des 20. Jahrhunderts die nationale Idee noch zeitgemäß?«, »Wer oder was ist der Ungar?«, »Wie ist der ungarische Mittelstand, wie sollte er sein?« Ich schicke der Zeitung meine Antworten nicht; schon der Ausdruck »Ungartumbewußtsein« bringt mich in Rage. Ich will nicht zu dem ausufernden Geschwafel beitragen, das von unterschiedlichen moralischen und geistigen Stufen herab den schutzlosen Leser überfluten wird. Aber auf diesen Seiten, mit Gombrowicz vor mir, vermag ich einen mißlaunigen Kommentar nicht zu unterdrücken.

Was den Ausdruck »Ungartumbewußtsein« betrifft: Entweder bedeutet er – nach dem Muster des »Judenbewußtseins« oder »Zigeunerbewußtseins« –, daß jemand sich als Ungar betrachtet, in welchem Fall mehr über ihn nicht zu schreiben ist, oder er will besagen, daß es ein abgegrenztes, eigenes Reich des Bewußtseins gibt, welches von Reflexionen über das Ungartum ausgefüllt wird. In diesem Fall können wir den Menschen in unterschiedliche Bewußtseinsreiche aufteilen, ein betagter ungarischer Zahnarzt beispielsweise hat ein allgemeines Mensch-Bewußtsein, ein Ungartum-Bewußtsein, ein Mann-Bewußtsein, ein Betagtheits-Bewußtsein und ein Zahnarzt-Bewußtsein. Innerhalb dessen hätte er möglicherweise ein menschliches Selbstgefühl, ein ungarisches Selbstgefühl, ein Mannselbstgefühl, ein berufliches (zahnärztliches) Selbstgefühl und sogar ein Betagtheitsselbstgefühl, sofern er Sophokles zustimmt, daß nur das Alter weise macht. Schlechterenfalls lassen sich diese »Bewußtseinsfragmente« gegeneinander ausspielen. Gombrowicz amüsiert sich sauertöpfisch über seinen Kollegen Czesław Straszewicz, der behauptet, er habe sein Talent auf dem Altar des Vaterlands geopfert. Und der Gombrowicz und Miłosz vorwirft, als das Vaterland in Gefahr war, hätten sie sich nur um ihr Talent gekümmert. Wer meine, im Interesse des Vaterlands solle man Talent über Bord werfen, müsse zu der Schlußfolgerung gelangen, das Vaterland benötige Dummköpfe. Und tatsächlich, wenn man den Verfechtern des »Ungartumbewußtseins« (»Polentumbewußtseins«, »Buschmanntumbewußtseins«) lauscht, kann man sich solchen Gedanken nicht verschließen.

(Ich will nicht verschweigen, daß das Dilemma Talent kontra Patriotismus auch auf Gebiete führt, wohin ich Gombrowicz nicht folge. Bestimmt entfaltete sich sein Talent in der Literatur kraftvoller als auf dem Schlachtfeld. Trotzdem kann ich sein Argument, weshalb er nie Soldat war, nicht akzeptieren: »Ich bin dazu nicht geschaffen. Mein Gebiet ist ein anderes. Als Soldat wäre ich eine Katastrophe. Ich würde mir und euch Schande bereiten.« Die meisten Buchhalter, Briefträger und Rechtsanwälte, die meisten Arbeiter und Bauern sind auch nicht zu Soldaten geschaffen. Wenn für Genies spezielle moralische Normen gelten, müssen wir von den Nicht-Genies verlangen, daß sie, ob sie wollen oder nicht, in den Krieg ziehen und auch anstelle der Genies sterben. Diese aristokratische Forderung hat eine weitere Klippe: daß das Werk erst nachträglich den Beweis für die Genialität liefert. Heuchelei kann der Künstler nur vermeiden, wenn er sich dem für jedermann geltenden Pflichtgebot nicht unter Berufung auf sein Talent entzieht, sondern weil er es leichter als ein Barbier oder Bauer tun kann.)

*

Mein Freund László Végel aus Ujvidék/Novi Sad hat sehr schön *Über die Staubwolken der Geschichte* geschrieben, Staubwolken, die der Wind in Osteuropa aufwirbelte, sooft barbarische Horden irgendeiner nationalen Idee ein Monument der Minderheitenkultur stürzten. Végel geht von den Ergebnissen einer Volkszählung in der Wojwodina aus und verzweifelt schier angesichts der rapiden Abnahme der Minderheiten. Unter dem Druck der serbischen Verwaltung sank die Zahl der Ungarn, Rumänen, Ruthenen, Slowaken und Kroaten. Kirchen verfallen, Staubwolken steigen auf, wie auch eine Staubwolke über den einstürzenden Häusern der Judengasse stand. Végel beruft sich auf Milan Kundera, der sagt, einst seien die Juden das geistige Bindegewebe Mitteleuropas gewesen. »Diese durchgeistigte, kosmopolitische Kultur im besten Sinn des Wortes fehlt uns in dieser von nationalen Gefühlen aufgewühlten postkommunistischen Region heute sehr. Als ihre Zahl schmerzlich zurückging, verlor dieser Teil Europas sein bestimmendes Verbindungssystem.« Ich könnte zynisch hinzufügen, daß die vereinheitlichende Wirkung der Juden nicht allein aus ihrer Rolle als Kulturvermittler resultierte, sondern auch daraus, daß sie Zielscheibe des Hasses waren und mit ihrer bloßen Existenz für die Kontinuität der barbarischen Borniertheit sorgten. Nach dem Sturz der Parteistaaten, in denen die unterschiedlichsten Nationen und Nationalitäten scheinbar verschmolzen waren, hat das Fehlen einer jüdischen Minderheit die Mehrheiten in der Region veranlaßt, im staatsgründerischen Eifer neue Minderheiten zu Sündenböcken zu ernennen. Diese Tendenz sieht Végel als tödliche Bedrohung für seine Hoffnung, die Rolle des Judentums könnten nun »gewollt oder ungewollt vielleicht die ostmitteleuropäischen Minderheiten ein wenig übernehmen«. Doch damit die vielen Minderheiten die verschiedenen Nationalkulturen miteinander verschmelzen, müssen demokratische Reflexe her, ein umfassendes, emotional gefärbtes Wissen, daß eine Minderheit nicht Hindernis, sondern Stimulanz ist. Mit Hilfe einer solchen regionalen Verbrüderung könnten wir vielleicht – auch uns nach Europa sehnend – unsere in eigenständiger Entwicklung wurzelnde Integrität bewahren.

*

Der Anwalt einer wegen Rassenhetze verklagten ungarischen Zeitung stellte den Antrag, das Gericht solle frei von Juden und Rumänen sein, da solche Leute notwendigerweise voreingenommen seien. Das Gericht vertagte daraufhin die Sitzung und manifestierte damit zumindest, daß es sich die Sache überlegen wollte.

Die Staatsanwaltschaft leitete eine Untersuchung gegen eine andere Zeitung ein, in der eine Graphik das ungarische Wappen mittels sexueller Symbole seiner Würde beraubt haben sollte. Namens der künstlerischen Freiheit starteten einige Intellektuelle eine Unterschriftenaktion gegen den

Prozeß. Die Organisatoren, manche von ihnen jüdischer Herkunft, limitierten die Zahl der potentiellen Unterzeichner jüdischer Abstammung in der Erwartung eines stärkeren Effektes.

Wenn Minderheiten daran gehindert werden können, gegen Rassen- oder Völkerhetze aufzutreten (weil sie wegen ihrer Herkunft ja voreingenommen sind) oder für demokratische Freiheitsrechte zu kämpfen (weil sie infolge ihrer Herkunft ja keinen Kredit haben), dann werden über Osteuropa noch lange Staubwolken schweben. Das Bindegewebe unserer Region schrumpft, wir entfernen uns immer weiter von Europa, und der Balkan greift auf die Länder des einstigen Warschauer Vertrags über, wo sich dann tollwütige Schakale balgen werden, um die Beute oder nur um des Balgens willen.

Juni 1991

Erste Eintragung
(Extreme des Polentums)

Früher habe ich die Reiseleidenschaft des Karol Wojtyła darauf zurückgeführt, daß er Pole ist. Als polnischer Staatsbürger hatte er im real existierenden Sozialismus vermutlich wenig Möglichkeiten zur touristischen Betätigung, so daß er, als er die Staatsbürgerschaft wechselte und sogar Staatsoberhaupt wurde, was ihm eine erträgliche materielle Unabhängigkeit sicherte, die Gelegenheit unverzüglich nutzte und wild herumzureisen begann, um in späten Jahren nachzuholen, was er in jungen versäumte. Ich nickte verständnisvoll, auch ich reise gerne, auch ich würde nach einem Gratisflug vor laufenden Kameras den Rollbahnbeton jedes beliebigen afrikanischen Flugplatzes küssen.

Kurz, meine Sympathie für den polnischen Kollegen (schließlich hat Herr Wojtyła als Dramatiker angefangen) kam aus dem Herzen, solange ich glaubte, es sei auch bei ihm die Liebe zu unbekannten Landstrichen, die ihn hinaus in die weite Welt ziehe. Aber mit der Zeit kam mir ein leiser

Verdacht, der sich verstärkte und an den Wurzeln meiner Sympathie zu nagen begann. Ich beobachtete nämlich, daß er nicht mit Genuß reist, daß er sogar ein entschiedener Gegner der Genüsse ist, welcher Art und Ordnung auch immer. Den Herrn Wojtyła treibt missionarischer Eifer durch die Welt, er predigt in tropischer Hitze, in kalten Novembergüssen, in der stickigen Luft überfüllter großer Räume. Seine Zeit ist auf die Minute eingeteilt, Konferenzen, Protokollarisches, in vielen Sprachen sprudelt es von seinen Lippen. Ich könnte mit diesem Eifer mitschwingen, Berufsbesessenheit ist auch mir nicht fremd – weshalb dann diese Abneigung gegenüber seiner fleißigen Person?

Zum erstenmal konstatierte ich die Symptome vor etlichen Jahren, als er in Südamerika gegen die Anhänger der Freiheitstheologie und überhaupt gegen politisierende Geistliche Stellung bezog. Nicht der politische Kampf, sagte er, sei die Aufgabe der Geistlichen, sondern die Seelsorge. Zur gleichen Zeit ermutigte er in Polen indirekt und direkt die Kirche und die Gläubigen zum politischen Widerstand. Aber verglichen mit den Lebensverhältnissen in den Slums und Plantagen südamerikanischer Staaten kann man das Elend in Polen und Osteuropa überhaupt als paradiesischen Zustand auffassen. Mir mißfiel es sehr, daß Herr Wojtyła zwei Maßstäbe anlegte. Ich hätte es für richtiger gehalten, der Geistlichkeit in beiden geopolitischen Zonen das politische Engagement zu verbieten, und für noch richtiger, ihr in beiden zu erlauben, daß sie dem Gebot christlichen Gewissens folgt.

Wenn wir schon beim gleichen Maß sind: um der eventuellen Empörung meiner eventuellen Leser vorzubeugen, möchte ich anmerken, daß die Personen, die in einer sarkastischen oder auch nur ironischen Behandlung religiöser oder kirchlicher Themen eine Herabwürdigung der Gefühle der Gläubigen sehen, auf die Gefühle von Ungläubigen meistens keine Rücksicht nehmen. Herr Wojtyła zum Beispiel pflegt Materialismus und Atheismus global für unmoralisch zu erklären. Damit setzt er ein beträchtliches geistiges Kapital in ein schlechtes Licht und zieht die Ehre von Millionen Menschen in Zweifel, die er gar nicht kennt. Ich habe übrigens nichts gegen eine solche Denkart, wenn sie nicht zum

Monopol wird, wenn sie nicht die von ihr Abgestempelten auf den Scheiterhaufen oder in den Knast schickt, aus ihren Stellungen oder der Schule entfernt und wenn auch sie die niederschmetternde Meinung oder den Spott anderer verträgt.

Mit katholischem Missionseifer hat mich das Schicksal erstmals im Gefängnis konfrontiert. Jenő Soltész, Vorsitzender der Christlichen Front von 1956, faßte die gesamte Menschheitsgeschichte als einen Kampf zwischen dem christlichen und dem jüdischen Prinzip auf. In der klassischen griechisch-römischen Kultur etwa ständen Sokrates, Platon, Pythagoras und die Stoiker für eine christliche Gesinnung, die Materialisten, Sophisten, Kyniker und Epikureer hingegen verkörperten das jüdische Wesen. Unter den großen Geistesströmungen der Neuzeit erregte besonders die Aufklärung sein Mißfallen – selbst Voltaire putzte er mehrmals als Juden herunter –, aber auch die Freimaurerei und der Marxismus schnitten nicht besser ab. Einmal konnte ich ihn doch zur Nachdenklichkeit anregen, und zwar, als ich ihm ein frühes, stark antisemitisches Werk von Marx in die Hand drückte, *Zur Judenfrage*. Ich sehe ihn vor mir, wie er mit entgeistertem Gesicht laut zitiert: »Welches ist der weltliche Grund des Judentums? Das *praktische* Bedürfnis, der *Eigennutz*.

Welches ist der weltliche Kultus des Juden? Der *Schacher*. Welches ist sein weltlicher Gott? Das *Geld*.

Nun wohl! Die Emanzipation vom *Schacher* und vom *Geld*, also vom praktischen, realen Judentum wäre die Selbstemanzipation unserer Zeit.« Und: »Die Juden haben sich insoweit emanzipiert, als die Christen zu Juden geworden sind.« Soltész, der eine christlich-sozialistische Gesellschaft auf berufsständischer Grundlage und mit theokratischer Führung wollte, lächelte verklärt, während er wieder und wieder die Sätze las, bei denen sein Herz höher schlug – bis zum letzten: »Die *gesellschaftliche* Emanzipation des Juden ist die *Emanzipation der Gesellschaft vom Judentum*.« Schon war er fast geneigt, Marx aus dem blubbernden Höllenkessel zu ziehen, in dem seinem Glauben nach sämtliche Marxisten schmoren (oder schmoren werden), doch blätterte er leider weiter und mußte gleich auf der nächsten Seite in der Einleitung *Zur Kritik der Hegelschen Rechtsphilosophie* lesen, daß die Kritik der Religion die Voraussetzung aller Kritik und daß die Religion das Opium des Volks ist. Seufzend schlug er das Buch zu und ließ Marxens Seele in den Kessel zurück, zwischen die Seelen Diderots und Stalins.

Läßt sich ein wesentlicher ideologischer Unterschied zwischen Soltész' und Wojtyłas Grundhaltung nachweisen? Letzterer hat vor einigen Wochen, bei seinem vierten Besuch in Polen, dem Schacher, dem Eigennutz, dem Geld und der Konsumgesellschaft den Krieg erklärt. In ihrem gegenwärtigen Zustand sei die europäische Zivilisation und Kultur nicht christlich und nicht polnisch, es sei nicht die historische Aufgabe des Polentums, zu dieser Zivilisation und Kultur aufzuschließen, sondern sie nach ihrem eigenen uralten Bild zu formen, den Westen zu bekehren. Da das geistige Wesen Europas seit fast zweitausend Jahren im Christentum bestehe und die europäischste Nation in Europa die polnische sei, könne ein einheitliches Europa nur entstehen, wenn in ganz Europa die in Polen traditionell anerkannten Werte christlicher Moral zur Geltung kämen.

Ich betrachte ein vielhunderttausendmal auf Zeitungspapier gedrucktes Foto: Der polnische Staatspräsident Wałęsa küßt Herrn Wojtyła die Hand, mit einer tiefen Verbeugung und mit verklärter Miene. In einer entfernten Assoziation fällt mir der legendäre deutsche Kaiser Heinrich IV. ein, der im kalten Winter des Jahres 1077, in eine Mönchskutte gehüllt – unter die er nach zuverlässigen historischen Quellen sicherheitshalber einen warmen Pullover gezogen hatte –, drei volle Tage lang in demütiger Haltung vor den Toren der Burg Canossa darauf wartete, daß der Papst, und zwar Gregor VII., zu ihm herauskäme und ihm verziehe. Nicht einmal dieser reuige Heinrich ließ sich zu einem Handkuß hinreißen, im Gegenteil, im Besitz der Absolution kehrte er nach Deutschland zurück, warb ein Heer an, überquerte neuerlich die Alpen und schnippte den an weltlichen Dingen allzu interessierten Gregor vom päpstlichen Thron. Heinrich war allerdings nicht Pole, sondern Deutscher, also Sohn des Landes, das der Welt ein flüchtiges halbes Jahrtausend später mit Luther aufwartete. Wałęsa, vorgebeugt, die Augen geschlossen, küßte dem Papsttum nicht als Gdańsker Elektriker und nicht als Arbeiterführer, sondern als Staatsoberhaupt im Namen des polnischen Staates die Hand. Vorher hatte er seinem Landsmann eine besonders schöne Blume überreicht: sein Veto gegen ein gerade erst angenommenes Gesetz, das jegliche politische Agitation in Kirchen untersagt. So teilte er der Welt lauter als mit dem schallendsten Handkuß mit, daß Kirche und Staat in Polen untrennbar sind und der Katholizismus in Polen Anspruch nicht nur auf die Herrschaft über die Seelen, sondern auch auf die Lenkung der Legislative und des Alltagslebens erhebt.

Aber es scheint, als steckte in Wałęsa, dem hochbegabten Realpolitiker, etwas von der Schläue Heinrichs IV. Handkuß hin, Handkuß her, die sehnlich erwartete zweite Blume blieb er schuldig: Er überreichte dem Besucher nicht das allem Anschein nach bereits zugesagte Gesetz zum Verbot von Abtreibung und Empfängsnisverhütung. Der Handkuß, die Verehrung der Schwarzen Madonna, die taube Selbstliquidierung in Riten und die drogen- und schockähnliche Massenwirkung der päpstlichen Präsenz sind das eine – die erbärmliche Prosa des Alltags ist das andere. Der Weihrauch verflüchtigt sich, auch darin unterscheidet er sich von der Wohnungsnot und der Arbeitslosigkeit. Die meisten Polen betrachten den Katholizismus als ein wunderbares Fest; im Alltag würden sie – wenngleich sie es, vermute ich, meistens nicht zum Ausdruck bringen – jedoch lieber ihre handgreiflichen Interessen durchsetzen. Für Herrn Wojtyła wird der Schutz des ungeborenen Lebens zur Existenzfrage: Wenn die Menschen selbst entscheiden, ob sie ihre Nachkommen zur Welt bringen wollen oder nicht, können sie ihre Kompetenz über kurz oder lang auf das eigene Leben und den eigenen Tod ausdehnen, und die Kirche, die sich als einzig mögliche Vermittlerin zwischen dem Individuum und dem Universum sieht, wird arbeitslos.

Doch in einer entscheidenden Frage hat Herr Wojtyła völlig recht: Die »Konsumgesellschaft« oder, um ein unmoderneres, aber immer noch genaues Wort zu benutzen, der *Kapitalismus* bietet den in ihm Heranwachsenden keine erhabenen Ideale. Die zentralen Werte dieser Gesellschaft, um deren Sonne sich die Planeten der hehren Ideen drehen, sind auch heute das »Geld«, der »Eigennutz« und der »Schacher«. In den Straßen New Yorks überraschte mich, daß die meisten Wortfetzen, die ich vernahm, Zahlen waren – all das, was nicht quantifizierbar ist, ist interne Angelegenheit eines engen Kreises von Intellektuellen. Zwar können reiche Gesellschaften die hohe Kunst, die nicht-profitorientierte Wissenschaft und die verschiedenen humanen – ökologischen, menschenrechtlichen, spirituellen, sozialen – Organisationen subventionieren, aber diese können auch im günstigsten Fall die von demokratischen Gesetzen abgestützte Hegemonie der Interessen der Machthaber nur besänftigen. Der Baum der Freiheit senkt seine Wurzeln in den Boden des freien Marktes, und ich meine das nur teilweise ironisch. Herr Wojtyła predigt gegen die Konsumgesellschaft in einem Land, wo zu viele Menschen leben, die zu wenig konsumieren können. Dabei ist es uns Menschen angemessen, wenn wir, der Inspiration unserer individuellen Bedürfnisse folgend, unter den materiellen und geistigen Gütern wählen können. Dem Menschen angemessen ist in diesem Fall auch der Verzicht, weil er freiwillig ist. Wer jedoch nicht konsumieren kann, der wird konsumiert wie die verhungernden Kleinkinder Afrikas von den Aasfliegen. Dennoch wird sich auf absehbare Zeit die freie Marktwirtschaft, weil sie sich bisher allein als fähig erwiesen hat, Produktion und Konsumtion der modernen Gesellschaften zu organisieren, nicht abschaffen lassen. (Nichts veranschaulicht besser die Prostitution unserer Wörter als die Tatsache, daß wir die hemmungslose Ausbeutung oder den ungezügelten Waffenhandel ebenso mit dem Attribut »frei« schmücken wie etwa die ideale Presse.)

Wie ein heiliger Georg der Polen ruft Herr Wojtyła, am unbeerdigten Kadaver des Parteistaatsdrachen mit seinen abgeschlagenen Köpfen stehend, sein Volk zum Kreuzzug auf. Das wahre Europa sei das Europa des Kreuzes, Polen das Vaterland des Kreuzes. Nicht Polen solle zu Europa aufschließen, das mit dem Kreuz sich selbst verloren habe, sondern Polen solle Europa zu sich emporheben. Ich hege den Verdacht, daß er die Hauptsünde des real existiert habenden Sozialismus nicht in dessen Lebensunfähigkeit und Freiheitsmangel sieht, sondern daß er eine falsche Kirche und eine falsche Religion hat. Zugegeben, in seinen Reden erwähnt er gelegentlich als anzustrebendes Ziel »die Einheit von Marktwirtschaft und Solidarität«, wobei er sich auf den guten polnischen Klang des Wortes »Solidarität« verlassen mag, aber seine Gedanken tragen ihn nicht dieser ersehnten Einheit entgegen, sondern in die Vergangenheit zurück, als es weder Kapitalismus noch Kommunismus, noch Empfängnisverhütung, Fernsehen, Kino und Pornographie gab, als unter der Herrschaft der Kirche mit dem Kreuzeszeichen noch jedermann wußte, was er zu tun hatte. Da Karol Wojtyła die Verwirklichung dieses mittelalterlichen Idylls als Polens Berufung betrachtet, möchte er mit beispielloser Kraft die nationalen und religiösen Traditionen miteinander verschmelzen, wodurch die Religion – um nochmals Miłosz zu zitieren – zu einer »gesellschaftlichen, konservativen und konformistischen Macht« wird.

Vor Herrn Wojtyłas Programm flüchte ich mich zu einem anderen Sprößling des polnischen Katholizismus, zu Witold Gombrowicz. Er meint, die Polen blickten auf den katholischen Gott wie ein Kind auf seinen Vater, dem es liebenden Herzens zu gehorchen habe. So kann es Kind bleiben, denn was seinen Verstand übersteigt, das überläßt es Gottvater und seinem Vertreter auf Erden, der Kirche. »Der Pole erhielt auf diese Weise eine grüne Welt – grün, weil unreif, aber grün auch, weil ihre Wiesen und Bäume blühen und nicht schwarz und metaphysisch sind.« Und nach der Einleitung läßt er sich in die Höhle des Löwen hinab: »Mich, der ich fürchterlich polnisch bin und fürchterlich gegen Polen rebelliere, hat die kindliche, abgeleitete, bereinigte und fromme polnische Welt immer geärgert. In ihr sah ich den Grund für die historische Unbeweglichkeit Polens. Für Polens Impotenz in der Kultur – denn Gott führte uns ja am Händchen. Diese artige polnische Kindlichkeit stellte ich der erwachsenen Selbständigkeit anderer Kulturen gegenüber. Dieses Volk ohne Philosophie, ohne bewußte Geschichte, intellektuell so weich und geistig so schüchtern, ein Volk, das nicht mehr zustande gebracht hat als ›brave‹ und ›ehrbare‹ Kunst, haltloses Volk der Folklore, der lyrischen Verseschmiede, Pianisten und Schauspieler, in dem sogar die Juden zergingen und ihren Biß verloren ... Meine literarische Arbeit ist von der Idee geprägt, den polnischen Menschen aus aller sekundären Wirklichkeit herauszuholen und ihn unmittelbar mit dem Weltall in Berührung zu bringen – soll er sehen, wie er zurechtkommt. Ich möchte ihm seine Kindlichkeit verderben.«

An diesem Punkt unterbricht er sich, weil ihm einfällt, daß er ja auch selber ein Champion der Unreife ist und deswegen kein Recht hat, Polen von seiner Kindlichkeit zu heilen. Gut und schön, nur ist Gombrowicz' Wunsch nach Unreife ein Verlangen nach einer Vielfalt an Möglichkeiten. Der Reife hat gewählt, von ihm ist keine Überraschung zu erwarten. Gombrowicz will ein Kind bleiben, dem keine Möglichkeit des Erwachsenseins fremd ist. »Ganz im Ernst, wenn ich das Wort ›Kindheit‹ ausspreche, habe ich den Eindruck, das tiefste und noch schlummernde Wesen des Volkes auszusprechen, das mich hervorgebracht hat. Aber es ist nicht die Kindlichkeit des Kindes, sondern die schwierige Kindlichkeit des Erwachsenen.«

Im Gegensatz zu Herrn Wojtyła erforscht Gombrowicz' Blick die Zukunft. Er verweigert sich mit Haut und Haaren dem Polentum, dessen idyllisiertes Bild schwenkend Herr Wojtyła gegen die europäische Zivilisation ins Feld ziehen möchte. Die polnischen Intellektuellen suchten sich zwischen den beiden Weltkriegen eine Form, um nicht zu zerfließen; ihr Katholizismus, ihr Nationalismus und ihre Jagd nach einer Idee waren Selbstbetrug. Dorthinein möchte Herr Wojtyła sein missionarisches Pathos schießen. Gombrowicz entwirft das Gegenbild zu dem von ihm verachteten Polentum und wird dabei gewahr, daß er das bisherige Polentum auf polnische Weise negiert hat. Trotz seines extremen Individualismus erkennt er, daß sein Ich eine kollektive Schöpfung ist; es komprimiert in sich das Polentum, das es noch nicht gibt. Seine Unreife bewahrt ihn davor, zwischen den gegebenen Alternativen wählen zu müssen, er kann sich also – ohne den Herausforderungen der Vergangenheit und der Gegenwart auszuweichen – für das unvorhersehbare Angebot der Zukunft aufheben.

Zweite Eintragung
(Diskurs über die Frauen)

Endlich ein Gebiet, wo meine Triebe und Erfahrungen gegen Gombrowicz' Emotionen rebellieren!

Die Frauen.

Für mich ist das weibliche Element – und ich meine das jetzt nicht hauptsächlich frivol – das gleiche wie das Wasser für den Fisch. Lange schreckte mich das Altern, weil ich fürchtete, mit dem Rückgang der sexuellen Anziehung werde auch die Anziehungskraft der Welt abnehmen. Heute weiß ich, daß die sinnliche Grundhaltung – Alpha und Omega jeder Kunst – nicht unbedingt von der Zeugungskraft abhängt. Der Sonnenschein kann ein sinnliches Erlebnis sein. Auch der Genuß der Widersprüche in der Welt. Überhaupt kann der Genuß – worauf er sich auch beziehen mag – mit dem Eros in Verbindung gebracht werden. Wozu aber nicht jeder imstande ist. Wer in jugendlichem Alter Sinn und Zweck der Erotik ausschließlich im Sexualakt sieht, bei dem bilden sich keine panerotischen Neigungen heraus, und er altert in eine freudlose Welt hinein.

Für Gombrowicz ist die weibliche Schönheit Falle und Betrug. Der junge Mann jagt ihr hinterher, »bezaubert von dem Mädchen und von sich mit ihm, berührt es der Junge kaum, da wird er schon Vater, und sie Mutter – das Mädchen ist also ein Geschöpf, das scheinbar Jugend praktiziert, in Wirklichkeit aber der Liquidierung von Jugend dient«. Unbegreiflich, wie Gombrowicz allein die Männer als Opfer sehen kann. Ebenso könnte er sagen, das Mädchen finde im Jungen die Schönheit, aber kaum habe sie ihn berührt, werde sie schon zur Familienmutter, zu einem verantwortlichen Wesen mit Pflichten. Er könnte beide Geschlechter mit gleichem Recht verurteilen, daß sie mit der Art die Struktur der Gesellschaft fortpflanzen.

Die Frauen – so Gombrowicz – sind besessen von den Moden und verbreiten sie. Die Frau liebe »den Schnurrbart, nicht das Gesicht, den Jackenschnitt, nicht den Brustkorb«. Doch die Mode unterstütze die Ideale und die Hierarchie der Männergesellschaft, sei deren Nebenprodukt. Gombrowicz macht keinen Unterschied zwischen der Rolle der zur besseren Gesellschaft gehörenden Frauen und der Natur der Frauen. Er verurteilt nur das stärker ausgelieferte Geschlecht, weil dessen bezaubernde Vertreterinnen nicht mit ihrem romantischen Geliebten, sondern mit beleibten Rechtsanwälten vor den Altar treten. Er mag selbst spüren, daß es so nicht ganz geht, denn er beendet seinen Gedankengang mit einem Loblied auf die Kuhmagd. Er nennt sie eine Königin, eine Stille, Unaufdringliche, Vornehme, der gar nicht in den Sinn komme, daß sie abgewiesen werden könne. »Du weißt, nicht Schönheit macht dich begehrenswert, sondern das Geschlecht – der Mann, das weißt du, wird immer deine Weiblichkeit begehren, auch wenn sie keineswegs ästhetisch sein sollte. Also steht deine Schönheit nicht im Dienste des Geschlechts; sie fürchtet sich nicht, zittert nicht, müht sich nicht, sie ist ruhig, natürlich, siegesgewiß ...« Wenn aber die Kuhmagd so ist, dann haben den zuvor geschilderten Frauentyp Interessen, das Prestige und die Mode verdorben. Doch diese zerstörerische Wirkung ist bei Männern noch eher nachzuweisen. Der Mann als erster – oder einziger – Ernährer der Familie verbringt seit Jahrhunderten einen großen Teil seiner Zeit in der Gefangenschaft unabwendbarer Zwänge. Das Geld und die Politik sind auch heute in erster Linie Männersache. Nicht zufällig sind die schönsten Rebellinnen in der Weltliteratur, von Antigone bis Anna Karenina, solche Frauen, die nicht vom Anforderungssystem der Macht und des Amtes geknebelt sind.

Später befindet auch Gombrowicz: »Scheußlich ist die heutige Fraulichkeit, nicht die Frau. Nicht die einzelne Frau ist scheußlich, sondern der Stil, der sich unter ihnen herausgebildet hat und dem eine jede erliegt. Wer aber produziert die Fraulichkeit? Der Mann? Gewiß, Initiator ist der Mann, aber im weiteren perfektionieren sie sich dann untereinander, und die Kunst der Verführung und Bezauberung wächst und entwickelt sich, wie alle Künste, mechanisch.« Die Frau ist heute zu sehr Frau, der Mann zu sehr Mann, und Gombrowicz ist als Schriftsteller darauf aus, dieses Spiel zu entlarven und zu verderben, das Manierierte daran und die Verlogenheit des Stils aufzuzeigen sowie in der überwuchernden

Fraulichkeit die Frau und in der um jeden Preis herausgekehrten Männlichkeit den Mann zu finden. Alle diese ausgleichenden, klugen Gedanken folgen jedoch nach der Gefühlsaufwallung – die Emotionen selbst zielen ausnahmslos auf die Frauen.

In seiner Tragikomödie *Operette*, die er einige Jahre später schrieb, kreidet Gombrowicz die oben aufgezählten Symptome der Mode und der Konvention bereits eindeutig den Männern an. Das Mädchen möchte sich ausziehen, aber ihre Galane wollen sie immerfort nur anziehen. Fior, der Modediktator der Welt, ist gleichfalls ein Mann, seine künstlerischen Probleme werden mit den Klamotten der auf die Bühne stürmenden Männerhorden gegenstandslos. Nichts beweist besser die Kohärenz der Gombrowiczschen Welt, als daß sich die Gedanken des *Tagebuchs* später zu Werken ausformen, die dann im Prozeß des Formens, wo nötig, die Argumentation korrigieren.

*

Entgegen dem verzerrten weiblichen Schönheitsideal faßt Gombrowicz seine eigenen Ansichten von der Schönheit in drei Maximen zusammen. Die zweite besagt, daß Schönheit nicht auf Betrug beruhen kann, die dritte, daß sie souverän sein soll. Dem habe ich nichts hinzuzufügen. Aus der ersten Maxime zitiere ich wörtlich: »Die Schönheit im Kunstwerk sollte gleichsam ungewollt, als Randerscheinung eines anderen Strebens auftreten – diskret und unaufdringlich.« In einer früheren Schrift habe ich die Schönheit als Grenzfall des Ästhetischen bezeichnet – jetzt freue ich mich über die Übereinstimmung. In einer Welt, die von Lügen regiert wird, ist die Schönheit ein weißer Rabe, besonders wenn wir an die zur Zeit größte Lüge denken, die uns glauben machen will, daß sich unsere industrielle Zivilisation ohne stärkere Kurskorrektur weiterentwickeln kann und daß die Geduld unserer natürlichen Existenzbedingungen grenzenlos ist. Der Mensch wird häßlich, wenn er dauerhaft gegen seine Interessen lebt. Auch die Ideale verlieren, sobald sie sich auf einen Ausgleich mit dem Lügensystem, das das glatte Funktionieren des Alltagslebens sichert, einlassen, ihren jugendlichen Charme; sie versuchen die Akne mit immer mehr Schminke und immer weniger Erfolg zu verdecken. In gutem Glauben kann der Künstler nur als Heranwachsender zur Schönheit fliehen. Vor der uniformierenden, stumpfsinnigen Erziehung und der verlogenen Erwachsenenwelt können die jungen Bettler der Schönheit ins Absolute der Ideen und vor allem der idealisierten Erotik entweichen, aber sobald sie erstarken und aus diesem Kreis hinausblicken, müssen sie erkennen, daß sie vom Regen in die Traufe gekommen sind.

Selbst wenn der Künstler, wie Baudelaire es verlangte, statt des Existierenden das Mögliche gestaltet: in diesem humorigen Amalgam des Grotesken und des Tragischen, das unser Leben kennzeichnet, ist die Schönheit als Möglichkeit eine ersehnte Ausnahme, und so muß sie auch erscheinen. Im klassischen Altertum prunkte sie noch dreidimensional in Tempeln und Hallen, heute muß sie, wie Albertinchen in der Schlußszene der *Operette*, im Sarg zu den Menschen geschmuggelt werden, obendrein nackt, weil alles, was wir ihr überhängen können, sie nur häßlich machen würde.

*

Im Dezember 1948 standen in der Vig- und der Contigasse in der Budapester Josephstadt die Mädchen noch Spalier. Ich ging regelmäßig hin, um sie zu inspizieren und um die zum Verlust meiner Jungfräulichkeit erforderliche Entschlossenheit zu sammeln. Diese Prüfung beschäftigte mich intensiver als das nahende Abitur, vielleicht auch, weil letzteres, wie das Schicksal, nicht von mir abhing.

Etliche Mädchen waren alt und vernachlässigt, und sie führten dreckige Reden; allein ihr Anblick flößte mir schon Ekel ein, aber in den Ekel mischte sich Neugier. Was denn, auch solche sind gefragt? Sicherlich; ständen sie sonst hier? Ich versuchte sie mir vorzustellen, aber meine Phantasie streikte, und ich floh vor ihren ungewaschenen Vokativen. Aber ich floh auch vor den sehr herausfordernden jungen Frauen, vor solchen zum Beispiel, die ihre mächtigen Brüste, die sie außerhalb des Kleides trugen, als Waffe auf mich richteten. Mich erschreckten die enormen, prächtigen Schenkel und die prallen, elastischen Hintern, die der Rock auch im günstigen Fall nur halb verdeckte, und sogar die jungen, anmutigen Gesichter erschreckten mich, bemalt wie sie waren. Viele dieser provokanten Frauen fand ich sehr schön – betroffen wurde ich gewahr, daß sie *zu schön* waren für das, wozu ich sie gerne benutzt hätte. In diesen Gassen kostete zu jener Zeit jedes Mädchen zwanzig Forint, so daß mich nicht die Sorge hemmte, ich könnte sie mir nicht leisten – mir war angst vor ihrer Aggressivität, ihrer Brutalität, sie könnten mich auslachen, wenn sie merken, daß ich Anfänger war; besonders aber wich ich ihnen aus, weil ich auf ein derartiges Wuchern nicht vorbereitet war. Ihre Lockrufe überhörte ich, mit gepeinigter Seele, aber ohne Selbstanklage, wußte ich doch, daß ich sie nicht kränken konnte, sie waren ja soviel bedeutsamer als ich.

»Kommst du, Blondchen?« Das fragte mich eine Schwarzhaarige, Schlanke, nicht besonders schön, auch nicht häßlich. Sie hakte sich bei mir ein, wir gingen ein paar Schritte. »Guck nur, wie sie gaffen, wir sind ein hübsches Paar, nicht?« Und sie lächelte mich an. Mir schien, ich durfte sie nicht abweisen, das wäre – nach dem, was zwischen uns bereits geschehen war – eine Beleidigung, zumal sie nicht so begehrenswert aussah wie ihre junonischen Kolleginnen. Außerdem plusterte sie sich nicht auf – sie richtete sich nicht nach der von Illustrierten und Filmen propagierten, konventionellen Nuttenmode, vielleicht war sie nicht nach ihrem Geschmack, oder sie ahnte, daß sie so nicht konkurrenzfähig wäre. Sie wirkte wie eine junge Büroangestellte, als sie da so sittsam neben mir ging. Wir hatten bis zur Haustür dreißig Meter zurückzulegen, sie schmiegte sich an mich, und da erlag ich ihrer Fraulichkeit, ich war glücklich. (Im Zimmer dann ließen die matronenhafte, abscheuliche Wirtin, die Waschschüssel mit dem Desinfektionsmittel, der geschäftsmäßige Ablauf der Aktion keinen Platz für eine Idylle. »Besuch mich mal wieder«, sagte sie zum Abschied. Ich besuchte sie nicht mehr, aber für die dreißig Meter war ich ihr lange dankbar.)

Juli 1991

Erste Eintragung
(Sexualität und Erotik)

Irgendwann im Jahr 1944, als Vierzigjähriger, schaute Gombrowicz in den Spiegel und erschrak: Er entdeckte, daß sich auf der Stirn, unter den Augen und in den Mundwinkeln ein feines Netz von Fältchen abzeichnete. Er verfluchte sein Gesicht: »Mein Gesicht verriet mich, Verrat, Verrat, Verrat!«

Er lebte zu jener Zeit im Bergland von Córdoba, in einer wildromantischen Gegend, auf Kosten eines reichen Freundes – in Buenos Aires hatte er monatelang unter einem leichten Fieber gelitten, das auch in der heilkräftigen Höhenluft nicht weichen wollte, bis er versehentlich sein Thermometer zerbrach und ein neues kaufte, das ihn als kerngesund auswies. Nur waren inzwischen die Falten aufgetaucht. Gombrowicz schrieb diese neuen Symptome anfangs der trockenen Luft und dem kalkhaltigen Wasser zu, aber schließlich mußte er einsehen, daß alles aus war, unwiederbringlich. Der Autor, Ideologe und Enthusiast der Unreife, sah sich mit seiner eigenen irreparablen Reife konfrontiert, und er hatte das Gefühl, die Zeit würde sein ganzes Dasein und alle seine Bestrebungen in ihrem innersten Kern widerlegen. Ihm wurde bewußt, daß er alterte: Dies war »ein lebender Tod, der Leben nur vortäuscht, der noch geht, spricht, der sich sogar amüsiert und genießt, der aber nur noch als allmähliche Verwirklichung des Todes Lebenskraft besitzt«.

Aus der Verzweiflung über den Verlust der Jugend flüchtete er in die Gechlechtlichkeit, genauer, in die Freuden der zweigeschlechtlichen Welt. In jener Zeit hatte er eine Freundin, die in einem Nachbartal eine Villa gemietet hatte. Zu ihr spazierte er Abend für Abend aus seinem Hotel: »Nicht Jugendlichkeit forderte das Weibliche von mir, sondern Männlichkeit, und ich wurde ganz Mann, erobernd, besitzergreifend, fremde Biologie annektierend.« Auf die Weise milderte die Männlichkeit, die Gombrowicz mit dem Prädikat »monströs« versieht, seine Verzweiflung mit ungestümer Zielstrebigkeit und auf »Herrenart, die nur auf die eigene Befriedigung aus ist« – und »sie, die Frau, mordete in mir den Jungen mit dem Mann«. Doch wenn er im Morgengrauen zum Hotel aufbrach, fühlte er sich »wie ein Betrüger, oder wie ein Betrogener«, weil die Frau ihn nur als Mann retten konnte. »Und wieder kam das Verlangen nach ›meiner‹ Jugend ...«

Ein verblüffender Gedankengang: Zum Weiblichen stößt ihn nicht seine Jugendlichkeit, sondern gerade deren Verlust, aber eigentlich und am stärksten fühlt er sich von der verlorenen Mann-Jugend angezogen. Nach dem Zeugnis seines *Tagebuches* suchte und fand er in seinen argentinischen Jahrzehnten zumeist die Gesellschaft schöner, junger Männer; auch im Bergland von Córdoba, auf dem Schauplatz seiner unheilvollen Erkenntnisse, verbrachte er viel Zeit mit einem liebreizenden männlichen Zwillingspaar und dessen ebenso jungen Freunden, mit ihnen streifte er bei Wind und Regen durch die Berge, mit ihnen lag er beim Picknick im Gras (während Bruder und Neffe – was er beiläufig, doch mit großem Nachdruck auch erwähnt – in einem Konzentrationslager weilten sowie Mutter und Schwester nach der Flucht aus dem zerstörten Warschau heimatlos durch Polen irrten). Er war glücklich mit diesen jungen Männern in der Rolle des älteren Freundes, denn sein Gespür für Lächerliches bewahrte ihn davor, den Gleichaltrigen zu spielen. Wie sein Leben, so sind seine Werke angefüllt mit charmanten, unreifen, bezaubernden Jünglingen, die im Mittelpunkt des Verlangens oder des Interesses oder der Aufmerksamkeit der Älteren stehen. Jugend kann natürlich auch in dieser Form weiblich sein, anziehend unreif und schön, aber ungestört ist nur die Zuneigung zu den jungen Männern, denn sie wird nicht verwirrt durch Besitzgier.

Während dieser Betrachtungen teilt uns Gombrowicz gleichsam nebenbei mit, er sei »niemals, mit Ausnahme sporadischer Abenteuer in sehr frühem Alter«, homosexuell gewesen. Ihn ziehe die Frau an, besonders eine bestimmte Art von Frau, wenngleich er eingestandenermaßen den Frauen nie gerecht werden könne, da er Empfindungshemmungen habe, als fürchte er sich vor Gefühlen. Gegen Ende seines Lebens gesteht er in einer Folge biographischer Gespräche dem jungen französischen Schriftsteller Dominique de Roux, bis zum Alter von dreißig Jahren habe er noch keine normale Liebe erlebt. »Aus mir unbekannten Gründen wollte ich keine Liebe und haßte sie sogar; meine Erotik war tragisch, physisch, immer blindlings etwas Unschätzbares suchend, wovon ich wußte, daß es sich nur in den allerniedrigsten Gebieten des Lebens befinden kann; mein erotischer Trieb war in mir immer eine hinabziehende Kraft.«

Der verehrte Leser, so hoffe ich, ahnt bereits, zu welcher Schlußfolgerung ich ihn hinlenke. Gombrowicz ließ keine »Besitzgier« nach den jungen Männern in sich aufkommen, eher noch unterdrückte er sie, erschrocken über seine sporadischen Abenteuer im Halbwüchsigenalter, doch er bewahrte sich ein von Erotik durchtränktes Interesse an ihnen. Die ihrer Sexualität beraubte Erotik, die ihn in einen Strudel wirrer Gefühle warf, faßte er im Bewußtsein seiner intellektuellen und gesellschaftlichen Überlegenheit als hinabziehende Kraft auf. Aber als jemand, der – ähnlich wie der Autor von *Tonio Kröger* und *Der Tod in Venedig* – im Niederen die heißersehnte Normalität sah, hätte er seine Genialität und seine Adelsprivilegien hingegeben für das Glück der Bengel, »die an den Bahnstationen von Provinzstädten auftauchen mit einem Bündel, aufbruchbereit«, wohin auch immer, nur weg aus der eng gewordenen Heimatstadt, hinaus in die weite Welt. Als dann auch er sich auf den Weg machte, erwarteten ihn auf dem anderen Kontinent die gleichen Bengel, die er in Polen bestaunt und bewundert hatte, aber er konnte nicht mehr zu ihnen gehören, obzwar sie ihn aufnahmen. Da blickte er in den Spiegel, und eine Welt brach für ihn zusammen. Wie auch früher, flüchtete er zum Weiblichen, nun schon verzweifelt. Aus der Erotik, die ihn zu den jungen Männern trieb, hatte er die »Besitzgier«, die Sexualität eliminiert, und nun wandte er sich mit dieser den Frauen zu, sie liebte er mit seiner Sexualität, aber ohne Erotik, oder nur mit jener für das sexuelle Funktionieren unabdingbaren Portion. Derlei ist durchaus möglich. Eine Frau, die mit Ginsberg ein Verhältnis hatte, erzählte mir einmal, er habe sich im Bett als Mann bewiesen, nur habe sie halt – so drückte sie sich aus – »seine Phantasie nicht beschäftigt«. Da Erotik und Sexualität bei Gombrowicz auseinanderstrebten, fürchtete er sich vor der Liebe, er haßte sie sogar, und wenn er mit der Liebe nicht zurechtkam, dann lag das nicht, wie er glaubte, daran, daß er gefühlsmäßig Hemmungen hatte. Im Gegenteil: Er erwies sich deshalb gefühlsmäßig als impotent, weil Sexualität keine Gefühle duldet, wenn sie frei von Erotik ist.

Andererseits band ihn der von Besitzgier freie Eros so stark an die Welt der Jungen im oder kurz nach dem Pubertätsalter, daß er Abscheu empfand, wenn er in diesem Kreis überentwickelter Sexualität begegnete. Im *Tagebuch* unterscheidet er zwischen »normalem« und extremem, frenetischem Homosexualismus. Mit ersterem hatte er seit jeher Berührung, denn »die Welt der Künstler ist auf allen Breitengraden reich an solcher Liebe«, und wenn es an Frauen fehlte, gingen auch die einfachsten und normalsten Söhne des Volkes homoerotische Verbindungen ein, ohne daß sie dies später hinderte, eine Familie zu gründen. Gombrowicz läßt sich ungern über das Thema aus, denn in dieser Hinsicht könne niemand unvoreingenommen sein: »Es gibt kein Gebiet, das verlogener und von Leidenschaften getrübter wäre.« Auf der einen Seite die »vermännlichten« Männer, die einer des anderen Männlichkeit hochzüchten und steigern, auf der anderen »die Anatheme der Moral«, der zornige Sarkasmus einer Kultur, die den Primat des weiblichen Zaubers hütet, und zwischen beiden der Jüngling, der heimlich eigene Wege und Möglichkeiten auskundschaftet. Diese unpersönliche Tatbestand-Skizze ist das persönlichste Bekenntnis zum Thema, das ich in Gombrowicz' Werken fand. Seine Lösung, die von Besitzgier freie Hinwendung zur Welt der jungen Männer durch sexuelle Beziehungen zum weiblichen Element zu kompensieren, wurde erheblich gestört vom Anblick der stetig brodelnden Homosexualität, worin er vermutlich das unzivilisierte Urbild seiner eigenen Gefühle erkannte. Im *Tagebuch* berichtet er über eine Kaffeehausgesellschaft, deren Mitglieder keinen Augenblick Ruhe fanden und ständig auf der Hatz waren. »Von den Jungen gejagt, getrieben, zerrissen wie von Hunden«, so charakterisierte er in *Trans-Atlantik* den homosexuellen Helden Gonzalo, dessen Vorbild wohl zu der erwähnten Gesellschaft gehörte. Gonzalo und seine zügellose Männerjagd stellt er mit der gleichen zum Sarkasmus neigenden Ironie dar wie in *Ferdydurke* Mjentus, der sich um jeden Preis mit einem Bauernjungen »ver-brüdern« möchte. Ja, in die Darstellung Gonzalos mischt sich ein wenig Abscheu, wenn nicht gar Ekel, und das ist nur mit seinen persönlichen Erlebnissen zu erklären. Bei ihnen im Café weilend, hatte er sich nämlich fragen müssen, ob er »nicht dennoch und trotz allem einer von ihnen war«, ob er nicht ein ebenso Irrer sei wie sie. Das Widerstreben zeigt an, daß er doch anders war und sich von den »normalen« Männern nur insofern unterschied, als er die Jugend beiderlei Geschlechts aufs Piedestal hob, sich also erdreistete, »Jugend unabhängig vom Geschlecht zu bewundern und sie der Herrschaft des Eros zu entreißen«. Doch was Gombrowicz für die Macht des Eros hält, ist lediglich die Macht der Sexualität; das unreife und künstlerisch so fruchtbare Tohuwabohu, das uns aus der Erotik seiner Bücher entgegenschlägt, ist über den leidenschaftlichen und bewußten Nachvollzug der kaum zu verarbeitenden Erfahrungen hinaus auch diesem selbstrettenden Irrtum zu verdanken.

Eine andere, staunenswert humane Folge der von den Geschlechtern losgelösten Jugendbewunderung ist sein aufkeimender Wunsch, »eine transsexuelle und rein menschliche Position« zu finden, das Verlangen, »nicht vor allem Mann (zu) sein – Mensch (zu) sein … – sich nicht mit der Männlichkeit (zu) identifizieren, sie nicht (zu) wollen …«. In einer Zeit hochgezüchteter und geschäftsmäßig propagierter mannhaft männlicher Männer und frauenhaft fraulicher Frauen ist das ein verblüffend einsames, oppositionelles Programm.

Eros löste sich übrigens schon in der altgriechischen Geistigkeit vom Sexus. Alkibiades sagt im *Symposion* über Sokrates, dieser sei verliebt in die schönen Jünglinge, halte sich stets in ihrer Nähe auf, sei hingerissen von ihnen – und dennoch widerstand er dem Schönsten, ihm selbst, als er sich zu ihm legte, unter eine gemeinsame Decke. Sokrates wollte nämlich nicht »eine goldene Rüstung für eine eherne« eintauschen, das heißt, er gab nicht seine wahre, geistige Schönheit für die unechte – allein in der Körperlichkeit wurzelnde – Talmi-Schönheit des Alkibiades her. Womit er ihm die Lust der Sexualität vorenthielt – mit den platonischen Worten des Alkibiades: »Denn bei allen Göttern und Göttinnen, ihr könnt es glauben, nachdem ich mein Lager mit Sokrates geteilt hatte, stand ich wieder auf, ohne daß irgend etwas Weiteres vorgegangen wäre, ganz so, als ob ich bei meinem Vater oder einem älteren Bruder geschlafen hätte.« Aber er erlebte die Erotik des Zusammenseins. Die klassische griechische Kultur schützte noch nicht den Primat des weiblichen Zaubers, sie fand die Gegenkraft zur hinabziehenden Sexualität in der Geistigkeit des Eros, und die Geistigkeit war in dieser Kultur, von der außerordentlichen Ausstrahlung einiger besonders weiser Frauen und Priesterinnen abgesehen, das Privileg hervorragender Männer. Gombrowicz sehnte sich vielleicht in diese Kultur zurück, aber da er weder ein Utopist noch ein Nostalgiker war, ordnete er seine Wünsche und deren Gegenstand in die Kategorie der »Unreife« ein, damit gleichsam signalisierend, daß die großzügige Harmonie des klassischen Ideals heute nur noch in glückloser, verkümmerter Form weitervegetieren kann.

*

Gombrowicz' unbezwingbare, unreife Zuneigung zu unreifen Jünglingen läßt sich nicht trennen von der anderen Unreife, die seinem Polentum entspringt. »Was ist denn Polen?« fragt er Dominique de Roux. »Das ist ein Land zwischen dem Osten und Westen, wo Europa schon anfängt zu enden, ein Übergangsland, wo der Osten und der Westen sich gegenseitig schwächen. Ein Land daher von einer geschwächten Form … Keiner der großen Prozesse europäischer Kultur hat Polen wirklich umgepflügt, weder die Renaissance, noch die Religionskämpfe, noch die Französische Revolution, noch die industrielle Revolution; hierher gelangten nur gemilderte Echos. Und die zeitgenössische russische Revolution ist ebenfalls nicht durchlebt worden, lediglich ihre Folgen übertrugen sich (gezwungenermaßen) auf Polen, schon fix und fertig.« Die Worte sprudeln ihm von den Lippen wie immer, wenn er über die polnische Unreife spricht, den polnischen Katholizismus nennt er passiv, etwas, das sich in der Befolgung des Katechismus erschöpft, er spricht von einer seichten, dörflichen, unstädtischen Kultur ohne starkes Bürgertum, einer adlig-bäuerlichen, klerikalen Kultur, einer hochgradigen Kompromittierung und Degradierung der Form.

Gombrowicz gehört zu einer Art von Schriftstellern, die im Aussterben begriffen ist: Er fügte sein Werk nicht aus Teilen zusammen, sondern er schnitzte es aus einem Block unter der Ägide von Kategorien, die die Totalität umspannen möchten. Die geschwächte Form, die Minderwertigkeit, das kindliche Umherirren, das aus der Lebenssituation resultierende Unglücklichsein – all das findet sich auch in den Ausführungen zu erotischen Themen. Als Pole ist Gombrowicz ebenso unbefriedigt wie als Mann im Bannkreis der Jungen-Jugend, in beiden Eigenschaften fühlt er sich gleich unreif, und er muß unablässig den Rilkeschen kategorischen Imperativ des *»Du mußt dein Leben ändern«* erleben. Der Unterschied liegt »nur« im Pathos der Erkenntnis. Im Zeichen des Programms der Transsexualität bewahrt er sich seine Nostalgie für die grünen Jünglinge, zu einem nicht geringen Teil entspringt dieser immer tragischeren Empfindung seine antiperfektionistische Kunst. Die polnische Unreife verachtet er, von ihr will er loskommen, nicht hin zu einer fremden Reife, die ihn zu zweitrangiger Bedeutung verurteilen würde, sondern auf ein nie betretenes Terrain, wo er die Erfahrungen seiner Unreife nutzen könnte.

Zweite Eintragung
(Just a Little Bit)

Warum bin ich, der ich mich in erotischer Hinsicht geradezu ungehörig »normal« fühle, von Gombrowicz' komplizierter, fast schizophrener Erotik so fasziniert? Ist es die Sehnsucht des einfachen Menschen nach Komplikationen? Oder ein Kotau vor der verbreiteten Ansicht gebildeterer Kreise, ohne Syphilis, Homosexualität, Schizophrenie oder wenigstens eine ordentliche, ausgiebige Depression sei künstlerischer Eifer nicht lohnend? Zugegeben, die Lösung des Sexus vom Eros ist auch mir bestens bekannt – aber ich habe entsprechende Erfahrungen ausschließlich in bezug auf das weibliche Geschlecht gesammelt, mein eigenes hat mich in erotischem Sinne immer kaltgelassen, jedenfalls meines Wissens, obzwar …

Obzwar ich mich erinnere, wie nachdenklich ich wurde, als ich Ginsberg in New York zum erstenmal zur Gitarre singen hörte:

Everybody's just a little
bit homo sexual
whether they like it or not
Everybody feels a little bit
of love for the boys
even if they almost forgot

Bei meiner ersten Begegnung mit Ginsberg, 1980 im Foyer des Budapester Hotels Astoria – der PEN-Club hatte ihn eingeladen, und ich wurde ihm als einer seiner Übersetzer vorgestellt –, wollte er mich am Ende unseres langen Gesprächs zum Abschied auf den Mund küssen. Ich drehte instinktiv den Kopf weg, so trafen seine Lippen nur mein Gesicht. Wegen meiner ungewollten Reaktion habe ich mich jahrelang geschämt, ich meinte, ich hätte ihn abgewiesen, obgleich er sich doch gar nicht angeboten hatte (denn seine Absicht war keine Herausforderung, sondern sie war von jahrzehntelanger Gewohnheit diktiert). Ich meinte, ich hätte etwas in seinem Wesen abgelehnt, ohne das er nicht sein könnte, der er ist: der größte lebende Dichter und Rebell, den ich kenne, in unserer zunehmend nach innen gewandten Welt Träger der Tradition einer revolutionären Haltung, die sich mit der Welt anlegt. Mir kam schon damals der Verdacht, der Wunsch nach Selbstbeweis habe meinen Kopf zur Seite gedreht, als wollte ich mir auf das deutlichste klarmachen, daß ich trotz meiner Hingabe für Ginsberg nichts mit jener nebulösen, geheimnisvollen Sphäre zu tun hatte, die jeden umkrempelt, der in ihren Bannkreis gerät.

Im Alter von dreizehn Jahren ertastete ich eine geschwollene Drüse unter meiner Brustwarze und war entsetzt; würde ich etwa einen Busen bekommen und mich schließlich in eine Frau verwandeln? Zu der Zeit war die deutsche Invasion schon voll im Gange, an unserem Haus und auf unserer Oberbekleidung war der gelbe Stern befestigt, wegen der Luftangriffe verbrachten wir viele Nächte im Keller, mein Vater bekam die Einberufung, oder vielleicht war er auch schon, mit nur einer Niere, zum Zwangsarbeitsdienst eingerückt, und ich drückte immer nur an meiner Brustwarze herum, vermutlich nahm ich an, alles andere würde sich finden, aber wenn mir Brüste wüchsen, sei dies das Ende der Welt. In den Wohnungen der Häuser mit dem Stern waren mehrere Familien zusammengepfercht; ich schlief eine Zeitlang mit meinem neun Jahre älteren Bruder in einem Bett. Sooft er sich neben mich legte, nannte er mich im Dunkeln foppend »meine kleine Frau«, und mir pochte zornig das Herz unter der geschwollenen linken Drüse. Später habe ich gelesen, daß derlei bei Jungen in der Pubertät keine Seltenheit ist, vorübergehend entwickeln sich Sexualhormone beiderlei Geschlechts, was – wenn es sich wirklich so verhält – physiologisch untermauert, daß Ginsberg in seinem Song recht hat.

Die Drüsen zogen sich eher zurück als die Deutschen, aber heute meine ich, aus meiner Seele sind sie nicht spurlos verschwunden. Vielleicht lag es an ihnen, daß ich jahrzehntelang resolut die Ausschließlichkeit meines heterosexuellen Interesses betonte. Ich bin keine Frau geworden, hurra, also gelüstet mich nicht nach Männern! Gleichzeitig aber wurde ich sehr früh ein Vorkämpfer des Rechtes auf Homosexualität. Außer kulturgeschichtlichen Argumenten und Beispielen motivierte mich vor allem, daß ich die Zeit der Judenverfolgung erlebt hatte und Abscheu über alles empfand, was gegen Minderheiten zielte. Mit den Verfolgten des Trieblebens war ich auf die gleiche Weise solidarisch wie mit den Opfern des Völker- und Rassenhasses. Aber wenn ich mir, auf mich bezogen, vorstellte, auf welche Art sie einander Lust bereiten, befiel mich unwiderstehliches Widerstreben. Vergebens sagte ich mir, aus der Sicht etwa der Marsmenschen müsse auch der heterosexuelle Akt äußerst komisch wirken, sie seien vermutlich gar nicht imstande, den Unterschied zwischen den zu beanspruchenden Körperöffnungen nachzuvollziehen. Doch merkwürdigerweise widerstrebte mir auch mein Widerstreben, und darauf führe ich es größtenteils zurück, daß ich anfing, Ginsbergs tabubrechende und bei uns erst recht verbotene Lyrik zu übersetzen. Ich beobachtete, daß ich die homosexuellen Gedichte – auch diejenigen, die die physischen Vorgänge der Jungenliebe bis ins einzelne beschreiben – besonders genußvoll übertrug. Wenn ich Spießbürger foppe und Tabus mißachte, liegt das wohl an meinem Charakter und stimmt mit meiner generellen politischen Haltung überein. Heute meine ich allerdings, es gibt da noch etwas anderes – vielleicht habe ich auf diese Weise die auch in mir latente »just a little bit« Homosexualität sublimiert. Ich habe zum Beispiel den Gedichtzyklus übersetzt, den Ginsberg zum Tod seines Vaters schrieb. Darin erzählt er, achtundzwanzig Jahre vorher habe er seinem Vater bei einem Wochenendgespräch eröffnet, warum er einen Psychoanalytiker benötige:

> a look startled in his face, »You mean you like to take
> men's penis in your mouth?«
> Equally startled, »No, no«, I lied, »that isn't what it means.«

Ich amüsierte mich über die listige Placierung des Wortes »lied«, aber auch ich war bestürzt. ›Das ist also mein Freund‹, dachte ich, ›und an so etwas hat er Freude!‹ Diese Reaktion fand ich peinlich belustigend, ich verscheuchte die Gedanken; doch in veränderter Form kehren sie immer wieder, ganz wie mein Verlangen, unter dem Vorwand, Tabus einzureißen, noch mehr Schwulengedichte in unsere züchtige Literatursprache zu übersetzen.

Außer Ginsberg habe ich noch andere homosexuelle Freunde. Mit einem von ihnen, einem ungarischen Künstler, streifte ich einmal durch die weniger prächtigen Viertel von Manhattan. In der Luft der Freiheit blühte er regelrecht auf, allein schon davon, daß Jungen verliebt Hand in Hand auf der Straße gingen. Zwei Jungen machten am hellichten Tage am Hudson Liebe auf einem Auto – das befremdete ihn zwar, doch er war hingerissen, wie ich auch, ist doch eine solche Dreistigkeit nicht verdammenswerter, als würden es ein Junge und ein Mädchen tun. Slibowitz trinkend, saßen wir auf dem flachen Dach eines hohen Hauses, unter uns die Stadt mit ihren Lichtern, neben denen die grandioseste Op-

Art verblaßt, und wir waren so frei, daß schon der bloße Gedanke an Ungarn absurd schien. Er noch jung und auf dem Zenit seiner Erfolge, ich gut fünfzig und verboten; aber selbst dieser Unterschied verwischte sich, wenn wir in halben Sätzen über das System von Gewohnheiten und Regeln sprachen, das daheim den Kreis unserer Möglichkeiten bestimmte.

Mein Freund erklärte mir dort, auf dem Dach in Manhattan, das Tragische der homosexuellen Liebe damit, daß »die Organe eben doch nicht so recht zusammenpassen«. Deshalb gingen die Verbindungen schneller in die Brüche als bei Heterosexuellen, die Harmonie von gefühlsmäßiger und körperlicher Anziehung sei gestört, und das führe früher oder später zu unlösbaren Konflikten. Seine Theorie deckt sich mit der Behauptung, die ich im Zusammenhang mit Gombrowicz riskiert habe: Die homosexuelle Neigung kann zur Lösung der Erotik von der Sexualität führen.

Vielleicht wegen meiner jugendlichen Brustdrüsen – oder zumindest auch ihretwegen – nahm ich meine Rolle als Mann so ernst, daß ich in bestimmten Lebensabschnitten den weiblichen Herausforderungen einfach nicht ausweichen konnte. Obwohl ich gleichzeitig viele wertvolle Freundinnen gewann – die körperlichen Freuden waren in ihrem Fall eine »glückliche Zugabe«* –, mußte auch ich infolge der Rolle, in der ich erstarrt war, öfters das extreme Auseinanderdriften von Erotik und Sexualität erleben. Vor ungefähr fünfzehn Jahren, am Anfang einer großen Liebe, schlich ich am Morgen nach einer langen, glücklichen und ausnahmsweise demütigungsfreien Nacht auf leicht zittrigen Beinen, doch freudetrunkenen Herzens nach Hause. Da sprach mich plötzlich, zehn Meter vor meiner Haustür, eine junge Lehrerin mit lockigem Haar an, die mir zwei oder drei Jahre vorher ihre Telefonnummer gegeben hatte, im Fußgängertunnel vor einer Metrostation. »Warum hast du mich nicht angerufen?« fragte sie. »Alles läßt sich wiedergutmachen«, antwortete ich, »ich wohne hier, komm mit rauf.« – »Jetzt?« – »Ja.« – »Jetzt geht es nicht, in fünf Minuten fängt der Unterricht an,

* Zitat aus einem Gedicht des mir am nächsten stehenden Dichters.

aber hier hast du meine neue Nummer, melde dich am Nachmittag.«

Das Zittern meiner Beine verbergend, drückte ich mit einem Schwall von Worten mein Bedauern aus, bis sie sich verabschiedete, auf sie warteten die Schüler, auf mich vier aufreibende Treppen – der Fahrstuhl war mal wieder kaputt.

August bis Oktober 1991

(Erster Abstecher: Kleist)
Erste Eintragung

Seit Jahren liebäugle ich mit dem Plan, ein Stück über Kleists letzten Tag zu schreiben. Kleist mit der vollbusigen, an Gebärmutterkrebs leidenden Henriette Vogel am Wannsee. Aus dem Gasthaus holt ihnen die Bedienung Tisch und Stühle ins Freie, sie trinken Kaffee, trinken Rum, singen, tanzen, hüpfen Hand in Hand, sind unbeschwert glücklich. Zum Zeitvertreib erzählt Kleist der Henriette seine Geschichte über die Marquise von O... Darin rettet ein tugendsamer russischer Offizier die nicht weniger tugendhafte Marquise vor seinen randalierenden Soldaten, macht sie sich dann – in bewußtlosem Zustand – zu eigen und schwängert sie. Ich hatte mir ausgeklügelt, daß sich Kleist im aufgeputschten Zustand der Todesnähe in die Geschichte hineinlebt und sich Henriette – so unabsichtlich wie sein Held – zu eigen macht. Auf diese Weise würde er eine Stunde vor beider Tod seine vermutliche Jungfräulichkeit los.

Ich legte Gombrowicz also beiseite und begann Kleist zu lesen. Für meine Treulosigkeit fand ich auch eine Rechtfertigung: Ich hatte rund die Hälfte der Arbeit hinter mir, jetzt schien es ratsam, daß ich mich von meinem Thema entfernte, um später, wenn ich zu ihm zurückkehren würde, die bisher geschriebenen Teile zu filtern und zu redigieren. Der Vorwand sah akzeptabel aus, ich konzentrierte mich also guten Gewissens auf Kleist und las seinen gesamten Briefwechsel, die Dramen und Erzählungen, seine Aufsätze, viele

Zeitungsartikel und Gedichte, ferner einige Monographien und Essays über ihn. Binnen zwei Wochen sah ich ein, daß mein Sujet nichts taugte. Die Biographie und die Verbindungen einer wichtigen historischen Person kann man nicht nach Belieben ummodeln. Zudem wurde mir bewußt, daß die Situation unwiderstehlich komisch war, weil beide glücklich Verliebten vor dem Geschlechtsakt schlotterten. Er aus Gründen, die mit seiner Konstitution zusammenhängen, sie, weil sie exaltiert religiös war und sich mit Kleist allein seelisch vereinigen wollte. Sie verstand es als selbstloses Liebesopfer, daß er geneigt war, sie zu töten und auf diese Art vor den weiteren Qualen der Krebskrankheit zu bewahren. Übrigens verstand auch Kleist es als Opfer, daß sie bereit war, mit ihm zu sterben. Angefangen bei seiner Schwester Ulrike bis hin zu den verschiedensten umworbenen Männern und Frauen wollte er zum gemeinsamen Tod alle überreden, die seinem Herzen lieb waren. Es könnte sich also eine gute Lustspielsituation daraus ergeben, daß beide Hauptpersonen die jeweils andere als den Gebenden ansehen und ihre Euphorie vor dem Tod zu einem beträchtlichen Teil von diesem wechselseitigen Irrtum verursacht wird. Nur wird das Lustspiel zu einer eindimensionalen Farce, wenn die beiden Hauptpersonen ihrer Persönlichkeit nach so verschiedenen Gewichtsklassen angehören. Heinrich von Kleist war einer der genialsten Schriftsteller aller Zeiten, der alle unlösbar scheinenden Probleme der Epoche mit preußischer Gewissenhaftigkeit auf sich bezog. Henriette Vogel hingegen war nicht nur eine leidende Frau, sondern allen Anzeichen nach auch von der Zeitmode geprägt – so sehr, daß man, wollte man sie genauer charakterisieren, um das Wort »Gans« kaum herumkäme. Da mich Kleist interessierte und nicht diese spaßige, possenhafte Verschiebung des Kräfteverhältnisses, ging mir auf, daß beachtenswerter als der Tag seines Todes die zwingenden Gründe sind, die seine Todessehnsucht am Leben hielten.

Literaturwissenschaftler, die mit der Tiefenpsychologie sympathisieren, neigen dazu, Kleists Todessehnsucht von seiner nicht ausgelebten Sexualität herzuleiten. Widerspruch fiele schwer: Leben und Werke sind durchdrungen von der

Empfindung, daß – wie Gyula Illyés es ausdrückte – »Tod und Liebe: eine Lagerstatt« sind, und zwar so sehr, daß man erschaudert vor der Brutalität, mit der diese archaische Wahrheit in Kleists Lebenswerk ans Licht drängt. Achilles und Penthesilea sind wie im Wahn ineinander verliebt. Ihr Liebesgefecht tragen sie auf dem Schlachtfeld aus, und es geht um Leben und Tod. Im Duell gewinnt die Frau die Oberhand, ihre Zähne dringen in den Brustkorb des Mannes ein, reißen Fleisch heraus – sie macht sich ihn so restlos zu eigen wie eine Speise. Die Heldin der *Hermannsschlacht*, Thusnelda, die Frau des Cheruskerfürsten, ißt den nach ihr schmachtenden Römer Ventidius nicht selbst auf, sie läßt ihn von einem ausgehungerten Bären auffressen. Allerdings führt hier nicht Liebesverlangen, sondern Rachedurst zum indirekten Kannibalismus, aber dieses Racheverlangen wird von einer uneingestandenen Liebesenttäuschung geweckt. In *Die Verlobung in St. Domingo* erschießt der Held seine Geliebte, die er für eine Verräterin hält, und als er seinen Irrtum bemerkt, steckt er den Lauf der Pistole in den Mund und jagt sich eine Kugel in den Kopf, wie es einige Monate nach der Entstehung der Novelle auch deren Verfasser tun wird.

Schon die jungen Helden des ersten Kleist-Stücks – *Die Familie Schroffenstein* – büßen mit dem Tode für ihre Liebe. Sie tauschen ihre Kleidung (und damit ihr Geschlecht), um der elterlichen Rache zu entgehen, und werden beide versehentlich vom eigenen Vater getötet. Dies ist die Strafe für die Liebe und auch für den Geschlechtertausch. In seinem schönen Buch *Kleist, die Liebe und der Tod* legt Hans Dieter Zimmermann dar – und er beweist es auch so, daß kaum ein Zweifel bleibt –, daß Kleist, der vom elften Lebensjahr an in einem Internat, dann an einer Militärschule erzogen wurde und bis zum zweiundzwanzigsten Jahr, in dem er aus dem Militär ausschied, über weibliche Familienangehörige hinaus kaum Frauen begegnete, zuerst von Männern verführt wurde, wahrscheinlich nicht gewaltlos. Vielleicht spielt die Gewalt, diese Klammer zwischen Liebe und Tod, im Kleistschen Lebenswerk deshalb eine so große Rolle. Nicht nur die bewußtlose Marquise von O… wird vergewaltigt, in *Der Find-*

ling fällt der Held über seine Stiefmutter her; der Ritter Hans Carouge macht sich gewaltsam die Frau eines anderen Ritters zu eigen *(Geschichte eines merkwürdigen Zweikampfs)*; und wenn der Krug zerbricht, ist die Gewalttätigkeit des Richters Adam daran schuld. Das Lebenswerk durchziehen Tricks der Verführung, die der Gewalt gleichkommen: die Hochstapelei und Täuschung in göttlicher Gestalt *(Amphitryon)*, die Irreführung durch Personentausch unter dem Mantel der Nacht *(Der Zweikampf)* und verschiedene Liebeszustände der Ohnmacht, in denen ein überpersönliches Schicksal die Rolle der persönlichen Verantwortung übernimmt.

Tod und Liebe sind eine Liegestatt, Sexualität und Betrug zwei einander bedingende Begriffe, Kleists Angst vor dem, was wir im gewöhnlichen Wortgebrauch »Glück« nennen, schreit zum Himmel. Der bloße Gedanke an eine körperliche Berührung mit Frauen erfüllt ihn mit Grauen. Feinfühlige Literaturanalytiker haben gezählt, wie oft Kleist seine Figuren daran hindert, einander in den Schoß zu fallen. Mittel des Eindringens ist in erster Linie der Dolch; Johann, der unglücklich Verliebte in *Die Familie Schroffenstein*, drückt es so aus:

> Nimm diesen Dolch, Geliebte – Denn mit Wollust,
> Wie deinem Kusse sich die Lippe reicht,
> Reich ich die Brust dem Stoß von deiner Hand.

Im selben Stück rächen die Eltern das Verlangen der Kinder. Wenn aber das Verlangen sich erfüllt – wie in den Erzählungen *Das Erdbeben in Chili* und *Die Verlobung in St. Domingo* –, wird nachträglich Rache geübt, Dolch und Kugel dringen gleichsam als Strafe in die jungen Körper ein.

Statt in meinem Beweisverfahren weitere Beispiele anzuführen, beende ich es mit einer Anekdote. In Gesellschaft lud einmal eine angesehene Schauspielerin Kleist zu sich ein. Er begann am ganzen Leib zu zittern, sprang auf, verbarg das errötende Gesicht hinter seinem Taschentuch, hastete aus dem Speisezimmer, die Treppe hinab, auf die Straße, dann zu einem Freund, der in der Nähe wohnte und diese Geschichte für uns aufbewahrte. Kleist sank auf den Diwan, minutenlang konnte er vor Erregung nicht sprechen. Als er sich endlich gefaßt hatte und seine Story von dieser beschämenden Verlotterung der Frauenwürde stotternd vortrug, brach der Freund in lautes Gelächter aus. Unter Aufwendung seiner gesamten sprachlichen Genialität hieß Kleist ihn ein verkommenes Subjekt und so weiter, brach auf Ewigkeit mit ihm und eilte nach Hause. Derweilen meinte die Schauspielerin, Kleist sei entflammt aus dem Zimmer gestürzt und erwarte sie jetzt, bereit zum Beilager. Unter einem Vorwand verließ auch sie den Raum, um ihn in seinem Versteck zu suchen. Den Dichter fand sie nicht, lediglich seinen Hut, weshalb sie ihn tags darauf aufsuchte, um sich nach seiner Gesundheit zu erkundigen, aber Kleist ließ sie nicht vor.

So verlockend die vielen Beispiele aus Kleists Leben und Schaffen sind, ich glaube nicht, daß ihn allein die Qualen der nicht ausgelebten Sexualität vierunddreißigjährig an das Ufer des Wannsees trieben. Dort allerdings – Fortsetzung und Krönung des Werkes – brachte er seine letzte Geliebte und sich selbst mit der Kugel um, nach einer Nacht, die sie im selben Gasthaus, aber in getrennten Zimmern verbracht hatten, mit Briefeschreiben, mit dem Verbrennen von Manuskripten. Frau Vogel hatte sicherheitshalber die Klinke der Verbindungstür entfernt; sie ahnte wohl nicht, wie wenig ihre Tugend in Gefahr war. Der Dichter schwamm im Glück, wie auch aus seinem letzten Brief an Marie von Kleist hervorgeht: »Meine liebste Marie, wenn du wüßtest, wie der Tod und die Liebe sich abwechseln, um diese letzten Augenblicke meines Lebens mit Blumen, himmlischen und irdischen, zu bekränzen, gewiß Du würdest mich gern sterben lassen.« Für diese Euphorie kann es nicht nur einen Grund geben, sie läßt sich allein mit totaler Verzweiflung erklären. Besonders quälte ihn, schlimmer als zehn Tode, daß ihn drei Wochen vorher bei einem Besuch zu Hause in Frankfurt seine angebeteten Schwestern bei Tisch »als ein ganz nichtsnutziges Glied der menschlichen Gesellschaft« betrachtet hätten, und das »raubt mir nicht nur die Freuden, die ich von der Zukunft hoffte, sondern es vergiftet mir auch die Vergangenheit«. Die Verzweiflung hatte auch eine politische Ursache: Seine patriotische preußische Seele ertrug es nicht, daß sich der König ausgerechnet mit dem verhaßten Napoleon gegen die Russen verbündet hat.

Bevor Kleist freiwillig aus dem Leben schied, war er oft genug anderswo freiwillig ausgeschieden – der Freitod resultierte aus dem Eingeständnis, daß es nichts mehr gab, um daraus auszuscheiden. Als Kind schickte ihn seine verwitwete Mutter der Familientradition gemäß – die Kleists hatten Preußen zuvor bereits achtzehn Generäle gegeben – auf eine Militärschule. Er war noch nicht sechzehn, als auch seine Mutter starb. Zweiundzwanzigjährig ersuchte er um die Entlassung aus dem Militärdienst. Über dic Gründe berichtete er seinem ehemaligen Hauslehrer Christian Ernst Martini in einem langen Brief: »… wurde mir der Soldatenstand, dem ich nie von Herzen zugetan gewesen bin, weil er etwas durchaus Ungleichartiges mit meinem ganzen Wesen in sich trägt, so verhaßt, daß es mir nach und nach lästig wurde, zu seinem Zwecke mitwirken zu müssen. Die größten Wunder militärischer Disziplin, die der Gegenstand des Erstaunens aller Kenner waren, wurden der Gegenstand meiner herzlichsten Verachtung; die Offiziere hielt ich für so viele Exerziermeister, die Soldaten für so viele Sklaven, und wenn das ganze Regiment seine Künste machte, schien es mir als ein lebendiges Monument der Tyrannei. Dazu kam noch, daß ich den übeln Eindruck, den meine Lage auf meinen Charakter machte, lebhaft zu fühlen anfing. Ich war oft gezwungen, zu strafen, wo ich gern verziehen hätte, oder verzieh, wo ich hätte strafen sollen; und in beiden Fällen hielt ich mich selbst für strafbar. In solchen Augenblicken mußte natürlich der Wunsch in mir entstehen, einen Stand zu verlassen, in welchem ich von zwei durchaus entgegengesetzten Prinzipien unaufhörlich gemartert wurde, immer zweifelhaft war, ob ich als Mensch oder als Offizier handeln mußte; denn die Pflichten beider zu vereinen, halte ich bei dem jetzigen Zustande der Armeen für unmöglich.«

Im April 1799 schied er mit dem Versprechen aus der Armee aus, sich seinen Studien zu widmen und sein Wissen im Dienst des preußischen Staates nutzbringend anzuwenden. Es war eine logische Entscheidung, denn mit den Erwartungen seiner Familie und seines gesellschaftlichen Milieus harmonierte neben der Offizierslaufbahn lediglich die Lebensform, die ihm die Staatsbürokratie bot. Doch aus dem Staatsdienst trat er schon aus, bevor er eintrat. Am 13. November 1800 lehnte er in einem Brief an seine Braut, Wilhelmine von Zenge, den zivilen Staatsdienst mit ähnlichen Begründungen ab wie zuvor die Offizierslaufbahn: »Ich soll tun was der Staat von mir verlangt, und doch soll ich nicht untersuchen, ob das, was er von mir verlangt, gut ist. Zu seinen unbekannten Zwecken soll ich ein bloßes Werkzeug sein – ich kann es nicht.«

Glück erhoffte er sich hernach nicht von der Offiziers- und nicht von der Beamtenlaufbahn, sondern von der Wissenschaft. Dementsprechend modifizierte er seine religiösen Vorstellungen. Am wichtigsten auf dieser Erde sei die Liebe zur Wissenschaft und zur Wahrheit, denn nach unserem Tode können wir »von der Stufe der Vervollkommnung, die wir auf diesem Sterne erreichten, auf einem anderen weiter fortschreiten«. Aber vier Monate nach dem weiter oben zitierten Brief kam sein Glaube an die Wissenschaft ins Schwanken, und er schied gewissermaßen auch aus ihr aus. Er machte die Bekanntschaft »der neueren sogenannten Kantischen Philosophie« (gelegentlich heißt es, er habe nicht Kant selbst, sondern irgendein Werk Fichtes gelesen), und sie stürzte ihn in tiefste Verzweiflung: »Wenn alle Menschen statt der Augen grüne Gläser hätten«, schrieb er am 22. März 1801 an seine Verlobte, »so würden sie urteilen müssen, die Gegenstände, welche sie dadurch erblicken, *sind* grün – und nie würden sie entscheiden können, ob ihr Auge ihnen die Dinge zeigt, wie sie sind, oder ob es nicht etwas zu ihnen hinzutut, was nicht ihnen, sondern dem Auge gehört. So ist es mit dem Verstande. Wir können nicht entscheiden, ob das, was wir Wahrheit nennen, wahrhaft Wahrheit ist, oder ob es uns nur so scheint. Ist das letzte, so *ist* die Wahrheit, die wir hier sammeln, nach dem Tode nicht mehr – und alles Bestreben, ein Eigentum sich zu erwerben, das uns auch in das Grab folgt, ist vergeblich.« Wie den Glauben an die Wissenschaft verlor Kleist auch seine eigenwillige Religion. Bei einem Menschen seines Schlags konnte das nicht ohne praktische Folgen bleiben: »Seit diese Überzeugung, nämlich, daß hinieden keine Wahrheit zu finden ist, vor meine Seele trat, habe ich nicht wieder ein Buch angerührt. Ich bin untätig in meinem Zimmer umhergegangen, ich habe mich an das offne Fenster gesetzt, ich bin hinausgelaufen ins Freie, eine innerliche Unruhe trieb mich zuletzt in Tabagien und Kaffeehäuser, ich habe Schauspiele und Konzerte besucht, um mich zu zerstreuen …; und dennoch war der einzige Gedanke, den meine Seele in diesem äußeren Tumulte mit glühender Angst bearbeitete, immer nur dieser: dein *einziges*, dein *höchstes* Ziel ist gesunken –«

Er schied aus der Wissenschaft und damit auch aus Preußen. Er verließ die deutschen Lande und ging nach Frankreich mit dem Vorsatz, nie mehr in die Heimat zurückzukehren. Auch aus der Gesellschaft wollte er ausscheiden. Er beabsichtigte, sich in der Schweiz ein kleines Gut zu kaufen und zu bewirtschaften. »Die Wissenschaften habe ich ganz aufgegeben. Ich kann dir nicht beschreiben, wie ekelhaft mir ein wissender Mensch ist, wenn ich ihn mit einem handelnden vergleiche. Kenntnisse, wenn sie noch einen Wert haben, so ist es nur, insofern sie vorbereiten zum Handeln.« Seine geliebte Schwester, seine Verlobte, die gesamte Gesellschaft – niemand brachte Verständnis für Kleists Entscheidung auf, Bauer in der Schweiz zu werden. Wilhelmine wollte dem Verlobten nicht in die unvorhersehbare Zukunft folgen: um den Aufgaben einer Bäuerin zu obliegen, mangle es ihr an körperlicher Kraft; so schrieb nun er den Abschiedsbrief, schied aus dem noch nicht bestehenden Familienbund aus und schob ihr die Verantwortung zu. Heraus aus dem Verlöbnis, lehnte er die Rolle eines Familienvaters ein für allemal ab, kündigte die Normalität im gesellschaftlichen Sinn auf und schloß sich endgültig den einsamen Wölfen an. Er mußte es tun, wenn er auf seine Instinkte hörte. Seine Briefe an die Verlobte verströmen ein philosophisches und noch stärker ein pädagogisches Pathos; die Zuneigung war kein lebendiges, mit Sinnlichkeit durchtränktes Gefühl, sondern ein Vorwand zur Belehrung, zur Wertbestimmung. »Kein Geschäft darf mich von der Erfüllung der Pflicht abhalten, meinem lieben, treuen Mädchen zur bestimmten Zeit Nachricht von mir zu geben.« Was allein schon deshalb nötig war, weil er bald nach der Verlobung Frankfurt, wo die Familien Zenge und Kleist lebten, verließ und in den zwei folgenden Jahren, bis zum Bruch, nur einmal in die Oderstadt zurückkehrte, für acht Tage, obgleich er in der Umgebung oft zu tun hatte. Echte, von Sinnlichkeit zeugende Liebesbriefe hat er sein Leben lang nur Männern geschrieben, unter anderem noch zur Verlobungszeit dem Maler Lohse, und den flammendsten dann am 7. Januar 1805 einem einstigen Offizierskameraden, Ernst von Pfuel, dem preußischen Ministerpräsidenten von 1848: »Warum kann ich Dich nicht mehr *als meinen Meister* verehren, o Du, den ich immer noch über alles liebe? – Wie flogen wir vor einem Jahr einander, in Dresden, in die Arme! Wie öffnete sich die Welt unermeßlich, gleich einer Rennbahn, vor unsern in der Begierde des Wettkampfs erzitternden Gemütern! … Du stelltest das Zeitalter der Griechen in meinem Herzen wieder her, ich hätte bei Dir schlafen können, Du lieber Junge; so umarmte Dich meine ganze Seele! Ich habe Deinen schönen Leib oft, wenn Du in Thun vor meinen Augen in den See stiegest, mit wahrhaft *mädchenhaften* Gefühlen betrachtet. Er könnte wirklich einem Künstler zur Studie dienen. Ich hätte, wenn ich einer gewesen wäre, vielleicht die Idee eines Gottes durch ihn empfangen. Dein kleiner, krauser Kopf, einem feisten Halse aufgesetzt, zwei breite Schultern, ein nerviger Leib, das Ganze ein musterhaftes Bild der Stärke, als ob Du dem schönsten jungen Stier, der jemals dem Zeus geblutet, nachgebildet wärest. Mir ist die ganze Gesetzgebung des Lykurgus, und sein Begriff von der Liebe der Jünglinge, durch die Empfindung, die Du mir geweckt hast, klar geworden. Komm zu mir!« Dann, noch offener: »Ich heirate niemals, sei Du die Frau mir, die Kinder, und die Enkel! … Nimm meinen Vorschlag an. Wenn Du dies nicht tust, so fühl ich, daß mich niemand auf der Welt liebt. Ich möchte Dir noch mehr sagen, aber es taugt nicht für das Briefformat. Adieu. Mündlich ein mehreres.«

Indem er seinen Freund mit *mädchenhaften* Augen sah, schied er aus seinem Geschlecht aus; und indem er ihn bat, seine Frau zu sein, schied er auch aus dem anderen Geschlecht aus und betrat das schwankende Gelände zwischen den Geschlechtern, das die Leser dieses Buches bereits kennen, dank Gombrowicz. Und aus dem Leben schied er aus, als er in die Mannesrolle zurückfand, also wieder zu einer Frau, allerdings zu einer, die mit ihm nicht leben, sondern sterben wollte.

Enttäuscht vom Soldatentum, von der Verwaltungsarbeit und von der Wissenschaft, verlegte er sich auf das Bücherschreiben. Dieser Gedanke kam ihm, als er vierundzwanzig war, und er äußerte ihn in dem Brief an seine Verlobte, in dem er ertstmals mit seinen Bauernplänen herausrückte. Und auch das ist logisch: Für die von Kleists und die von Zenges war eine hauptberufliche künstlerische Tätigkeit ebenso entwürdigend wie eine bäuerliche. Doch von irgend etwas mußte Kleist, dessen Vermögen bescheiden, der aber selbst nicht gerade sparsam war, leben. So meinte er, am leichtesten könnte er sich vom Bücherschreiben ernähren. »Aber *Bücherschreiben* für Geld – o nichts davon.« Bauer müsse er werden, um außer der Familie auch seine Kunst speisen zu können. Kleist verachtete die Adelsmentalität, doch blieb er adlig genug, die erhabene Kunstsphäre nicht mit Geld zu verknüpfen. Kunst als Tätigkeit ist nach Adelsauffassung nur als Liebhaberei akzeptabel. Aber ich schließe auch nicht aus, daß Kleist, der mit seiner Fähigkeit, Leid zu empfinden, der Zeit weit voraus war, es – wie hundertfünfunddreißig Jahre später der proletarische Dichter Attila József – für eine Schmach hielt, wenn Schmerz »Geld bringt«, zur Ware wird; daß also, wie übrigens häufig bei ihm, die Impulse aus der Vergangenheit und der Zukunft sich in seiner Seele vermengten und einander ergänzten. Daran gemessen wirkt es, obgleich aus tiefster Verzweiflung resultierend, zynisch, daß er fünf Jahre später im Zusammenhang mit dem *Zerbrochnen Krug* in einem Brief bemerkt: »In drei bis vier Monaten kann ich immer ein solches Stück schreiben; und bringe ich es nur à 40 Fried.dor, so kann ich davon leben.« – Aus dem Übertritt in den Bauernstand wurde nichts. Später verdingte er sich als Tischler, aber auch das dauerte nicht lange, so daß ihm wirklich nichts weiter übrigblieb, als seine spärlichen Einkünfte aus dem Erbgut durch Schreiben zu ergänzen.

Wenn ich eine Biographie schriebe, müßte ich darauf eingehen, wie Kleist, der zu Beginn seiner Laufbahn nach dem Thron Goethes strebte, von der Erfolglosigkeit zermürbt wurde. »Meine Vorstellung von meiner Fähigkeit ist nur noch der Schatten von jener ehemaligen in Dresden«, schrieb er in dem zuvor zitierten Brief vom 31. August 1806 an seinen alten Kameraden Otto August Rühle von Lilienstern, sich auf die Zeit beziehend, als er drei Jahre vorher in Dresden seinen Freunden Szenen aus dem *Zerbrochnen Krug* vorgelesen hatte. »Die Wahrheit ist, daß ich das, was ich mir vorstelle, schön finde, nicht das, was ich leiste. Wär ich zu etwas anderem brauchbar, so würde ich es von Herzen gern ergreifen: ich dichte bloß, weil ich es nicht lassen kann.« Aber was wird aus ihm, wenn er es einmal lassen kann? »Komm, laß uns etwas Gutes tun, und dabei sterben! Einen der Millionen Tode, die wir schon gestorben sind, und noch sterben werden. Es ist, als ob wir aus einem Zimmer in das andere gehen.« Wenn er es lassen will, kann er es auch lassen, wenn er aus der Kunst ausscheidet, scheidet er auch aus dem Leben aus. Vor seinem Tod vernichtete er angeblich mit vielen anderen Manuskripten auch das eines fast beendeten zweibändigen Romans: Er schied aus der Kunst aus, und damit war sein Schicksal besiegelt.

Obwohl seine meisten Werke schon zu Lebzeiten erschienen und ihm Anhänger, ja Verehrer einbrachten, zählte die literarische Öffentlichkeit Kleist nicht zu den Besten, nicht einmal zu den Zweitbesten. Vergleichbares haben wir schon am Beispiel Gombrowicz' gesehen: Es ist das Schicksal der Außenstehenden, die sich von ihrem gesellschaftlichen Milieu entfernt haben, von der moralischen und kulturellen Tradition, deren Träger dieses Milieu ist – die sogar mit ihrer bloßen Existenz diese ererbten Werte negieren, sich aber nicht einem anderen Wertsystem anschließen, das sie schützen und fördern könnte. Goethes Abneigung gegen Kleist resultiert nicht aus Eifersucht – von den Höhen des Olymps herabblickend erschien dem alternden Riesen der eigenwillige junge Mann zu winzig, um eifersüchtig auf ihn zu sein –, sondern aus der Verschiedenheit ihrer Weltanschauung und ihres Geschmacks. In der Antike zum Beispiel feierte Goethe die Herrschaft des apollonischen Geistes, die Harmonie, die vom herrschenden Schicksal nicht zerstört wird. Für die klassische, tragische Form sah er die einzige Möglichkeit für ein Weiterleben in der Versöhnung, der Synthese entgegengesetzter Kräfte. Kleists *Amphitryon* habe er gelesen, schrieb er am 13. Juli 1807 in sein Tagebuch und wunderten sich »über das seltsamste Zeichen der Zeit«. Es bestände, so schreibt er weiter, im Streben Kleists, bei den Hauptgestalten eine »Verwirrung des Gefühls« herbeizuführen. Verwirrung – läßt sich für den klassischen Geschmack eine befremdlichere künstlerische Atmosphäre vorstellen? Und wenn gar noch das Thema ein klassisches ist! Mit der für ihn so bezeichnenden Scharfsicht erkannte Goethe, daß der antike Mythos mit christlichen Elementen vermischt ist: Vor Zeus, der in der Gestalt des Amphitryon erscheint, kommen der Alkmene Gefühle wie den christlichen Schriften zufolge der Maria beim Empfang des Heiligen Geistes. Und aus beiden Besuchen gehen Halbgötter hervor: dort Herakles, hier Jesus Christus. Aber während im griechischen und im christlichen Mythos die Gefühle eindeutig und gut definierbar sind, herrschen bei Kleist Zauderhaftigkeit, Ratlosigkeit und bis in die Wurzeln der menschlichen Beziehungen wirkendes Mißtrauen, eben die »Verwirrung des Gefühls«. Das gleiche Mißtrauen wirkt im *Zerbrochnen Krug*, dieser in ein Lustspiel verkehrten griechischen Tragödie: Der Dorfrichter Adam leitet einem Ödipus gleich eine Untersuchung gegen sich selbst ein, allerdings mit dem – lustspielhaften – Unterschied, daß er den Schuldigen im voraus kennt. In die Komödie sickert jedoch die »Verwirrung des Gefühls« ein – das Vertrauen der jungen Verlobten zueinander ist ebenso brüchig wie das der Eltern zu ihren Kindern, und es wird auch nicht völlig geklärt, was im Zimmer des Mädchens geschah, bevor der Krug zerbrach. Goethes Inszenierung dieses klassisch strukturierten Einakters ging daneben, er gliederte ihn in drei Teile und hängte eine Oper in einem Akt an, weil er mit den modernen Lebensgefühlen in dem plebejischen Lebensmaterial, das die klassische Struktur ausfüllte, nichts anzufangen wußte. Wie aus Weimar gesehen christliche Subjektivität und antike Objektivität nicht zu vermischen sind, so sind mit der klassischen Lustspielstruktur die dörfliche Realität der Kleistschen Zeit und die jedes modische Hirtenidyll im Keim erstickenden, lebensgefährlichen Konflikte nicht zu vereinbaren.

Noch weiter entfernt – man könnte sagen: am denkbar weitesten entfernt – vom apollonischen Geist des Griechentums ist *Penthesilea*, die Kleist »auf den ›Knien meines Herzens‹« Goethe schickte. Doch der lehnte höflich ab: »Mit der Penthesilea kann ich mich noch nicht befreunden.« Das Stück ist nämlich von einer dionysischen Geistigkeit durchdrungen. Schon der Grundkonflikt schließt die Möglichkeit der Goetheschen Versöhnung aus. Achilles und die Königin der Amazonen sind tödlich ineinander verliebt – die Wendung »tödlich« trifft hier voll zu, denn aus göttlicher Bestimmung und wegen ihrer gesellschaftlichen Situation können sie einer vom anderen nur die bedingungslose, totale Selbstaufgabe verlangen. Deshalb kann die Liebe sich nur im Zweikampf erfüllen und nur mit dem Tod des Unterlegenen enden. So bestimmt dann statt des apollonischen Verstands die nicht steuerbare Unterwelt der Seele den Handlungsgang. Achilles wird von Penthesilea in besinnungslosem Rausch getötet, sogar zerfleischt – selbst Anhänger Kleists kehrten diesem barbarischen Kannibalismus voll Grausen den Rükken. Nur ist auch diese Geistigkeit – die dionysische – zutiefst griechisch und der klassischen Tragödie nicht fremd. Philologen haben seither nachgewiesen, daß die *Bakchen* und der *Hippolytos* des Euripides den Verfasser der *Penthesilea* unmittelbar beeinflußten. Archaische Schichten des Griechentums brechen hervor, Sümpfe der Seele, von denen das aufgeklärte und klassische achtzehnte Jahrhundert nichts mehr wissen wollte; es vermeinte, es habe sie mit Hilfe der Harmonie und des Verstands trockengelegt. Doch die archaischen Kräfte werden bei Kleist von der modernen Verzweiflung geweckt. Kleists sogenannte »Kant-Krise« entsprang der Furcht, der Verstand sei machtlos, die Welt nicht erkennbar – diese Furcht nahm in der *Penthesilea* dichterisch Form an. Für die Großen und die Snobs des klassischen Zeitalters war dieses Weltgefühl noch weniger akzeptabel als die beispiellos grausamen Szenen. »Die Zeit scheint eine neue Ordnung der Dinge herbeiführen zu wollen, und wir werden davon nichts, als bloß den Umsturz der alten erleben«, schrieb Kleist Ende November 1805, also kurz vor der *Penthesilea*, an Rühle. Diese Weltuntergangsstimmung durchdringt die Tragödie, sie ist der Inspirator ihres Irrationalismus. Allerdings ist dieser Irrationalismus – da er die schrecklichen Folgen der vom Verstand befreiten Leidenschaften zeigt – auch eine Kritik des Irrationalismus. In diesem Sinn setzt das Stück die Shakespearesche Tradition fort.

Kleists Antikeauffassung ist nur ein Beispiel dafür, wie zwangsläufig ihm die Anerkennung versagt blieb. Ich möchte nochmals betonen: Die Grausamkeit der Kleistschen Fassung, so haarsträubend sie zur Zeit des Goetheschen Klassizismus wirkte, überstieg nicht das Grausamkeitspotential der griechischen Geistigkeit. Nach der ältesten griechischen Überlieferung tötete Achilles die Penthesilea und verkehrte dann mit dem Leichnam. Homer veredelte diese Scheußlichkeit, machte sie salonfähig: bei ihm verliebt Achilles sich nur in die nackte, schöne Leiche der Amazonenkönigin. Die Kleistsche Grausamkeit war für das gebildete Publikum der Zeit deshalb so unakzeptabel, weil sie einem verzweifelten Irrationalismus entsprang. Noch bestimmender wurde die Rolle des Irrationalismus im märchenhaft-christlichen Pendant zur *Penthesilea*, im *Käthchen von Heilbronn*, weil hier das Element des Wunders, eine Reihe von Visionen, Trancen und Ekstasen alle Wendungen der Handlung steuern. Auf die Parallele zwischen den beiden Stücken kam Kleist wiederholt zu sprechen, am genauesten in einem Brief vom 8. Dezember 1808, der an Heinrich Joseph von Collin gerichtet ist: »Denn wer das Käthchen liebt, dem kann ja die Penthesilea nicht ganz unbegreiflich sein, sie gehören ja wie das + und das – der Algebra zusammen, und sind ein und dasselbe Wesen, nur unter entgegengesetzten Beziehungen gedacht.« An Marie von Kleist schrieb er im Herbst 1807, das Käthchen sei »die Kehrseite der Penthesilea, ihr andrer Pol, ein Wesen, das ebenso mächtig ist durch gänzliche Hingebung, als jene durch Handeln«. Die Mehrzahl der zeitgenössischen und späteren maßgebenden Kritiker suchten in dem Stück ein bürgerliches Trauerspiel und lehnten es wegen seiner trivialen Romantik (Goethe) oder das Mittelalter idealisierenden

Süßlichkeit (Mehring, Lukács, Ernst Fischer) ab, letzten Endes also deshalb, weil die irrationalen, die wunderlichen Elemente das Reale aus der Geschichte, die dem Stück als Stoff dient, verdrängten. Andere wiederum – zum Beispiel Tieck bereits 1821, dann 1872 auch Theodor Fontane – erkannten, daß Kleist kein bürgerliches Trauerspiel und kein modischromantisches Ritterdrama, sondern ein *Märchen* gedichtet hatte. In neuerer Zeit vertritt Hans Mayer diese Auffassung am konsequentesten: »Aber muß wirklich entgegnet werden, daß Kleist kein bürgerliches Trauerspiel, sondern ein Märchen schrieb? Heilbronn liegt im Kinder- und Märchenland, die Gräfin Kunigunde ist einfach eine Hexe, die sich allerdings im Feudalrecht gut auskennt. Ein Großteil der Ritterszenen hat mit der Parodie zu tun, denn unbedenklich mischt Kleist die Ingredienzien zeitgenössischen Erfolgstheaters zusammen: Ritter und Geister, Engel und Hexen, Femgericht und Standesunterschied der Liebenden.« Das alles trifft zu, und die Märchengattung erklärt auch, warum im Gegensatz zum tragisch-pathetischen Irrationalismus der *Penthesilea* die Wunderwelt des *Käthchens* zwischen Scheußlichkeiten hindurch notwendigerweise zu einem guten Ende kommt. Doch die Märchentheorie spricht Kleist nur von der Beschuldigung der Realitätsferne frei. Alle Gestalten des Stücks sind real und wahr im märchenhaften Sinn des Wortes. Käthchen selbst zum Beispiel ist eine Jungfrau Maria der Liebe, ein mittelalterliches Frauenideal, aber mit erotischer Ausstrahlung, denn Gegenstand ihrer todesverachtenden Hingabe ist nicht Gott, sondern ein Mann. Dieser Mann jedoch würde sie auch dann nicht heiraten, wenn sie hundertmal vollkommener wäre (obgleich sie die Vollkommenheit in Person ist) – zur Hochzeitsnacht kann es allein deshalb kommen, weil sich herausstellt, daß sie nicht die Tochter eines Waffenschmieds, sondern des Kaisers ist. Kleists phantasievolles Happy-End ist ebenso real wie zahlreiche Details des Stückes – welche z.B. die Häßlichkeit Kunigundes, die Brutalitäten des Grafen Wetter vom Strahl oder die Verführungskünste des Kaisers veranschaulichen –, Details also, die den von Kleist begeisterten Fontane beim Genuß des Märchens störten. Aber die Märchengattung und die darin versteckten gesellschaftlichen und psychischen Realitäten eliminieren nicht ein anderes Widerstreben, das daher rührt, daß sich die tiefsten Wahrheiten stets im Traum- oder Trancezustand offenbaren. Das ist *kein* Märchenelement bei Kleist – auch der Held seines letzten Stückes, das in einem realen historischen Umfeld spielt, der Prinz von Homburg, empfängt die entscheidenden Impulse in einem Traumzustand. Dem Titelhelden der grandiosen realistischen Novelle *Michael Kohlhaas* erscheint seine tote Frau, als er bereits verhaftet ist, in der Gestalt einer Zigeunerin, die mit ihren prophetischen Fähigkeiten die Handlung in eine unerwartete Richtung steuert. Die ohnmächtige Marquise von O... macht sich der russische Graf in Trance zu eigen. Wir sind nicht Herr über uns selbst. Wir bergen unberechenbare Mächte in uns, die stärker sind als wir. Das sei eine wundersame Vermischung von Verstand und Unverstand, das sei verflucht gekünstelt, soll Goethe nach dem Lesen des *Käthchens* gesagt und das Manuskript ins Feuer geworfen haben.

Daß ihm Anerkennung versagt blieb, brannte den Dichter aus. Er dichtet nur, weil er es nicht lassen kann, er funktioniert als bloßes Werkzeug der Dichtung, aber als ungeeignet für diese Rolle wird er nicht nur von den maßgeblichsten Personen, sondern auch von seiner Familie, vor allem von der innig geliebten Schwester Ulrike, angesehen. Dabei wollte er der Rolle gerecht werden. Sein preußischstes dramatisches Dichtwerk, *Prinz Friedrich von Homburg*, das gespeist wird von einem ausgeglichenen und überaus poetischen Konflikt zwischen der freien Subjektivität und der auf die Ebene des Moralischen gehobenen militärischen Disziplin, widmete er der Enkelin der historischen Hauptheldin, der Schwägerin des Preußenkönigs. Dazu wartete er ihr auch noch mit einem Gedicht auf in der Hoffnung, zum höheren Ruhm ihres königlichen Geschlechts werde sie ihm auf die Bühne helfen. Dies geschah sechs Wochen vor seinem Selbstmord. Das Ergebnis: ein vollständiges und ewiges Verbot des Stückes. Wie bekannt, errang der Prinz von Homburg unter Umgehung einer höchsten Weisung einen Sieg über die Schweden und wird dafür zum Tode verurteilt. Mit dem Tod konfrontiert, befällt ihn panische Angst, er verleugnet sich und seine Liebe, er würde auf alles verzichten, um am Leben zu bleiben. Doch als der Kurfürst es dem Verurteilten überläßt, zu urteilen, sieht Homburg ein, daß er den Tod verdient, und er stellt sich erhobenen Hauptes seinem Schicksal. Die beschenkte hohe Dame gelangte wahrscheinlich gar nicht bis zu diesem aus preußischer Sicht so erstaunlichen moralischen Entschluß, weil sie äußerst empört war, daß der Autor sich erdreistete, ihren Großvater als feige hinzustellen. Ein germanischer Herr von Adel kennt keine Todesfurcht. Kleist, der seinen Helden aus tiefster Demütigung auf höchste Höhen erhob, über sein eigenes Schicksal hinaus (wie auch immer wir darüber im gegebenen Fall denken mögen), strauchelte über die Beschränktheit des Standes, von dessen Gnade er abhängig war.

Noch weniger vermochte er, aus rein künstlerischen Gründen, den nationalen Erwartungen gerecht zu werden, die er mit der *Hermannsschlacht* erfüllen wollte. Der in diesem Werk aufbrechende und ins Irrationale gesteigerte Fremdenhaß ist mehr als ein Bückling vor dem deutschen Nationalismus; daß er ihn nachvollzog und daß er ihn aufrichtig meinte, geht auch aus seiner franzosenfresserischen Publizistik hervor. 1809 verfaßte er einen *Katechismus der Deutschen*, angelegt als Dialog zwischen Vater und Sohn in sechzehn Kapiteln, in dem er Napoleon als »einen, der Hölle entstiegenen, Vatermördergeist« bezeichnet, dessen militärische Fähigkeiten wir nur anerkennen dürfen, »wenn er vernichtet ist«. Die höchsten Güter der Menschheit faßt der Sohn in dieser Reihenfolge zusammen: »Gott, Vaterland, Kaiser, Freiheit, Liebe und Treue, Schönheit, Wissenschaft und Kunst«. Die oberste Pflicht des Menschen sei es, auf Befehl des Kaisers »... die Franzosen, wo sie angetroffen werden mögen, zu erschlagen«. Den gleichen Haß verströmt *Die Hermannsschlacht*, er liefert die Grundlage für die chauvinistische, ja für die nationalsozialistische Interpretation des Stückes, aber auch für die linksmarxistische Auffassung, Kleist – oder zumindest dieses Werk – habe ideologisch und künstlerisch dem Faschismus den Weg bereitet. Andererseits stellte Kleist den Cheruskerfürsten und seine Gemahlin als Monster dar. Die Poesie des Hasses, die diesem Stück ein ästhetisch einheitliches Fundament gibt, verzerrt sie so, daß sich der nüchtern urteilende Rezipient das gleiche Bild vom deutschen Nationalismus machen kann wie beim Lesen von Heines antinationalistischen Satiren. Ich sprach schon von der Szene, in der Thusnelda, Hermanns liebreizende Gemahlin, aus verletzter weiblicher Eitelkeit ihren römischen Verehrer einem ausgehungerten Bären zum Fraß überläßt. Kleist begründete diese beispiellos brutale Bühnenhandlung damit, daß auch deutschen Frauen die französischen Offiziere gefielen, sobald sie sie aber durchschauten, erwache ihr Rachedurst. Mit Hermann selbst sprang er nicht schonungsvoller um. Der germanische Held besiegt die Römer mit List, Verrat und Lüge. Ein solches Verhalten – im Interesse der Befreiung eines Volkes – können wir als berechtigt ansehen. Allerdings verbreitet dieser Hermann nicht nur Falschmeldungen über die Missetaten der Römer, er steckt auch seine Soldaten in römische Kleidung und schickt sie auf die Straße, damit sie »brennen, morden, plündern«, er läßt sie also das eigene Volk schinden, um den Haß gegen die Römer anzuheizen; bei einer anderen Gelegenheit läßt er die Leiche eines Mädchens, das von einem Römer oder vorgeblichen Römer vergewaltigt wurde, in fünfzehn Stücke teilen und sie den fünfzehn Stämmen Germaniens schicken. Mit einer Kraft und Konsequenz, die in der deutschen Literatur ihresgleichen sucht, veranschaulicht Kleists Held, was von einem in seiner Macht durch nichts gezügelten, nationalistischen deutschen Führer zu erwarten ist. Und er ist imstande, das Grauenhafte der erwähnten Szenen sogar zu steigern, wenn Hermann den in Gefangenschaft geratenen Septimius, der sich auf das Kriegsrecht beruft, mit den Worten töten läßt:

> Du weißt, was Recht ist, du verfluchter Bube,
> Und kamst nach Deutschland, unbeleidigt,
> Um uns zu unterdrücken?
> Nehmt eine Keule doppelten Gewichts,
> Und schlagt ihn tot!

Lawrence Ryan weist in seinem Essay über *Die Hermannsschlacht* darauf hin, daß im Gegensatz zu der tobend mordenden und am Morden zugrunde gehenden Penthesilea die

Thusnelda – wir wollen hinzusetzen: ebenso wie Hermann – berechnend tötet; ihre Morde sind sorgfältig geplant, sogar genußvoll inszeniert. Der auf dem Verstand basierenden Rechtsauffassung der Römer – und Franzosen –, in die sie das Recht auf die Weltherrschaft – also auch auf Rechtlosigkeit – einbeziehen, stellt Hermann das Recht des für sein Vaterland zu allem fähigen Herzens gegenüber, doch setzt er dieses Recht nicht mit der Spontaneität der Gefühle, sondern mit Hilfe einer widersinnig grausamen Staatsräson durch.

Ich bin überzeugt, daß dieses Stück, das Kleist unmittelbar nach der Fertigstellung, nämlich am 1. Januar 1809, nach Wien schickte, damit es wegen seiner Aktualität möglichst bald und noch vor dem *Käthchen* aufgeführt würde, nicht allein deshalb nicht ins Programm kam, weil Napoleon im Juli 1809 die Österreicher bei Wagram besiegte. Das allein erklärt noch nicht, warum die Uraufführung erst 1839 stattfand. Kleists Bestreben, seine germanischen Helden nicht zu idealisieren, kam so restlos zur Geltung, und ihr barbarisches Gebaren nahm dank der poetischen Kraft des Werkes solche Dimensionen an, daß die patriotische Gesinnung ihre eigenen Deformationen nicht ohne Unbehagen, ja Entrüstung genießen konnte. In einer bearbeiteten Fassung wurde es dann 1860 und in der Kleistschen Originalfassung wieder 1875 aufgeführt; im Druck erschien die letztere erst zehn Jahre nach Kleists Tod und sieben Jahre nach Napoleons Sturz: im Jahr 1821. (Übrigens wurden die *Penthesilea* 1876 und der *Amphitryon* 1899 uraufgeführt; Kleists Erfolglosigkeit resultierte über die erwähnten Gründe hinaus aus seiner Unzeitgemäßheit, genauer: seiner Modernität.)

Zu seiner schriftstellerischen Tragödie traten herausgeberische Mißerfolge. Kleist, der in Idealen lebte und zu Depressionen neigte, mangelte es durchaus nicht an organisatorischen, ja kaufmännischen Fähigkeiten, wie sie nötig sind, eine Zeitung oder Zeitschrift zu gründen und am Leben zu halten. Sein erster Versuch, die anspruchsvolle Literaturzeitschrift *Phöbus*, mußte wegen Intrigen der Konkurrenz nach neun Heften das Erscheinen einstellen – vor allem aber deshalb, weil der Herausgeber den wirklich großen Namen nur Versprechungen entlocken konnte, keine Beiträge. Im Oktober 1810 startete er die erste deutsche Tageszeitung, die *Berliner Abendblätter*, mit dem Ziel, die antinapoleonischen geistigen Kräfte um sie zu gruppieren. Er gewann viele bekannte Schriftsteller und Intellektuelle als Mitarbeiter und entfaltete selbst eine erstaunliche journalistische Aktivität; er schrieb Dutzende Anekdoten, stilisierte politische und Polizeimeldungen, druckte Essays und Novellen ab, aber auch politische Publizistik und interessantes Kunterbunt. Wer eine Ahnung davon hat, wie aufwendig es ist, eine Tageszeitung allein zu redigieren und teilweise auch zu schreiben, den Druck und die Auslieferung zu organisieren, unablässig im Streit liegend mit der Regierung und den Zensurbehörden, der kann Kleists geistige und praktische Leistung nur bewundern. Die *Abendblätter* wurden von der preußischen Regierung abgewürgt, weil einige Beiträge die ökonomische und gesellschaftliche Reformpolitik des Kanzlers Hardenberg attackierten. Diese konservativen Artikel – verfaßt von Kleists Freund Adam Müller – verteidigten die auf göttliche Verfügung zurückgeführten Adelsprivilegien, die der Staatskanzler unter dem Einfluß Adam Smith' und infolge der Veränderungen in Frankreich abbauen wollte. Die Antwort Hardenbergs schöpfte ihre Kraft jedoch nicht aus dem progressiven Gedankengut, sondern aus den Zensurbestimmungen Friedrichs II. Umsonst versuchte Kleist, Hardenbergs Wohlwollen mit Schriften zu gewinnen, die den Aufstieg der arbeitenden Klassen und bürgerliche Freiheitsrechte forderten. Die Zeitung wurde einer Vorzensur unterstellt, aber noch schwerer fiel ins Gewicht, daß ihr unter Ausnutzung des Informationsmonopols der Regierung alle diplomatischen, politischen und polizeilichen Nachrichten vorenthalten wurden. Mangels interessanter polizeilicher Originalmeldungen mußte Kleist die Berichte anderer Zeitungen kopieren, und es dauerte nicht lange, bis die *Abendblätter* eingingen. Was danach geschah, gleicht einer tragischen Farce. Kleist forderte Schadenersatz und verklagte den Polizeipräsidenten bei Hardenberg und Hardenberg beim König, er verklagte Regierungsräte und den Außenminister, setzte alle Hebel in Bewegung, um sein Recht zu bekommen – er kämpfte wie ein Michael Kohlhaas. Nur mit Erschütterung kann man lesen, wie er den Bruder des Königs bittet, die Zeitung fortführen zu dürfen – »mit gänzlicher Freiheit der Meinungen, so, wie Ehrfurcht vor das bestehende Gesetz sie, bei einer liberalen Ordnung der Dinge, zu äußern gestatten«. Die antiliberalen Reformer errichteten eine undurchdringliche Mauer um ihn; offenbar hatten sie sich untereinander über die Flut seiner Klagen ausgetauscht. Kleist sah keine andere Möglichkeit, als sich um die Wiedereinstellung beim Militär zu bewerben, und zwar in der Hoffnung auf einen neuen Feldzug gegen Napoleon. Der König stellte sie ihm für diesen Fall unverbindlich in Aussicht. Doch dem Bittsteller fehlte das Geld für eine Offiziersausrüstung. Seine Schwestern wiesen ihn auf beschämende Weise ab, woraufhin er Hardenberg um 20 Louisdor bat (wenn ihm schon die Entschädigung versagt blieb). Den Brief schrieb er am 18. September 1811. Er blieb unbeantwortet. Auf der Akte ist folgender Vermerk zu lesen: »H. v. Kleist bittet um ein Privatdarlehn von 20 St. Fr.d'or. Zu den Acten, da der p. v. Kleist 21. 11. 11. nicht mehr lebt. Berlin, den 22. Nbr. 11.« Vorher mußte er noch erleben, daß sich der Preußenkönig aus Sicherheitsgründen nicht mit Rußland, sondern mit Napoleon verbündete. So drohte ihm obendrein die Gefahr, nicht gegen den verhaßten Despoten, sondern als dessen Verbündeter reaktiviert zu werden.

Ich habe mich mit Kleists herausgeberischer Katastrophe näher befaßt, weil ihr am deutlichsten die Botschaft seiner Tragödie zu entnehmen ist. Etliche verdienstvolle Autoren, die sich über sein Scheitern auslassen, führen dieses in erster Linie darauf zurück, daß er nicht in der Lage war oder sein konnte, den Widerspruch zwischen seiner aufgeklärt-liberalen Grundeinstellung und den Anforderungen des preußischen Staates zu lösen. Für diese Auffassung spricht, daß sich das gesellschaftliche Milieu, dem er entstammte und das ihn erzogen hatte – nahestehende Angehörige des alteingesessenen pommerschen und preußischen Adels –, schon von seiner bloßen Existenz verletzt fühlte. Der Selbstmord, erschwert durch einen Mord, bestätigte seine Nächsten, denen Kleists Lebensweise und Ansichten suspekt waren und die seine giftgeschwängerten Briefe vernichteten. Ich meine dennoch, der erwähnte Widerspruch wäre nicht so verheerend gewesen, wenn er Kleist in Konflikt allein mit der Außenwelt gebracht hätte. Die Wunde begann zu eitern, weil in ihm selbst die Extreme unversöhnlich aufeinanderprallten. Er war das Preußentum in Person; die Zensur, gegen die er einen Windmühlenkampf führte, entsprang seinem innersten Wesen. In seiner antinapoleonischen Wut nahm er nicht zur Kenntnis – was Goethe und Hegel so gut wußten –, daß selbst noch die kaiserliche Armee den Fortschritt in die deutschen Staaten bringen und die Ideen verbreiten und stärken würde, unter deren Eindruck er das Militär verlassen und kein Staatsamt übernommen hatte. Er wünschte einerseits die institutionelle Beseitigung der deutschen Verhältnisse und andererseits ihre institutionelle Stabilisierung, damit Germanien erfolgreich gegen die Besatzer kämpfen könne. Dieser Widerspruch beschränkte sich nicht auf politisches oder soziales Terrain, er wirkte auch in die Tiefen seines Trieblebens hinein. Infolge seiner homosexuellen Neigungen war er nie mit Frauen glücklich, höchstens mit seiner letzten Freundin, weil sie mit ihm nur sterben wollte. Aber erzogen vom preußischen Ethos, konnte er sich seine Homosexualität nicht einmal eingestehen. Äußerte er sich ausnahmsweise doch dazu, wünschte er sich die Gesetze des Lykurg statt der preußischen, die positive Einstellung des antiken Sparta zum Homoerotismus, womit er zugleich die Absurdität seiner Wünsche zugab. Diese Absurdität war unüberwindbar, denn nicht nur der preußische Staat, sondern auch er selbst war von dem Verbot durchdrungen.

Sein Kohlhaasscher Charakter steigerte die tragischen Konflikte ins Unerträgliche. Die Methode Kleists, aus einem belanglosen Ereignis heraus zu Schlußfolgerungen mit unverhältnismäßig großer Tragweite zu gelangen, ist seiner gesteigert moralischen Grundhaltung zuzuschreiben. Aus der Sicht der reinen Moralität nämlich besteht kein struktureller Unterschied zwischen kleinen und großen Schandtaten. Schon die geringste Schandtat fügt der moralischen Weltordnung eine tödliche Wunde zu. Diesen ethischen Absolutismus bringt die Logik der Verzweiflung an eine Wegscheide – der Weg führt entweder zur Resignation oder zum Terrorismus. Kohlhaas' Terrorismus hat die gleichen Wurzeln wie sein früherer bedingungsloser Respekt vor den Gesetzen. Diese beiden Extreme gleichen sich am Ende der Novelle auf haarsträubende Weise aus: Kohlhaas tritt glücklich aufs Schafott (so glücklich, wie der Verfasser später in den Freitod eilen wird), seine Augen an den dickgefütterten, wieder ansehnlichen Pferden weidend. Zur Wiederherstellung der moralischen Weltordnung waren das Gesetz und die Gesetzlosigkeit *gleichermaßen* notwendig.

Kleist huldigt dem preußischen Gesetz ebenso wie dem Volksführer-Terrorismus. Der *Kohlhaas*, in dem sich seine Persönlichkeit auf das unmittelbarste offenbart, beweist, daß er in erster Linie nicht den Institutionen unterlag, sondern den in seinem Inneren kämpfenden unversöhnlichen Gegensätzen. Schriftstellerisch gesehen kann eine solche Situation überaus fruchtbar sein, aber der Privatmensch gerät in Gefahr, wenn er sich kompromißlos mit den Endpunkten des ihm innewohnenden Konfliktes identifiziert.

Davon spricht auch der *Prinz von Homburg*. Darf die deutsche Armee gegen die militärische Führung zum Sieg geführt werden? Wir sahen, daß die zeitgenössische preußische Führungsschicht schon die bloße Benennung des Dilemmas nicht akzeptieren konnte: Der Prinz von Homburg kann den Tod nicht fürchten, behauptet seine Enkelin, der Prinz von Homburg ist in menschlicher Form nicht darstellbar. Kleist vermochte den vorherrschenden Erwartungen seiner Zeit nicht gerecht zu werden, das hätte gerade Georg Lukács würdigen müssen. Er warf – im Gegensatz zu Homburgs Enkelin – Kleist vor, »daß der Prinz die abstrakte Notwendikeit der Disziplin begreift, daß er seinen eigenen Bruch der Disziplin als Verbrechen gegen den Staat bewertet, als ein Verbrechen, für das er nach eigenem Urteil den Tod verdient hat. Das unveränderte Altpreußen triumphiert also über die individualistische Gefühlsrevolte.« Ist es wirklich so? Beim Prinzen triumphiert in der Tat das Urpreußentum, aber auch der Gegenpol, die Gefühlsrebellion, tritt mit so überwältigender Kraft zutage, daß man nach der Rezeption beider Extreme des Konfliktes aus der Beugung des Prinzen auch auf die Unmenschlichkeit der urpreußischen Disziplin schließen kann. Diese Interpretationsfreiheit haben wir wiederum dem Umstand zu verdanken, daß Kleist beide Extreme in sich trug. Seine Briefe an hohe preußische Beamte können wir nur mit Schaudern lesen. In einem an den Freiherrn von Stein etwa steht: »Ich küsse Ihnen voll der innigsten Rührung und Liebe die Hände«; im Kampf mit der Zensur wimmelt es in den Eingaben nur so von Floskeln wie »in der unbegrenzten Hochachtung«, »ersterbe ich in der tiefsten Ehrfurcht«, »in der allertiefsten Unterwerfung«. Doch hinter den Floskeln lauerten zähnefletschend die Empörung, das zornige Aufbegehren, die Kohlhaassche Leidenschaft, und die Herren verstanden das großartig. Weniger verständlich war ihnen wohl – und auch dem heutigen Leser –, daß die mit solchen Schnörkeln signalisierte Haltung aufrichtig war: Kleist, ungeeignet für Kompromisse, hätte sie anders gar nicht zu Papier bringen können.

Zwischen dem 10. und dem 15. Dezember 1810 erschien in den *Berliner Abendblättern* Kleists brillanter kleiner Aufsatz *Über das Marionettentheater*. Darin legt Herr C., erster Tänzer der Oper in M…, dar, daß die Menschen ihre naive Anmut verloren haben, seit sie vom Baum der Erkenntnis aßen. »Doch das Paradies ist verriegelt und der Cherub hinter uns; wir müssen die Reise um die Welt machen, und sehen, ob es vielleicht von hinten irgendwo wieder offen ist.« Die Marionetten hingegen können noch Anmut haben, obendrein sind sie – das ist ihr anderer Vorteil – *antigrav*. »Die Puppen brauchen den Boden nur, wie die Elfen, um ihn zu *streifen*, und den Schwung der Glieder, durch die augenblickliche Hemmung, neu zu beleben; wir brauchen ihn, um darauf zu *ruhen*, und uns von der Anstrengung des Tanzes zu erholen: ein Moment, der offenbar selber kein Tanz ist, und mit dem sich weiter nichts anfangen läßt, als ihn möglichst verschwinden zu machen.« »Der Himmel weiß, meine liebe, treffliche Freundin«, schrieb er zwei Tage vor seinem Tod an Sophie Müller, »was für sonderbare Gefühle, halb wehmütig, halb ausgelassen, uns bewegen, in dieser Stunde, da unsere Seelen sich, wie zwei fröhliche Luftschiffer, über die Welt erheben, noch einmal an Sie zu schreiben.« In einem Luftschiff schweben, *antigrav* sein, durch die Hintertür zur ursprünglichen und verlorenen Anmut zurückfinden: das ist Kleists letzter Wunsch und zugleich ein Triumph der aus dem Ästhetischen gelösten, Leben und Tod verklammernden Metapher.

Zweite Eintragung

Was geht mich Kleist an?

Was geht mich Gombrowicz an?

Was geht Gombrowicz Kleist an?

»Was ist ihm Hekuba, was ist er ihr, / Daß er um sie soll weinen?« fragt bestürzt Hamlet nach dem Monolog des Ersten Schauspielers. Hekuba ist eine greise Königin, vermutlich lebte sie nur in den Legenden.

Warum fesselt der todestrunkene Kleist mich, der ich doch eher lebenstrunken bin? Warum nehme ich, der Materialist, seinen seelenwandlerischen Mystizismus ernst? Warum erschüttert er, der sich vor jeglichem Glück und ganz besonders vor weiblichen Berührungen fürchtete, mich Hedonisten? Warum erledigt mein von Nationalismen angewiderter Kosmopolitismus sein verblendetes preußisches Irresein nicht mit einer verächtlichen Handbewegung?

Zuneigung ist undenkbar ohne Gemeinsamkeiten. Der Schauspieler identifiziert sich nicht mit Hekuba, sondern mit ihrer Verzweiflung und Trauer.

Nur teilweise erklärt sich meine Zuneigung daraus, daß das Kohlhaassche, das auch ich in mir habe, von dem großen deutschen Kollegen Ermutigung und Bestätigung erhält. Denn mein biologischer Optimismus paart sich mit wachsendem gesellschaftlichem Pessimismus. Die Welt liefert Tag für Tag den Beweis, daß sie sich in schlechten Händen befindet. Sich selbst kann sie jedoch nicht in die Hand nehmen, da die Machtinhaber es nicht ermöglichen und – wenn doch die Möglichkeit bestände – die Interessen so verzweigt und die Technik so entwickelt sind, daß die Gesellschaft und die Produktion nur mit einer sehr hochgradigen und speziellen Qualifikation organisierbar wären. Die Menschheit befindet sich also notwendigerweise in mehr oder weniger schlechten Händen – und das in einer Zeit, da diese mit ihrem Wollen oder aber durch Zufälle oder Mißverständnisse das Leben auf der Erde vernichten können. Ein gesellschaftlicher Pessimismus dieser Art, gepaart mit heiterer Tatkraft, kann durchaus zu unerlaubten, die Gesetze mißachtenden Kohlhaasschen Reaktionen führen.

Außer meiner wenig heldenmütigen, dafür schwelgerischen Grundmentalität hält mich von solch einem Weg die Überlegung ab, daß Versuche, das Kräfteverhältnis gewaltsam zu ändern, unweigerlich zu einer weiteren unvorteilhaften Verschiebung des Kräfteverhältnisses führen.

Der zur Tatenlosigkeit verdammte Kohlhaassche Zorn zieht sich in die Innerlichkeit zurück. Der Moralist, der aus kleinen Symptomen Schlußfolgerungen von großer Tragweite zieht, wie es am kompaktesten Molière im *Misanthrope* dargestellt hat, wird zum Außenseiter, oftmals zum Sonderling, zum wunderlichen Kauz. Dieser Vorgang beginnt damit, daß die betreffende Person in Widerspruch zu ihrem gesellschaftlichen Milieu, ihrer Erziehung und ihrem bisher vertretenen oder ererbten Wertsystem gerät.

Kleist, der pommersch-preußische Staatsadlige, scheidet aus der preußisch-adligen Lebensform aus. Mit der geistigen und moralischen Überlegenheit der Aufklärung lehnt er ab, womit der tiefste Kern seines Wesens identisch ist.

Gombrowicz, der katholisch-polnische Staatsadlige, scheidet aus dem Katholizismus und dem Polentum aus, flieht davor bis nach Argentinien. Aus der Ferne sieht er noch klarer, was er schon in der Heimat wußte: Ein Pole zu sein, der sich nach polnischer Wertordnung richtet, ist ein Anachronismus, und der polnische Katholizismus ist ein Anachronismus in Potenz. Er wird zum strengeren, weil eingeweihten Kritiker der polnischen und der katholischen Beschränktheit als irgendwer sonst; er kann sensibel und schonungslos offen kritisieren, weil er fühlt und weiß, daß er von sich selbst (von seinen zum Glück unerfüllten Möglichkeiten), von den Seinen spricht.

Die Stalinsche Verlotterung des Marxismus kann ich nicht einfach dem Zufall ankreiden, wir haben es ja mit einem welthistorischen Prozeß zu tun. Sobald einer Weltanschauung der Rang einer Wissenschaft verliehen wird, ist es nur noch eine Frage der Zeit, wann sie in unserem wissenschaftshörigen Zeitalter zur Religion avanciert. Und wenn sie zur Staatsreligion aufsteigt, verschafft sich ihr Priesterstand unkontrollierbar Macht.

Damit bin ich auf einem Umweg wieder bei den am Anfang der Eintragung riskierten Fragen angekommen. Ähnlich wie der große Kleist und der große Gombrowicz ist meine bescheidene Person, trotz aller Fröhlichkeit, deshalb zum Außenseiter geworden, weil ich gleichfalls die Brust losgelassen habe, aus der ich (auch) Gift saugte, aber zu einer anderen Brust bin ich nicht übergewechselt, und ich habe keinen Augenblick lang versucht, die einmal geschluckte Milch zu vergessen.

April 1992

Erste Eintragung
(Mit George im Auto)

Auf der Fahrt von Berlin nach Budapest lud ich mir in Wien György Tábori in den Wagen, bekannt als George Tabori. Unter diesem Namen lernte ich ihn im April 1983 in Westberlin kennen. Er galt schon damals als großer, alter Theaterguru, wenngleich der Kult um ihn und sein Bekanntheitsgrad noch nicht das heutige Ausmaß erreicht hatten. 1984 inszenierte er in der Schaubühne, dem Theater Peter Steins, mein 1965 geschriebenes Stück *Das Verhör*, für siebenundzwanzigtausend Mark ließ er einen gigantischen Eis-Stalin bauen, in den Strom geleitet wurde, damit er während der Vorstellung auf der Bühne auftauen sollte. Zu meinem großen Vergnügen brach der Koloß am Tag der Generalprobe entzwei und fror bis zur Premiere nicht wieder zusammen. Die Zuschauer mußten sich mit Stalins Geist begnügen, der unsichtbar über die Bühne waberte. Die Inszenierung war ausgezeichnet, was ich auch erstaunlich fand, weil George nicht viel für dieses Stück übrig hatte, er wollte statt des *Verhörs* hartnäckig ein anderes Stück von mir, *Der Kompromiß*, spielen lassen.

George ist der einzige mir bekannte Künstler ungarischer Herkunft, dem die Emigration unverkennbar gutgetan hat. Allerdings nahm er bereits Mitte der dreißiger Jahre den Hut, er avancierte zum englischen Schriftsteller, dann zum Soldaten im Nahen Osten. 1947 siedelte er nach Amerika über, er schrieb Filme (in Hollywood) und Theaterstücke, und wie auf so viele frei schwebende linke Intellektuelle fiel in der Ära McCarthys auch auf ihn der Schatten »unamerikanischer Umtriebe«. 1969 – da war er fünfundfünfzig – kehrte er nach Berlin zurück, wo er zwischen 1923 und 1933 lange Zeitabschnitte als Schüler und später als Aschenbecherputzer in Cafés verbracht hatte; hier wurde er schnell zum unberechenbaren Liebling der deutschsprachigen Theaterlandschaft. Ein Ungar, der englisch schreibt und deutsch Theater macht, der obendrein Jude ist, aber nicht im religiösen oder nationalen Sinn, sondern einfach so, durch Schicksal (sein Vater wurde in Auschwitz getötet), hätte in Ungarn (wenn er den Krieg und alles danach überlebt hätte) nicht einen so selbstverständlichen, vielschichtigen Kosmopolitismus entwickeln können. Vermutlich hätte er dem andauernden und einseitigen Druck nur schwer standgehalten, und da seinem Naturell das Pathos des Widerstands fremd ist, hätte er sicherlich eine gehörige Portion seiner inneren Freiheit, die ihn zu dem macht, der er ist, opfern müssen. In jungen Jahren war er mit István Örkény befreundet, an den er auch in diesem und jenem erinnert: Er ist ein Charmeur (mit noch durchschlagenderem Erfolg als Örkény), ein experimentierfreudiger, undogmatischer Humorist, der für eine Pointe Vater und Mutter verkauft, und ihm ist eine verspielte Grausamkeit nicht fremd, die Erscheinungen des Lebens (aber auch Personen, wie etwa im Theater die Schauspieler und die Zuschauer) als Versuchsobjekte betrachtet und in guten Augenblicken nicht zögert, auch mit sich selbst so umzuspringen.

George stieg also zu mir in den Wagen, um mich nach Budapest zu begleiten und sich am nächsten Tag meine 1966 geschriebene Komödie *Grabstein und Kakao* anzusehen, bei der ich selbst die Regie führte. Diese Arbeit verlangte mir unglaublich viel Kraft ab, denn ich bin ja kein Regisseur (dann aber wenigstens auch kein schlechter, tröstete ich mich). Nicht einmal das Weibliche zog mich so an, wie ich es gewöhnt oder wie man es von mir gewöhnt war. (Ich erinnere mich, 1985, bei meiner ersten Regiearbeit in Osnabrück, war es ähnlich gelaufen, wenn keine Probe war, lag ich halbtot auf dem Bett, in einer riesigen Wohngemeinschaft, in deren anderen Zimmern schöne junge Menschen beiderlei Geschlechts ihr Leben vollzogen.) »Die Regie saugt einem die gesamte erotische Bereitschaft aus«, seufzte George, als ich ihm von meinen Erfahrungen erzählte. Oho, dir geht es also ebenso? dachte ich ungläubig. Sein Beispiel hatte mich, schon etliche Jahre vorher, überzeugt, daß man die Anziehungskraft und männliche Bereitschaft eines Mannes beliebigen Alters nicht daran messen sollte, wie er auf die Frauen blickt, sondern wie die Frauen auf ihn blicken. Auf seinem Zug durch die deutschsprachigen Theater begleitete George ein Schwarm junger Hospitantinnen, enthusiastische, hingebungsvolle Mädchen, die sich die Wissenschaft vom Theater durch seine Vermittlung zu eigen machen wollten. In Bochum erlebte ich ihn bei Proben zu seinem Stück *Peepshow*, in dem er einige seiner wichtigeren Liebschaften heraufbeschwört. Eines Abends war die Auschwitz-Szene an der Reihe, die er später glücklicherweise strich: nackte Frauen stellen sich an, auf die Dusche oder vielleicht auf das Gas wartend, eine hockt auf etwas wie einem Nachttopf; auch das ist eine Form der Peep-Show, ohne Zweifel. Vier Schauspielerinnen konnten an dieser Probe nicht teilnehmen. George wandte sich den Hospitantinnen zu: »Möchtet ihr nicht mitmachen, damit ich die Szene einstellen kann?« Staunend sah ich, wie vier Mädchen die Kleider abwarfen, im nächsten Augenblick standen sie nackt in der Reihe. Selbst die hundert Kilo schwere Souffleuse zog sich bis auf den Büstenhalter aus, warum, weiß ich nicht mehr. Seitdem betrachte ich George als Autorität ersten Ranges auch auf dem Gebiet des Eros; sein Verständnis wirkte tröstlich auf mich.

Wir ließen Wien hinter uns und fuhren auf die Grenze zu, der Mond schien zauberhaft. »Seit ich über die Sechzig bin«, sagte ich, »fällt mir manchmal ein, wie empörend es ist, daß der Mond auch hinterher so strahlen wird ...« – »Mir fällt so etwas erst neuerdings ein«, sagte George, und nach einer kleinen Pause setzte er hinzu, »so komisch es klingt, die letzten zehn Jahre in meinem Leben waren die besten.« Dann begründete er seine Behauptung in knappen Worten, ein Frauenname fiel, auch drei Operationen, die bis zu zehn Jahren zurücklagen und besonders beglückend gelungen waren, fehlten nicht als Argument. Während er sprach, mußte ich an Gombrowicz' verzweifelte Auslassungen über das Altern denken, daß uns nicht das langsame Sterben quält, sondern der immer geringere Zugang zum Zauber des Lebens. Anscheinend lassen sich allgemeingültige Regeln für das Altern ebensowenig aufstellen wie für den Tod. Mich erfüllte eine wohltuende Zuversicht. George wird achtundsiebzig im Mai.

Zweite Eintragung
(Nach langer Fastenzeit)

Gombrowicz-Abend im Polnischen Klub von Buenos Aires. Lobendes Referat, Koreferat. Diskussion. Gombrowicz – beneidenswerte Unverfrorenheit! – findet sich erst gegen Ende des kulturellen Ereignisses ein, empfangen von allgemeinem Wohlwollen. Wie es scheint, hagelt es nach langer Fastenzeit nun das Manna der Anerkennung. Er beruft sich auf Thomas Mann, der sagte, eine Kunst, die von Anfang an Glorie umgebe, entwickle sich anders als eine, deren Weg über Erniedrigungen und Niederlagen zum Erfolg führe. »Wie würde meine künstlerische Arbeit aussehen, hätte sie vom ersten Augenblick an den Lorbeer getragen und müßte ich mich ihr nicht bis heute, nach all den Jahren, wie etwas Verbotenem, Peinlichem und Unschicklichem widmen?« Er fühlte sich versucht, sich den Anwesenden, die ihn so herzlich empfingen, »an den Hals zu werfen und zu sagen: ich gehöre zu euch, habe immer zu euch gehört«. Doch: »Vorsicht! Laß dich nicht von Sympathie bestechen! Laß dich nicht aufweichen von faden Sentiments und süßlichem Einvernehmen mit der Masse, in dem so viel polnische Literatur untergegangen ist. Sei immer fremd! Sei unwillig, mißtrauisch, nüchtern, hart und exotisch. Bleib aufrecht, Junge!« Den Rat, den er sich gab, befolgte er stracks. Einen beträchtlichen Teil der polnischen Literatur im Exil bezeichnete er schon in der nächsten Notiz als eine »reglose Pfütze, die einen veralteten Mond spiegelt«, ihre Arbeit als »Geschwätz, Leerlauf und Gewurstel, kuhhaftes Wiederkäuen der Nahrung von gestern«. Das alles veröffentlichte er in einer polnischen Emigrantenzeitschrift, um sich an den als Kritik maskierten, schöntuerischen literarischen Feuilletons zu rächen, die böswillige Anspielungen auf ihn machten, ihn in ihrem Haß aber nicht beim Namen nannten, um ihn der Vergessenheit zu übergeben.

Im seligen Kádársystem zog ich schon zwecks Erhaltung meiner seelischen Balance den Löwen gern am Schwanz, und dann nahm ich es ihm übel, wenn er mir die Krallen zeigte. Besonders schwer ertrug ich es, wenn man mich in die Zelle des Schweigens sperrte. Mit der Zeit versuchte ich, darin eine spezielle Form der Anerkennung zu sehen. Glücklicherweise glaubte ich nie, der Journalistenstand sei durch die Untertanenmentalität, die bei uns seit 1849 stetig von allen Regierungen gezüchtet wurde, weniger verkrüppelt als andere mit Ideologie befaßte Schichten der Intelligenz. Deshalb verblüfft mich die Tiefe und Unbändigkeit von Gombrowicz' Ausbruch gegen die Schreiberlinge. Allerdings empörte er sich in erster Linie über die des Exils. Wer ins Exil geht, läßt den Untertanenstatus hinter sich, aber nicht die Untertanenfertigkeiten. Die meisten Polen (oder Ungarn) wollen in der Emigration noch polnischer (oder ungarischer) sein als der Durchschnitt in der Heimat, hauptsächlich was die Konventionen, Riten, Symbole und tausendjährigen sanktionierten Phrasen betrifft. Die wirkliche Heimat ist in nostalgischen Nebeln versunken, also verschlingen sie Nebel, um wieder Heimat zu spüren. Gombrowicz hadert nicht mit der Macht, sondern mit den tiefpolnischen Philistern des Exils – seine Einsamkeit muß beklemmend gewesen sein, wenn ihn die berechenbare Wirkung so aufwühlte.

Grotesker Epilog: 1958, also vier Jahre später, erfuhr Gombrowicz von einem Vortrag des in Polen lebenden Artur Sandauer, einem seiner einstigen Entdecker; darin wurde er als ein Schriftsteller bezeichnet, »auf den die polnische Nation stolz sein kann, dessen ›nichtrealistische‹ Bücher mit ihrer Wahrheit sämtliche – Gott erbarm – ›realistischen‹ Meisterwerke übertreffen«.

Gombrowicz erschrak.

Bisher mußte er auf niemanden Rücksicht nehmen, da niemand auf ihn Rücksicht nahm; »... ich reifte in fast völliger Isolierung heran – ich glaube, es gibt nicht viele Schriftsteller, die eine solche Menschenleere durchgestanden haben«. Wie soll er den Wechsel aus der Demütigung in die Erhabenheit stilistisch verkraften? »Zum Glück (leider!) ist es mehr als zweifelhaft, ob die Nation Sandauer so gefügig zustimmen wird.« Zum Glück – leider: ein prächtiges Nebeneinander; hier kämpft der Wunsch nach gebührender Anerkennung gut verrichteter Arbeit mit der Sorge um die Haltung und Rolle, errungen um den Preis vielen Leids. Gombrowicz weiß, daß es lächerlich ist, wenn ihm die Anerkennung so zu schaffen macht. Er nimmt sich vor, seinem kalten, hartnäkkigen, unnachgiebigen Mißtrauen treu zu bleiben. »Ich betreibe nur eine Politik: meine eigene. Ich bin mein eigener Staat.« Wie er diese Sätze variiert, läßt ahnen, daß ihm bei so viel unverhoffter Anerkennung das Herz fast die Brust sprengt. Dieses Aufgewühltsein ist komisch, aber es ist auch tragisch, denn es läßt erkennen, wieviel seelische Energie es Gombrowicz kostete, nicht zusammenzubrechen.

Das alles geschah, wie erwähnt, im Jahr 1958. Da drängelte sich bereits Moczar nach vorn. Sandauer, jüdischer Abstammung, war nach einiger Zeit vermutlich erledigt, und seine Prophetie erfüllte sich, wie die der alttestamentarischen Propheten, erst viel später. Denn auch mit dem Kosmopoliten Gombrowicz war es in der Heimat vorbei.

Dritte Eintragung
(Über den Tod und über Gott)

»Wer hat bestimmt, daß man nur schreiben soll, wenn man etwas zu sagen hat? Die Kunst besteht doch gerade darin, daß man nicht schreibt, was man zu sagen hat, sondern etwas völlig Unvorhergesehenes.« Diesen Gedanken notierte Gombrowicz an einem Dienstag des Jahres 1956 im Landhaus »La Cabana«, das einer befreundeten polnischen Familie gehörte.

Genauso verbrachte ich bisher meine Tage mit Gombrowicz. Es drängte mich, zu schreiben; ich begann in seinem *Tagebuch* oder in einem anderen seiner Bücher zu blättern, und unvermittelt setzte eine Erörterung oder Anspielung bei mir eine nicht erahnte Erlebnis- oder Gedankenfolge in Gang.

Vorgestern ist mein Bruder an der Alzheimer-Krankheit gestorben. In der letzten Zeit konnte er nicht mehr gehen, nicht mehr sitzen, jede Bewegung schmerzte. Wasser ließ er durch einen Katheter, die Exkremente mußten ihm abgewaschen werden. Doch den Appetit hatte er nicht verloren, nach der dritten Banane noch sperrte er den Mund auf. Seine letzten Jahre waren in wachsender Unbewußtheit vergangen, bis sich schließlich die Vorhersage des Hamburger Professors erfüllte, der 1985 die Krankheit diagnostizierte. »Bis wohin kann sich sein Zustand verschlechtern?« hatte ich gefragt. Seine Antwort: »Bis zur schwärzesten Nacht.«

Ich hatte mich versucht gefühlt, meinem Bruder zu sagen, was ihn erwartete. Da hätte er noch aus eigener Kraft oder mit ein wenig Hilfe den Prozeß verkürzen können. Doch er war scharfen Entscheidungen sein Leben lang aus dem Weg gegangen, so gut er konnte. Rund dreißig Jahre vorher hatte er gesagt, wir beide seien Variationen auf dieselbe Melodie, nur eben ich in Dur, er in Moll. Wenn er aus meiner Mitteilung, überlegte ich, nicht die unbarmherzige Schlußfolgerung zieht, dann steigern sich sein Bangen und seine Verzweiflung ins Unerträgliche, das könnte ich mir nie verzeihen. Und wenn er stirbt, bevor die schwärzeste Nacht anbricht? Und wenn er sie erreicht, wird ihn dort kein Bewußtsein mehr peinigen.

Er war auf dem Tiefpunkt, und ich wußte immer noch nicht, was ich ihm wünschen sollte. Zentnergewichte in der einen Waagschale; in der anderen, daß er die Bananen genoß. Auch etwas vom Lächeln und Berühren drang durch die dicke, kalte Hülle. Kann es so sein, daß dem Nichts gegenüber noch der winzigste Genuß ein Trumpf-As ist?

Steht man vor solchen Tatsachen wie der Alzheimer-Krankheit, ist alles Räsonieren Verrücktheit oder Niedertracht.

Mehr will ich heute nicht über meinen Bruder schreiben, auch nicht über unsere gemeinsame Geschichte.

Sicherlich ist es ein Zufall – aber keiner ohne Sinn –, daß ich beim Blättern im *Tagebuch* auf das Thema Gott und Tod stieß. Gombrowicz liest gerade die in Frankreich erschienenen philosophisch-theologischen Notizhefte von Simone Weil, er soll sie in einer argentinischen Wochenzeitung besprechen. »Durch ihre wachsende Anwesenheit bei mir wächst die Gegenwart ihres Gottes«, schreibt er. Nicht die eines von den Philosophen logisch erschlossenen Gottes; ein abstrakter Gott ist »ein böhmisches Dorf« für ihn, er mißtraut ihm. Aber mit den Jahren hat er zunehmend das Gefühl, sein Leben werde zur Pein, die Vorgänge und Gegenstände der Natur und überhaupt die Gegenstände seien immer weniger »natürlich«, weil er selbst nicht mehr Natur, sondern jemand sei, den die Natur von sich zu stoßen begonnen habe. Diese Pein treibt ihn der Metaphysik in die Arme: »Nicht ich selbst, sondern das, was mit mir geschieht, verlangt nach Gott, dieses Bedürfnis oder auch diese Notwendigkeit kommen nicht aus mir, sondern aus meiner Situation. Ich sehe Simone Weil an und frage nicht: Gibt es einen Gott? – ich betrachte sie nur aufmerksam und sage: Wie, durch welche magische Kunst hat diese Frau sich innerlich so einrichten können, daß sie dem, was mich vernichtet, die Stirn bietet? Den Gott, der in diesem Leben eingeschlossen ist, empfinde ich als eine rein menschliche Kraft, die mit keinem überirdischen Zentrum verbunden ist, als einen Gott, den sie sich aus eigener Kraft erschaffen hat. Eine Fiktion. Aber wenn sie das Sterben erleichtert ...«

Nun ja. Dieser Halbsatz und was hinter ihm steckt: das ist der Motor, der selbst Rationalisten der Metaphysik in die Arme treibt, die sich dem unpoetischen, gottlosen Haushalt des modernen Lebens angepaßt haben. Doch der transzendente Beweggrund hat Berührung mit der Prosa des Alltags, ist durchdrungen von der Logik des »Etwas für Etwas«. Diesen Zusammenhang benennt am brutalsten Heine, in seiner berühmten Matratzengruft: »Ja, ich bin zurückgekehrt zu Gott, wie der verlorene Sohn, nachdem ich lange Zeit bei den Hegelianern die Schweine gehütet. War es die Misere, die mich zurücktrieb? Vielleicht ein minder miserabler Grund. Das himmlische Heimweh überfiel mich und trieb mich fort durch Wälder und Schluchten, über die schwindligsten Bergpfade der Dialektik. Auf meinem Wege fand ich den Gott der Pantheisten, aber ich konnte ihn nicht gebrauchen. Dies arme träumerische Wesen ist mit der Welt verwebt und verwachsen, gleichsam in ihr eingekerkert, und gähnt dich an, willenlos und ohnmächtig. Um einen Willen zu haben, muß man eine Person sein, und, um ihn zu manifestieren, muß man die Ellbogen frei haben. Wenn man nun einen Gott begehrt, der zu helfen vermag – und das ist doch die Hauptsache – so muß man auch seine Persönlichkeit, seine Außerweltlichkeit und seine heiligen Attribute, die Allgüte, die Allweisheit, die Allgerechtigkeit u. s. w. annehmen. Die Unsterblichkeit der Seele, unsere Fortdauer nach dem Tode, wird uns alsdann gleichsam mit in den Kauf gegeben, wie der schöne Markknochen, den der Fleischer, wenn er mit seinen Kunden zufrieden ist, unentgeltlich in den Korb schiebt. Ein solcher schöner Markknochen wird in der französischen Küchensprache la réjouissance genannt, und man kocht damit ganz vorzügliche Kraftbrühen, die für einen armen schmachtenden Kranken sehr stärkend und labend sind.« Früher neigte ich zu der Ansicht, aus solchen Scherzen auf den Unernst von Heines Bekehrung schließen zu können. Doch niemand liegt jahrelang gelähmt, um unter Höllenqualen Schriften auszusinnen, die den bisherigen Lebensweg Lügen strafen und die er dann selbst entlarvt. Gombrowicz' Halbsatz (»Aber wenn sie das Sterben erleichtert …«) ist ein Schlüssel auch zu Heines Bekehrung, nur daß bei ihm die Konsequenzen seines bisherigen Lebenswerks und seiner Mentalität weiter am Wirken waren. Das verleiht seiner aus tiefen Bedürfnissen herrührenden Religiosität immerfort etwas Blasphemisches. Nur die fromme Beschränktheit nimmt nicht zur Kenntnis, daß die leidenschaftliche Blasphemie eine authentische Form und ein Grenzfall der Frömmigkeit ist. Woran wir nicht glauben, das können wir nicht verspotten und verunglimpfen. Heine, den Sensualisten, der das jüdisch-christliche Ideal ablehnte, demütigte es, daß er als Todkranker einen Markknochen vom Fleischer erhoffte, andererseits konnte er auf diese Hoffnung nicht verzichten – auf dieser tragikomischen Diskrepanz basiert seine Bekehrung, nicht auf irgendeiner Witzelei.

»Ich habe Gott keine fünf Minuten im Leben gebraucht – seit meiner frühesten Kindheit war ich mir immer selbst genug.« Das sagt Gombrowicz, der in katholischem Milieu aufwuchs. Aber wenn der Glaube das Sterben wirklich erleichtert? Wenn sich die Verbindung zur Natur mit fortschreitendem Alter zu lockern beginnt? »Es ist gar nicht, daß man zum Gottesglauben finden müßte, man muß sich in Gott verlieben. Die Weil ist nicht ›gläubig‹, sie ist verliebt.« Auf diese Weise hebt Gombrowicz sehr konsequent Gott und die mit ihm zusammenhängende Problematik aus dem Reich der Objektivität in die Sphäre der persönlichen Bedürfnisse und Gefühle hinüber. Doch hier stößt er auf unüberwindliche Schwierigkeiten: »Wenn ich mich also jetzt ›verlieben‹ würde (abgesehen davon, daß ich überhaupt nicht lieben kann), so geschähe das unter dem Druck dieses schweren Gewölbes, das sich auf mich senkt. Sich in jemanden verlieben, weil man es mit sich selbst nicht mehr aushält – ist das erzwungene Liebe?«

Gombrowicz kann nicht lieben, also kann er auch Gott nicht lieben. Er täte sich Gewalt an, wenn er es versuchte. Er hat keine Chance, sich den Tod mit Hilfe des Glaubens zu erleichtern. Oder gibt es vielleicht noch einen anderen Weg? Gombrowicz ist zäh, was er einmal in der Hand hält, gibt er so leicht nicht wieder her. Wenn er den Gott alten Schlags, den absoluten, nicht braucht, und wenn er sich auch keine Gottesfiktion zu erschaffen vermag, in die er sich verlieben könnte, dann wäre Gott immer noch »als Hilfsmittel und Brücke zum anderen Menschen« denkbar. Wollte sich vielleicht auch Simone Weil nicht mit Gott vereinigen, sondern durch Gott mit den übrigen Menschen? »Ist das, was sie als Gnade bezeichnet, nicht einfach ein Zustand des Mit-Seins mit anderem (aber menschlichem) Leben? So wäre denn dieses absolute, ewige, unbewegliche ›DU‹ nur eine Maske, unter der sich das irdische Menschengesicht verbirgt. Traurig, naiv, und doch so rührend ... dieser Sprung in den Himmel, um die zwei Meter vom eigenen Ich zu dem des anderen zu überbrücken?«

Dieses Bild drückt Sehnsucht und Hoffnungslosigkeit in einem aus. In den Himmel springen, damit wir wieder zurückplumpsen? In der grotesken Formulierung ist die Antwort enthalten: Das Pathos dieses Sprungs ist von Gombrowicz nicht zu erwarten. Aber das Ziel des Sprungs – zu einem anderen, fremden, menschlichen Sein zu gelangen – zieht ihn weiter an. »Mir fehlt irgendein Schlüssel. Gott ist vielleicht so ein Schlüssel – aber es muß einen anderen

Schlüssel geben, der im Einklang mit meiner Natur steht.« Alle Erfahrungen, Intuitionen und Fertigkeiten seines Lebens trieben ihn jederzeit nicht Gott, sondern den Menschen zu. »Erleichtern, normalisieren, sage ich einmal, könnte ich das Sterben nur, indem ich die Last meines individuellen Todes auf andere abwälze und mich überhaupt anderen unterwerfe.« Aber wer sind diese »anderen«? Im gesamten *Tagebuch* Gombrowicz', der auf sein Ich so stolz ist, taucht kein einziger »anderer« Mensch auf, dem er sich unterordnen möchte. Ein solches Verhältnis würde ihm auch Furcht einflößen: »Die Menschen sind für das einzelne Menschenwesen eine furchtbare Macht. Ich glaube an die Übergeordnetheit der kollektiven Existenz.« Allerdings kann die Last des individuellen Todes nicht auf die kollektive Existenz abgewälzt werden. Gombrowicz erkennt: Wenn Gott seinen Tod nicht erleichtern kann, muß er eine Brücke zu den Menschen schlagen. »Furchtbar die Einsamkeit der Tiere.« Die Einsamkeit muß durchbrochen werden, aber wie? Von Seele zu Seele ist das Risiko zu groß, Gombrowicz schreckt – zumindest in diesen Überlegungen, die er 1956 anstellt – davor zurück und flüchtet zur kollektiven Existenz, die jedoch ebenso eine Abstraktion ist wie der Gott der Philosophen. Sie hat zum Beispiel keine Hand, die sie auf die verschwitzte Stirn legen kann, und sie hat kein Ohr für das Wehklagen. Die kollektive Existenz verströmt nur den Trost, daß das, was mit mir geschieht, ein Teil des allgemeinen Schicksals ist, daß es vor mir schon unendliche Male geschehen ist und auch jetzt, in dieser Minute überall geschieht und unendlich oft geschehen wird. Die Hauptzüge des Geschehens sind gemeinsam, mein Fall ist eine kaum modifizierte Variante des allgemeinen Schicksals. Das kann in der Tat tröstlich sein. Wir können sagen, daß auch andere ihren Tod ausgehalten haben; die anmaßende Melodieführung dieses Satzes untermauern Tatsachen in beliebiger Menge. Nur daß die winzige Variante, die mein individueller Fall darstellt, im gegebenen Augenblick wichtiger wird als die Gesetzmäßigkeiten der übergeordneten kollektiven Existenz. Nun käme ein Gott oder die Berührung einer nicht im geringsten kollektiven Hand gelegen.

Wenn wir freilich das Sterben – wie Gombrowicz – als einen langen Prozeß auffassen, der mit den ersten Symptomen des Alterns einsetzt, dann können sich bestimmte Individuen – zum Beispiel die Künstler – auch allein gegen den Tod wenden, und sie können sogar Nutzen aus ihm ziehen. »Du schaust in den Abgrund, um den anderen zu erzählen, was du gesehen hast. Suchst nach Größe, um dich einen Zoll über die Menschen zu erheben. Vor dir der Abgrund, hinter dir aber wimmelnde Menschenwelt …« Diesen Ausweg sieht Gombrowicz für sich selbst: groß werden, aber sich nicht aus dem normalen Alltagsleben herausheben. Er will Durchschnittlichkeit erreichen, aber auf einer höheren Ebene, er will aus den Extremen der Größe schöpfen, diese Extreme aber auch kompromittieren. Er möchte die Durchschnittlichkeit nach seinem eigenen Maß realisieren.

Diese Durchschnittlichkeit ist – wenn ich den Verfasser richtig deute – eine andere Bezeichnung für die kollektive Existenz. Wenn weder Gott noch irgendeine konkrete Person helfen kann, bleibt nur die künstlerische Arbeit am Tod, und die Früchte der Arbeit können der kollektiven Existenz angeboten werden.

Was geschieht aber, wenn der Tod künstlerisch – oder auch auf der Ebene der gewöhnlichsten Durchschnittlichkeit – nicht mehr zu verarbeiten ist? Das ist ein Gedanke, der an sich schon Grund genug für den Selbstmord liefert. Wenn jemand sagt: Ich kann es nicht ertragen, daß der Tod mich einmal überwältigt, doch da diese Möglichkeit nicht auszuschließen ist, eile ich ihr hiermit entgegen und beseitige meine Preisgegebenheit, indem ich ihn zu mir einlade und selbst den Zeitpunkt seines Besuches und die Art seiner Ankunft bestimme – wenn dies jemand sagt, ohne Koketterie und in Kenntnis seiner eigenen Gesetze, dann kann ich – Narr der menschlichen Souveränität – dazu nur nicken. Ein solcher Mensch braucht zum Sterben keinen Gott, keinen anderen Menschen; er kann die Angelegenheit ganz allein erledigen.

*

»Es ist nicht Sache des Menschen, auf Gott zuzugehen, sondern Sache Gottes, auf ihn zuzugehen. Der Mensch muß nur zusehen und warten.« Diesen Gedanken habe ich in Simone Weils Heften gefunden; sie nämlich lese ich, um mit Gombrowicz Schritt halten zu können.

Kürzlich fragte mich im Gymnasium von Barcs ein Schüler, wie ich an meinen Tod denke. Meine Antwort habe ich später in ein Gedicht gefaßt:

> … der Tod ist nicht mein Problem, antwortete ich,
> ich bin sein Problem, antwortete ich,
> nicht ich muß mich mit ihm, er muß sich mit mir befassen,
> antwortete ich,
> mir wärs freilich nicht unrecht, wenn er nicht zu früh und
> nicht zu brutal zupackte,
> mich packte, antwortete ich,
> ich möchte ihn als eine Tatsache des Lebens auffassen,
> antwortete ich …

Die Ähnlichkeit ist verblüffend: An den Tod denke ich so wie Simone Weil an Gott. Ich ergreife ihm gegenüber nicht die Initiative. Daß er möglicherweise über mich hinauswächst, lähmt mich auch nach den schrecklichen Erfahrungen mit meinem Bruder nicht. Die Rollen sind zwischen uns so verteilt, daß er auf mich zugeht und ich ihn nicht unvorbereitet erwarten darf. Aber freilich ist mein Warten – und hier endet die Ähnlichkeit – frei von Nostalgie oder Schmachten. Oder Transzendenz.

In meinen Augen beweist der Prozeß, der sich mit meinem Bruder vollzog, unwiderlegbar, daß es keinen Gott gibt, den wir mit den Attributen der unendlichen Güte, der unendlichen Weisheit und der unendlichen Gerechtigkeit ausstatten könnten. Das mußte ich schon als Kind erkennen. Als Zwölfjähriger, auf dem Klo in unserem Badezimmer thronend, ließ ich meinen Vater, der sich mit dem Rücken zu mir rasierte, wissen, meiner Ansicht nach gebe es Gott nicht. Er drehte sich um, dicker Seifenschaum bedeckte das halbe Gesicht, das Messer verhielt an der Schläfe, die Glatze rötete sich, er starrte mich verdutzt an. Obgleich in der jüdischen Orthodoxie erzogen, war er überhaupt nicht religiös, doch er glaubte an Gott. Wir können ihn mit dem Verstand nicht begreifen, er steht ja über uns, aber Schöpfung setzt einen

Schöpfer voraus – so ungefähr dachte er darüber. »Wieso gibt es Gott nicht?« fragte er. »Wenn er diese Bombenangriffe zuläßt«, entgegnete ich, »und daß sie dich mit bloß einer Niere zum Arbeitsdienst holen, und daß soviel gestorben wird«, wir schrieben 1943, »dann ist Gott entweder böse, oder es gibt ihn nicht. Und ich glaube lieber, es gibt ihn nicht.«

So auf dem Klo thronend, ahnte ich natürlich nicht, daß ich auf meine kindliche Art damit den verworrensten Knoten der Theologie zerschnitten hatte. Als sie über Hiob, den König Lear des Alten Testaments, spricht, zitiert Simone Weil Hiobs Klage, Gott lache über die Prüfungen der Sündenfreien, und sie fährt fort: »Das ist keine Lästerung, sondern ein echter, dem Schmerz entrissener Aufschrei.« Ein Aufschrei echten Schmerzes, so ist es; und gerade deshalb auch ein Sakrileg. Einerlei, ob ich unschuldig oder schuldig bin, ruft Hiob, »er bringt den Frommen um wie den Gottlosen«. Er bringt den Frommen um und lacht ihn auch noch aus: würde jemand dies einem irdischen Richter ins Gesicht schleudern, man würde ihn wegen Beleidigung des Gerichts verurteilen. Hiob, dem sein Leid zu klarer Sicht verhilft, macht Gott verantwortlich für die ungerechte Weltordnung, denn Gott hält zu den Reichen: »Sie ernten des Nachts auf dem Acker«, sagt er von den Armen, »und halten Nachlese im Weinberg des Gottlosen. Sie liegen in der Nacht nackt ohne Gewand und haben keine Decke im Frost« – und so weiter, ohne Ende. Die Wahrheit des aus Prestigegründen gequälten Menschen schreit so zum Himmel, daß C. G. Jung in seinem Essay *Antwort auf Job* erklärt: Hiob hat moralisch Jahwe überholt. Nach Jung sieht Jahwe das auch ein. Er muß Mensch werden, also sich erneuern, weil er sich nicht damit abfinden kann, daß sein eigenes Geschöpf ihm zuvorkommt.

Gegenüber Hiob mit seiner Moralität und sozialen Sensibilität formuliert Elihu, einer seiner Tröster, in klassischer Bündigkeit ein Grundelement jeder Apologetik: Gott »vergilt dem Menschen, wie er verdient hat, und trifft einen jeden nach seinem Tun«. Elihus Argumentation – obgleich von kirchlichen und weltlichen Potentaten seit Jahrtausenden wieder und wieder verwendet – ist zu Zeiten von Weltkatastrophen, ja augenfälliger individueller Tragödien nichts als blanker Zynismus, macht sie doch für das Leid den Leidenden verantwortlich.

Wenn wir das irdische Geschehen mit den himmlischen Absichten in Verbindung bringen wollen, müssen wir entweder sagen, daß die Kräfte des Bösen von Gott unabhängig sind – in diesem Fall leugnen wir die göttliche Allmacht –, oder aber, was auch in der Bibel steht, daß Satan ein entarteter Engel ist, ein Geschöpf Gottes, in welchem Fall jedoch Gott auch für die Taten Satans verantwortlich ist. Das ist ein großes moralisches Drama, und ihm verdanken wir den tragischsten Satz der Weltgeschichte, den Matthäus zufolge Christus am Kreuz sprach: »Mein Gott, mein Gott, warum hast du mich verlassen?« Wenn Jung recht hat, dann läßt Gott, zum Menschen geworden, noch einmal sich selbst Hiobs Qualen erleiden: der Unschuldige büßt unter den Schächern. Andererseits nahm der Sohn in seinem Mensch-Gott-Sein nach dem Zeugnis dieses verzweifelten Satzes auch die Schuld Gottes auf sich, daß er Satan erschaffen und ihm freie Hand gegeben hat. Simone Weil zitiert den Apostel Paulus, Christus sei für uns verflucht worden, und sie zieht auf ihre gnadenlose Weise daraus die Lehre: »Nicht nur der ans Kreuz geschlagene Körper, auch die Seele Christi wurde samt und sonders verflucht.« Der von Gott verlassene Jesus ist der Tölpel der Weltgeschichte, der am Kreuz erkennt, daß das Opfer vergebens, der Sieg des Bösen universell und der Mensch nicht erlösbar ist, nur – ich erwähnte es – Gott, der den Geist der Verdammnis eben auf ihn abwälzte. Danach folgt die Auferstehung, das Himmlische Happy-End, der Markknochen des Heineschen Fleischers; aber das entspringt ebensowenig der Logik der Story wie die Wendung des Schicksals von Hiob zum Besseren oder der glückliche Ausgang in der letzten Szene des *Tartuffe* und der *Dreigroschenoper.*

Ich sollte mich entschuldigen, daß ich als atheistischer Schriftsteller den Theologen ins Fach pfusche. Die Literatur, die sich dieser Frage widmet, füllt vermutlich Bibliotheken. Voraussichtlich werde ich mich auch fortan nicht übermäßig mit den mühseligen Dingen des Himmelreiches abgeben. Ich suche lediglich eine Erklärung, warum ich die Frage nach dem Tod nie mit der Frage nach Gott verbunden habe. Wie Gombrowicz habe ich nie einen Gott gebraucht, und ich habe auch nie angenommen, daß ein Gott, und sei es als Fiktion, mir den Tod erleichtern würde. Ohne Wurzeln in mir ist auch die Hoffnung auf ein Jenseits; als etwas wie ein Materialist meine ich, sofern es ein Jenseits gäbe, was absurd ist, dann schafft es das auch unabhängig von meinem Bewußtsein, also kann ich es ruhig leugnen. Ich kann und möchte keine Brücke schlagen zwischen der himmlischen Gnade und der gnadenlosen Ordnung hienieden. Das habe ich in der Kindheit erkannt, und ich habe diese Erkenntnis in den letzten Jahren erneuert, während ich den Leidensweg meines Bruders beobachtete, seinen einsamen Weg in die schwärzeste Nacht.

Mai bis Juni 1992

(Über den Kommunismus 2)

»Ich bin auch der Meinung, daß der Kommunismus seine Wurzeln viel eher in einem verletzten Moralempfinden hat als in dem Wunsch nach mehr Wohlstand. Gerechtigkeit! – das ist sein Ruf. Sie können nicht ertragen, daß einer ein Schloß hat und der andere ein Lumpenbett. Sie können vor allem nicht ertragen, daß einer Entwicklungsmöglichkeiten hat, und der andere nicht – daß der eine sie auf Kosten des anderen hat. Das ist nicht Neid, sondern Forderung nach gutem Recht. Sie sind gar nicht so sicher, daß die Diktatur des Proletariats jedem ein Häuschen mit Garten verschafft. Aber das ist es gerade, sie wollen lieber ein allgemeines, gerechtes Lumpenbett und Elend für alle, als Wohlstand, der auf Unrecht gewachsen ist. Der echte Kommunismus ist die Qual eines Moralgefühls, dem das gesellschaftliche Unrecht auf unvergeßliche Weise bewußt geworden ist – dies Unrecht frißt ihm, wie dem Prometheus, die Leber auf.«

Die Empörung, von der Gombrowicz spricht, ist so alt wie die gesellschaftliche Ungleichheit. Utopien und Kunstwerke,

Religionen, Philosophien, Aufstände und Revolutionen berichten davon, noch aus den fernsten Winkeln der Vergangenheit. Die Mittel der modernen Massenkommunikation haben eine neue Situation herbeigeführt, indem sie Tag für Tag in lesbarer, hörbarer und vor allem sichtbarer Form in unsere Wohnungen zaubern, was mit nüchternem Verstand kaum zu ertragen ist. Wir sehen das vom Hunger geplagte Eritrea, die verhungernde Mutter mit dem verhungernden Kind und die fette Fliege auf dem Ohr des Kindes, dem die Kraft fehlt, sie zu verscheuchen. Als nächstes ein Gruppenbild aus London, Downing Street, acht tadellos gekleidete, lächelnde Ministerpräsidenten, das Weiß des Hemdes, das der britische Regierungschef trägt, blendet mich geradezu – sie beraten über den Hunger in der Dritten Welt. Ich liege vor dem Fernseher auf dem Teppich, verspeise geräuchertes Eisbein und spüle mit selbstgebranntem Pflaumenschnaps nach, ich bin inzwischen abgehärtet. Das Fernsehen liefert Stoff zur Empörung frei Haus, aber auf diese Weise gewöhnt es auch an die Greuel. Liebe machen kann man auch auf Dauer mit schlechtem Gewissen, aber lebenslang so zu tafeln, das ist mißlich.

Ich esse das Eisbein, und aus meiner geräumigen Wohnung am Ufer der Donau würde ich, vom Traum von der Gleichheit verfolgt, ungern in irgendeine Bruchbude umziehen, kurz, ich genieße meine empörenden Privilegien, die ich dem Umstand verdanke, daß ich nicht in Eritrea als Bauer zur Welt gekommen bin, sondern als Bürger in Budapest; und dennoch vergeht kaum ein Tag, an dem mich nicht das Moralgefühl quält, dem das gesellschaftliche Unrecht auf unvergeßliche Weise bewußt ist. Das war es in der Tat, was mich für den Kommunismus empfänglich machte.

Ich saß beim Tee in der Küche mit Timothy Garton Ash, dem brillanten Osteuropa-, pardon: Mittelosteuropa-Experten, in dessen Büchern sich eine stabile liberale Wertordnung mit sozialer Sensibilität, ja Empathie paart. Sie mag daher rühren, daß er sich vom Westen her dem Osten näherte und der Unterschied ihm zu Herzen ging. Die Empfänglichkeit, die aus solchen Vergleichen entsteht, kann in dem Glauben bestärken, die bessere Welt sei vernünftig und unerschütterlich. Diesen Glauben hatte ich wohl mit einer leichtfertigen antikapitalistischen Bemerkung verletzt, denn Timothy warf mir hin: »Was willst du mit deiner Gleichheitsmanie? Wenn die Gleichheit einträte, würden wir ersticken.« – »Wieso das?« – »Wenn nicht eine, sondern fünf Milliarden Menschen Auto fahren, bleibt kein Sauerstoff zum Atmen übrig.« – »Was ist das für eine Zivilisation«, fragte ich, »deren Funktionsvoraussetzung die Ungleichheit ist?«

Meinem Urteil nach kann auf diese Frage nur eine zynische Antwort gegeben werden. Wie wir abstumpfen müssen, um guten Gewissens die einfachen Freuden des Lebens zu genießen, so müssen wir unseren Scharfsinn unterdrükken, um ohne zu erröten unter den jeweils gebotenen Alternativen die am wenigsten unerträgliche hinnehmen zu können. Dieses seelische Interesse können wir zuweilen nur um den Preis großer Opfer, im Zustand der kollektiven Verblödung vertreten. Die LÄNDER DER FREIHEIT speien Gift und Galle auf den im übrigen wirklich abscheulichen irakischen Diktator, weil er das für teures Geld gerade bei ihnen gekaufte Giftgas auch anwenden wollte, wozu es ja vorgesehen ist.

Wie lange kann es noch so gehen? In Bälde müssen obligatorische Konzentrationsabbaulehrgänge eingerichtet werden, damit wir nicht an die bekannten ökologischen Fakten denken, die unser Todesurteil in sich tragen, und nicht an die ehemals sowjetischen Offiziere und Feldwebel, die mit dem schallenden Ruf »Kauft Atomwaffen!« ihre kleinen Karren über die Märkte der Kontinente schieben. Wir müssen auch die Zehntausende Albaner vergessen, die von den Italienern trickreich in ihr Heimatland abgeschoben wurden, und die Zehntausende Vietnamesen und sonstigen asiatischen Parias, die im Kreuzfeuer der Kameraaugen gefesselt und geschlagen von den Engländern aus Hongkong in die Hölle zurückbugsiert wurden, aus der sie gekommen waren. Für die Länder des Westens, die das von den Parteistaaten sowjetischen Typs genehmigte Demokratisierungsspielchen an der Auswanderungsfreiheit maßen, ist die Auswanderungsfreiheit nach wie vor heilig, nur erkennen sie eben die Einwanderungsfreiheit nicht an. Doch warum sollen uns vier Fünftel der Menschheit den Gefallen tun, bis ans Ende der Zeit Staatsbürger der Kategorie »unter ferner liefen« zu bleiben? Eine Vision: Im Jahr 2034 klingelt es bei meinem Enkel Dániel. Er öffnet, und auf dem Gang stehen zweiundzwanzig Millionen Pakistaner.

*

Im Zusammenhang mit der Qual des Moralgefühls, ausgelöst vom Ungleichheitsbewußtsein, erwähnt Gombrowicz, daß seine Sicht der Wirklichkeit tatsächlich nicht weit von der Sicht der Kommunisten entfernt sei: »Meine Welt ist gottlos. In dieser Welt erschaffen die Menschen sich gegenseitig.« Gombrowicz meint, diese Theorie rechtfertige sein schriftstellerisches Schaffen.

Auf einmal schüttelt er sich jedoch und ruft: »Aber jetzt – aufgepaßt! Schauen wir ihnen in die Karten! Sehen wir einmal nach, wie hier gespielt wird ... und schon fliegt der unerhörte Schwindel auf, der diese ganze Dialektik zu einer Mausefalle macht. Denn das dialektische und befreiende Denken hört genau vor den Toren des Kommunismus auf: meine eigenen Wahrheiten darf ich in Zweifel ziehen, solange ich auf der Seite des Kapitalismus bin; diese Selbstkontrolle hat aber zu schweigen, wenn ich in den Reihen der Revolution stehe.« An diesem Punkt macht die Dialektik dem Dogma Platz; die unglaubliche Scheinheiligkeit jedes einzelnen Kommunisten – und eine Ausnahme bilden nicht einmal die gestähltesten Intellektuellen – springt ins Auge. Es sei leicht, sagt Gombrowicz, den kommunistischen Terror zu kritisieren, das völlige Fehlen geistiger Freiheit; am widerwärtigsten sei ihm jedoch nicht ihr gedankliches oder politisches System, »sondern das Gewissen dieser Kommunisten, die damit herumschwenken wie mit einer Fahne. Ich möchte diesen kaum merklichen, aber schweinischen Tonartwechsel dingfest machen, der stattfindet, wenn man auf ihr Terrain wechselt.«

Das wäre der Augenblick, meine eigene Variation auf dieses Lied von Gombrowicz zu singen. Ich habe bereits Essays und sogar ein Theaterstück über das entscheidende geistige Erlebnis meiner Jugendzeit geschrieben: über meine Lehrjahre im Anziehungsbereich Georg Lukács' und meinen

Kampf um Emanzipation, der mir bis ans Lebensende zu schaffen machen wird. Nach der Niederschlagung der Revolution von 1956 und besonders nach meiner Entlassung aus dem Gefängnis 1960 habe ich immer vehementer gegen meinen Meister rebelliert, der das sowjetische System als »atypische«, »unklassische« und rudimentäre Abart des Sozialismus betrachtete. In unseren Diskussionen, die in der Regel unentschieden ausgingen, weil er mehr Verstand und ich recht hatte, gestand ich dem sowjetischen System zu, es sei »atypisch«, »unklassisch« und rudimentär, ich bestritt nur, daß es sozialistisch sei. Während wir uns die Argumente an den Kopf warfen, fiel mir auf, wie gerne er die seinigen auf die Platzhälfte der bürgerlichen Gesellschaft schnipste, wie sicher er sich dort bewegte, während ihn auf seiner Platzhälfte manchmal nur die Routine vor dem Debakel bewahrte. Als ich 1983 – zwölf Jahre nach Lukács' Tod – in Berlin ankam, mußte ich rasch erkennen, daß mein Meister unser quasi-sozialistisches System zwar weit unter seinem Niveau mit apologetischer Unaufrichtigkeit betrachtete, aber seine Kapitalismuskritik nicht übertrieben war. Ich bekam hübsche kleine Straßenkämpfe zu sehen: Hausbesetzer wurden aus den Wohnungen regelrecht ausgeräuchert oder mittels Gasbomben vertrieben, während gleichzeitig Tausende Wohnungen zu Spekulationszwecken leerstanden. Alle Winkel des Alltagslebens – auch die Kunst, die Theater – waren von der »zahlungsfähigen Moral« durchdrungen, um einen Ausdruck Heines zu verwenden. Der sogenannte Flickprozeß warf alarmierend Licht auf die Korruptheit der politischen Parteien. Ich wohnte in Kreuzberg, inmitten von Türken, Bohemiens und Armen jeglichen Standes, und so konnte ich mir ungewollt ein Bild von den bedrückenden Ausmaßen der gesellschaftlichen Ungleichheit machen. Die »widerwärtige, halbe Aufrichtigkeit« der Kommunisten und alle Varianten des Kommunismus ließ ich weit hinter mir, aber die »Qual des Moralgefühls«, das schmerzende Wissen von der Ungleichheit, die Gombrowicz als die Wurzel des Kommunismus bezeichnet, wollte in mir nicht zur Ruhe kommen.

Auch meine Weltanschauung hat sich nicht weit weg gestohlen von den grundlegenden philosophischen Lehren des

Kommunismus. Meine Welt ist nicht nur ohne Gott wie die Gombrowicz', sie ist sogar materialistisch. Genüßlich tapse ich im »Dung der Widersprüche«, es macht mir nichts aus, wenn ich darin einsinke, natürlich nur bis zur Unterlippe. Das ist eine Berufskrankheit: Dramatiker sind Widerspruchsspezialisten, die – was sie auch sonst von der Welt denken mögen – die Konflikte, die nach Darstellung streben, als Bestandteile der Wirklichkeit nachvollziehen.

Noch die sachlichste Gruppierung von Tatsachen ist eine Abstraktion, wenn wir sie aus der Zeit herausheben. Solange wir den Felsblock im schnell fließenden Fluß untersuchen, können wir vom Strömen des Wassers absehen, aber nur, wenn uns bewußt ist, daß sich derweil der Gegenstand unserer Untersuchung weiter formt, daß er rissiger wird, Ablagerungen annimmt, daß sich in den vom Wasser abgeschliffenen Winkeln Leben festsetzt. Unter allen Widersprüchen ist gerade dieser der spannendste, der Widerspruch zwischen dem Fließen und dem Zustand. Die Moralbegriffe zum Beispiel, diese abstrakten Strukturen, mochten im Licht der ewigen Wahrheit prangen. Doch wird die Erbsünde, Adams Tätigkeit als Apfelverkoster, in Zeiten, in denen der Verstand hoch im Kurs steht, gebilligt. Was Kain begangen hat, den Mord, die Sünde also, die von jedem Zeitalter verurteilt wird, stellte Byron mit mehr Verständnis und Sympathie dar als die untertänige, von Abel personifizierte Demut.

Von der Marxschen Auffassung habe ich mich auch darin nicht entfernt, daß mich die Warenproduktion und die Marktwirtschaft nicht in ein ekstatisches Fieber stürzen. Sie haben den großen Vorteil, funktionsfähig zu sein, aber ihre Folgen, die freien Waffenmachinationen des Atomzeitalters, die gehäuften Umweltkatastrophen und die unerträglichen Ungleichheiten, bedeuten höchste Gefahr.

*

Hans Magnus Enzensberger analysierte 1988 die beiden in der 19. Straße in Washington, in der Nähe des Weißen Hauses residierenden »Monster«, die Weltbank und den Internationalen Währungsfonds, sehr genau. Er bezeichnet sie als die tatsächlichen Herren der Welt und beschreibt mit hoher

Sensibilität, teils anhand grausamer Beispiele, ihren Wirkungsmechanismus. In der Betrachtungsweise bewahrt er sich vieles von seinen linken Wurzeln, zudem verwendet er einiges aus seiner marxistischen Bildung. So führt er etwa die spirituelle Grundhaltung, die Heuchelei, auf die materiellen Interessen zurück: »Doch diese Heuchelei ist keine Abweichung von der Regel, kein vermeidbarer Fehler, sondern eine systematische Notwendigkeit; sie täuscht niemanden und sie verschleiert nichts. Sie drückt nur das objektive Dilemma zwischen den puren Prinzipien und brutalen Machtrelationen aus.« Danach veranschaulicht er mit einer verfeinerten Sprachanalyse, wie die »Monster« die Benennung der Relationen, Tätigkeiten und Zielsetzungen vermeiden, die nicht mit den »puren Prinzipien« in Einklang zu bringen sind.

Enzensberger beschließt seine Studie mit einem Aufruf an die Leser: »Nur wer im Ernst den Zusammenbruch der globalen Ökonomie herbeiwünscht, mit allen Konsequenzen, und wer fähig ist, eine andere Option zu Ende zu denken, kann sich von der Abschaffung der beiden Monster etwas Gutes versprechen. Wer soweit zu gehen nicht bereit und nicht fähig ist, sitzt selbst im Glashaus. Er mag die Herren in den beiden größeren Glashäusern an der 19. Straße zu Washington kritisieren, soviel er will, doch tut er gut daran zu bedenken, daß sie seine Abgesandten sind.«

Vor einigen Tagen habe ich im Budapester Goethe-Institut vor dem Publikum Enzensberger unter Berufung auf diese Studie gefragt, wie die streng kritische Anschauung mit der Resignation zu vereinbaren sei. Kritik nämlich ist, wenn sie sich den aus ihr resultierenden Konsequenzen verschließt, ein von Selbstgenuß und Verzweiflung getragener geistiger Luxus. Ich erzählte von meiner Debatte mit Timothy Garton Ash über das Autofahren und den Sauerstoff und fragte, ob wir uns denn nicht eine grundlegende Umgestaltung einer solchen Zivilisation wünschen sollten, deren Funktionsbedingung das Privileg einer Minderheit ist. »Wünschen können wir sie uns«, antwortete Enzensberger, »aber wir Autobesitzer müssen wissen, daß in der Weltbank und beim Internationalen Währungsfonds unsere Abgesandten sitzen.« Ich verstehe diese Antwort so, daß wir zwar nicht für das verantwortlich sind, was sich die »Monster« zuschulden kommen lassen, nur müssen wir eben zur Kenntnis nehmen, daß sie auch in unserem Auftrag tun, was sie tun. Ich möchte das für einen allzu komfortablen Standpunkt halten; natürlich kann es sein, daß auch Enzensberger es nicht so meint. Einen Tag vorher hatte er im Budapester Rundfunk gesagt: »Wir müssen die optimale Antwort suchen, die auf die Konfliktfragen gegeben werden kann. Ich weiß, daß ich mich damit zu den Reformisten schlage, und Reformismus ist heute ein schändliches Wort. Aber ich bekenne mich dazu.« Der betreffende Essay indes läßt kaum Raum für optimale Lösungen, da die Untaten der »Monster« nicht aus den Eigenschaften von Einzelpersonen, sondern aus der Struktur, aus der Unüberbrückbarkeit der »puren Prinzipien« und der »Machtrelationen« resultieren. In dem Gespräch im Goethe-Institut berief ich mich auf Fortinbras und Richmond: Über Leichenberge aufragend verkünden sie die Ankunft eines neuen Zeitalters, über das sie allerdings keine Einzelheiten verraten. Als redlicher Schriftsteller wollte Shakespeare nicht so tun, als wüßte er, was folgt, deshalb sagte er über die Zukunft nur Allgemeinheiten, und selbst sie legte er moralisch fragwürdigen Personen in den Mund. Er war offenbar der Meinung, wenn Eltern und Kinder einander umbrächten und die als Ordnungsgrundlage dienenden Prinzipien ihre Glaubwürdigkeit verlören, wenn nur noch die brutale Gewalt wirke, dann gehe eine solche Welt um den Preis schrecklichen Leides zugrunde. Enzensberger bestritt nicht die Richtigkeit einer solchen dichterischen Betrachtung, aber er wiederholte: Das dichterische Wollen ist das eine, das praktische Handeln das andere.

Geht es hier nur um Wollen? Ich bin überzeugt, daß unsere Welt, wie seinerzeit die Shakespearesche, nicht nur von den Felsblöcken der Moral zerschmettert, sondern auch von ihren inneren Widersprüchen angefressen werden kann. Stück für Stück blättert von ihnen die in Verhalten und Sprache so fein ausgearbeitete Heuchelei ab. Nur kann die untergehende Welt jetzt bereits die gesamte Menschheit mit sich reißen, samt und sonders, die Zukunft eingeschlossen. Die Resignation nimmt diese Möglichkeit mit einem Nicken zur

Kenntnis. Mangels herzerfreuender Optionen kann ich dagegen nur die Überlegung ins Feld führen, daß unsere monströse Welt auch nicht nach vorliegenden Plänen so gebaut worden ist, wie sie ist. Niemand hat sich in der Morgenröte des Kapitalismus die beiden »Monster« ausgedacht, ebensowenig das, was sie bewegen und gestalten. Ihre Existenz steht jedoch außer Zweifel, und mit Macht gepaart, sind sie imstande, sich als Notwendigkeit auszugeben. Gegen die Notwendigkeit können nur Abenteurer oder Idioten auftreten – diese Einsicht steckt hinter Enzensbergers weisem Ratschlag. Ich verstehe und würdige das, aber ich würde lieber auf der Spur seiner kritischen Betrachtung und analytischen Methode weitergehen.

Ich weiß, meine nackte Entscheidung entspringt, wie viele Argumente ich ihr auch überhänge, in erster Linie der »Qual des Moralgefühls«. Sie ist voluntaristisch, aus dem Wunsch »Es soll nicht sein!« wechselt sie oft unbegründet in die Quasi-Gewißheit »Es wird anders sein!« hinüber.

Auch Gombrowicz ringt mit dieser Qual. Zur Rechten der Kapitalismus, dessen »leisen Zynismus« er gut kennt, zur Linken »Revolution, Protest und Rebellion« – warum wählt er nicht letzteres? Auch die Kunst ist doch unablässiger Protest, ihre Skala reicht vom unterdrückten Flüstern bis zum lauten Schrei. Warum hält nicht gerade er es mit der Kunst, der doch für die unterdrückten, als minderwertig beurteilten, unreifen Formen und gegen die herrschenden, reifen Formen Partei ergriff? Vielleicht fürchtet er die Utopie, vielleicht glaubt er, die Rechtlosigkeit sei ewig und unabänderlich? Auch das trifft nicht zu, er weiß sehr wohl, »daß die Menschheit in Bewegung ist, daß sie sich immer schneller bewegt, daß der Gang der Geschichte sich beschleunigt hat und wir in die Zukunft nicht mehr schreiten, sondern jagen«. Welche Erklärung gibt es also? »In dem Augenblick, da ich dies schreibe, überschreitet ein kleiner Fisch in der Nähe der Galapagos-Inseln die Schwelle zur Hölle, weil ein anderer Fisch seinen Schwanz gefressen hat.« Demnach sind Leid und Gewalt eine grundlegende, unabänderliche Gesetzmäßigkeit der Natur. Die Zahl der gequälten Opfer der bisherigen Geschichte ist unendlich. »Und weiß ich denn nicht allzugut, daß Tragik ein Wesensmerkmal des Lebens ist?« Gombrowicz läßt also die Qual des Moralgefühls durch das Fenster ein und drängt sie zur Tür wieder hinaus. Mag das Leben in Bewegung sein, das Leid ist nicht auszumerzen, es bereichert uns sogar, gibt uns die Schätze des Tragischen. Gegen etwas aufzutreten, das zu unseren Existenzbedingungen gehört, lohnt sich nicht. Diese Antwort ist, auf eine für Gombrowicz gar nicht charakteristische Weise, gewichtsloser als die Frage, und sie bietet keine Erklärung dafür, daß er sich so mit dem Dilemma der Gleichheit und des Kommunismus herumschlug. Die Metapher vom kleinen Fisch ist natürlich nicht übel; aber ob ihn das poetisch komprimierte Bild vom *struggle for life* in der Natur beruhigte, als er gerade herausfinden wollte, warum er sich nicht für die Rebellen im gesellschaftlichen Kampf engagierte? Wahrscheinlicher ist die Erklärung, daß er den Revolutionären nicht glaubte. Seine Meinung über die schizophrene Unaufrichtigkeit der Kommunisten in der Bewegung habe ich bereits zitiert. Es bliebe noch der Typus des moralistischen Revolutionärs. »Wenn an meinem Horizont ein moderner Moralist vom Typ Sartres auftaucht, habe ich den Eindruck, da stiege ein Taucher aus den Tiefen herauf – aber er hat vergessen, den Druckanzug auszuziehen. Die scheußliche Maske, berechnet für einen unmenschlichen Druck, hat sich ihm ans Gesicht geklebt.« Sein fruchtbarer Individualismus und sein sensuelles Künstlertum bewahren Gombrowicz vor diesen Extremen, aber sie bewahren ihn nicht vor dem Pathos des Übermenschen: Über die Qualen von zehn Millionen und über eine Leichenhalle von hundert Millionen kann man nur aus der bequemen Rangloge teilnahmslos schreiben. Es ist sein Glück als Mensch und Schriftsteller, daß er dort oben nur so lange verweilte, bis gelegentlich ein solcher kaltherziger Satz formuliert war, hernach schwamm er los, ohne Taucheranzug, Richtung Galapagos-Inseln.

September 1992

Erste Eintragung
(Der Rachegeist)

Tagebuchnotiz vom 26. Juli, niedergeschrieben in Irland: »Im *Guardian* oder im *Independent* las ich vor zwei Wochen, daß ein Vater, dessen Tochter von einem jungen Mann getötet worden war, nach der Urteilsverkündung im Gerichtssaal einen Wutanfall bekam: ›Ihr habt ihn für zwanzig Jahre vor mir in Sicherheit gebracht!‹ schrie er. In Kleists Novelle *Der Findling* tötet ein Kaufmann seinen Ziehsohn, der ihn arglistig um sein Vermögen betrogen hat und um ein Haar mit gemeinen Tricks seine Frau verführt hätte. Das Gericht des Vatikans verurteilt den Mörder zum Tode, aber die Hinrichtung wird dreimal verschoben, weil der Verurteilte nach den Regeln des vatikanischen Strafvollzugs vorher beichten müßte, wozu er jedoch nicht gewillt ist. Wenn er nämlich beichtete, käme er möglicherweise in den Himmel, er wünscht sich aber die Hölle, um dort den Unmenschen, der mehr als nur einen Tod verdient, erneut zu töten.

Die jetzt gelesene Geschichte vom Mädchen in Kurzfassung: Eine Siebzehnjährige erhält telefonisch ein vorteilhaftes Stellenangebot. Sie macht sich hübsch zurecht, geht hin und kommt nicht wieder. Zwei Wochen später findet man ihre Leiche auf einer vollgeschissenen Wiese oder einer Mülldeponie. Sie muß eine auffällige Erscheinung gewesen sein, denn ein Taxifahrer hat sich die Nummer des Autos aufgeschrieben, in das sie stieg. Einem Passanten fiel das Paar gleichfalls auf, auch er notierte sich das Kennzeichen. So wurde der Täter ermittelt. In England gibt es keine Todesstrafe. Der Vater, der meinte, nur die Vernichtung des Mannes könne die verletzte Weltordnung wiederherstellen, wünscht sich aus vollem Herzen, der Mörder möge nicht verurteilt werden oder mit einer milden Strafe davonkommen, damit er ihn möglichst bald erledigen könne. Kleists Realismus ist am stärksten in den unwahrscheinlichsten Geschichten, denn in ihnen verleiht er der Ausnahme Gesetzesrang.« Zu der Notiz habe ich noch hinzugefügt: »Diese Geschichte als Novelle schreiben. Die Untauglichkeit der Rechtsprechung. Die Wahrheit *und* Gemeingefährlichkeit der Leidenschaft. Die Preisgegebenheit der Schönheit.« Am Tag darauf kam ich nach Derry (den Engländern und Anglophilen zufolge: Londonderry). »Drahtverhaue, Straßensperren, die Wallpromenade wegen ihnen unbegehbar, Wachtürme, Wachposten, hermetisch absperrbare Bezirke, zweigeteilte Stadt (protestantisch-katholisch) ohne Berliner Mauer. Mitten auf einer Brücke ein Panzerwagen, davor zwei Soldaten, selektive Personenüberprüfung, hinter dem Panzerwagen ein Soldat mit MPi. – Wie Haß in mir hochkam. Englische Demokratie. Lord Carrington vermittelt in Sarajevo – warum nicht in Derry?« Die Perversion von Derry, dann von Belfast (die Demokratie im gemeinsamen Bett mit der brutalen Gewalt) verdrängte die Geschichte vom getöteten Mädchen. Ich habe sie erst jetzt wiedergefunden, zufällig, als ich das Heft aufschlug.

Zweite Eintragung
(Eine bekannte Geschichte)

Gombrowicz bekommt – wir schreiben 1956 – über Paris einen Packen Zeitschriften aus Polen, und er ist ratlos. Es wimmelt darin von Ereignissen, über die er nichts weiß, von Anspielungen, die er nicht versteht, von nicht nachvollziehbaren Diskussionen und unbekannten Disputanten. Beim Ringen mit dem großen Haufen bedruckten Papiers findet er weder einen authentischen Text noch einen auf langfristige Geistesarbeit eingerichteten Verfasser. Er gewinnt den Eindruck, die in der Heimat hätten ihr Leben nicht erlebt. Sie mußten, seit er 1939 Polen verlassen hatte, zwei große historische Erfahrungen hinter sich bringen: den Krieg und die Revolution. Nur lassen sich die Schrecknisse des Krieges nicht erleben; es gibt unverdauliche Quanten des Grauens. Proust holte aus seinen Grafen mehr heraus als die polnische Literatur aus Auschwitz. Bei der Niederschrift seiner vernichtenden Meinung fällt ihm natürlich ein, daß er in den Cafés von Buenos Aires nicht ein Zehntel des Leides erlebte, das seine Landsleute durchmachten, deshalb müsse er eher

Demut empfinden als kalte Verachtung, und doch sei diese in ihm »so stark, daß ich sie in diesem Tagebuch, wo ich nicht zu sehr lügen möchte, nicht verhehlen kann«.

Am Ende des Krieges waren die Polen haltlos und leer, und in diese Leere flutete der Marxismus. Deshalb erlebten sie auch die Revolution nicht, denn sie befanden sich nicht in dem Zustand, irgend etwas zu erleben. Der Marxismus breitete sich in Polen nicht aus eigener Kraft und geistigen Widerstand überwindend aus, sondern gewaltsam, »wie man einen Käfig über betäubte Vögel stülpt, wie man einem Nackten Kleider anzieht«. Im Käfig dann wurde jede Auseinandersetzung mit der Revolution unmöglich. Die provinzielle polnische Literaturtradition konnte die Seelen nicht darauf vorbereiten, sich gegen Marx zu wenden, »– ohne intellektuelle Waffen, ohne feste moralische Überzeugung, allein auf sich gestellt, wehrten sie eher kraftlos ab, als daß sie kämpften«. So trat die paradoxe Situation ein, daß man in den am Individualismus gestählten Ländern Westeuropas, zum Beispiel in Frankreich und Italien, den Marxismus viel tiefer erlebte als in Polen, wo er nur ein Gesellschaftssystem werden konnte.

Woher kenne ich diese Geschichte?

Dritte Eintragung
(Gegen die Dichter)

Endlich ist in der deutschen Gesamtausgabe Gombrowicz' skandalöses Pamphlet *Gegen die Dichter* (1951) erschienen, das er auch im *Tagebuch* erwähnt, um die Ästheten zu foppen. Ich fasse seine wichtigsten Behauptungen zusammen.

Gombrowicz geht davon aus, daß »fast niemand Gedichte mag und daß der ganze Bereich der Versdichtung Fiktion und Vortäuschung ist«. Auch ihm gefallen Gedichte nicht, sie langweilen ihn sogar. Besonders Gedichte mit regelmäßigem Rhythmus und Reim kann er nicht ertragen. Aus stilistischer Sicht sei es überaus erbärmlich und lächerlich, wie die Dichter über sich und ihre Dichtung sprechen. An der reinen Poesie quält ihn »das Übermaß an Poesie, das

Übermaß an poetischen Wörtern, das Übermaß der Metaphern, das Übermaß der Sublimierungen, endlich das Übermaß der Kondensierung und der Säuberung jeglicher antipoetischer Elemente – Gedichte gleichen derart einem chemischen Produkt«. – »Zucker eignet sich zum Süßen des Kaffees, nicht aber dazu, mit dem Löffel vom Teller gegessen zu werden wie Grütze.« Die Dichtung ist im Lauf der Jahrhunderte zunehmend zu etwas Feierlichem erstarrt, die Dichter singen ihre Lieder immer öfter füreinander, ihr Höhenflug wird »zum Programm, zum System, zur Profession«. Der Dichter kann nicht mehr sich selbst ausdrücken, weil er als Sklave seiner Profession die Dichtung ausdrücken muß. Die Stilprobleme verselbständigen sich, bei der Arbeit an seinem Stil denkt der Dichter gar nicht mehr daran, sich Souveränität und innere Freiheit gegenüber den Stilen anzueignen. »Voller Hingebung vervollkommnen wir die Kunst, scheren uns aber wenig um die Frage, inwieweit die Kunst noch eine Verbindung mit uns hat.« Wir kennen zwei gegensätzliche Arten von Humanismus. Der religiöse Humanismus »will den Menschen vor dem menschlichen Kulturwerk auf die Kniee zwingen«, hält uns zur Verehrung der Musik, der Poesie, des Staates oder der Gottheit an. Die andere Geistesströmung will von den Göttern und Musen die Souveränität und Unabhängigkeit des Menschen zurückerobern.

Die Dichter geben sich der Dichtung hin, vor der Wirklichkeit stecken sie den Kopf in den Sand. Sie schreiben in einer von anderen ererbten Form, ihr Hauptthema ist die Hingabe an die Dichtkunst und an sich selbst. Der Dichter »verlangt nicht nur, daß die anderen vor ihm auf die Kniee fallen, sondern er fällt vor sich selbst auf die Kniee«. Alle diese Rituale sind auch für die besten Lyriker bezeichnend. Alles wird zur Metapher. Die Sprache ist reiner Ritus. Die Einengung des Stils führt zur Einengung der Sprache. Immer ungebremster hat sich die Poesie zu gigantischen Poemen aufgebläht. Die lyrische, religiöse Haltung ist auch in die Prosa eingesickert. Gombrowicz erwähnt in diesem Zusammenhang den *Ulysses* von Joyce und den *Tod des Vergil* von Broch sowie einige Texte Kafkas. »... der ›Rang‹, die ›Größe‹

dieser Werke verwirklicht sich im luftleeren Raum, sie gehören zu den Büchern, von denen alle wissen, daß sie groß sind ... die uns jedoch auf eine bestimmte Weise fern und unzugänglich sind und uns kalt lassen ... denn sie sind in knieender Haltung geschrieben worden, im Gedanken nicht an den Leser, sondern an die Hohe Kunst oder an eine andere Abstraktion.« Die hermetische Welt der Dichter zeichnet sich aus durch unablässige Konkurrenz und unablässige gegenseitige Lobpreisung. Vollends lächerlich sind die bombastischen, naiven und kindlichen Autoren, die über Poesie in poetischem Ton schreiben. Der Essay endet mit diesen Worten: »Aber sogar die Religion stirbt mit dem Augenblick, da sie sich in ein Ritual verwandelt. Wahrlich, allzu leicht opfern wir auf diesen Altären die Authentizität und das Gewicht unserer Existenz.«

Ich gestehe, was Gombrowicz über die hermetische und artifizielle Welt derer, die von der Dichtung leben – Dichter und Lyrikkritiker –, schreibt, stimmt mit meinen Erfahrungen überein. Ich würde auch die Gedichtrezitatoren einbeziehen. Die weitaus meisten verändern auf widernatürliche Weise ihre Stimme so, daß sie vibriert, summt, sie fügen der lebendigen Sprache fremde, liturgische Betonungen bei, sie verziehen andächtig das Gesicht und glotzen, als sähen sie einen Engel durch den Raum schweben. In dieser Haltung nimmt die Selbstbewertung der Sphäre Gestalt an, die quasireligiöse Selbstanbetung, die Gombrowicz zum Abfassen seines Pamphlets anregte.

Darin formuliert er seine Wahrheiten – wie die meisten Autoren, die einsam auf Heiligtümer eindreschen – nicht immer wahrheitsgemäß. Wie Miłosz, der unverzüglich darauf antwortete, meine ich, daß die Dichtung nicht mit der »reinen Poesie« gleichzusetzen ist, die ich – wie Miłosz – in die »Kategorie der geistigen Verirrungen« einordne. Ich bin aber auch der Meinung, daß im Schaffen selbst der größten Lyriker ein gewisses aus der Lyrik geschöpftes, nach Lyrik strebendes, lyrisches Pathos auszumachen ist, das nicht vom Gegenstand der Inspiration, sondern von der Lyrik selbst inspiriert wurde. Deshalb bezieht der Dichter seine reale – also nicht die philologische, die literaturgeschichtliche, die bibliothekswissenschaftliche – Unsterblichkeit, wie Georg Lukács zu sagen pflegte, aus ein oder zwei Dutzend Gedichten, »ausgenommen John Keats, der organisch keine schlechten Gedichte schreiben konnte«. Natürlich bricht die Begabung der großen Lyriker immer wieder auch in ihren weniger gelungenen Werken durch, und sie können unser Wissen vom Dichter und von seinen gültigen Werken bereichern. Die meisten lyrischen Lebenswerke sind dennoch Nachahmungen, im allgemeinen Nachahmung der Lyrik, und sie sind zudem Befriedigung der Erwartungen, die Dichtung oder eines bestimmten Dichters Dichtung bei Eingeweihten weckten. Diesen Tatbestand erkannte hundertzwanzig Jahre vor Gombrowicz schon Heine: Beim Schreiben der *Neuen Gedichte* bemerkte er, auf seinen ersten Band, das *Buch der Lieder*, anspielend, seine Lyrik sei in Schwierigkeiten geraten, denn er schreibe nicht mehr Gedichte, sondern Heine-Gedichte. Auf diese Erkenntnis hin wechselte er den Stil.

Der springende Punkt in Gombrowicz' Streitschrift ist der Zuckervergleich. Die Dichtung bietet Zucker als Mahlzeit an, aber Zucker ist nur mit anderen Stoffen vermischt (zum Beispiel im Kaffee) genießbar. Die lyrische Technik ist so gut ausgearbeitet und so verbreitet, daß eine enorme Zahl von Dichtern imstande ist, wenn nicht gute, so wenigstens fehlerfreie Gedichte herzustellen. Infolge der von Gombrowicz so meisterlich beschriebenen sprachlichen, stilistischen und gefühlsmäßigen Verengung könnten Spezialisten nach dem Muster der Schachcomputer durchaus auch Dichtcomputer konstruieren. Die elektronischen Gedichte verhielten sich zu den auf herkömmliche Weise erzeugten wie das Saccharin zum Zucker: es würde einem schon von wenig übel.

Ich stimme Gombrowicz darin zu, daß die meisten Gedichte das Ergebnis eines kultischen Akts sind; auf dem Sofa der Lyrik liegend schwängert sich der Dichter mittels Selbstzeugung, um dann im Kreuzfeuer des Erstaunens (»Ah! Ah!«) strahlender Doktoren die Frucht seines Manneseifers ans Licht zu zerren. Nur ist das oberste Produkt der Lyrik nicht das Gedicht, sondern etwas unvergleichlich Selteneres, das dichterische Ich, dessen lyrischer Zucker sich im Kaffee der

Dinge der Welt auflöst. Wie der Kaffee ist, was und wie die Dinge sind und auf welche Weise sie einander durchdringen, das läßt sich nur zusammen untersuchen.

Die allgemeine Schwächung der Existenz und der Persönlichkeit hat die Dichtung soweit gebracht, daß Gombrowicz' Beschreibung nahezu restlos paßt. »Ihr werdet euch in den kommenden Jahren ganz schön anstrengen müssen, um von der Halbexistenz zur Existenz zu gelangen, und ob es euch gelingt, ist noch nicht sicher.« Diese Ermahnung, 1956 niedergeschrieben, richtet sich an die Polen. Heute gilt sie für alle Länder der Region. Im Namen des »Konsens« leugneten oder stutzten die härteren und weicheren Diktaturen der Parteistaaten die Konflikte, die unser Leben durchzogen. Die meisten Intellektuellen linderten die Qual der äußerlichen Anpassung, um die man nicht völlig herumkam, mit einer mehr oder weniger ausgeprägten geistigen Anpassung. Die hielt die Welt der füreinander lebenden und schreibenden und im gegenseitigen Glanz sich badenden Dichter zusammen, vor denen sich Gombrowicz so eloquent ekelte. Die Staatsbürger von Lyrik-Land trafen zwei Fliegen mit einem Schlag. Sie hielten sich unbequeme Konflikte vom Leibe, und sie durften sich, den Erwartungen der marxistischen Ästhetik antipolitisch entgegentretend, als Oppositionelle fühlen, und zwar risikolos. Wer sich selbst oder der Welt noch gesondert demonstrieren wollte, wie wenig angepaßt er war, der wurde Alkoholiker oder Sonderling, sicherheitshalber auch beides zugleich.

Irgendwann in den sechziger Jahren habe ich Brechts damals bei uns noch verbotenes Gedicht *Die Lösung* übersetzt. Auf die offizielle Einschätzung des Aufstands vom Juni 1953 antwortete Brecht: »... Wäre es da / Nicht doch einfacher, die Regierung / Löste das Volk auf und / Wählte ein anderes?« Diese Zeilen drücken scharfsinnig und lakonisch das Dilemma aller kommunistischer Regierungen aus: Was machen wir mit dem Volk, wenn es von dem ihm verbindlich vorgeschriebenen Glück nichts wissen will? Meine Übersetzung las ich Sándor Csoóri vor, er lachte herzlich, dann meinte er: »Ein prima Text, aber natürlich kein Gedicht.« – »Dann nenn es Gurkensalat«, entgegnete ich.

Csoóris Urteil »natürlich kein Gedicht«, das Brechts auch von ihm genossene Wahrheit in die unteren Bereiche des Daseins verwies, entsprang dem Geist der »machtgeschützten Innerlichkeit«, die die besten Dichter in der Kádárära genossen; es gab wenig Ausnahmen. Der späte Brecht gestaltet sein lyrisches Material anschaulich, indem er nicht Bilder, Gleichnisse, Metaphern – also Zucker – zusammenträgt, sondern schroff die Widersprüche aufzeigt, die unser Leben durchdringen. Seine gelungensten Gedichte beschenken uns mit der verzweifelten und humorvollen Erkenntnis, daß die Wirklichkeit und unsere Vorstellungen, unsere Möglichkeiten und Sehnsüchte, unsere Absichten und Ergebnisse unversöhnlich sind. Nach solchen Erkenntnissen gelüstete es jedoch weder das karge Lager der Gedichtleser noch das zahlreichere der Dichter.

Brechts Beispiel liefert einen Beitrag zu Miłosz' Argumentation. Die Dichtung ist nicht unbedingt rein, der Dichter dient nicht unbedingt seiner Profession und seinem Stil, und das lyrische Pathos kann als Geröll Materialien mit sich führen, die außerhalb der hermetischen Welt der Dichtung zu Hause sind. Ein Beispiel hierfür, fast zeitgleich mit dem späten Brecht, bietet der junge Ginsberg, in dessen Poem *Howl* ein großangelegter Generationsroman und in dessen anderem Poem *Kaddish* ein Familienroman steckt. Ein gewaltiges Lebensmaterial treibt in den langen Versen; Fakten, Geschehnisse, Schicksale, Kataklysmen. Der Zucker verschmilzt mit der Prosa des Lebens und wird dabei bitter. Von diesem Prozeß wendet sich auch Gombrowicz nicht gleichgültig ab. Er meint, die Dichtung sei ihm durchaus nicht fremd, wenn sie sich mit anderen, prosaischen Elementen vermische, wie etwa in den Dramen Shakespeares oder in der Prosa Dostojewskis und Pascals. Unverständlich, warum er befindet, die Dichtung sei a priori ungeeignet, diese Mischung zu erzeugen.

Ein anderes modernes Beispiel liefert mir Ernst Jandl, den Gombrowicz' Pamphlet eigentlich voll treffen müßte. Er lebt »voller Hingebung« für die Lyrik, er ist ein Sklave seiner Profession. Wenngleich er in einem großen Teil seiner Dichtung Strukturen erkundet, gilt für ihn nicht Gombrowicz' schwerwiegendster Vorwurf, daß der Dichter vor der Realität den Kopf in den Sand steckt. Bei Jandl füllen sich die Strukturen unablässig mit Leben, mit Kriegsgeschrei und Kriegslärm, mit den zerbrochenen Rede- und Denktrümmern von sozial oder geistig hoffnungslos entgleisten menschlichen Wesen, mit dem einsamen Ringen der gegen den enormen Druck der Uniformierung ankämpfenden, sich selbst überlassenen Persönlichkeit:

ich will nicht sein
so wie ihr mich wollt
ich will nicht ihr sein
so wie ihr mich wollt
ich will nicht sein wie ihr
so wie ihr mich wollt ...

Dieses »Ich«, das Jandl in verschiedenen Variationen und doch in geschlossener grammatischer Struktur gegenüber der brutalen Außenwelt in Schutz nimmt, ähnelt verblüffend dem kristallharten »Ich«, mit dem Gombrowicz in vierfacher Wiederholung sein *Tagebuch* beginnt. Diesem »Ich« schreibe ich es zu, daß Jandl, der einen Narren an Stilen und Stilerforschung gefressen hat, doch nicht zum Sklaven seines eigenen Stils wird – wie so viele für bedeutsam gehaltene Dichter –, sondern ihm gegenüber souverän bleibt. Er hat nicht einen, er hat mehrere Stile, und sobald er die Möglichkeiten des einen durchforscht hat, erkundet er einen neuen.

*

Dazu einige ergänzende Bemerkungen.

Die Ehre der Dichtung läßt sich auch mit rein dichterischen Mitteln wiederherstellen. Heine gibt zum Beispiel in der *Romantischen Schule* über die zeitgenössische deutsche Lyrik ungefähr das gleiche Urteil ab wie Gombrowicz über die polnische. Beschönigung der Vergangenheit, der Moderne entgegenwirkender Katholizismus, hirnrissiger, provinzieller Patriotismus, Vergötterung nie gewesener mittelalterlicher Ideale, Nachtigallen und Rosen als Metaphern aus der Requisitenkammer der allgemeinen Dichtkunst. Heine bekannte sich als Schüler der romantischen Schule, der, herangewachsen, seinen Lehrmeister verprügelte. Das tat er nicht nur theoretisch, sondern auch mit dem Rohrstock der Lyrik:

Das Fräulein stand am Meere
Und seufzte lang und bang,
Es rührte sie so sehre
Der Sonnenuntergang.

Mein Fräulein! sein Sie munter,
Das ist ein altes Stück;
Hier vorne geht sie unter,
Und kehrt von hinten zurück.

Die zur Phrase und Pose verflachte Naturanbetung, der gefühlsduselige Feldzug der deutschen Romantik gegen die Verbürgerlichung wirkt – in die Sprache der Wirklichkeit übersetzt – ebenso lächerlich wie in Brechts zitiertem Gedicht die kommunistische Denkungsart. In der ersten Strophe demonstriert Heine, daß er das gleiche fertigbringt wie seine verehrten Kollegen: er nimmt den unerträglich süßen Zucker in den Mund und schluckt ihn hinunter; in der zweiten dann läßt er ihn hinten heraus und hält ihn uns vor Augen und Nase: das ist daraus geworden. Gombrowicz hat nicht bedacht, daß zur Entlarvung entleerter lyrischer Riten die Dichtung ebenso geeignet ist wie das Pamphlet.

*

Sooft V. – Rechtsanwältin in Berlin, wo ich dieses Kapitel schreibe – einen vietnamesischen oder türkischen Flüchtling vor der Abschiebung (und damit vor dem Umerziehungslager, vor der Folter, möglicherweise vor der Hinrichtung) rettet, fällt mir ein, wie unbegründet die Wertschätzung ist, die die Gesellschaft dem Reich der Kunst zufächelt. Es gibt Leute, die zu uns aufblicken und sich von unserem Händedruck geehrt fühlen, ohne daß sie je eine Zeile von uns gelesen hätten. (Dann ist es natürlich leicht.) Als ein Budapester Arzt meinen Sohn am Gesichtsnerv operierte, ohne den Nerv zu verletzen, hatte ich das gleiche Gefühl. Wenn sich V. nicht hinreichend auf einen Prozeß vorbereitet, wenn sich der Arzt um einen Zehntelmillimeter irrt, weil er in der Nacht nicht genug geschlafen hat, gehen Menschenschicksale in Trümmer. Doch wenn ich eine Metapher oder einen Reim verpfusche, hat niemand auf der Welt einen Nachteil davon.

Als Student verbrachte ich einen Teil der Sommerferien 1952 in Sztálinváros, das damals aufgebaut wurde. Ich war zu Erdarbeiten eingesetzt, bei gewaltiger Hitze und miserabler Verpflegung, der Boden war lehmig, die Norm unerfüllbar. Da ich drei Monate vorher für meine systemtreuen Dichtungen mit dem Attila-József-Preis ausgezeichnet worden war, wühlte ich das Erdreich als Brigadier auf. Meine Leute – sie hatte im Gegensatz zu mir nicht der Enthusiasmus, sondern die Armut nach Sztálinváros geführt – wollten Geld verdienen. Ich jedoch hielt mich an die kommunistische Moral und weigerte mich, die Normen auszutricksen, wie es die anderen Brigaden taten, obgleich ich wußte, daß wir auf ehrliche Weise nicht einmal genug verdienen würden, um unsere zerlumpte Kleidung zu ersetzen. Ich wußte auch, daß es mir ein leichtes war, ehrlich zu bleiben, denn mich versorgten meine Eltern. Zerschunden, hungrig und dem Haß der anderen ausgesetzt, dachte ich zum erstenmal daran, daß die Arbeit eines Erdarbeiters schwerer ist als die eines Dichters und daß nichts die Andacht rechtfertigt, die die Sphäre der Kunst umgibt. Ich fand, meine normale Tätigkeit, das Gedichteschreiben, habe gar keine Realität, besonders am Schippen und Graben gemessen. Zurückgekehrt ins Alltagsleben, verdrängte ich diese Erkenntnis, aber nicht völlig. Ich mußte im Lauf der Jahre wiederholt an sie denken, zuletzt vor einer Woche, als ich Gombrowicz' Gedanken über die kniefällige, hermetische Welt der Dichter und ihrer Kritiker und Verehrer las.

*

Sein Luxusauto betrachtet ein bemittelter junger Mann als Verlängerung seines Gliedes. Wie er, langsam dahinrollend, eine Dame anspricht, wie er die Tür öffnet – der intime Zusammenhang läßt sich erahnen.

Dem Dichter – und besonders dem vom Schicksal verfolgten – dient das Gedicht zum gleichen Zweck wie dem bemittelten Jüngling das Auto. Da die dichterische Tätigkeit von einem Fluidum der Zeremonien und Mysterien umgeben ist, findet sich immer eine Damenschicht, die das Gedicht samt Verfasser gerne aufnähme, und zwar nicht nur mit den Ohren. Darauf baut ein Teil der Dichter. P. zum Beispiel; wenn er unwiderstehlich sein will, kritzelt er beim Essen im Restaurant im Zuge der Liebesbelagerung seinen Namen auf eine Serviette. »Steck sie ein, sie wird mal ein Vermögen wert sein«, sagt er und setzt die Belagerung fort.

P.s Hochmut prangt auf einer Münze, auf deren anderer Seite dies zu lesen ist: BESCHEIDENHEIT. Wer in Dichterkreisen herumkommt, wird beobachtet haben, daß die lorbeergekränzten Häupter meistens nicht sich selbst, sondern einander loben, gleichsam als Revanche für erhaltenes Lob. »In der Literatur ist solche Bescheidenheit völlig fehl am Platze«, schreibt Gombrowicz im *Tagebuch*. Dünkel und Ehrgeiz seien der Motor des Schreibens. Man dürfe sie nicht verbergen, »man muß sie offenlegen. Dann kann man sie zivilisieren.«

*

Mit Gombrowicz' Dichtungskritik harmoniert Ingeborg Bachmanns lyrisches Verstummen in ihren letzten Lebensjahren. Auch für sie war »der Kontrast zwischen dem Berg blutigen Fleisches und dem banalen Kommentar dazu« unerträglich. Sie fand die Wörter der Dichtung untauglich, um mit ihnen die Schrecknisse der Welt auszudrücken. Ihr letztes Gedicht, *Keine Delikatessen*, beginnt so:

> Nichts mehr gefällt mir.
>
> Soll ich
> eine Metapher ausstaffieren
> mit einer Mandelblüte?
> die Syntax kreuzigen
> auf einen Lichteffekt?
> Wer wird sich den Schädel zerbrechen
> über so überflüssige Dinge –
>
> Ich habe ein Einsehn gelernt
> mit den Worten,
> die da sind
> (für die unterste Klasse)

Hunger
Schande
Tränen
und
Finsternis (...)

Aus ihren letzten sechs Jahren ist uns keine einzige Gedichtzeile überliefert. Ein logisches Schicksal: Die Dichterin, die ihre Profession als überflüssig ansieht, verbrennt im Bett, vermutlich unter Drogen stehend. Ihre niederschmetternde Meinung über die Dichtung bezog sie extrem konsequent auf sich selbst. Gombrowicz brachten seine gnadenlosen Erkenntnisse zu einer nüchterneren Einsicht. Wenn die Leichenberge künstlerisch nicht darstellbar sind, sollten wir gerade dieses unser Unvermögen formulieren oder uns auf das konzentrieren, was uns keinen Kompromiß abfordert, wie es Proust mit seinen Grafen getan hat. Wenn die Kunst vor dem Schreckenshimalaja von vier Millionen Vergasten zurückweichen muß, dann sollte man es vielleicht doch mit dem einmaligen Grauen versuchen, das jenes schöne junge Mädchen erlebte, das hübsch zurechtgemacht losging und auf einer vollgeschissenen Wiese endete oder einer Mülldeponie.

*

Vor Jahren habe ich den vergnüglichen Bericht von Jan Kott über eine internationale Shakespeare-Konferenz gelesen. Annähernd tausend Shakespeare-Forscher waren aus allen Himmelsrichtungen nach New York geströmt, schließlich ist Shakespeare inzwischen ebenso ein eigener Gewerbezweig wie etwa die Steuerberatung, er gibt einer beträchtlichen Zahl Intellektueller Brot und Arbeit, auch in kargen Zeiten. Höhepunkt der Zusammenkunft versprach am dritten, dem letzten Tag der Augenblick zu werden, da der argentinische Schriftsteller Borges, der lebendige Unsterbliche, seine Ansichten über den englischen Kollegen, den toten Unsterblichen, vortragen würde. Massive Stille herrschte in dem überfüllten Saal, als der halbblinde Greis hereingeführt und vor das Mikrofon navigiert wurde. Er begann, aber seine Stimme war zu schwach, oder das Artikulieren fiel ihm schwer, oder er sprach neben das Mikrofon, jedenfalls hörte das Auditorium nichts als »schschsch«, »schks«, »schschschks«, »kschschschp«, »schschsch«, »schschschksprrr«, »schksssprrr«, eine halbe Stunde lang. Als er verstummte, brauste Beifall auf, der Minuten anhielt.

Vierte Eintragung
(Zwei Berliner Gombrowicz-Anekdoten)

Dieser Tage speiste ich in einer Abendgesellschaft mit dem polnischen Literaturhistoriker, Übersetzer und Theaterfachmann Andrzej Wirth. Als ich erwähnte, daß ich mich mit Gombrowicz beschäftige, schenkte er mir folgende Geschichte:

Er war bereits emigriert und hielt sich gerade in Westberlin auf, als 1963 mit einem Ford-Stipendium auch Gombrowicz hier eintraf. Wirth wollte ihn unbedingt kennenlernen. Gombrowicz hatte kein Telefon, deshalb suchte er ihn eines späten Vormittags einfach auf. Hohenzollerndamm, dunkler Hausflur, dunkles Treppenhaus, Erdgeschoß oder Hochparterre, ich weiß es nicht mehr. Wirth klingelt an der Wohnungstür, nichts. Er drückt das Ohr an die Tür, nichts. Er klingelt wieder, wartet ein Weilchen, gibt die Hoffnung auf und kritzelt ein paar Zeilen auf einen Zettel, schreibt seinen Namen darunter, bückt sich, um den Zettel unter der Tür durchzuschieben. Durch die Ritze sickert Licht. Er schiebt den Zettel halb hindurch, nach einer Weile kriecht der Zettel davon, verschwindet. Wieder wartet er eine Ewigkeit (»also zehn Sekunden«, quake ich dazwischen), plötzlich geht die Tür auf, vor ihm steht in elegantem Schlafrock Gombrowicz und faucht ihn, statt eines Grußes, auf polnisch an: »Warum sind Sie nicht zehn Jahre früher gekommen?«

Zwei Tage später erzählte ich diese Anekdote einem Berliner Journalisten, von dem ich zufällig weiß, daß er zur Zeit der Studentenbewegung und vermutlich auch in den Jahren davor Maoist war, und zwar einer der besessensten. Er quittierte meine Geschichte mit einem Lächeln und revanchierte sich mit einer anderen Anekdote.

1963 lebte er, ähnlich wie ein Großteil der Westberliner Studenten, in einer Wohngemeinschaft. Ein Mitbewohner kannte Gombrowicz und verabredete mit ihm eine Besichtigung der Mauer. Mein Bekannter, der Journalist, schloß sich ihnen an. Sie stiegen ins Auto, und sie waren schon in der Nähe der Mauer, als Gombrowicz hysterisch zu schreien begann, sie sollten sofort anhalten und ihn aussteigen lassen, jetzt verstehe er, worauf es hinauslaufe, sie wollten ihn auf die östliche Seite verschleppen. Was blieb ihnen übrig, sie hielten an, Gombrowicz sprang aus dem Auto und trat schnellen Schrittes den Rückmarsch an. Mein Bekannter, schon lange kein Maoist mehr, lachte nach dieser Geschichte, mich überlief es kalt. Ich glaubte zu ahnen, welch radikalen, welterlöserischen Blödsinn er ihm im Wagen aufgetischt hatte, welche Terrorschlagworte, welche Gewaltrabulistik. Gombrowicz hatte in Argentinien vielerlei absonderliche, unausgeglichene, verrückte junge Männer gesehen, er hatte in ihrem Dunstkreis gelebt, aber auf so einen jungen Westberliner aus gutem Haus, Stalinist, Ho-chi-minh-ist, Guevarist, Trotzkist oder Maoist, konnte er nicht gefaßt sein. Ich betrachtete die runde, gutmütige Heiterkeit meines Bekannten. Du kicherst über dich selber, dachte ich, aber ich sagte es ihm nicht. Unser Gespräch fand zufällig in nächster Nähe des Check Point Charlie statt, des früheren Grenzübergangs, in einem Redaktionszimmer. Als ich auf die Straße trat, sah ich mich um, ob ich noch irgendwo den Rücken des fliehenden Gombrowicz entdeckte.

Oktober 1992

Erste Eintragung
(Über die Unreife)

Im *Tagebuch* faßt Gombrowicz das Dilemma von *Ferdydurke* und seinem Lebenswerk überhaupt in epigrammatischer Knappheit zusammen: warum kämpft jemand, der in seine Unreife verliebt ist, um die eigene Reife. Der Höhenzug unserer Kultur realisiere sich in den höheren Formen, wir jedoch leben unser echtes Leben heimlich, in niederen, schmutzigen, unreifen Formen, von denen Bruno Schulz sagt, »die in ihr gespeicherten emotionalen Energien sind hundertfach mächtiger als jene, die der dünnen Schicht des Offiziellen zur Verfügung stehen«. Wir müssen unsere Erwachsenenkultur also als erniedrigend, als kompromittierend empfinden, weil wir es nicht vermögen, ihr gerecht zu werden, und weil sie uns als infantil ausweist. Ich möchte noch hinzufügen, daß auch unser gesellschaftliches Leben, unser Gewohnheitssystem, unsere Vorurteile in ihren reifen, oft sogar tödlich erstarrten Formen die unreif brodelnden instinktiven und emotionalen Energien wegdrücken und ins Prokrustesbett zwängen. Das ermöglicht, aber deformiert zugleich das gesellschaftliche Leben und das System unserer persönlichen Beziehungen. Es sind also nicht nur die Anforderungen der Hochkultur, die bei uns ein Gefühl der Erniedrigung und Kompromittiertheit auslösen, sondern auch die Normen der Alltagsexistenz, nur daß auf diesem Gebiet der intellektuelle Hochmut das Gedemütigtsein mit dem Pathos der moralischen Überlegenheit verschleiert.

Dieses Menschenbild liefert eine Erklärung für die gekünstelten und absurd anmutenden Motive von *Ferdydurke*. Zu einer Nelke legt der Hauptheld eine Fliege, der er Beine und Flügel ausgerissen hat, in den vom Schweiß stinkenden Schuh der Oberschülerin: er ist unfähig, seine widersprüchlichen Gefühle klar zu artikulieren, zu sublimieren, deshalb drückt er sie in der niederen, schmutzigen Sphäre aus, in der sie die Nachricht von sich geben. Bei einer anderen Gelegenheit wirft er Krümchen, Abfälle, Brotkügelchen in sein Kompott und gibt noch Salz, Pfeffer und zwei Zahnstocher hinzu, ißt das dann auf in der Hoffnung, mit diesem ungewöhnlichen Verhalten die Oberschülerin und ihre Eltern aus der Fassung zu bringen. »Der Ingenieur kicherte zum drittenmal spontan los mit einem Kabarettgelächter, einem Gelächter wie auf Höfen und Hintertreppen.« Der Vater des Mädchens reagiert also in der gleichen niederen Formenkultur auf die Kompottstrategie, in der diese entstanden war. Die beiden Formen – die beiden Personen – schöpfen und gestalten einander, während sie ohne Unterlaß kompromittiert und degradiert werden von der als Anforderung fungierenden reifen Form – dem Verhaltens- und dem kulturellen Normensystem der modernen bürgerlichen Familie des zwanzigsten Jahrhunderts –, die sie von unten her verletzen.

Die reifen Formen umfassen in *Ferdydurke* drei Lebenssphären: die der Schule, die der aufgeklärten bürgerlichen Familie und die des konservativen Landadels. Der Hauptheld, der, abgestoßen von den nicht mehr abwendbaren reifen Formen des Erwachsenseins, in das unreife Flegelalter zurück flüchtet, findet alle drei ihm übergeordneten Formen unerträglich und zerbrechlich. Er entlarvt die erste und kehrt ihr den Rücken, die zweite und die dritte zerbricht er. Die Unreife zeigt sich dynamischer als die Reife, da ihr die Jugend gehört. Gombrowicz' Verlangen nach Unreife, das bis zu seinem Tode anhielt, ist zugleich Trauer um die Jugend. Der jugendliche Mensch kann noch immer alles werden, der reife kann nur der sein, zu dem er geworden ist. Der jugendliche Mensch wird im Erwachsenwerden Mann und Frau, vorher jedoch gleiten die beiden Formen noch ineinander über: man muß nicht zwischen ihnen wählen. Deshalb stellen Gombrowicz' verdrängte homoerotische Neigungen die Unreife als etwas Wünschenswertes hin. Im *Tagebuch* schreibt er über den Hafen von Buenos Aires, den er so gerne besuchte: »Hier aber, im Retiro, sah ich sozusagen die Jugend an sich, unabhängig vom Sexus, und ich fand das Blühen des Menschengeschlechts in der schärfsten, radikalsten und – da von Hoffnungslosigkeit gebrandmarkt – dämonischsten Form. Und zudem – hinab, hinab, hinab! Das zog mich nach unten, in die niederste Sphäre, ins Reich der Erniedrigung, hier wurde die Jugend, die als solche schon erniedrigt war, noch ein zweites Mal als gemeine, als proletarische Jugend erniedrigt ... Und ich, Ferdydurke, wiederholte den dritten Teil meines Buches, die Geschichte von Mjentus, der sich mit einem Bauernbengel ›ver-brüdern‹ wollte.«

Ähnlich wie Freud mißt Gombrowicz den unbewußten psychischen Energien eine außerordentliche Bedeutung bei. Sie bewußt zu machen und zu erschließen sehen beide als zivilisatorische und kulturelle Aufgabe an, als wichtiges Mittel der Therapie oder Befreiung. Ihre Sicht führt sie jedoch zu konträren Schlußfolgerungen. Freud stellt sich mit aufklärerischem Pathos zum Ziel, das Unbewußte zunehmend bewußt zu machen, damit das Bewußtsein einen immer größeren Bereich der Psyche erobert. Dazu ist nur die Wissenschaft fähig, die sich ihrem Gegenstand mit maximaler Ernsthaftigkeit nähert, indem sie ihn von außen beleuchtet. Gombrowicz hingegen proklamiert nicht die Überwindung der Unreife, sondern ihr offenes Eingeständnis. Aber wie kann man etwas eingestehen, das sich seiner Natur nach nicht offenbaren mag? Auf die Weise, daß der Schriftsteller die zuweilen niederträchtigen Mittel des Grotesken mobilisiert, durch die zivilisatorische Hülle zum unreifen Wogen vordringt und unmittelbar dieses zum Sprechen bringt.

Die Auffassung schließt einen fruchtbaren Widerspruch ein. Gombrowicz ist verliebt in seine Unreife, und aus ihren Motiven baut er; aber was auf solche Weise aufgebaut wird, muß nach seinen Absichten eine bleibende, reife Form annehmen. Die Unreife ist Stoff, Thema, Baustein, aber nicht künstlerisches Ziel. Dieses Widerspruchs ist sich Gombrowicz bewußt, schreibt er doch selbst, daß er für seine Reife kämpft, während er in seine Unreife verliebt ist. Vermutlich hofft er, die Reife, die Elemente der Unreife beinhaltet, sei weniger als gewöhnlich vom Rosten und Verkalken bedroht.

Gombrowicz leugnet die gesellschaftlichen Konsequenzen seiner Unreife-Philosophie nicht, betrachtet sie aber auch nicht als besonders wichtig. Dabei zeigt *Ferdydurke* eine Welt, in der die reifen Formen unstet und unerträglich sind. Herr Lehrer Pimko und das Lehrerkollegium sowie das von ihnen vermittelte Erziehungssystem sind die verkörperte, die kanonisierte Dummheit. Die aufgeklärte bürgerliche Familie ist pure Lüge und reiner Selbstbetrug; ein gemanschtes Kompott, ein verstümmelter Fliegenkadaver oder ein Zweig im Mund eines Bettlers bringen sie zum Einsturz. Die Lebensform des Landadels ist so morsch, daß sie schon unter den Folgen der auf Befehl gegebenen Ohrfeige eines Bauernjungen zusammenbricht. Solche Motive finden sich in sämtlichen Werken Gombrowicz', nicht selten im Mittelpunkt der Konstruktion. In *Yvonne* beispielsweise gerät der königliche Hof in höchste Gefahr, sobald ein debiles Mädchen mit seiner unreifen, spontanen Reaktionsweise und seiner formlosen Form dessen monolithische Einheit zerbricht. In *Operette* stürzen die gleichen Formen ein, weil sie ihr eigenes Gewicht nicht mehr tragen können. Ihren Platz nehmen moderne, aggressive Moden ein – der Nazismus und der Stalinismus –, die alles vernichten, bis nur noch eine einzige Form – die eines nackten, jungen Frauenkörpers – bleibt, in die noch, da sie nicht Produkt einer Mode ist, Hoffnung auf irgendeine neue Entwicklung gesetzt werden kann.

So vermittelt *Operette*, dieses Spätwerk, das vielleicht niederschmetterndste Bild von den infolge gesellschaftlicher Moden zur Herrschaft gekommenen Formen und wirft zugleich auch grelles Licht auf die Kehrseite des Unreife-Kults. Die Spannung der unreifen Formen, der niederen, schmutzigen Sphären kann sich in Aktionen entladen, die noch scheußlicher sind als die Ordnung, welche die Rebellion auslöst. Die unreife Jugend lungert nicht nur bildschön und preisgegeben im Hafen von Buenos Aires herum, zuweilen erschießt sie auch Juden an der Donau oder wirft überall in Deutschland Molotowcocktails in die Unterkünfte von Vietnamesen. Diese Art Unreife hat vorgestern auch bei uns wieder die Zähne gefletscht. Kahlgeschorene junge Kerle fuchtelten vor dem Budapester Parlament mit den Symbolen der ungarischen Nazis herum, und die höllischen Formen, die sie forsch heraufbeschworen, hätten auch Gombrowicz keine nostalgischen Gefühle entlockt. Wenn die Reife sowohl Spitzenleistungen der Kultur als auch die konventionell akzeptierten und verlogenen Formen des Daseins umfaßt, so umfaßt Unreife sowohl Rebellion, Aufrichtigkeit, Jugend, Erleben und Bewältigung der niederen Formen und Sphären als auch solche Emotionen, die die Axt gegen die Wurzeln des menschlichen Zusammenlebens erheben. Als Theoretiker befaßte sich Gombrowicz selten mit den Folgen dieser Ambivalenz, vielleicht, weil er in die eigene Unreife verliebt war, nicht in die Unreife überhaupt. Als Schriftsteller aber stellte er schonungslos auch die Gefahren der Unreife dar.

Nichtsdestoweniger finden sich im *Tagebuch* einige Gedanken, aus denen wir auch theoretisch auf diese Ambivalenz schließen können. So legt er beispielsweise dar, daß in *Ferdydurke* die Menschen sich gegenseitig erschaffen, und zwar nicht einfach so, wie Marx es sich vorstellt – daß der Mensch das Produkt seiner gesellschaftlichen Klasse oder, allgemeiner, seines Milieus ist –, sondern von Minute zu Minute, von Begegnung zu Begegnung, zufällig und unberechenbar. Daraus folgt, daß sich die Form des Menschen ständig verändert, je nach den Begegnungen, den Zufällen, den aufeinanderfolgenden Augenblicken. Die Rollen, die wir spielen, oder die Grimassen, die wir schneiden, sind identisch mit uns, während wir uns gleichzeitig unablässig verändern. Voll Freude habe ich in Gombrowicz' Überlegungen meine alte Überzeugung wiedererkannt, daß die Trennung zwischen dem Menschen und seinen Rollen ein modernes Vorurteil ist; letztlich können wir auf jedermann nur aus seinen Rollen schließen. Gombrowicz drückt das in bewundernswerter bildlicher Bündigkeit aus: Ziel sei es nicht, daß der Mensch seine Maske abnehme, »denn er hat ja darunter kein Gesicht«. Aus dieser Einsicht läßt sich die tragischere Möglichkeit ableiten, daß die zufälligen, spontanen Veränderungen die von der Zivilisation verdrängten, höllischen Instinkte freisetzen, welche dann wiederum die Schauplätze unseres Lebens mit Fratzen bevölkern.

Zweite Eintragung
(Ich und die Unreife)

Allmählich wird mir bewußt, warum ich mich – trotz unseres unterschiedlichen Naturells – so zu Gombrowicz hingezogen fühle. Auch ich habe mir, aus anderen Gründen und auf andere Weise, meine Unreife bewahrt und pflege sie bis zum heutigen Tag. Zum Teil vielleicht, weil ich zum Typ der spät Reifenden gehöre. Noch jetzt, jenseits der Sechzig, rede ich mir zu oder ein, daß ich meine wichtigsten Arbeiten noch zu schreiben habe.

Die genialen Gedichte des jungen Ginsberg sind allesamt Samenergüsse. Auf den geringsten Reiz spritzte befruchtend der Saft der Lyrik. Aus der Unreife seiner nicht zu zähmenden, universellen Rebellion entstand die klassische – also aus der konkreten historischen Zeit hervorgehende und über sie hinauswachsende – Vision der unglücklich-glücklichen Jugend. Ich hingegen dachte und schrieb in meiner Anfängerzeit nichts als Dummheiten und schlug mich jahrelang mit mir selbst und der Welt herum. Auch dieser Zustand des Suchens zeugt von Unreife, aber von einer weniger fruchtbaren, weil das Pathos und die Ironie in ihr einander nicht stützten, sondern verletzten. Das Gefängnis – zwischen meinem fünfundzwanzigsten und dem neunundzwanzigsten Lebensjahr – verhalf mir zu so viel Reife, daß ich aus dem unbrauchbaren – obzwar mitunter scharfsinnigen – Infantilismus in den Zustand fruchtbarer Unreife gelangte konnte. Darauf folgten dreißig Jahre Opposition samt Vorstrafe in der milder werdenden Diktatur, die keine Gegenkultur duldete. Letztere trat in der ungarischen Literatur ohnehin verspätet in Erscheinung und war fast so provinziell wie der Populismus in dieser Zeit. So war ich größtenteils auf mich selbst angewiesen, wenn ich das gewisse Etwas, das Gombrowicz Unreife nennt, bewahren und spezialisieren wollte.

Seit der Kindheit hatte ich unbewußt um dieses Etwas gekämpft. Anders als der Infantilismus, lehnt sich die Kindheitsunreife nicht gegen das Erwachsenwerden, sondern gegen den Konformismus des Erwachsenseins auf. Sie sieht den tadellos gekleideten Mann als Puppe in der Kapsel. Vom herablassenden Wohlwollen der Erwachsenen bekommt sie Krämpfe. Wenn mich als Schüler der untersten Klassen Erwachsene auf der Straße darauf hinwiesen, daß mein Schnürsenkel aufgegangen war, hielt ich ihnen den Fuß hin: »Dann binden Sie ihn doch zu!« Und schon flitzte ich vor der voraussehbaren Ohrfeige davon. Als ich dreizehn war, nähte mir Mutter den gelben Stern ans Hemd, daraufhin trieb ich mich zu verbotener Zeit halbnackt – ohne Stern – stundenlang draußen herum. Mutter wußte, daß ich mit dem Leben spielte, trotzdem verbot sie es mir nicht. Sie war wohl der Meinung, die psychische Deformation sei eine größere Gefahr als die von den Mördern drohende. So förderte auch sie meine Unreife, die entgegen den geltenden Vorschriften und dem nüchternen Verstand zarte Wurzeln in das elementare Recht der Instinkte senkte.

Tief hat sich mir eingeprägt, daß die gesetzliche Ordnung unvernünftig und unmenschlich ist und daß die weltlichen und kirchlichen Potentaten Schulter an Schulter mit dem von ihnen vermittelten Herrgott diese Ordnung schützen. Ich wollte keinesfalls in dieses oder ein anderes System, das sich über mir schloß, integriert werden. Selbst in der kurzen Epoche meines jugendlichen stalinistischen Eifers verletzte ich unablässig die von mir selbst gewählte und hurtig zur Senilität gereifte Form. Ich war einundzwanzig, als die Déry-Diskussion inszeniert wurde, mit der kommunistischen Intellektuellen, die sich in eigenständiger Verantwortung äußerten, die Flügel gestutzt werden sollten. Ich glaubte der Parteipresse, daß die Arbeiter und Bauern bereits im Paradies lebten, weil ich mit Arbeitern und Bauern in meinem ganzen Leben noch nicht gesprochen hatte; ich glaubte jedoch nicht, daß unter allen kommunistischen Schriftstellern Tibor Déry der schädlichste sei. Deshalb widersprach ich dem anwesenden Kulturdiktator namens József Révai, was eine violette Verfärbung und ein heftiges Zittern seines Kopfes auslöste. Mein Auftritt war durchaus so lebensgefährlich wie 1944 mein Herumlungern auf dem Berliner Platz in Budapest. Georg Lukács hatte ich am Vortag in meinen Plan eingeweiht, und er verhielt sich so wie acht Jahre zuvor meine Mutter. Er riet mir nicht ab, in der Diskussion das Wort zu ergreifen, denn mit den dazu nötigen realistischen Argumenten hätte er meinen infantilen kommunistischen Glauben zerstört. Aber er brachte alle meine stalinistischen Dichtwerke mit – ungefähr zehn an der Zahl – und eilte mit denen in der Pause, nachdem ich gesprochen hatte, zu Révai.

Lukács' Rettungsaktion hatte Erfolg: Ich konnte noch ein Jahr an meinem Irrglauben festhalten, wonach die Aufrichtigkeit, diese in der Schule als revolutionär gepriesene Tugend, sich gut mit dem etablierten Stalinismus vereinbare. Mein Glaube war infantil – und nicht unreif –, denn er wollte nicht erwachsen werden, er klammerte sich unter lauter Mördern an den Zustand der ursprünglichen Unschuld. Später jedoch, als ich mein marxistisches Weltbild in einem marxistisch genannten Gefängnis gespeichert hielt, entsprang die Unreife dem Trotz der unterlegenen Revolution, sie war schierer Selbstschutz, eingesperrt in die überreifen Formen des Knasts. Dieser Strategie schreibe ich mein fast vier Jahre andauerndes Grinsen zu. Dort begann ich zu ahnen, daß die Gesichtspunkte der Evolution und die der Revolution ihren Sinn und ihre Erklärung auseinander schöpfen. Aber wenn dem so ist, kann als philiströse Weisheit gelten, was sogar der große Goethe sagte: Daß dumm ist, wer jenseits eines gewissen Alters dem Revoluzzertum nicht adieu sagt.* Meine Neigung zur fruchtbaren Unreife spornt mich an, mir, falls ich es schaffe, meine Sensibilität für beide Elemente zu bewahren.

Vielleicht ist es mit dieser Neigung zu erklären, daß meine Bindungen an die eigene Generation sehr gering sind. Ich fühlte mich zu den viel Älteren (Lukács, Déry) hingezogen, solange es sie gab, und dann zu der Generation nach mir. Aber auch die weitaus meisten aus dieser Generation sind bereits völlig reif und in den Großen Mechanismus integriert; ich sollte mich bei denen umschauen, die noch ein, zwei Generationen jünger sind.

Im Gefängnis verblüffte ich die älteren Zellengefährten, indem ich ein Eheleben ohne Liebe unmoralisch nannte; das heißt, ich betrachtete die Ehe als eine reife Form, die man nur unreif ausfüllen darf. In den wichtigen Dingen des Lebens – Schreiben, Liebe usw. – scheint eine spannungsgeladene Balance von Routine und Inspiration am angebrachtesten. Die Inspiration wird sicherlich auch von den Energien genährt, die die niederen, unreifen Formen ausfüllen.

Gombrowicz hat, davon bin ich überzeugt, sein langes Exil – sein erzwungenes Außenseitertum und seine aufs Provisorische eingerichtete Lebensführung – bei der Bewahrung

* Max Frisch soll zu einem Schriftstellerkollegen gesagt haben: »Werde im Alter nicht weise, sondern bleibe zornig.« Botho Strauß bezeichnet diesen Ratschlag als »Gemeinplatz kritischer Bequemlichkeit« und ergänzt: »Was muß ein Mensch auf sich nehmen, um weise zu werden! Was darf er alles außer acht lassen, um seinen Zorn zu konservieren!« Diese beiden Sätze drücken in unübertrefflicher Bündigkeit das reife Verhalten aus, das die Aussöhnung mit der heutigen Weltordnung als Opfer hinstellt. (Ergänzende Anmerkung, Juni 1994)

der Unreife geholfen. Vielleicht kann ich aus meinem andersgearteten Außenseitertum gleichfalls einen Nutzen ziehen. Wenn unser höchster Schatz wirklich das ist, was man gewöhnlich Ich oder Persönlichkeit nennt, müssen wir es vor dem unaufhörlichen Angriff der reifen Formen verteidigen. Und die beste Verteidigung ist, wie allgemein bekannt, der Angriff. Wir sollten uns nicht vor den Begegnungen und Zufällen fürchten, die uns Tag für Tag formen, wild wuchernd und unberechenbar.

November 1992

Erste Eintragung
(Das Dilemma Godots)

Warten auf Godot – eine banale Situation. Wenn uns die Zukunft aussichtslos erscheint, entsteht ein Vakuum in uns; neben der Verzweiflung ist es das Warten auf Wunder, das dieses Vakuum am bereitwilligsten füllt. Unsere früheren Erfahrungen, unsere Situation und das Godot-Angebot des historischen Augenblicks gemeinsam beeinflussen zwar den Charakter des Wartens, bestimmen ihn aber nicht entscheidend. Beckett bereitete die abstrakt-allgemeine Situation für den dramatischen Konsum auf, indem er zwei Menschen in den Zustand des Wartens versetzte und so das Fehlen von Dynamik und Dramatik, das mit diesem Zustand verbunden ist, durch die zeitgleiche Darstellung der Unentbehrlichkeit und der Hoffnungslosigkeit des menschlichen Zusammenlebens überwand. Den Nachvollzug des Wartens selbst erleichterte er dadurch, daß er den sehnlich erwarteten Godot nur mit der in seinem Namen verborgenen Assoziation charakterisierte, im übrigen überließ er es dem Regisseur, den Schauspielern und den Zuschauern, sich ihn so vorzustellen, wie es ihnen gerade paßt.

Seit rund fünfzehn Jahren versuche ich in verschiedenen Genres eine ähnlich banale Story aus der Sicht Godots zu skizzieren. Irgendwo existiert ein Godot, von dem jedermann Hilfe erwartet: die Verfolger und die Verfolgten, die Schuldner und die Gläubiger, auch die gerade freien Damen, allesamt. In der von Interessengegensätzen zerstückelten Welt können wir X nur helfen, indem wir Y schaden, so daß Godot, heruntergekommen, zerlumpt, in abgelaufenen Schuhen, hilfloser wird als diejenigen, die auf ihn warten. Diese Banalität habe ich in einem Gedicht ausgedrückt. In meiner Erzählung schwimmt Godot nachts mit einem alten Mann auf dem Rücken durch einen Fluß, der Hochwasser führt; am anderen Ufer erwartet ihn ein anderer Alter mit der Bitte, ihn hinüberzubringen. Da er die erste Bitte erfüllte, hat er keine moralische Berechtigung, die zweite abzuschlagen. An den Ausgangspunkt zurückgekehrt, wartet wiederum jemand mit der gleichen Bitte, so daß er die ganze Nacht zwischen den Ufern hin und her schwimmt, Lasten tragend, die ihm immer schwerer zu werden scheinen. Im Morgenlicht erkennt er, daß alles beim alten geblieben ist, mit unmenschlichem Krafteinsatz hat er letztlich alle an ihren ursprünglichen Ort zurückbefördert. Für die Banalität dieser Mißerfolgsgeschichte sorgt die These, daß die Güte – Godots amtliche Pflicht – nicht selektiv sein darf; Godot darf, weil er eben Godot ist, nicht unter den Notleidenden wählen.

An einem Dienstag im Jahr 1958 geriet Gombrowicz in die Rolle eines Godot. Er lag am Meer, in Dünen und beobachtete, wie in deren Schutz unbekannte argentinische Käfer einem unbekannten Ziel entgegenstrebten, da brach auf einmal ein Sturm los. Ihn schützte noch ein kubisches, erhabenes Sandgebilde, aber schon zehn Zentimeter vor seiner Nase begann der Sand zu stieben. Plötzlich bemerkte er, daß einer von den vielen Käfern in Reichweite der Hand auf dem Rücken lag und mit den Beinen ruderte. Auf seinen Bauch, an ewigen Schatten gewöhnt, brannte die Wüstensonne. Es war klar, daß er sich, sosehr er sich auch abstrampelte, nicht würde umdrehen können, daß sein Schicksal besiegelt war – fraglich schien nur, ob ihn die Hitze, die Erschöpfung oder der Hunger umbringen würde. Gombrowicz fühlte sich als Riese und schenkte ihm mit einer Handbewegung das Leben zurück. Unverzüglich setzte der Käfer seinen rätselhaften Weg fort, den anderen hinterher.

Doch dann sah Gombrowicz eine Düne weiter einen anderen Käfer auf dem Rücken liegen und mit den Beinen zappeln, ganz wie der soeben befreite. Gombrowicz mochte sich nicht rühren. »Aber – warum hast du jenen gerettet, und diesen nicht?« fragte er sich. »Warum den anderen … und dieser? … Einen hast du beglückt, der andere soll sich quälen? Ich nahm einen Stock, streckte den Arm aus – und erlöste ihn.« Lange konnte er sich aber auf seinen Lorbeeren als Retter des Käfers Nummer zwei nicht ausruhen, denn er entdeckte weitere und immer mehr zappelnd Leidende, unzählige dem Feuertod ausgelieferte kleine Bäuche. Gombrowicz, der sich kurz vor der Beschreibung dieser Ereignisreihe darüber ausgelassen hat, wie einseitig auf den Menschen ausgerichtet und wie unsensibel für das Tierreich die kommunistische und die christliche Weltauffassung sind, erhebt sich angesichts der unaussprechlichen Qualen aus dem Sand und hilft den verunglückten Käfern auf die Beine, einem nach dem anderen. Mittlerweile weiß er, daß sein Vorhaben hoffnungslos ist: So weit er sehen kann und noch weiter ist der Strand übersät mit diesen leidenden Insekten. Dennoch kann er sich nicht entschließen, mit der Hilfe gerade dort aufzuhören, wo ihm neues Leid ins Auge springt. Diesem einen Tier will er noch helfen, aber da erblickt er schon das nächste. Plötzlich kehrte er um. »Der Käfer aber, jener Käfer, bei dem ich aufgehört hatte, blieb dort mit rudernden Beinchen zurück.« Obgleich ihn die Sache nicht weiter interessierte, wußte er doch, daß ihm »diese Gleichgültigkeit von den Umständen aufgezwungen war«, und er trug sie in sich wie einen Fremdkörper. Zwei Tage später erinnerte er sich an die mißglückte Rettungsaktion: »Die Menge! Die Menge! Der Gerechtigkeit mußte ich entsagen, der Moral, der Menschlichkeit – weil ich die Menge nicht bewältigen konnte. Es waren zu viele. Verzeihung! Aber das heißt doch gerade soviel, als daß die Moral unmöglich ist. Nicht mehr und nicht weniger. Denn die Moral muß alle gleich behandeln, sonst wird sie ungerecht und somit unmoralisch … Weshalb mußte dies eine Insekt dafür bezahlen, daß es Millionen von ihm gab?«

Exakter läßt sich die im Godot-Sein verborgene Banalität nicht ausdrücken. Gott oder die Menschenliebe muß, wenn sie sich zu ernst nimmt, zurückweichen: es sind zu viele, die Hilfe brauchen. Zu viele Bettler, zu viele Arme, zu viele Hungernde. Dieser Tage sah ich Sophia Loren in einer weiblichen Godot-Rolle. Im Auftrag der UNO besichtigte sie in Somalia verhungernde Kinder. Der unvoreingenommene Blick der Kamera tastete die immer noch schöne Schauspielerin ab, wie sie mit einem traurigen Lächeln an einem schwarzen Kinderskelett mit riesigen Augen über die Fläche strich, wo wir, die Satten, das Gesicht tragen. Das Kind zuckte nicht einmal unter der sanften Berührung, es reagierte ebensowenig wie in einer früheren Sendung ein Schicksalsgefährte auf die Fliegen, die sich auf ihm niedergelassen hatten. Ich nehme an, die Schauspielerin trat dann zu einem anderen Kind, zum dritten, vierten, x-ten, vielleicht ließ sie Nahrungsmittel zurück, Medikamente – aber zum x-plus-ersten Verhungernden ging auch sie nicht, konnte sie nicht gehen.

Niemandem zu helfen ist gerechter als einigen zu helfen. Einige zu retten ist menschlicher als niemanden zu retten. Godot befindet sich, was er auch tut, in einer hoffnungslosen Lage, solange er sich im Rahmen des gegebenen Bedingungssystems bewegt. Aber woher soll er ein anderes nehmen? Wie den Hunger in der Dritten Welt überwinden? Wie den Käfern zuliebe den Wind am Meer abstellen?

Zweite Eintragung
(Über die Assimilation)

Gombrowicz beschwichtigt seine besorgten Gegner in Polen, sein Ehrgeiz sei nicht darauf gerichtet, im polnischen Geistesleben den Thron zu erobern. »Ich ein Führer? Ich habe doch nicht einmal den Anspruch, ein ›polnischer Schriftsteller‹ zu sein. Gombrowicz will ich sein, nichts weiter.« Er fällt sein Urteil über das Polentum nicht von oben herab, sondern von innen heraus, selbstkritisch und selbstironisch. Im Mittelpunkt der sarkastischen Ironie von *Ferdydurke* steht die Ich-Figur; die Unreife und der Provinzialismus der angrenzenden polnischen Welt dienen diesem Ich und insbesondere dem die Welt gestaltenden Gombrowicz-Ich dazu, sich die eigene Unreife und Provinzialität bewußtzumachen und sie so zu überwinden. »Die Geschichte meines Werdens«, schreibt er an anderer Stelle, »ist die meiner ständigen Anpassung an meine literarischen Werke – sie entstanden auf unvorhersehbare Weise, gingen gleichsam nicht aus mir hervor und überraschten mich immer wieder …«

Gombrowicz faßt das Verhältnis zwischen Nation und Individuum, zwischen Individuum und Werk ganz unüblich auf. Er möchte die eigenen Probleme lösen, und dabei prallt er unablässig auf die Probleme der Nation, weil diese, ob er es will oder nicht, in ihm existent sind. Selbst für ihn ist sein Werk eine unbekannte Masse, und während er Anstrengungen unternimmt, es durch Ordnen zu verstehen, paßt er sich ihm an. Nicht er erschafft sein Werk, sondern das erschaffene Werk annektiert ihn. »Nicht der Sänger gebärt das Lied: Das Lied gebärt seinen Sänger« – so drückt Babits das aus.

Gombrowicz möchte nicht einmal ein polnischer Schriftsteller sein, denn wenn er auf irgendeine Weise polnisch sein *wollte*, dann müßte er versuchen, im Polentum sich selbst zu übertreffen, das heißt, er müßte sich an Eigentümlichkeiten des Polentums assimilieren, die ihm fremd sind oder ihn befremden. Er will keinerlei Assimilation außer der an seine Werke.

Neulich nahm ich an einer Bibó-Konferenz in Szeged teil, auf der natürlich auch über die Judenfrage gesprochen wurde. In dieser Thematik haben sich seit Bibós genialer Studie wenig neue Erkenntnisse durchgesetzt, besonders hinsichtlich der historischen Beurteilung. Die Meinungen gehen jedoch stark auseinander, sobald die Frage aufgeworfen wird, wie sich heute Personen verhalten sollen, die aufgrund ihrer Abstammung als Juden eingestuft werden. Diejenigen, die sich als Juden bekennen, können natürlich – aufgrund ihrer Religion, ihrer Kultur oder auch ihres nationalen Selbstbewußtseins – nach Minderheitsrechten streben; aber was sollen die anderen tun, für die die jüdische Abstammung nur eine biographische Angabe ist?

1992 können wir nicht mehr verheimlichen, daß der Optimismus, der zu den Assimilationsbestrebungen ermunterte, nur teilweise begründet war. Zwar wurde der assimilationsbereite Teil des Judentums in das Wirtschafts- und Geistesleben, die Geschichte und die Kultur der ungarischen Gesellschaft integriert, doch geschah das niemals so, daß nicht das Anderssein vermerkt worden wäre. Freilich waren auch die Donauschwaben, die Raizen, die Slowaken und die Walachen anders, aber dieses Anderssein verschwand nach ein oder zwei Generationen spurlos, wenn es verschwinden wollte, während das jüdische Anderssein bis zum heutigen Tag registriert wird, wenn auch oftmals ohne Wertakzent. Die Antisemiten beschuldigen die Assimilanten zum einen, sie verdünnten und schwächten das Ungartum, zum anderen behaupten sie, sie blieben trotz allen Bemühens ein fremdes Element im Körper des Ungartums. Diese Akzeptanz wirft notwendigerweise auch für die Assimilanten die Frage auf, wie sich jemand assimilieren soll, der schon assimiliert ist. Es liegt auf der Hand, daß die gesamtgesellschaftliche Verbrüderung nicht wegen des lauen Assimilationseifers auf sich warten läßt. In der Horthyzeit zum Beispiel paßten sich – worüber Bibó sich grämt – die meisten Assimilationswilligen auch den schlechten Wesenszügen des schlechten Ungarn an, nur um Einlaß ins nationale Heiligtum zu finden. In der Achtung vor dem Gesetz etwa konnten sie es mit allen aufnehmen, selbst wenn das Gesetz für sie den Tod bedeute. Antal Szerb, der geniale Literaturhistoriker, wählte lieber den Zwangsarbeitsdienst als die illegal beschafften falschen Papiere. Seit dem Zusammenbruch des Parteistaates 1989 teilt der aus den Tiefkühltruhen hervorgekramte Antisemitismus die Assimilierten. Manche wollen sich – getreu den guten Traditionen der Horthyzeit – beim antisemitischen Ungarn einkratzen, sie strahlen vor Stolz, wenn sie Vorzeigejuden der Neonazis oder neuen Halbnazis sein dürfen, und die erbärmlichsten scheiden in den für sie eingerichteten goldenen Käfigen sogar antisemitische Sekrete aus. Andere entdecken erneut den Juden in sich, schließen sich in Organisationen zusammen oder sammeln sich um Zeitschriften und verkünden ihr demokratisches Programm: Wir dürfen uns nicht assimilieren, sondern wir müssen die Mehrheit dazu bringen, daß sie unser Anderssein akzeptiert, denn jedes Anderssein bereichert die Gemeinschaft. Wieder andere lassen sich vom neuen und ach so alten Antisemitismus nicht beeinflussen. Sie halten sich für bereits assimiliert, und daran ändere sich auch dann nichts, wenn das nicht von allen akzeptiert werde. »Ich bin, der ich bin, nicht der, als der ich bezeichnet werde.«

Zu ihnen gehörte bis in die letzte Zeit hinein auch ich. Auf der Bibó-Konferenz jedoch begann ich darüber nachzudenken, was ich mit meiner Assimilation erreicht habe. Meine Auffassungen von Moral, Politik und Philosophie, mein Geschmack, mein Verhalten, meine Lebensweise – das alles zwingt mich in eine Minderheitenposition, und zu allem Überfluß genieße ich sie. Meine Minderheitenrolle ist jedoch auf keine Weise mit dem Begriffskreis des »Jüdischen« in Verbindung zu bringen. Ich bin auch unter den als Juden Bezeichneten in der Minderheit, ich befinde mich sozusagen in einer Ein-Personen-Minderheit. Ich möchte mich nicht den Juden assimilieren, aber ich trachte auch nicht danach, Ungar zu werden. Ich habe nicht einmal den Anspruch, ein »ungarischer Schriftsteller« zu sein. Eörsi will ich sein, nichts weiter. Unbescheiden wende ich Gombrowicz' Worte auf mich an. Gombrowicz bekennt, daß er sich nur seinen literarischen Werken anpaßt, und schau an: Seit ich den obigen Gedanken niedergeschrieben habe, der vorher nicht mehr als ein dumpfes Gefühl in mir war, habe auch ich mich verändert – schon beginne ich mich ihm anzupassen. Der einzige moralische Maßstab der Anpassung besteht darin, ob sie meine Quellen verstopft oder aber reinigt. Wenn ich mich meinen Schriften anpasse, verhelfe ich meinen inneren, auch mir selbst nur unvollständig bekannten Gesetzen zur Geltung. Wenn ich mich äußeren Anforderungen anpasse, blockiere ich meine Energien. Ich will nicht Ungar werden um den Preis, daß mir die Petschenegen* auf die Schulter klopfen. Andererseits bin ich sowieso in dem Maß Ungar, wie es in das »Eörsitum« hineinpaßt. Ich könnte die ungarische Geschichte der letzten einundsechzig Jahre gar nicht aus mir herausräumen. Diese Geschichte ist auch meine Geschichte.

* Sándor Csoóri berichtet in einem Essay hocherfreut, daß er nicht von Zigeunern, sondern von Petschenegen abstammt. Die Petschenegen, ein türkischer Volksstamm, verwüsteten im 11. Jahrhundert weite Teile Ungarns.

Dezember 1992

Erste Eintragung
(Über den Tod und das Sterben)

An einem Montag des Jahres 1958 besucht Gombrowicz in einem Krankenhaus in Buenos Aires einen gewissen M., von dem er nicht mehr verrät, als daß er seit vielen Monaten im Sterben liegt und nach ärztlicher Meinung noch ein paar Wochen Sterben vor sich hat. Gombrowicz ist empört. Warum stirbt der Mensch immer noch einen tierischen Tod? Warum kann man das Sterben nicht zivilisieren? Wer verbietet es? »Die Religionen? Ach, diese Religion ... die heute den Selbstmord geißelt, gestern nicht minder lautstark schmerzverhütende Mittel verbot ... Gut, wenn die gläubigen Katholiken einen schweren Tod wollen – das ist ihre Sache. Aber warum besitzt ihr Atheisten oder Menschen, die ihr der Kirche nur locker verbunden seid, nicht das bißchen Mut, euch den Tod zu organisieren? Was schreckt euch? Ihr habt alles getan, um ohne Schwierigkeiten von Ort zu Ort zu ziehen, wenn ihr die Wohnung wechselt, aber wenn es um den Umzug ins Jenseits geht, wollt ihr alles beim alten lassen und vorsintflutlich verrecken?«

Wie oft gingen mir ähnlich aufsässige Gedanken durch den Kopf, als ich das empörend unwürdige Dahinsiechen meines Bruders beobachtete ... Auch schon 1981/82, am Bett Veras. Sie bat mich, ihr zu helfen, aber das Risiko wäre zu groß, der Erfolg zu ungewiß gewesen, denn die Lähmung, die sie befiel, breitete sich in dramatischem Tempo von der Hüfte abwärts aus, und sie zog ins Krankenhaus um, endgültig. Im Gegensatz zu meinem Bruder verfolgte sie mit klarem Kopf, was ihr widerfuhr, ihr bot sich sogar ein Ausblick auf ihr ganzes Leben, als schaute sie von einem Berg zurück. »Wie ich dich bewundere«, sagte ich. »Was soll ich machen? Jetzt stecke ich eben drin«, antwortete sie. Das glaubte ich zu verstehen. Auch der Gedanke an viele Jahre Gefängnis ist unerträglich. Aber wenn man einmal »drinsteckt«, braucht man immer nur den folgenden Augenblick auszuhalten. Ich stelle mir vor, daß das – wenn das Bewußtsein seine Aufgaben weiterhin wahrnimmt – auch mit Freuden verbunden ist. Deshalb könnte die

Zivilisierung des Sterbens, wenn der Humanismus die diesbezüglichen Tabus durchbricht, ausschließlich von der betroffenen Person abhängen. Wenn die betroffene Person entscheidungsfähig ist. Und wenn nicht?

*

Egon Graf von Westerholt, damals Direktor des Budapester Goethe-Instituts, lernte ich Anfang 1990 im Restaurant des Hotels Forum kennen. Das Gespräch drehte sich bald um weinkundliche Themen. Der Graf ließ sich hauptsächlich über die französischen Weine aus, Ortsnamen, Weinsorten und Jahrgänge wirbelten durch die Luft, und obwohl ich nicht sonderlich erpicht war, mir diese Informationen einzuprägen, fühlte ich mich ausgesprochen wohl, denn wie er sprach, das zeugte von Kompetenz. Gleichsam beiläufig kam die Rede später auch auf die ungarischen Weine, und er lieferte im Handumdrehn den Beweis, daß er die Zeit in Ungarn nicht ohne persönlichen Nutzen verbracht hatte. Er erkundigte sich, welchem ungarischen Wein ich die Palme überreichen würde. Bei meiner Antwort schüttelte er gramvoll den Kopf. »Sie irren, am hervorragendsten ist zweifellos der und der Jahrgang des Tihanyer Zweigelt.« – »Den kenne ich nicht«, erwiderte ich. Am frühen Morgen des nächsten Tags klingelte der Hausmeister mit einer hübsch verpackten Flasche bei mir. Das Etikett wies den Inhalt als Tihanyer Zweigelt vom betreffenden Jahrgang aus.

Später trafen wir uns noch mehrmals, und wir begannen uns zu duzen. Auf seinen Wunsch hin nahm ich an einigen Veranstaltungen des Goethe-Instituts teil, wir unterhielten uns, aßen, tranken gute Weine, kurz, zwischen uns bahnte sich eine entfernte Männer-Vertrautheit an, die kein Wort auf Ideologie oder private Dinge zu verschwenden brauchte. Ich bedauerte, daß ich im Februar dieses Jahres nicht an dem Abschiedsempfang anläßlich seiner Pensionierung teilnehmen konnte. Zusammen mit V. verabschiedete ich mich einige Tage vorher von ihm und seiner Frau.

Im Herbst teilte er mir brieflich mit, er habe Bauchspeicheldrüsenkrebs. Die Freiheit der Pensionäre hätte er nur einige Wochen genießen können. Am 26. März wurde er operiert – zu spät, wie sich herausstellte. »Nun versuche ich das Monster mit allen möglichen Mitteln in Schach zu halten.« Er würde sich freuen, wenn ich ihn besuchte, vielleicht mit V., er habe ein schönes großes Haus und Gästezimmer. Ich antwortete ihm, von Frankfurt aus würde ich gelegentlich einen Abstecher zu ihm machen, zu dem Dorf, wo er wohne, sei es ja nicht weit.

Nur gab es in diesen Monaten nichts, was mich nach Frankfurt geführt hätte. Doch Egons Brief und sein Schicksalsschlag gingen mir nicht aus dem Kopf. Ein Fünfundsechzigjähriger, der sich gegen »das Untier« wehren will – aber wie? Der heilige Held in der Legende schlägt dem Drachen die sieben Köpfe ab. Dieses Untier hat keine Köpfe, die man abschlagen kann. Mitte November rief ich ihn aus Berlin an, sagte ihm, daß ich am 28., einem Sonnabend, gerne zu ihm käme. V. nehme an einer Konferenz teil, etwa zweihundert Kilometer von seinem Wohnort entfernt, wir kämen mit dem Auto. Egon kam nicht selbst ans Telefon, wegen Halsbeschwerden, ich sprach also mit seiner Frau. Wir seien zum Mittagessen eingeladen, sie verbrächten gerne ein, zwei Stunden mit uns.

Beune ist ein kleines Dorf in der Nähe von Gießen. Am Dorfausgang steht das geräumige Westerholtsche Haus mit einem schönen Garten zur Straße hin. Wir trafen Egon halb liegend, halb sitzend an. Er war erschreckend abgemagert, am Körper ebenso wie im einst rundlichen Gesicht, aus dem uns jetzt ein übergroßes Augenpaar entgegenstrahlte. Zugegen waren auch sein Sohn, ein Fotograf aus Berlin, sowie eine Tochter mit ihrem kleinen Kind und natürlich Ute, seine Frau. Ob ich seinen Abschiedsbrief bekommen hätte, fragte er. Ich schüttelte den Kopf. Er habe seinen Freunden Abschiedsbriefe geschickt, den meinigen nach Budapest, er wußte ja nicht, daß ich in Berlin weilte. Viel Zeit habe er nicht mehr, im Kehlkopf und im umliegenden Gewebe habe man Metastasen festgestellt. Schmerzen habe er dank der erhöhten Morphiumdosis nicht. Besonders glücklich sei er, daß er trotz des Morphiums geistig nicht abbaue. Was es denn in Ungarn Neues gebe. Er wolle die Nachrichten von dort gar nicht glauben. Die Kultur der Juden in Ungarn sei doch mit der ungarischen Tradition verschmolzen, nicht wahr?, wie könne man sie dann, ohne Schaden anzurichten, daraus entfernen? Er habe sich in Ungarn sehr wohl gefühlt und viele Freunde gewonnen. Er erwähnte György Kurtág; mit ihm stehe er jetzt noch in Verbindung. Die ungarische Küche sei für seinen Geschmack zu fettreich, immerhin habe er trinkbare Weine gefunden. »Den Tihanyer Zweigelt«, warf ich ein. Wir lachten. »Und dann hatte ich dort ja meine französischen Weine.« Seine Frau hatte schon beim Essen erzählt, als sie ihm unumwunden mitteilte, was er zu erwarten hatte, habe er, während des Abendbrots, nur gesagt: »Meine schöne Kellerei!« Wir lachten wieder. Dann tranken wir ein wenig französischen Wein, auch Egon, er aber – oje! – mit etwas wie Cola gemischt. »Dieser Sommer war der schönste«, sagte er. »Ich habe nie gesehen, daß der Garten so schön ist, ich habe nie die Farbtönungen und das strahlende Wetter so sehr genießen können.« – »Das Leben beginnt zu leuchten, da, wo es unbesiegbar ist, in der Natur, in manchen Menschen ...« Das nun ist bereits ein Zitat aus seinem Abschiedsbrief, der mich in Budapest erwartete, zusammen mit der Todesnachricht. Er starb genau eine Woche nach unserem Besuch. »Ich bin sehr froh, Egon, daß ich dich noch sehen konnte«, sagte ich, als ich mich von ihm verabschiedete. Ich bin sehr froh, daß ich ihn noch einmal sehen konnte, sage ich mir jetzt wieder und wieder, seinetwegen und hauptsächlich meinetwegen. Ich bin froh, daß ich nach so viel Schmach Zeuge eines solchen Sterbens sein konnte.

*

Sterbehilfe und Abtreibung: das sind ethische Zwillingsprobleme. Kann ich über das Leben, das in mir verkörpert ist, frei verfügen? Bin ich ein Mörder, wenn ich ihm ein Ende bereite? Ich halte es für einen unwesentlichen Unterschied, daß die Mutter – wenn sie es für richtig hält – den Tod eines anderen Wesens zur Welt bringt und der Sterbende seinen eigenen. Für mich ist es ein grundlegendes Menschenrecht, daß ein jeder frei über seinen Körper und alles, was dieser in sich birgt, verfügen kann. Onans Todsünde – wie im 1. Buch Mose nachzulesen –, daß er seinen Samen »auf die Erde« fallen ließ, weil er der Witwe seines Bruders kein Kind zeugen sollte, steht im Einklang mit der Kriminalisierung der Abtreibung.

Erschrocken gewahre ich, daß ich drauf und dran bin, die Bibliotheken füllende Literatur zu diesem Thema weiter aufzustocken, dabei habe ich, was Abtreibung und Selbstmord betrifft, nicht mehr als einen bescheidenen Ratschlag zu bieten: Wer in diesen beiden Handlungen eine Sünde sieht, der sollte sie um keinen Preis begehen. Und die Rechtsfindung kann nicht mehr tun, als in beiden Fällen die Betroffenen nach ihrem freien Willen entscheiden zu lassen. Den Selbstmördern gegenüber verhalten sich die modernen Staaten neutral, sie werden, wenn sie überleben, wegen ihrer Tat nicht vom Gesetz verfolgt. Die Säkularisierung hat es auf diesem Terrain weiter gebracht als auf dem unsicheren Gelände der Abtreibung. Nun ist aber Sterbehilfe ein Spezialfall des Selbstmordes, weil ihre Praktizierung – und darin ähnelt sie der Abtreibung – meistens die Mithilfe anderer erfordert. Ähnlich sind sich sogar die Umstände, die als Gegenargument dienen können: Die Schwangere wie der unheilbar Kranke können dem Druck von Menschen ausgesetzt sein, die an der Vernichtung des von ihnen abhängigen Lebens interessiert sind. Die Rechtsfindung muß im Bewußtsein der praktischen Schwierigkeiten dafür sorgen, daß die hauptsächlich Interessierten frei ihren Willen erklären können. Mehr noch, in einer fernen schönen Zukunft muß erreicht werden, daß bei einer solchen Entscheidung auch die Armut keine Rolle spielt. Es muß die Lust daran geweckt werden, zu gebären. In einem Elendsquartier hätte auch Egon Graf von Westerholt die Farbtönungen nicht so genießen können wie in seinem Garten, den an der einen Seite sein Haus und an der anderen sein Weinkeller begrenzten.

*

Mit der Sterbehilfe zusammen sollte auch für ein schönes Sterben geworben werden. Es ist – ich kann es aufgrund meiner Erfahrungen in Beune bezeugen – ein organischer Teil des Lebens. So sollte es verstanden werden: als ein Zustand, der die wiederkehrenden Erfahrungen um das Erlebnis des Abschieds bereichert. Der letzte Herbsttag, die letzte Weintraube, die letzte Nacht einer unverdorbenen Liebe sind denkwürdiger und schöner als alle vorangegangenen. Freilich ist das Sterben nur menschenwürdig, wenn wir dabei uns selbst bewahren können und der Genuß des Abschieds nicht an Schmerzen scheitert. Ich stimme mit Rilke überein:

O Herr, gieb jedem seinen eignen Tod.
Das Sterben, das aus jenem Leben geht,
darin er Liebe hatte, Sinn und Not.

Warum sollten wir gerade beim Sterben auf unser wichtigstes Bestreben verzichten: auf nur für uns typische Weise mit uns selbst identisch zu sein? Nun ist aber auch das Ich für sich allein nicht bewertbar, denn es schöpft Sinn und Konturen nicht aus sich selbst, sondern aus seinen Relationen. Es würde zu einer irreparablen Verarmung führen, wenn wir unser Verhältnis zum Sterben nicht mehr als eine solche Relation ansähen. Der eigene Tod, um den Rilke seinen Gott bittet, harmonisiert mit dem eigenen Leben, resultiert aus ihm.

Die Werbung für ein schönes Sterben ist aber nicht mit der schwärmerischen Lobpreisung des Todes identisch. Auch sie ist eine Mode unseres Jahrhunderts. Ausgelöst wird sie von Angst oder Lebensüberdruß oder einer gewünschten Flucht nach vorn, aus dem *horror vacui* in die *expectatio vacui*. Der Tod wird in diesem Fall abstrahiert; ein süß-bitterer Schokoladenguß überzieht ihn. Er avanciert zum Ziel, zur Krönung, zum wahrsten Lebenssinn.

Für mich ist das besserenfalls ein erträglicher Selbstbetrug und schlechterenfalls ein Religionssurrogat, das die Erfüllung unseres Lebens über das Leben hinaus verschiebt. Auch dieses Lebensgefühl drückt Rilke am bündigsten aus, wenn er den zitierten drei Zeilen diese folgen läßt:

Denn wir sind nur die Schale und das Blatt.
Der große Tod, den jeder in sich hat,
das ist die Frucht, um die sich alles dreht.

Januar 1993

Erste Eintragung
(Aschenbach und Gombrowicz)

Die nostalgische Haltung Tonio Krögers zur geistesarmen oder eher geistlosen Welt der Blonden und Blauäugigen. Das Schmachten des von Geist geschlagenen Künstlers nach gewöhnlicher Schönheit, die gedankenlos mit sich selbst identisch ist. Hinter Thomas Mann ist Schiller zu ahnen, sein in der unvoreingenommenen Form des Essays versteckter Neid auf das Naive, das identisch ist mit der Natur. Diese Betrachtungsweise, die auf der Dualität fußt, steigerte Mann weiter: Er betrachtet den Geist als Krankheit, die ihr Opfer unter Quarantäne stellt, es inmitten der auf Durchschnittlichkeit basierenden bürgerlichen Lebensform zu einem Fremdkörper macht; aus seiner Sicht ist die Schönheit von einer verachtens- wie bewunderungswürdigen Banalität durchdrungen.

Die lauernde Gefahr, die für den so aufgefaßten Geist die so aufgefaßte Schönheit bedeutet, beschwört in künstlerischster Erbarmungslosigkeit Thomas Mann in seiner Erzählung *Der Tod in Venedig* herauf. Der große deutsche Schriftsteller Gustav von Aschenbach reist einer plötzlichen Unruhe folgend aus seinem streng geregelten und auf Arbeit konzentrierten Leben hinaus nach Venedig. Hier verliebt er sich in einen vierzehnjährigen polnischen Jungen von vollkommener Schönheit, ist glücklich, leidet, demütigt sich – kurz, mit wollüstiger Freude und Selbstverleugnung findet er sich damit ab, daß das Leben von ihm als Mensch mit Zinsen zurückfordert, was er sich als Künstler über Jahrzehnte hinweg geborgt hat.

In Gombrowicz' *Tagebuch* finden sich Passagen, aus denen ein zeitnäherer, aggressiverer Gustav von Aschenbach zu uns spricht, ein Aschenbach freilich, der nicht arglos und auch nicht mit leisen Vorahnungen in die Falle spaziert, sondern die Gefahr suchend, provozierend; und vielleicht bewahrt ihn vor der unerträglichen Demütigung und dem Tod gerade, daß er das Risiko bewußt in Kauf nimmt. Die Versuchung überfällt auch ihn meistens auf seinen Streifzügen, und es läßt sich nicht sagen, ob sie in Erscheinung tritt, weil er, aus dem normalen Lauf des Lebens herausgeglitten, ihr gegenüber schutzloser ist oder weil er verreist, um attackiert zu werden. Verführt, seinem Verhängnis entgegenzugehen, wurde Aschenbach vom Anblick eines grotesk aussehenden Wanderers mit einem Rucksack, und zwar gerade, als es ihn übermenschliche Kraft kostete, die zur täglichen Arbeit benötigte Selbstdisziplin aufzubringen. Und warum machte sich Gombrowicz auf den Weg? *»Witold Gombrowicz war nach Santiago del Estero gekommen, um dem feuchten Winter in Buenos Aires zu entgehen. Es zeigte sich jedoch schon bald, daß die Gesundheit nur Vorwand und der eigentliche Zweck der Reise ein anderer war. Bedrängt vom nahenden Alter, suchte Gombrowicz verzweifelt Rettung – und er wußte, wenn es ihm in den nächsten paar Jahren nicht gelänge, mit der Jugend anzubändeln, würde nichts ihn mehr retten können. So wurde es eine Frage von Leben und Tod, eine neue, bisher unbekannte Verbindung zu jener Frische des aufblühenden Lebens zu finden … eine verrückte Idee, diktiert von einer halsbrecherischen Situation, die keinen anderen Ausweg zuließ. Und im ersten Augenblick schien es unserem Reisenden, als könnte vielleicht der phantastische Traum in Erfüllung gehen, so anschmiegsam und gefällig … so leicht war Santiago … Aber diese Leichtigkeit sollte bald die Zähne zeigen … weiße übrigens!«* Er war also auf Abenteuer aus, bewußter als Aschenbach.

Santiago del Estero liegt nördlich von Buenos Aires und damit näher am Äquator, Frühling und Palmen empfangen den Wanderer, der in seinem Wintermantel schwitzt. Überall Liebespaare und vor allem *changos*, Kerle, deren erotische Anziehungskraft über die Geschlechtergrenzen hinaus strahlt. Wenn er im Park sitzt, wenn er im Restaurant mit einem einheimischen Schriftsteller plaudert und sogar während seines Vortrags fallen ihm solche Paare und solche *changos* auf; er tut, als wären sie Luft für ihn, aber seine Unruhe steigert sich ins kaum noch Erträgliche, er muß sie aus der Nähe sehen, ihre Gesichter, ihr Lächeln. Und jedesmal erwartet ihn eine Enttäuschung, der eine Junge stochert sich mit einem Zahnstocher im Mund herum, ein Fünfzehnjähriger aus gutem Haus läßt sich gerade von einem älteren Freund für seine Liebesdienste bezahlen, ein dritter Bengel ist pickelig ... Und doch plagt er sich von Verlangen zu Verlangen dort in Santiago, wo die Vermischung von indianischem und weißem Blut besonders prachtvolle Menschen erschafft. »Diese unerhörte Raserei, diese unschuldige Sünde, diese schwarzen Augen, so langsam ... es zieht mich zur Raserei, ich gehe ihr entgegen – ich in meinem Alter! Eine Katastrophe! Aber was anderes als mein Alter wäre wohl der Grund, daß es mich zur Raserei zieht ... die Erwartung, daß sie mich wiederbeleben werde als den, der ich war, in all meiner schöpferischen Sinnlichkeit!«

Gombrowicz weiß um das Verlangen und zugleich um die Absurdität des Verlangens; er mobilisiert seine Selbstironie und registriert seinen Zustand von Augenblick zu Augenblick; so entgeht er der Katastrophe. Er hält einen Vortrag, und im Sprechen wird er auf zwei schöne junge Hände aufmerksam. Der Anblick der Studentenhände verleiht ihm Flügel, er meint, sein Leben hänge davon ab, daß er die Besitzer der Hände aus ihrem Leib herauslöse und in den Geist hineinzwinge, da nur das ihn retten könne. Nach dem beschwingten Vortrag bittet er ermattet um Wasser, ein *chango* bringt einen Krug und ein Glas. Unter dem starken Eindruck dieser alltäglichen Schönheit flieht er, hinaus auf die Straße, und da sieht er vor sich den *chango* gehen, ja, es muß derselbe sein. Nach kurzem Zögern heftet er sich an seine Fersen und folgt ihm durch die Stadt, immer unruhiger, auf so ein Abenteuer hat er sich lange nicht mehr eingelassen, mit immer aufsässigeren Gefühlen läuft er hinter dem Bengel her. Plötzlich beschließt er, in einer Parallelstraße ihn zu überholen und ihm dann entgegenzugehen und ihn umzubringen, nicht »draußen«, sondern in seinem Innern – und dennoch mörderisch; denn es ist ja so, »daß die Tugend Krallen hat und morden kann«. Schon kommt ihm der *chango* entgegen, und Gombrowicz ist bereit zum tugendvollen Verbrechen, aber da grüßt der Junge ihn lächelnd. Es ist nicht der mit dem Wasserkrug, sondern ein anderer, einer von den Schuhputzern. Die Mordabsichten sind wie weggeblasen, Gombrowicz bleibt allein zurück auf der Straße mit dem Erlebnis seiner komischen Niederlage. Anders als Gustav von Aschenbach bleibt er jedenfalls lebendig zurück, obgleich die Gefahr, in der er sich befand, nicht geringer war.

In die Aufzeichnungen über Santiago mischen sich Erinnerungen an Tandil. Dort hatten ihn junge Schriftsteller umgeben, der Pubertät gerade erst entwachsen und, wenn wir der Beschreibung glauben dürfen, allesamt angehende Genies, die in ihm den geistigen Führer und älteren Freund sahen, aber aus Freundlichkeit grob mit ihm redeten und ihn immer wieder auf die Schippe nahmen wie einen Gleichaltrigen. Gombrowicz intellektualisierte die in diesen Verbindungen wechselseitig bewußt werdende Erotik, und so entging er den Demütigungen. Dennoch ist es kein Zufall, daß die Tandiler Jungen ihm gerade in Santiago einfallen; beide Male war er auf geheimes Drängen seiner Triebe aus dem normalen Leben hinaus in die Gefahrenzone gereist.

»Oh! Ich bin tödlich verliebt in den Leib! Der Leib ist für mich nahezu entscheidend. Kein Geist kann körperliche Häßlichkeit wettmachen, und ein körperlich unattraktiver Mensch wird für mich immer zur Rasse der Scheusale gehören, selbst wenn es Sokrates wär!« Ich schüttele skeptisch den Kopf. Gombrowicz wäre sicherlich nicht danach zumute gewesen, mit Sokrates Liebe zu machen, aber vielleicht nicht wegen dessen Häßlichkeit, sondern weil er selbst vom Schlag eines Sokrates war.

»›Und das Wort ward Fleisch‹ … Wer faßt die ganze Drastik, die darin liegt?« – Worauf will Gombrowicz hinaus? Auf die letzte Einheit von Geist und Körper? Auf die Sinnlichkeit der Kunst, die den Geist umformt und unterwirft? Daß der vom Wort durchdrungene Sokrates doch nicht häßlich gewesen sein kann? Oder ist für ihn drastisch, daß diese Formulierung die Möglichkeit beinhaltet, der Geist könne zum Körper werden, also erlöschen?

Zweite Eintragung
(Lob der unehelichen Wünsche)

»So sage ich denn, daß die größte künstlerische Errungenschaft meines Lebens nicht die paar Bücher sind, die ich geschrieben habe, sondern einzig und ganz einfach die Tatsache, daß ich es weiter mit der ›unehelichen Liebe‹ halte. Ach! Denn Künstler sein heißt doch, tödlich verliebt zu sein, unheilbar, leidenschaftlich, aber auch wild und ohne Ehegelöbnis ...«

Aha! Nach Gombrowicz kommt das Künstlertum vor dem Werk! Zu diesem Bekenntnis würden auch Gustav von Aschenbach, Tonio Kröger und ihr Schöpfer nicht nicken. Das Draußenstehen als menschliche Situation ist zwar in ihren Augen Voraussetzung für ein großes Werk, aber als Privatmenschen empfinden sie das als Last, als einen Schlag, den ihnen ihr Künstlerschicksal versetzt. Gombrowicz hingegen hält diesen Schlag, diesen unversiegbaren Quell des Unglücklichseins und der Preisgegebenheit, für wichtiger als das Werk, das diesen Zustand zur Bedingung hat. Darauf ist es zurückzuführen, daß er in der ersten Person Einzahl, ironisch und grob aus sich heraus schreibt, welche venezianischen Gefahren in Santiago del Estero auf ihn lauerten.

Thomas Mann gab nicht nur dem Achenbachschen Schicksal Form, sondern auch dem eigenen Leben. Vor Versuchungen, die denen Gombrowicz' stark ähnelten, floh er in das Rollenspiel des vorbildlichen Familienvaters – bewundernswerte Ehefrau, sechs Kinder, materielle Sicherheit (selbst in der unabwendbaren Emigration). Das alles bewahrte ihn natürlich nicht vor den Lockungen niederer Instinkte (um mit Gombrowicz zu sprechen: der unreifen Formen). Dem Widerstand gegen sie verlieh er jedoch einen soliden Rahmen, eine mit verschiedenen Verantwortungen abgestützte Haltung. Gombrowicz lehnte diese Form der Verteidigung ab, weil er sein Leben für wichtiger hielt als sein Werk. So verwickelte er sich unablässig in Risiken und war in den unerwarteten, neuen Situationen zum Improvisieren gezwungen, um aus dem Schlamassel herauszukommen. Ich vermute, daß ihm dieser Improvisationszwang die Lebhafigkeit seines Avantgardismus bewahrte. Die einheitliche Vision seiner Romane und Dramen realisiert sich in Überraschungsserien, seine Figuren greifen in erstaunlichen Situationen zur Improvisation, genauer, er greift zur Improvisation, um seinen Figuren aus den Fallen zu helfen, in die ihr leidenschaftliches Verlangen sie gebracht hat.

Dritte Eintragung
(Huldigung ohne Schuldbewußtsein)

Als ich jünger war, meinte ich, mit dem Versiegen meiner sexuellen Kräfte werde auch mein Leben zu Ende gehen.

Seit einigen Jahren meine ich, mein Leben wird dann enden, wenn ich nicht mehr schreiben kann.

Der Gegensatz zwischen beiden Mutmaßungen ist geringer, als man im ersten Augenblick denken mag. Wie die Sexualität ist das Schreiben eine sinnliche Tätigkeit. Das Liebesgeständnis, das Gombrowicz dem Leib macht, rührt auch aus seiner Künstler-Sensibilität her. Seine Schönheitsbesessenheit und sein Ekel vor der Häßlichkeit gleichfalls.

Als ich jünger war, hatte ich noch kein rechtes Gespür für den Unterschied zwischen Sexualität und Erotik, und deshalb wußte ich nicht, daß die Erotik der sinnlich Veranlagten nicht zusammen mit der Sexualität versiegt. Wenn ich behaupte, mein Leben wird enden, wenn ich nicht mehr schreiben kann, wage ich damit zu vermuten, daß ich weder zum Schreiben noch zum Leben genügend Gründe haben werde, wenn die Erotik in mir abstirbt.

Ähnlich wie Gombrowicz halte ich es mit der unehelichen Liebe; so war es auch während meiner drei Ehen. Ich akzeptierte auf Dauer die gesellschaftlich sanktionierte Form der Ehe nicht und ebensowenig die meistens mit ihr einhergehenden Lügen und Kompromisse. Anfangs begründete ich meine polygamen Neigungen vor mir selbst und vor meiner ersten Frau mit meinem Künstlertum: ich sei auf erotische Erlebnisse angewiesen, um meinem Beruf nachgehen zu können. Die Begründung beweist nur, daß die unmenschliche Aufrichtigkeit sich durchaus mit der selbstbetrügerischen

Lüge vertragen kann. Meine Polygamie resultierte natürlich nicht aus meinem Künstlertum; die Polygamie wurzelt in der menschlichen Natur; Faust wie Don Juan sind – jeder auf seinem Gebiet – versessen auf das Erkennen. Ich hätte recht gehabt, wenn ich gesagt (und gedacht) hätte, daß mein Künstlertum und meine Polygamie nicht auseinander resultieren, daß beide die Früchte meiner Neugier, meiner Abenteuerlust, meiner Sinnlichkeit sind. Das habe ich erkannt, als ich fünfunddreißig war, seitdem lebe ich ohne Vorwände im Zauber der Körper, was selbst die Bitterkeit der unleugbar mit dem Altern verbundenen Symptome zu lindern vermag. Wie also sollte ich nicht der unehelichen Liebe huldigen! Meine Huldigung ist allerdings selbstverständlich und frei von Schuldbewußtsein. Das ist ein angenehmes Gefühl, wenngleich es, wie ich fürchte, mit einem künstlerischen Defizit einhergeht.

Februar 1993

Erste Eintragung
(In der 1. Person)

»Ich möchte irgendeinen Tag aus Gombrowicz' vierundzwanzig argentinischen Jahren zurückholen, ganz banal: das ermüdende Erwachen, das Pinkeln, das Zähneputzen, die verabredeten und zufälligen Begegnungen, wie er irgendeinen von all den 8610 Tagen mit Fakten und Menschen möblierte, wie er zu Bett ging oder ins Bett, allein oder mit einer Frau oder – obzwar es dafür keinen eindeutigen schriftlichen Beweis gibt – mit einem Jungen, ich möchte von innen her einen Tag beleuchten, in den er sein überentwickeltes, vieleckiges Ich stopfte.« Diese Zeilen schrieb ich vor zwei Jahren und drei Monaten. Mit ihnen unterbrach ich damals die Kommentierung der Aufzeichnungen von 1953; in seinem Kalender schreiben wir jetzt 1960. Ich gestehe notgedrungen, ich »fühle seine Haut nicht von innen, und seine Einsamkeit ist selbst aufgeschrieben eine andere Welt«. Zu oft bin ich aus unseren gemeinsamen Tagen ausgebrochen, weil anderes zu tun war – oder aus Faulheit, oder dem Ruf anderer Stimmen folgend? Oder habe ich bei unserem Zusammensein zu sehr auf mich geachtet, nicht darauf sehend, was er denkt und sagt, und warum, sondern darauf, was seine Worte bei mir auslösen? Benutze ich diesen sehr großen Schriftsteller und noch größeren JEMAND als Vorwand, Perlen auf einen goldenen Faden zu fädeln, die unter seinem Eindruck meine bescheidene Person ausschwitzt? Eine deutsche Zeitschrift würde gerne ein Kapitel aus meiner Arbeit abdrucken – aber eins, das ausschließlich von ihm handelt. Ich blättere immer nervöser in den 360 bisher getippten Seiten: überall dränge ich mich hinein, kaum beginnt Gombrowicz zu sprechen, reiße ich das Wort an mich. Wenn das Buch je erscheint, werden mich kluge Kritiker händereibend entlarven: Das hat er geschrieben, um mit dem Sezieren verwandter Gedanken und Lebensgefühle sich an seine Seite hochzuhangeln.

Aber wäre es so verächtlich, wenn mich auch Selbstverwaltungsbestrebungen leiteten während der Tage, die ich mit Gombrowicz verbringe? Er nähme bestimmt keinen Anstoß daran, er würde es mit Befriedigung quittieren, daß ich mit diesem Vorgehen meine Schritte den seinigen anpasse. Vom sechsten Tagebuchjahr, 1958, bis zum Verlassen Argentiniens, also 1963, fügt er kursiv gesetzte Passagen in die Niederschrift ein, die sich in der dritten Person mit dem befassen, der im Mittelpunkt seines Interesses steht. *»Das war, wie er fand, eine wichtige Neuerung, die die ungemein kalte Künstlichkeit dieser Bekenntnisse verstärkte und zugleich größere Aufrichtigkeit und Leidenschaft zuließ. (...) Wer per ›ich‹ von sich spricht, der muß doch notgedrungen so viel verschweigen, so sehr verfälschen – und wer sich per ›er‹ abhandelte und sich von außen zu beschreiben suchte, würde auch nur mit einem Teil der Wahrheit operieren. Also könnte dieser ständige Wechsel zwischen ›ich‹ und ›Gombrowicz‹ (in dem Maße, wie diese Praxis allmählich vervollkommnet und vertieft wird) zu interessanten Ergebnissen führen. Und man konnte sich auf diese Weise loben und demaskieren zugleich!«* Über diese methodische Innovation läßt er sich gerade im

Anschluß an eine Serie provokativer Fragen aus: *»Was also sollte Gombrowicz tun? Konnte er Mann überwinden, indem er sich auf ihn stützte – und so zu einem neuen Mann werden, einem Mann auf höherer Stufe? Eine Generation moderner? Mit einem Wort, sollte Gombrowicz in bezug auf Mann die gleiche Rolle spielen, die Mann im Verhältnis zu seinen Vorgängern gespielt hatte? Seine Größe dialektisch ruinieren, um sich eine neue zu stiften, auf höherer Bewußtseinsebene?«* Diese Fragen stellt ein in Argentinien lebender polnischer Emigrant im Alter von fünfundfünfzig Jahren, als sein Ruf gerade die Grenzen der Nationalsprache überschreitet. Er denkt öffentlich über die Überwindung des Thomas Mann nach, den er mehr schätzt als irgend jemand sonst.« Jahre später jedoch bemerkt er, daß Aufrichtigkeit, Ehrlichkeit und Offenheit Manns nur Koketterie waren, *»ein neuer Versuch in der Kulturgeschichte, den eigenen Anspruch auf Ruhm – unter dem Anschein von Redlichkeit, ja Demut – durchzusetzen«*. Mit dem Wachsen des Lebenswerks nahm eine schwerfällige Rhetorik überhand, die mit Virtuosität schöntat, und schließlich stand Mann *»majestätisch und im Purpur«* da, *»wie ein Kardinal«*.

Was Gombrowicz uns hier auseinandersetzt, ist vergnüglich und ergreifend. Einerseits rügt er den koketten Thomas Mann, daß er um jeden Preis berühmt werden wollte, andererseits grübelt er, ob er den gleichen Anspruch durch die Überwindung Manns oder auf eine andere Weise geltend machen soll – einen Anspruch, den die Jahrzehnte der Gemiedenheit im fremden Umfeld beklemmend gesteigert hatten. Beklemmend deshalb, weil es ein berechtigter Anspruch war, gespeist von schlimmen Entbehrungen und dem Bewußtsein, daß die Chancen zur Erfüllung minimal waren. Die Frage, ob er Thomas Mann auf höherer Bewußtseinsebene überwinden solle, mag beim Durchschnittsleser ähnliche Gedanken wecken, als würde er fragen, ob er im Zweikampf den damaligen Schachweltmeister Botwinnik besiegen solle. Die Eitelkeit und die Koketterie kommen bereits in den Verben »überwinden« und »ruinieren« zum Ausdruck. Diese Verben, mit denen der Sprecher auf seine körperliche, geistige und fachliche Überlegenheit aufmerksam macht, sind im Ästhetischen unangebracht. Seit Homer ist kein einziger großer Künstler »überwindbar«, denn was sie auf diesem Gebiet erschufen, das konnten nur sie erschaffen. »Überwinden« und »ruinieren« kann dies kein anderer Künstler, sondern nur die Zeit, durch deren Sieb alles fällt, was keine echte Spitzenleistung ist. Natürlich war das auch Gombrowicz bekannt; seiner Eitelkeit und Koketterie – diesen wohl notwendigen Stimulanzien künstlerischer Arbeit – fehlte die Naivität; in seinen provokatorischen Fragen vereint er erfolgreich das Eigenlob mit der Selbstdemaskierung.

»Im neunundfünfzigsten Jahr seines Lebens entschloß sich Eörsi, seine Person, genauer, all das, was er von ihr unter Inanspruchnahme auch schriftstellerischer Mittel ausdrücken kann, als Luftballon an den nunmehr am hohen Himmel unserer Kultur segelnden Namen Gombrowicz zu binden. An diesen Namen deshalb, weil er als Klassiker ein Außenstehender blieb, Purpur auch nach seinem Tod nicht anlegte und immer ein wenig Stein des Anstoßes war. Bei seiner Wahl ließ er sich auch von inhaltlichen Gründen leiten. Trotz seiner polnischen Tiefen oder gerade infolge derer war Gombrowicz die Fremdheit selbst, wohin er auch ging, er war Emigrant sogar innerhalb der Emigration, über Jahrzehnte trug er auf höchstem Niveau das reine Bewußtsein der nach dem Westen verschlagenen osteuropäisch-kleinnationalen Misere in sich. Eörsi schöpfte zwar viel aus den kulturellen Traditionen seines Landes, dennoch knüpfte er nicht in erster Linie an sie an, und so mußte er seine Arbeit daheim als fremde Insel empfinden. Wenngleich ihn sein – um eine gerne verwendete Selbstcharakteristik einzubringen – ›biologischer Optimismus‹ vor der Verzweiflung bewahrte und vieler Qualen beraubte, die Gombrowicz zum Selbstschutz und zur Anspannung der äußersten Kräfte zwangen und so zu einem Großen reifen ließen, ermutigten ihn seine Eigenständigkeit und seine Neigung, sein Ich im Widerstand gegen den uniformierenden Druck der Außenwelt in beständiger – zuweilen auf die eigene Person beschränkter – Minderheit zu entwickeln, gleichfalls, es mit der Auftriebskraft des Namens Gombrowicz zu versuchen. Dazu ermunterte ihn auch die biographische Tatsache, daß seine Minderheitenexistenz nicht nur die Folge einer moralischen

Entscheidung war. In seiner Kindheit hatten ihn die Judengesetze – entgegen seiner Erziehung und seinem Willen – zum Angehörigen einer Minderheit, und zwar einer verfolgten, ins Ghetto getriebenen. Das Judenschicksal nahm er aber nicht mit jüdischer Seele hin, er blieb Ungar, freilich voll tiefer Verachtung für beinahe alles, was ihm das damalige Ungartum bot. Mit seinen Schicksalsgefährten zusammengepfercht, mußte er sehen, daß auch der Verfolgte moralisch verderben kann, daß er vor Angst Gestank aushaucht und ausschwitzt. Er war also genötigt, seine engere und weitere Umgebung gleichzeitig von außen und von innen zu sehen. Seine doppelte Sicht verstärkte sich in den Jahren nach 1956, als er – um neuerlich ihn zu zitieren – ›sein marxistisch inspiriertes Weltbild in einem marxistisch genannten Gefängnis speicherte‹. Nach der Entlassung fügte er sich zwar, das Minimum des verlangten Maßes anpeilend, in den Alltag des Parteistaates ein, doch fühlte er sich dabei als innerer Emigrant. Diese Situation entwickelte seine doppelte Sicht weiter. Sein Ehrgeiz wollte ihn zum Erfolg treiben, sein moralisches Urteil zurück ins Gefängnis oder noch weiter weg. Zwischen 1983 und 1986, in Westberlin, bezog seine doppelte Sicht auch die kapitalistische Ordnung Westeuropas ein, die ihrer unpoetischen Haushaltung mit dem Wort Demokratie Sinn und Würde verleiht. Seine Zwiespältigkeit vermeinte Eörsi nur in der Auseinandersetzung mit den Erfahrungen eines anderen Menschen artikulieren zu können, den ganz andere osteuropäische Gründe zu einer ganz anders gearteten und dennoch in vielem verwandten doppelten Sicht bewegten. Eörsi spürte bei Gombrowicz die provokante und anregende Gleichzeitigkeit der Identitäten und Differenzen, und während er die Schnur seines Luftballonchens an diesen Namen knüpfte, dachte er daran, daß er sein Tun nicht würde rechtfertigen müssen, höchstens damit – und dieses Höchstens verlangt von ihm eine alles Bisherige übersteigende geistige Konzentration –, daß er beim Umherschweifen zwischen Gombrowicz' Reflexionen ein diesen nicht unwürdiges Hirnsekret absondert. Die Formgebung ist sowieso eine Sache der Gnade, dachte Eörsi mit dem aus seinem biologischen Optimismus resultierenden Selbstvertrauen.«

Zweite Eintragung
(Roby und die Jugoslawen)

Roby aus Santiago – ein indianisch-spanischer Mischling, rabenschwarze Mähne, oliv-ziegelbraune Haut, die Lippen tomatenrot, blendendes Gebiß, ein stämmiger, gesunder Bursche – flößt Gombrowicz, als er nach Buenos Aires kommt, ein düsteres Vorgefühl ein. Ich habe guten Grund, über Roby zu schreiben, wenn auch wenig Lust. Gombrowicz hatte ihn zwei Jahre vorher in Santiago kennengelernt, samt seinen zahlreichen Brüdern, allesamt Blüten der ortsansässigen Intelligenz. Alle waren sie Revolutionäre, Besessene unterschiedlicher Richtungen, Kommunisten, Nationalisten, Liberale, Klerikale, Peronisten, so daß die Familie die in dieser Gegend so häufigen Revolutionen nicht zu befürchten brauchte – »welche es gerade sein mag, sie wird immer ein Triumph für einen der Brüder sein«. Dieser Roby gehörte, nehme ich an, zu den mit geistigem Sprengstoff übervollen Kerlen, nach denen Gombrowicz, wo er auch weilte, sein Netz auswarf. Jünglingen diesen Schlags billigte er, damit sie ihre Gefangenschaft und die Tatsache, daß die Fäden zwischen den intellektuellen Knoten des Netzes mit Erotik durchtränkt sind, auch vor sich verschleiern konnten, Aufsässigkeit zu; vom frechen Ton bis zur Geringschätzung seines Lebenswerks war ihnen nahezu alles erlaubt. Doch Roby aus Santiago, auf den ich lustlos zu sprechen komme, schoß über das Ziel hinaus. Er warf Gombrowicz europäischen Chauvinismus vor, eine Beschränktheit, die ihn daran hindere, sein Werk zu vertiefen. »Du begreifst nicht, daß das Wichtigste ›gegenwärtig‹ die Lage der Entwicklungsländer ist«, er begreife nicht, daß Europa jetzt am Ende und die Zeit Lateinamerikas gekommen sei. »... wir müssen wir selbst sein, nicht die Europäer nachahmen, wir werden uns finden, wenn wir an unsere indianische Tradition anknüpfen, schöpferisch müssen wir sein.« »Die abstrakte Malerei ist Verrat, sie ist europäisch. Maler und Schriftsteller sollten amerikanische Themen pflegen. Die Kunst muß sich mit dem Volk verbinden, mit der Folklore« und so weiter. Schon diese Zitate zeigen, warum ich mich so lustlos mit Roby beschäftige.

Auch Gombrowicz' Kommentare sind durchdrungen von Lustlosigkeit. Als ob man auf Bestellung schöpferisch sein könnte, sagt er. Wie albern der Wunsch, sagt er, Selbständigkeit nicht aus einem inneren Bedürfnis heraus zu wollen, sondern um Europa zu übertreffen. Wie verblüffend naiv, sagt er, nach Selbsterkenntnis zu trachten, um zu erfahren, was man schaffen soll. Doch ob Mensch, Nation oder Kontinent, erst aus der schöpferischen Arbeit kann man auf den Schöpfer schließen, nicht umgekehrt! »Mit einem Wort – Neid, Minderwertigkeitskomplex, Seichtheit, Schwäche, Geistesverwirrung.« Besonders irritiert ihn, daß Roby statt »ich« immer »wir« sagt, und das ist keine individuelle Angewohnheit. »Wir Amerikaner. Wir Argentinier. Und der einzelne Mensch treibt nun eben Mißbrauch, wenn er ›wir‹ sagt, niemand hat ihn dazu ermächtigt, er darf nur im eigenen Namen sprechen.« Gombrowicz stellt fest, daß dieser Plural einer Unreife entspringt, dem Umstand, daß sich Südamerika in der Herdenphase der Entwicklung befindet. Dies ist ein seltener Augenblick: Gombrowicz verknüpft mit der Unreife, dem obersten Gegenstand seiner Wünsche und künstlerischen Kämpfe, eindeutig eine negative Bedeutung. Er sitzt beim Bier Roby gegenüber, »der einnehmend jung war, so wehrlos und dabei doch so gefährlich. Ich betrachtete seinen Kopf und seine Hand. Sein Kopf! Seine Hand! Eine Hand, die im Namen der Kinderei zu töten bereit war. Verlängerung des von ihm erträumten Blödsinns war ein blutiges Bajonett. (...) Mir kam ein nicht sehr deutlicher und nicht durchdachter Gedanke, den ich hier dennoch festhalten möchte ... Er ging ungefähr so: Sein Kopf steckt voller Hirngespinste, ist also bedauernswert; aber seine Hand besitzt die Gabe, aus diesen Hirngespinsten Wirklichkeit zu machen, sie vermag Tatsachen zu schaffen. Irrealität demnach vom Kopf her, Realität von der Hand.« Als er Roby gegenübersitzt, fällt Gombrowicz die Hitlerzeit ein, 1938. Daher seine Mißlaunigkeit. Mich entführt Roby im Februar 1993 ins einstige Jugoslawien. Schwärmerischer Kopf, am Bajonett endende Hand. Kürzlich habe ich in einem Aufsatz gelesen, auf welche Weise serbische Intellektuelle – auch solche, die zur opfermütigen Opposition gegen den Titoismus gehörten – in ihren mit Sprengstoff übervollen Köpfen den derzeitigen Genozid, den Bürgerkrieg vorbereiteten. »Denk immer daran: die nicht mit Tinte schreiben, schreiben mit Blut.« Solche Menschen sind, von ihren Händen her gesehen, pure Realität.

Zivilisation und Kultur überziehen auch heute die Menschheit in Europa nur mit einer verblüffend dünnen Schicht. Unsere barbarischen Instinkte können wir mit Hilfe einer hypermodernen Technik ausleben. Das Messer, das in der serbischen Mythologie eine so große Rolle spielt, gewinnt seine Funktion zurück: durchgeschnittene Kehlen, abgeschnittene Nasen und Ohren, vom Knöchel bis zum Hals aufgeschlitzte Frauenkleider künden von seinem Triumph. Sein Anachronismus blinkt durch den Feuerschweif der Raketen. Das ist kein rein südslawischer Greuel, und es hat nicht nur im Nazismus oder Stalinismus seine Wurzeln. Selbst ein Kleist konnte sagen – ich habe es in diesem Buch schon zitiert –, höchste Pflicht des Menschen sei es, die Franzosen totzuschlagen, wo man sie trifft. Was können wir dann von einem serbischen oder kroatischen Stabsfeldwebel erwarten?

Wir, serbische, kroatische, slowenische, ungarische Schriftsteller, Gegner dieses Kriegs, nehmen gelegentlich an Jugoslawien-Konferenzen teil und erhalten pro Auftritt fünfhundert Mark. Das Geld in der Tasche, protestieren wir gegen Mord und Hungertod in Bosnien und gegen ähnliche Aussichten im Kosovo, in Makedonien und womöglich in der Wojwodina. Ich bin selbst Teil der Absurdität, ich weise das angebotene Geld nicht zurück.

Dritte Eintragung
(Die linke Hand eines Kellners)

Fünfzehn Druckseiten lang schildert Gombrowicz, was alles sich mit ihm an einem Sonnabend des Jahres 1960 ereignete. Auch heute noch fühle ich mich versucht, durch die Zeit zu ihm zurück zu eilen und an seiner Seite durch jenen Tag zu gehen.

Gegen neun Uhr weckt ihn ein freches Klingeln. Ein Kleiner mit großem Hut fragt leise, kaum hörbar nach dem Immobilienmakler Delgado. G. schlägt ihm die Tür vor der Nase zu. Sagen wir, dieser Kleine bin ich, und Delgado habe ich erfunden, um Kontakt mit G. aufnehmen zu können. Ich werfe den Hut in den Fahrstuhlschacht und bleibe, nachdem ich mein Aussehen solcherart verändert habe, vor dem Haus stehen. Aus einem Fenster dringt Musik, das 14. Streichquartett von Beethoven. Das deckt sich mit meinem Wissen: G. hat an Beethovens späten Quartetten einen Narren gefressen.

Während mir das durch den Kopf geht, kommt mir ein Vorgeschmack des Scheiterns. Und wenn das Haus keinen Fahrstuhl hat? Und wenn G.s Fenster auf einen Innenhof gehen, in den man nur mit einem Schlüssel gelangt? Wie soll ich auch nur einen Tag mit einem Menschen zusammensein, dessen Raum ich nicht spüre? Gleich verläßt er das Haus (die Musik ist verstummt), und ich darf mir nicht einmal sicher sein, ob er das Haus nicht durch eine Hintertür verlassen kann. Aber wie auch immer, wahrscheinlich wird er im nahen Café Querandí frühstücken, am gescheitesten, ich bin vor ihm dort.

Ich sitze schon bei meinem Kaffee, als G. eintritt und an einem Fenstertisch Platz nimmt. Ich kann unauffällig zu ihm blicken, als sähe ich auf die Straße hinter ihm. Er würdigt mich keines Blicks (das ist gut!), bestellt Kaffee und süßes Gebäck, etwas wie Hörnchen. Er ist jünger als in dem Video aus Vence, wo ich ihn zum erstenmal gesehen habe. Schon zeigen sich Falten in seinem Gesicht, aber die Mundwinkel sind noch nicht so entschlossen herabgezogen. Er starrt auf die Hand des Kellners. Ich folge seinem Beispiel. Was ist das für eine Hand? Herabhängend, eingerollt, unbeschäftigt. Diese Hand – die linke des Kellners – füllt die Stille zwischen ihnen beiden aus. G.s Gesicht wirkt himmelschreiend gleichgültig. Ich am Nachbartisch habe das Gefühl, das Ereignis dieses Tages wird diese Hand sein. In solchem Maß, daß er um 10.45 Uhr, zu Hause, sich fragt, was die Hand dort jetzt tun mag, während er hier ist. Um halb zwölf – immer noch zu Hause – erkennt er, daß die Erinnerung an die Hand sich längst in Nichts aufgelöst hätte, wenn er sie nicht wachgerufen hätte.

Wie man sieht, bin ich aus meiner Rolle geschlüpft und vom Begleiter wieder zum Kommentator herabgesunken. Auch wenn ich einen abstrakten Raum erfunden hätte, wäre mir das passiert. Ich hätte ihm nicht den ganzen Tag lang schweigend folgen können, und ich hätte kein Gespräch mit ihm anknüpfen können, denn seine Gedanken kehrten unablässig zu der absolut bedeutungslosen Hand eines ihm unbekannten Kellners zurück. Ein Gedankenaustauch setzt austauschbare Gedanken voraus. Der Wert solcher Gedanken ergibt sich gerade aus ihrer Unteilbarkeit. Ich kann nicht einen Tag lang mit G. über etwas plaudern, worüber man per definitionem nicht plaudern kann. Oder hätte ich ihn abends um acht, auf einer Verkehrsinsel, als er auf die Straßenbahn wartete, fragen können, warum ihm danach zumute war, bei der Erinnerung an die betreffende Hand niederzuknien? Und um halb neun, im Restaurant Sorrento, wo ich im prunkvoll gerahmten Wandspiegel sah, wie der Kellner vor ihm stand, die linke Hand genauso unbeschäftigt und eingerollt wie am Morgen die seines Kollegen im Querandí, hätte ich G. da fragen können, warum sein Gesicht auf andere Art gleichgültig ist, während er die Hand betrachtet? Übrigens wußte ich ja, daß diese sehr ähnliche Hand für G. nur deshalb wichtig war, weil sie nicht jene Hand war … Und endgültig hätte ich, wenn es nicht schon früher passiert wäre infolge irgendeines Wunders, nach Mitternacht verstummen müssen, bei ihm daheim, als sich die mythologisierte Hand aus ihrer scheinbaren Ruhe heraus bewegte und den Eroberungweg zu ihrer letzten Station antrat, indem sie schon G.s Herz forderte und nicht haltmachen wollte an der Grenze, wo alles zu Ende geht, wo G.s Geschichte aufhört.

»Und was klammere ich mich an diese Hand, wie ein Ertrinkender an den Strohhalm – ich sinke doch nicht?« Das ist wieder Gustav von Aschenbachs Entsetzen vor dem Abgrund; aber eines Aschenbachs, der auch schwindelnd den Boden unter sich fühlt. An diesem Samstag der Kellnerhände hat Gombrowicz das auch bewußt zum Ausdruck gebracht: *»Gombrowicz war der Ansicht, daß er ein Recht auf metaphy-*

sischen Sturm, kosmische Katastrophe und transzendentalen Schauder habe. Vorausgesetzt jedoch, er würde der Alltäglichkeit nicht untreu.« Er könne also mit dem Tod spielen; aber nur, solange er sich an das Leben klammere.

Vierte Eintragung
(G. auf dem Schiff)

Gombrowicz reist auf dem Schiff *General Artigas* nach Montevideo. Nacht. Gewitter. Ein Kind weint. In den Händen eines Priesters raschelt eine Zeitung. In der Ecke unterhalten sich die Kellner.

Es ist ein Dienstag, vermutlich Ende 1960, im *Tagebuch* beginnt zehn Seiten weiter das Jahr 1961. Ich wurde im August 1960 aus dem Gefängnis entlassen, da war ich neunundzwanzig. Ich fühlte mich so unglaublich jung, als hätte ich drei und drei viertel Jahre tiefgekühlt auf Eis gelegen. An der frischen Luft begann ich unverzüglich zu schmelzen. Ich wollte alles nachholen, was ich vermeintlich versäumt hatte. Ich ahnte noch nicht, daß nichts nachholbar ist. Nur ersetzbar, und das ist nicht das gleiche.

Gombrowicz geht aufs Deck. Wogendes Wasser, das Schiff ächzt. Vollmond. »Mein Gott!« sagt er. Er empfindet Schmerz, Verzweiflung. Sehnsucht, jung zu sein. Sein ganzes Lebenswerk ist Abdruck dieser Nostalgie. Verlangen nach dem Unerfüllten ... dem Unreifen ... dem Unvollkommenen. »Ich glaube nicht an eine unerotische Philosophie. Ich habe kein Vertrauen zu einem Denken, das sich freimacht vom Geschlecht.« Diese Sätze sind verfeinerte Abstraktionen. Primäre Realität: das unordentliche Herz eines sechsundfünfzigjährigen Mannes auf dem Deck eines im Vollmond badenden Schiffes.

Sechsundfünzigjährig. Das bedeutet, seit seiner Geburt sind sechsundfünfzig Jahre vergangen. Aber ich könnte auch sagen: minus neun Jahre. Denn während ich ihn vor mir sehe, leidend, auf dem Schiff, weiß ich etwas, was er nicht wußte: daß seine Qualen neun Jahre später enden und er sich dann nicht mehr nach Verjüngung sehnen wird. Mein nachträgliches Wissen deutet das Erlebnis um, das er mir darbietet: es weist das als ewig empfundene Verlangen als etwas Vergängliches aus. Der Tod, dieses Absolutum, relativiert.

Aber jener Augenblick auf dem Schiff bleibt absolut; keine Macht könnte ihn ändern. Gombrowicz auf dem Deck. Vollmond, Gischt, das Erinnerungsbild eines nackten jungen Mädchens, dem er sich – welche Schande! – zwecks Verjüngung seiner selbst und seiner Kunst in einem raffinierten Gewand näherte … Lauter Andeutungen, verschluckte Worte, unergründlich, was zwischen ihnen geschah; aber in meiner Phantasie steht das Mädchen neben ihm, unbekleidet, in einem unirdischen weißen Strahlen.

Das Mädchen ist, sagen wir, sechzehn. Gombrowicz minus neun. Und jetzt sehe ich mit geschlossenen Augen mich selbst. Ich sitze in einem kleinen Zimmer in Berlin an der Schreibmaschine. An der Wand zwei Jandl-Gedichte, ein San-Francisco-Foto von Ginsberg und Danilo Kiš' schöner Mähnenkopf. Ich stehe im zweiundsechzigsten Lebensjahr. Das Jungsein fasziniert mich ohne nostalgische Wünsche. Was die Unreife betrifft, bin ich Selbstversorger. Und desexualisierten Gedanken traue auch ich nicht. Ich bin minus x Jahre alt. Den Wert von x mögen meine potentiellen Leser bestimmen. Zurück an Bord!

Fünfte Eintragung
(Begegnung auf dem Schiff)

Das nackte Mädchen ist verschwunden, der weiße Mond hat sich versteckt. Gombrowicz: die Ellbogen auf der Reling, das Gesicht in beiden Händen. Ich trete zu ihm. Schreiben wir 1960 oder 1993? Eine kleinliche Frage.

Er Wenn Sie ohne Selbstanklage sind: warum schreiben Sie?

Ich (schweige)

Er Wenn Sie ohne Nostalgie an die Jugend denken: warum schreiben Sie?

Ich (schweige)

Er Sie behaupten doch nicht, glücklich zu sein?

Ich (schweige)
Er Wann haben Sie gelernt, nein zu sagen?
Ich Im Leib meiner Mutter.
Er Geben Sie nicht an. Wenn es wahr wäre, wären Sie nie herausgekrochen.
Ich Es ging nicht nach mir.
Er Haben Sie es bereut?
Ich Nein.
Er Sind Sie Demokrat?
Ich Ja. Nein.
Er Steckt hinter Ihrer Antwort nicht ein gewisser Widerspruch?
Ich Ich verachte das Volk, wenn es gerade dumm oder verrückt ist.
Er Also wenn es nicht Ihre Ansichten nachplappert.
Ich (schweige)
Er Die Kunst ist aristokratisch bis auf die Knochen, wie ein Prinz von königlichem Blut. Sie leugnet die Gleichheit und vergöttert die Größe. Sie ist eine Sache von Talent oder gar Genie, also von Überordnung, Außergewöhnlichem, Einmaligem. Sie ist zudem strenge Hierarchisierung der Werte, Grausamkeit gegenüber dem Gemeinen, Auswahl und Vervollkommnung des Seltenen, Unersetzlichen, sie ist schließlich Pflege von Persönlichkeit, Originalität, Individualität.
Ich Der Prinz von königlichem Blut rüttelt an schmucklosen Türen, fleht kniefällig um Einlaß. Er faßt sich ans Herz, wenn er auf der Straße nicht erkannt wird. Sein schmuckes Kleid trägt er am geschundenen Leibe.
Er Woher wissen Sie das?
Ich (schweige)
Er Ohne Wunden keine Kunst? Aber welche Wunde ist denn tiefer als Selbstanklage und Nostalgie? Beide fügt uns das Messer der Nichtwiedergutmachbarkeit zu. Die einmal begangene Sünde läßt sich nicht zurücknehmen, die einmal vergangene Zeit nicht zurückbringen.
Ich Die tiefste Wunde ist die Schande der Gleichzeitigkeit. Soll ich die Greuel aufzählen, die in der Welt geschehen, während wir auf das schwarze Wasser schauen?

Er Sie könnten sie nicht aufzählen. Auch ich nicht. Die Schande der Gleichzeitigkeit kenne ich. Das ist die Selbstanklage in reinster Form. Eine Fliege im Sekt.

Ich O ja.

Er Kennen Sie den Schmerz der verrinnenden Zeit?

Ich Ich antworte mit einer Gegenfrage. Würden Sie die Sehnsucht nach ihr für die ewige Jugend eintauschen?

Er (schweigt)

Ich Übrigens, in meinem Leben habe ich schon viel Sekt mit Fliegen darin getrunken. Mit geschlossenen Augen.

Er Ihre Augen sind auch jetzt geschlossen, mon ami.

Das ist wahr. Ich öffne sie. Halb drei Uhr am Morgen. Ich sitze an der Schreibmaschine, in einem kleinen Zimmer in Berlin. Zurück an Bord!

Sechste Eintragung
(Wohin trägt mich das Schiff?)

Wieder auf dem schwankenden Deck. Ich: die Ellbogen auf der Reling, das Gesicht in beiden Händen. Gombrowicz ist verschwunden. Wo er war, unergründliche Leere. Wohin trägt mich dieses Schiff? Tatsächlich nach Montevideo?

Einerlei, wohin: wie es mich trägt, das ist anders als im Auto, im Zug, im Flugzeug. Obwohl von Motoren angetrieben, reißt es mich nicht aus der natürlichen Umgebung, isoliert es mich von der Außenwelt nicht so sehr, daß ich nicht das Wasser unter uns wahrnähme, das Urelement, das uns leicht auf seinem Rücken aus dem Nicht-Mehr zum Noch-Nicht befördert. In jener Nacht von Dienstag auf Mittwoch vereinten sich bei Gombrowicz Fluß und Zeit in ihrem Fließen. Die Strömung war so stark, daß er die Hände vom Gesicht nahm und die Reling umklammerte. Ein alternder Mann, verkörperte Unerfülltheit, außer an der Reling konnte er sich nur an seinem Selbstwertgefühl festhalten. Er nahm alle Kraft zusammen und riß diesen Augenblick heraus aus dem Fluß der Zeit, riß, hob ihn heraus. Ich stehe neben der Stelle, wo er stand, sein Platz ist nicht ausfüllbar, ist granithartes

Nichts in der Gestalt Gombrowicz', und plötzlich bemerke ich, daß das Schiff steht, nur das Wasser darunter fließt. Wieder scheint der Vollmond, die Erinnerungsbilder huschen vorüber, Eros erobert die Macht zurück, Gombrowicz hat gesiegt, hier kann sich nichts mehr verändern.

März 1993

Erste Eintragung

In Berlin steht in diesen Tagen eine dreiundzwanzigjährige Türkin vor Gericht, sie hat ihren Mann mit einer Axt erschlagen. Sie wurde in Deutschland geboren, aber in einer Familie, die sich innerhalb der großen türkischen Gemeinschaft seit rund dreißig Jahren die Religion, die Familienstruktur, das Werte- und Gewohnheitssystem, die Tracht, kurz, die gesamte Tradition des Islams bewahrt hat.

Der Angeklagten war als fünfzehnjährigem Mädchen von ihrem Vater befohlen worden, einen in der Türkei beheimateten jungen Mann zu heiraten, einen entfernten Verwandten, den sie nie gesehen hatte. Zu den Gründen des väterlichen Befehls gehörte wahrscheinlich, daß der junge Mann durch die Eheschließung im Rahmen einer Familienzusammenführung nach Berlin kommen könnte. Das Mädchen sträubte sich; offenbar hatte ihre Umgebung sie nicht völlig von der geistigen Luft Berlins isolieren können. Von da an bezog sie Prügel, nicht nur vom Vater, auch von den Brüdern, und die Mutter beschimpfte und bedrohte sie ohne Unterlaß. Zwei Jahre später fuhr die Familie zu einem Besuch in die Türkei, dort wurde der Druck unerträglich. Der Bräutigam wurde herbeigeholt. Nach der Eheschließung kehrten sie, vorerst ohne den frischgebackenen Ehemann, nach Berlin zurück. Neun Monate später brachte die junge Frau einen Sohn zur Welt. Dank der immer kleinlicheren Fremdenfeindlichkeit der Deutschen erhielt der Ehemann erst nach zwei Jahren eine Aufenthaltserlaubnis für Germanien. In diesen zwei Jahren lebte die junge Frau nicht besonders schlecht, die

Familie piesackte sie nicht, der Kleine machte ihr Freude, sie arbeitete in einem Konfektionsbetrieb. Aber mit dem Eintreffen des Familienoberhauptes begann das Prügeln von neuem. Nicht der Vater, sondern ihr Herr und Gebieter, der Ehemann, schlug sie, und zwar Nacht für Nacht. Erst vergewaltigte er sie, dann schlug er sie. Er befahl ihr, bis drei oder vier Uhr in der Frühe auf dem Bettrand sitzen zu bleiben. Wenn sie die Augen schloß, weckte sie ein Schlag. Der Mann bekam keine Arbeit, er konnte sich am Tag ausschlafen. Erfrischt und mit vollem Magen erwartete er am Nachmittag seine Frau. Er schritt die Strecke zwischen dem Konfektionsbetrieb und der Wohnung ab, dazu brauchte er siebzehn Minuten. Kam sie achtzehn Minuten nach Arbeitsschluß heim, brauchte sie auf die Prügel nicht bis zur Nacht zu warten. Einmal nahm sie Urlaub und riß aus. Drei Tage hielt sie sich bei einer Kollegin versteckt. Als sie am vierten Tag aus dem Haus trat, um Brot und Milch zu kaufen, nahmen ihre beiden Brüder sie in Empfang, schlugen sie nieder, traten sie auf der belebten Straße und schleppten sie nach Hause, zu Mann und Kind. Sie lebten noch ein Jahr zusammen. Eines Nachts, nach einer besonders brutalen Vergewaltigung und den anschließenden Schlägen, schlief der Mann ein. Die junge Frau huschte davon, holte die Axt und spaltete mit einem Schlag den Kopf des Gehaßten. Falls das Gericht sämtliche mildernden Umstände berücksichtigt, kommt sie mit vier bis fünf Jahren davon.

»Verdient hat sie's«, sagte ich zornbebend zu V.; wir saßen in ihrer Küche, »warum hat sie ihn nicht gleich im ersten Jahr totgeschlagen?« V. stellte das Weinglas weg und starrte mich an. »Wie unsensibel du bist«, sagte sie, »du hast keine Phantasie.« – »Stimmt, ich kann mir einfach nicht vorstellen, wie sie es vier Jahre ausgehalten hat, Tag für Tag. Was ist so einer für ein Mensch?« – »Deren Kultur ist so. Erinnerst du dich nicht an die junge Türkin damals, die von der eigenen Mutter …« – »Kultur? Sie verdient zwanzig Jahre«, knurrte ich, »sie hätte schon den Vater durch den Wolf drehen müssen.« – »Den Vater? Und die Brüder, die Schwestern, die Mutter, die ganze türkische Gemeinschaft und dazu die gesamte Verwandtschaft und die Freunde in der Türkei?« V.s

Wut konnte es mit meiner aufnehmen. »Mitsamt dem Urgroßvater, was?« – »Ja, auch den Urgroßvater«, schrie ich, »dieses ganze Gruselarsenal, die Diktatur der Familienoberhäupter, das Sklavinnenschicksal, das alles hätte sie zu Kleinholz machen müssen!«

Ich wußte natürlich, daß V. als Rechtsanwältin viele rechtlose Frauen und Mädchen samt den zugehörigen Männern kennt, und deshalb hatte sie recht, wenn sie meine hochtrabende Moralpredigt inhuman nannte. Wenn wir solche Fälle diskutieren, geschieht das meistens in der Form eines zähneknirschenden Dialogs von dieser Art. Derweil vergessen wir beide, daß der wahre Adressat meines Zorns der *menschliche Zustand* ist. Die jetzt angeklagte junge Frau ist zusammen mit vielen Millionen Schicksalsgefährtinnen an eine Felswand gekettet, Geier mit sehr gutem Appetit fressen ihre Leber, aber im Gegensatz zu Prometheus ist die Rebellion, diese tugendvolle Sünde, bei ihr nicht das Ergebnis natürlicher Möglichkeiten, sondern einer exzeptionellen moralischen Begabung, denn anders als in der griechischen Antike ist in der Kultur des Islams dafür kein Platz.

Zweite Eintragung
(Eine Novelle und ihr Rohmaterial)

Ein Frühlingsmorgen, der ins Freie lockt. Gombrowicz zieht sich an, will spazierengehen. Da klingelt es. Simon tritt ein. (Wer ist dieser Simon? Ein *compañero.*) Er setzt sich, aber irgendwie seltsam, ungewöhnlich. So spricht er auch (als hätte er »sich zu Hause vergessen«). Plötzlich zittert ihm die Oberlippe. Ein Bottich mit siedendem Wasser hat sich auf sein vierjähriges Töchterchen ergossen. Die Kleine ist seit vielen Stunden im Krankenhaus. Sie sitzen da, fast berühren sich ihre Nasen. Es wird unerträglich. Hinaus aus den vier Wänden. Gombrowicz wählt eine belebte Straße, damit sie in die Menge eintauchen können. Ein Wettlauf mit der Zeit: Das Sterben des kleinen Mädchens kann nicht ewig dauern, nur muß die Zeit, bis es soweit ist, ausgefüllt werden. Ein Obsthändler als erste Episode: Sie verlangen ein Kilo Äpfel. Der

Obsthändler lobt seine Äpfel. Gombrowicz weiht ihn in die Tragödie ein. Der Obsthändler antwortet brummig, verlegen, wiegt die Äpfel ab. Gombrowicz schreit: »Nehmen Sie die Äpfel zurück!«, und er läuft los. Simon mit dem Töchterchen ihm nach. Hundegebell als zweite Episode. Sie hasten die belebte Straße entlang, zwischen den Fahrzeugen und Passanten begleitet sie Gombrowicz' Schrei, dazu das Hundegebell, das dem Schrei einen animalischen Sinn verleiht. Ein Herr taucht auf, dritte Episode, und fragt nach einer Straße. Simon antwortet nicht. Gombrowicz antwortet nicht. Ihr tiefes Schweigen stößt den Herrn ins Nichts. Sie hasten weiter, vierte Episode, aus einem vorbeifahrenden Taxi der Schrei eines Papageis. Er läßt den Raum des Hundegebells und des Schreis von Gombrowicz wiederauferstehen, das Gemeinsame wird deutlich, das Animalische. Sie laufen weiter. Unvermutet gelangen sie auf einen Platz oberhalb des Flusses und des Hafens. Aus den Schornsteinen regloser Schiffe steigt Rauch. Sie bleiben stehen. Die tote Silhouette der Hafenbefestigungen. Zwischen der gläsernen Wasserfläche und dem wäßrigen Himmel Dunst, Nebel, Rauch. Fünfte Episode, raschelndes Papier. Simon tritt darauf. Ein leichter Windstoß, Rascheln. Beide starren auf das Papier. Erneutes Rascheln, unerträglich. Gombrowicz überlegt, Simon könnte ihn töten. Alle Episoden aneinandergereiht: der Schrei, die Tierlaute, das Rascheln des leblosen Dinges: wie das kleine Mädchen im Schmerz zum Tier, zum Ding wird. Er kann nicht warten, bis das Papier wieder raschelt, läuft davon. Hinter ihm Simon. Er entwischt, ein Bahnhof, er taucht in die Menge ein. Kasse. Eine Fahrkarte nach Tigre. (Warum gerade nach Tigre?) Hinter ihm verlangt jemand die gleiche Fahrkarte: Simon. Es gibt jetzt kein Weglaufen mehr. Langes Warten, Arm in Arm. Er und Simon und das zum Tier werdende Kind in Simon, und der Schmerz des Kindes, der jeden sinnlichen Eindruck nach seinem Bild formt. Im Zug. Eingekeilt in die Menge. Alle haben Ziele, nur sie nicht. Nach Tigre. Tigre, das ist der Tiger. Der Tigerschrei des vertierten Kindes. Flucht, sechste Episode, zwischen die enormen Schmerschichten eines Dickwanstes. Hier endlich ein wenig Sicherheit. Und plötzlich erhält er »unten von unten« einen furchtbaren Stoß. Oder eher ein Griff, siebente Episode. Vielleicht nicht Stoß und Griff, sondern ein Biß. Ein unverständlicher An-Griff, woher nur? Noch tiefer hinein in den Schmerz, aber es gibt kein Entkommen. Und jetzt, achte und letzte Episode, ein Kitzeln im Nacken. Wer kitzelt ihn? Der Dickwanst bestimmt nicht, auch nicht Simon. Zartes Kitzeln, tänzelnde Finger. Und das Kitzeln verbrüdert sich mit dem Tier, um wie mit einem Messer auf den noch ungeschrienen, unfaßbaren Schrei loszugehen.

Pardon, Monsieur Gombrowicz, pardon, pardon. Verziehen Sie nicht erst den Mund, ich weiß allein, daß ich das nie hätte tun dürfen. Aber jetzt habe ich es getan, und nichts läßt sich rückgängig machen. Ich habe eine Novelle zusammengefaßt, die ihre Kraft gerade aus der anschaulichen Entfaltung der in ihr enthaltenen Episoden schöpft. Ich weiß doch, daß man den Inhalt einer Erzählung ebensowenig erzählen kann wie den eines Violinkonzertes. Meine eventuellen Leser ersuche ich, das Originalwerk im Ganzen zu genießen, sie finden es auf den Seiten 678 bis 690 der deutschen *Tagebuch*-Ausgabe.

Zu dem Attentat habe ich mich verstiegen, weil ich meinte, hier habe vor unseren Augen eine tatsächlich geschehene Geschichte literarisch Gestalt angenommen, gleichsam während des Erzählens, und ich wollte den Augenblick packen – auch beim Fliegen ist das für mich am aufregendsten –, wenn wir uns nach beschleunigtem Anlauf vom Boden der Realität in die Höhe erheben. Ich wußte im voraus, daß der Stil nicht auf die Spur führen konnte. Die literarische Stärke der Gestaltung ist schon auf den ersten Seiten augenfällig. Nachdem Simon mühsam hervorgebracht hat, was seinem Töchterchen zugestoßen ist, beschreibt Gombrowicz die eintretende Situation so: »Ich verstummte dennoch, auch er verstummte, und wir saßen da, sozusagen Nase in Nase. Auge in Auge. Hand in Hand. Fuß in Fuß. Knie an Knie. Tête-à-tête.« Das ist nicht der *Tagebuch*-Stil, sondern der Stil der Gombrowiczschen Prosa. Nur suchte sich dieses Schreiben auch im *Tagebuch* einen Platz. Das »Ich« ist wirklich Gombrowicz' Ich, dasjenige, welches wir aus dem *Tagebuch* schon kennen. Die Anfangsszene ist mit Sicherheit real: Die kleine Tochter eines Freundes oder Bekannten wurde in bedenklichem, vielleicht lebensgefährlichem Zustand ins Krankenhaus eingeliefert. Der Betreffende schleppte seine Verzweiflung zu Gombrowicz, aber im Zimmer hielten sie es nicht aus, Gombrowicz schlug einen Spaziergang vor. Mein Instinkt flüstert mir zu, daß es wirklich so oder ähnlich war. Wahrscheinlich ist auch das schöne Frühlingswetter nicht erfunden, obgleich der Kontrast zwischen den schlimmen Schmerzen des Mädchens und der blühenden Natur durchaus ein Einfall des Autors sein kann. Ein haarsträubender Spaziergang schloß sich an, zwei Spuren verliefen nebeneinander, die von Simon aus Schweigen, die von Gombrowicz aus dem Schrei heraus, den er beim Obsthändler ausstieß. Die Obsthändler-Episode könnte ebenfalls geschehen sein, so, wie wir sie lesen. Sie wollten ein Kilo Äpfel kaufen, aber das leicht genüßliche Idyll des Apfelessens und die ungeheuren Schmerzen des Mädchens paßten nicht zueinander. Die unwirsche Haltung des Händlers löste bei Gombrowicz Entsetzen aus. Der Händler fühlte den Widersinn der Situation, hatte aber nicht die Kraft – konnte sie nicht haben –, entsprechend zu reagieren, und damit provozierte er Gombrowicz' Schrei. Damit ging das Entsetzen, bisher das Geheimnis von Simon und Gombrowicz, ins gemeinsame Eigentum des Menschengewimmels über. Die späteren Episoden sind durchweg denkbare Spaziergangs- und Reiseerlebnisse, und ich nehme gerne an, der Schriftsteller hat sie an diesem schrecklichen Tag gesammelt. Doch von Bedeutung ist das nicht mehr für mich; einerlei, wann sie und ob sie überhaupt stattfanden, wichtig sind nicht ihr Inhalt und ihr Stoff, sondern die Art und Weise, wie Gombrowicz sie zueinander und zu den Qualen des sterbenden Mädchens ins Verhältnis setzt. Das Animalische des Schmerzes macht die leidende Person zu einem bloßen Objekt, und den davor flüchtenden Erzähler schnappen von den unzähligen gedachten Bezügen der Episoden genau die bei der Kehle, die in das Tierische, das Verdinglichte, das Schreien zurückleiten: in das also, wovor er flieht. Neben ihm sein Freund, der Vater, den vielleicht die unheilvollen Signale von draußen gar nicht erreichen, und wenn er sie wahrnimmt, muß er sie nicht auf das Sterben des Töchterchens beziehen, denn er trägt es in sich. Das gebietet ihm das

Schweigen; diese bedrohliche Stille ist fürchterlicher als das Schreien des Erzählers. Und als auf dem bewegungslosen Platz die Stille die Oberhand über das Rascheln des Papiers gewinnt – wie es kurz zuvor geschah, als der Herr um Auskunft bat –, wird aus dem psychischen Versuch, zu fliehen, physische Realität. Gombrowicz verwischt die Grenze zwischen der Realität und den Produkten der Imagination und setzt, vom unmittelbaren Erlebnis ausgehend, das Material seiner Erfahrungen und seiner Phantasie zu einer Struktur zusammen, in der sich alle Motive aufeinander beziehen, und zwar nicht auf logischem Weg, sondern über die sinnliche Wahrnehmung. Diese Anschaulichkeit erreicht die behandelte Erzählung vor allem mit musikalischen Mitteln – mittels Lauten, Stimmen, Geräuschen und deren Verstummen – sowie mit dem Kontrast zwischen Dichte und Leere: Straßen, auf denen es von Menschen wimmelt, das Gedränge auf dem Bahnhof, das noch größere Gedränge im Zug, schließlich der Dickwanst: der einsame Schmerz des kleinen Mädchens zuckt durch die fremden Fleischwülste. Gespenstisch wirkt, damit verglichen, die Leere zwischen dem Fluß und dem Hafen; hier stellt sich dem Schmerz nichts entgegen, schon ein Papierrascheln kann verhängnisvoll sein. Hier angelangt, lösen sich die Antinomien der handgreiflichen Realität und der Phantasie: Wir befinden uns in dem nach Gombrowicz benannten eigengesetzlichen Reich, auf einem uns zugewiesenen Weg.

Aber das Kitzeln im Nacken, die letzte Episode – was bedeutet es, wie kommt es hierher, und wo führt es hin?

Dritte Eintragung
(Über den Teufel der Atheisten)

Die Attacke »unten von unten« und das Kitzeln im Nacken gehören zusammen. Den Überfällen – dem von den zusammengepreßten Beinen und dem von hinten her – ist der Erzähler in dem Augenblick ausgesetzt, als er sich zum erstenmal seit Beginn der Geschichte heimisch fühlt, eingebettet ist in die Wülste des Dickwanstes, geschützt von der Wärme seines Hemdes, das nach Vanille und nach Schweiß riecht.

»Hier war es still und gut, hundert Meilen entfernt von dem dringenden ... Problem ...«, der Dickwanst ist die geruhsame Seite der Welt, ein Reich des entspannten Ermattens. Aber wie sagt Faust zu Mephisto?

> Werd ich beruhigt je mich auf ein Faulbett legen,
> So sei es gleich um mich getan!
> Kannst du mich schmeichelnd je belügen,
> Daß ich mir selbst gefallen mag,
> Kannst du mich mit Genuß betrügen:
> Das sei für mich der letzte Tag!

Auf dem Faulbett des Dickwanstes ruhend, forderte der Erzähler Mephisto zum Handeln heraus – der Biß ins Bein und das Kitzeln im Nacken sind so unbegreiflich, weil beides nur ihm zuzuschreiben ist. Gombrowicz nennt den nicht bestehenden Zusammenhang zwischen dem Kitzeln und dem TIER eine »höllische Kombination«, »geheime Verständigung«, »Verschwörung«. Aus ihrer Vereinigung entsteht etwas, das Gombrowicz in einer Notiz zu dieser merkwürdigen Erzählung als »eingebildeten Teufel« bezeichnet. Aber mag er auch ein Produkt der Einbildung sein, er verkörpert eine reale Drohung, weil er den Schmerz ausstrahlt. Für Gombrowicz ist die Kombination des Kitzelns mit den Schmerzen des kleinen Mädchens eine neue Modulation des Teuflischen. Seiner Beurteilung nach können wir zum Schmerz anderer nur mit Hilfe des Teuflischen vordringen, und hierbei steht uns ein langer Weg bevor, ganz zu schweigen von dem noch bedrohlicheren und noch längeren Weg, der zum vollen Erleben unseres eigenen Schmerzes – um aus der Erzählung zu zitieren: zum »noch ungeschrienen Schrei« – führt. Der Kunst, die uns hierher geleitet, schreibt Gombrowicz eine »dämonische Rolle« zu.

Was bedeuten die Ausdrücke »teuflisch«, »höllisch« und »dämonisch«, wenn sie von einem Menschen benutzt werden, der nicht an Gott glaubt? Es gibt Sekten, die den Satan verehren; sie sehen die Welt als Werk des Teufels, als von ihm gesteuerte Schöpfung an. Doch das ist nur ein leicht durchschaubares Spiel mit Wörtern, denn ein Teufel oder Satan dieses Schlags verfügt über göttliche Befugnisse, nur daß statt des Guten das Böse zu seinen ewigen Attributen gehört, was aus erkenntnistheoretischer Sicht ein nicht erwähnenswerter Unterschied ist. Gombrowicz aber verwendet die obigen Ausdrücke in ethischem Sinn. »Die Literatur ist nicht die Entdeckung Gottes, sondern die Entdeckung des Satans. Wie hilflos ist die Literatur – und die Kunst überhaupt – angesichts Gottes! Angesichts der Tugend! Sie hat nichts, aber auch nichts zu diesem Thema zu sagen – sie, die so sinnlich ist, so ganz im ›Verkörpern‹ aufgeht.« Eigentlicher Nährboden der Kunst ist die Sünde. Die Vertierung, die Verdinglichung, die von den Schienen der Ratio auf rätselhafte Weise abzweigenden grotesken Zwangsbahnen und Verbiegungen sind allesamt Stationen der Sünde, und nur auf dem mühevollen Weg durch sie hindurch können wir zum Fundament unseres Seins gelangen, zum Schmerz. Gombrowicz stützt seine Theorie mit noch einem Argument ab: weder Gott noch Tugend bewegen sich, denn sie haben die Vollkommenheit erreicht – aber das Lebenselement für die Kunst ist Bewegung, die sie nur in der Sphäre der Sünde finden kann.

Wäre ich auf Streit aus, müßte ich nur den Namen Antigone einwerfen. Oder Romeo und Julia, Don Quijote. Angesichts von Unschuld und Tugend erweist sich die Literatur nicht unbedingt als hilflos, im Gegenteil, mitunter gelingen ihr so Spitzenleistungen. Zwar bewegt sich in diesen Fällen die Tugend im Bereich tödlicher Bedrohung – aber sie bewegt sich! Sie wird der Welt des Bösen konfrontiert und scheitert auf tragische oder komische Weise. Die Welt der Sünde wiederum entfaltet sich, wenn sie der Tugend konfrontiert ist.

Gombrowicz' zitierter Standpunkt und die gegen ihn anführbaren Argumente verlieren ihren Sinn, wenn wir den Teufel mit den Worten Goethes definieren: »Ich bin der Geist, der stets verneint« – mit diesen Worten stellt sich Mephisto dem Faust vor. Wenn Verneinung der Teufel ist, dann gehört in einer ungerechten (also bösen) Welt ihm die tugendsamere Rolle. In diesem Fall ist das Aufbegehren Antigones eine teuflische Tat, die die bestehende Weltordnung gefährdet. Wenn Verneinung der Teufel ist, dann durchdringt er die Widersprüche, die stetig das Gleichgewicht unserer äußeren und inneren Welt gewährleisten und gefährden. Die Anfangszeile des 19. Heiligen Sonetts von John Donne »Oh, to vex me, contraries meet in one« stellt die Unterscheidung zwischen Tugend und Sünde, Gott und Teufel als unsinnig hin. Beide können, miteinander verschmelzend, nur existieren, wenn sie ihrem eigenen Gegensatz Sinn geben.

• Wenn der Teufel Verneinung und Widerspruch ist, bin ich seit meiner Jugendzeit ebenfalls Satanist. Um in Gombrowicz' Erzählung zurückzukehren: Den Gegensatz zwischen der mit Obstverkäufern, Hundegebell, Papageiengeschrei und Papiergeraschel normal (!?!) funktionierenden Welt und dem Leiden des verbrühten Mädchens möchte ich mit einem Ausdruck, den ich schon an anderer Stelle verwendet habe, als Schande der Gleichzeitigkeit bezeichnen. Gombrowicz artikulierte diese Schande so, daß er die aus der Sicht des Mädchens absolut gleichgültigen Episoden auf das Kind, genauer: auf dessen mit direkten Mitteln nicht auszudrückendes Leiden bezog. Dabei leitete ihn nicht die Antinomie der Sünde und der Tugend, des Teufels und Gottes. Mit moralischen Kategorien findet man keinen Zugang zu einer Welt, die einem Leid dieser Art eine Heimstatt bietet, und das nicht einmal aus böser Absicht. Es kommt das beängstigende Gefühl von Absurdität auf, eine vom Schmerz herrührende absurde Angst.

Nichts zeigt besser, wie gut Gombrowicz sich selbst kannte, als daß er am Ende seiner Gedankenkette seine abstrakten Überlegungen zu »Tugend und Sünde«, »Gott und Teufel« einfach ignoriert und feststellt, sein Teufel habe »immer weniger mit dem Problem der Moral zu tun, er ist unabhängig von Sünde und Tugend. Er ist kein ›artikulierter‹ Satan. Er ist aus Dunkelheit. Aus dem Absurden. Ist weder Versuchung noch Strafe, sondern einzig und allein aus Schmerz. Ist unverschuldet.« Das ist nun schon ein anderer Satan als der Goethes: ein Geist nicht des Verneinens, sondern des Mitleids. Aber er nährt sich nicht aus Rührseligkeit, sondern schleicht zu seinem Objekt aus dem Dunkel des Nichtverstehens. Indem ich ihm zu folgen versuche, erwacht meine Sympathie für ihn. Ich möchte ihn in mir mit dem Teufel der Verneinung versöhnen.

Vierte Eintragung
(Der einzelne als Abstraktion)

Gestern nacht in der BBC: staatlich hergestelltes Arsenal von Leichen in Salvador. Retrospektive. Der widerwärtigste Terrorismus ist der staatliche. Frei vom Risiko einer Strafe. Die salvadorianischen Todesbrigaden mordeten landesweit, die Regierung hielt ein Auge geschlossen, mit dem anderen zwinkerte sie aufmunternd. Bischof Romero, der protestierte, wurde 1980 umgebracht. Der Hauptverantwortliche für den Mord (seinen Namen und seine Funktion habe ich nicht verstanden) starb vor ein paar Jahren an Krebs. Während ich die Leichen betrachte (retrospektiv), erfahre ich, daß einer der Rädelsführer beim Morden, der Kriegsminister, jetzt seinen Rücktritt anbot. Was ist mit dem anderen Massenmörder, dem Innenminister? War er der Krebskranke? Auch die Guerillas auf der anderen Seite waren mit Hinrichtungen beschäftigt; sie hatten sich vornehmlich auf Bürgermeister spezialisiert. Im Bild erscheint der gegenwärtige Staatspräsident, ein ziemlich junger Mann, der wie ein Beamter wirkt, er schlägt eine Generalamnestie vor. Und schon befinden wir uns in Somalia: nackte Verhungernde in großen Massen. Wieder Kinder, deren Köpfe von Fliegen übersät sind. Ein riesiges greises Skelett, im Gesicht zweitausendjährige Falten. Ein UNO-Angestellter deutet auf einen Kinderhaufen: für die kommt jede Hilfe zu spät. Hoch über dürren Beinen ein winziger, welker Kinderpopo. Das letzte Wort benutze ich mangels eines besseren: dieses Etwas kann man nicht tätscheln, sein äußeres Bild hat sich von seiner Funktion gelöst.

Innerhalb von fünf Minuten Salvador, Somalia: Wie können wir zum Schmerz dieser Menschen vordringen? Könnten wir den Erfolg überleben? In alten Märchen und Sagen locken böse Geister den arglosen Wanderer in den Sumpf. Nennt Gombrowicz die Kunst, die sich zum Schmerz hinbewegt, nicht deshalb dämonisch, weil die Zielankunft der Tod ist? Er als Schriftsteller heftet den Blick auf das Leid des einzelnen. Das verbrühte Mädchen, Herrin über den noch ungeschrienen Schrei, ist ein konkretes, reales Wesen. Die Masse ist eine Abstraktion, eine Menge von realen Wesen. Und dennoch, während ich auf den Bildschirm, auf die nebeneinander gelegten salvadorianischen Leichen und die somalische Knochenkollektion starrte, dachte ich daran, daß diese Masse die unmittelbare Realität ist, aus der wir nur durch Abstrahieren zum einzelnen gelangen. Der gemeinsame Hunger beseitigt das individuelle Schicksal und degradiert die Unterschiede zwischen empirischer und sinnlicher Wahrnehmung zur Belanglosigkeit. Die Stärke, aber zugleich auch die Schranke der schriftstellerischen Phantasie besteht darin, daß sie nur zu Individuen Brücken schlagen kann.

Fünfte Eintragung
(Über die Masse)

»Es gibt niemanden, von dem ich sagen könnte / Er hätte Freude an meinem Elend gehabt« – nicht nur das Leid ist zahllos und unpersönlich, auch seine Ursache. »Ich habe Gehenkte beweint«, sagt Attila József im selben Gedicht. Ich ebenfalls. Auf wen hätten wir zeigen können, daß er Freude am Anblick der baumelnden Körper gehabt hätte? »Ich habe von ranzigem Speck gelebt, während alle Unternehmen blühten« – wer rieb sich glücklich die Hände, daß József in Zeiten wirtschaftlicher Prosperität nur ranzigen Speck und nichts anderes zum Beißen hatte? Das mit dem Speck aber ist ein individuelles Schicksal. Die Specklosigkeit, die Erbsenlosigkeit hingegen … Wer hat Freude an den Aufnahmen der Verhungernden in Somalia?

Das Wissen um das unermeßliche Leid, hervorgerufen von den unbegreiflichen, unpersönlichen Kräften, greift das Individuum in seiner Eigenschaft als Individuum an. Der Anblick gleicht dem von Fischen im Schleppnetz am Ufer: zappelnde, zuckende, emporschnellende und zurückfallende Leiber. Ihr Bild setzt sich als Ganzes in uns fest, selbst wenn wir sie einzeln verzehren.

An einem Montag im Jahr 1961 verspeiste Gombrowicz irgendwo einen wohlschmeckenden Fisch.

Gewimmel auf einem Bahnhof. Gombrowicz will zu Freunden fahren, sich von Buenos Aires erholen.

Gewimmel im Zug.

Dann Anstehen an der Bushaltestelle. Hinter ihm und vor ihm Steiße und Nasen. Die Masse. Auch hier noch, zwanzig Kilometer von Buenos Aires entfernt, so viele Menschen. Gombrowicz muß kotzen. Einmal, wieder, noch einmal. (»Womöglich übertreibe ich«, merkt er an.) Er kotzt und kotzt, und niemand kümmert sich um ihn, und er steigt in den überfüllten Bus und denkt daran, daß in Buenos Aires fünf Millionen durchschnittlich fünfmal am Tag aufs Klo gehen. Er überlegt, wie viele in diesem Augenblick in Buenos Aires kotzen, vielleicht hundert, hundertfünfzig? Das Problem der Masse bedrängt ihn und füllt seine Tage in der Provinz aus. Wenn er an die Menschenschicksale denkt, überwältigt ihn Mitleid, er möchte weinen, da kommt auf einmal über eine erbärmliche Wiese in der Nähe des Einkaufszentrums – Proletarierhütten im Hintergrund – eine schmutzige, plumpe, unförmige Masse auf ihn zu, und erneut erwacht sein Ekel. »Ich bin ein Mensch – gewiß. Aber einer von vielen. Von wie vielen? Wenn ich einer von zwei Milliarden bin, so ist das nicht das gleiche, als wenn ich einer von zweihunderttausend wäre.« Vor dem bedrückenden Bewußtsein der Masse flüchtet er in Gedanken zu Helena, dem geistesgestörten Dienstmädchen seiner Gastgeber. Zum natürlichen Element des Schriftstellers, dem persönlichen Schicksal. Er redet sich ein, das massenhafte Leid bereite ihm Überdruß – lieber sehe er nach, was Helena in der Küche mache. Darüber kann er aber nicht lange nachgrübeln, denn ein neuer lächerlicher Gedanke fällt ihn an: Auch das Mitleid ist austauschbar. Wenn er sich Helenas nicht erbarme, werde sich ein anderer ihrer erbarmen. Er zwingt sich, laut zu sagen: »… lächerlich finde ich das Erbarmen in solchen Mengen« – das massenhafte Leid ist also langweilig, das massenhafte Mitleid lächerlich, doch alle diese Befunde und Urteile füllen nur eine Lücke aus, stehen für etwas anderes. An einem argentinischen Abend auf die Straße tretend, gewahrt Gombrowicz, der Prophet und Dichter des Ich, im weißlichen, elektrischen Nebel, daß durch das Leid und Mitleid auch er ein Teil der Masse ist. So verstehe zumindest ich sein Erschauern angesichts der unwirklich nahenden Nacht, die ihn gleich erdrücken, zertreten wird.

April 1993

Erste Eintragung
(Der letzte Gang)

An einem regnerischen Samstagabend stößt Gombrowicz, in einem Café in Buenos Aires sitzend, in einer polnischen Emigrantenzeitschrift auf einen Bericht: Eine Autoren-Jury berät, wem der Preis für das beste Buch des Jahres 1961 zuerkannt werden soll. Der gut informierte Berichterstatter weiß sogar über das Menü Bescheid, während dessen Verzehr die Entscheidung fällt. Mein Herz schlägt höher, als ich lese, daß es sich beim vorletzten Gang um »Paupiettes de veau hongroise«, also um Kalbsrouladen nach ungarischer Art handelt, und mir gefällt auch der Name des letzten Gangs: »Soufflé grand succès« – Schaum darf bei so respektablen Beratungen nicht fehlen. Gombrowicz sieht sie geradezu vor sich, »diese rührende Imitation einer Akademie und Imitation von Literatur«, glaubt die Reden, Komplimente, Anekdoten und Schmeicheleien zu hören – all das, womit zwölf ältere Männer einander stützen können. »Und warum sollten sie sich nicht gegenseitig stützen, da die Mehrzahl von ihnen (abgesehen von rühmlichen Ausnahmen) sich nur mühsam mit eigener Kraft auf den Beinen hält?« Gombrowicz witzelt über ihre »hochanständige Geistesohnmacht« und berichtet dann noch über einen äußerst ungewöhnlichen Streich, über den allerdings im Bericht nichts zu lesen war. Jemand, von dem man in besseren Kreisen nicht spricht, der »verhaßt ist, verdrängt ins finsterste Verließ des Unbewußten«, hat sich klammheimlich an den üppig gedeckten Tisch geschlichen, gerade, als der letzte Gang an der Reihe war, und den »grand succès« geklaut, um ihn auf der Stelle aufzufuttern – für die alten Herren blieb nur der Schaum zurück.

Zweite Eintragung
(Literatur-Verdrießlichkeiten)

Ich war entschlossen, mir systematisch meine literarischen Ärgernisse von der Seele zu schreiben. Also tippte ich rund zwei Dutzend Seiten aufs Papier, Klageliste, Analyse, Rachestiche, danach war ich erleichtert und schrieb mühelos einen hübschen Artikel, der längst fällig war. Dann las ich mein Ärgernisregister und lachte mich aus: wie hatte ich mir all diese Dinge zu Herzen nehmen können, die sich ebensogut mit einem Witz erledigen ließen? Ich sollte mich schämen, daß mir nicht ein so guter Scherz eingefallen war wie der zuvor zitierte von Gombrowicz.

Gut und schön, aber ich bin einer, der Essensreste nicht mal sehen kann, ich verputze sogar, was meine Freunde übriglassen, ich tunke das Fett aus der Pfanne auf, ich esse den Apfel samt Gehäuse. Mit Geld gehe ich nachlässig um, aber einen Brotkanten werfe ich nicht weg, und wenn er zehn Tage alt ist. Wie könnte ich dann diese Seiten wegwerfen? Das Herz würde mir brechen. Ich lege also nochmals los, um zu retten, was zu retten ist.

Ich habe in diesem Buch schon erzählt, daß ich bei meiner Entlassung aus dem Gefängnis ein Land vorfand, das mit schlechtem Gewissen unterwegs in die Konsolidierung war und dessen geistige Führer die Machtusurpatoren mit unwiderruflichen Gesten beschenkten. Auf diese unerwartete Situation reagierte ich verzweifelt, manchmal hysterisch. Für meine Generationsgefährten – darunter frühere Freunde – war ich ein zu unpassender Zeit aufgetauchtes Memento. Die Konsolidierung belegte uns mit selektiven Tabus. Ein Thema, über das nicht gesprochen werden durfte, war zum Beispiel die 56er Revolution, die in wechselndem Maße zwar, aber doch im Leben fast aller namhaften Schriftsteller eine Rolle spielte. Nun sind Schriftsteller Freigeister, und um die Verbote der Politik nicht hinnehmen zu müssen, stellten sie sich wie nach einer stillschweigenden Vereinbarung auf den Standpunkt, politischer Eifer sei in der Literatur unzeitgemäß. Ich aber hatte schon im Gefängnis politische Gedichte geschrieben und hörte damit nicht wieder auf.

In der Publizistik – die ich seit Mitte der sechziger Jahre betreibe – wurde ich von der maßgeblichen Öffentlichkeit schon bald akzepiert, zumal ich mit Schwejkscher Listigkeit, von Vorwand zu Vorwand springend, unsere gemeinsamen Nöte aufs Korn nahm. Dennoch dauerte es nicht lange, bis zwei Konfliktquellen zu sprudeln begannen. Zum einen stellte sich heraus, daß die »Wände« – das war eine Lieblingsmetapher der Zeit nach dem gleichnamigen Film von András Kovács – nicht dort aufragten, wo Intellektuelle mit nicht ganz weißer Weste sie vermuteten. Die Wände weichen gelegentlich zurück, oder sie lassen sich zurückschieben, unter Umständen kann man sie hier und da eindrücken, da sie nicht immer und nicht überall gleich hart sind. So konnten die Verfechter der Metapher, die ihre moralische Kraft aus dem Postulat bezogen, man müsse bis zu den Wänden – bis zur äußersten Grenze des vom Kádársystem angebotenen Kompromisses – gehen, der Frage nicht ausweichen, ob sie bis dorthin wirklich gingen. Meine Artikel hinderten sie mit ziemlicher Regelmäßigkeit daran, die Frage gutgläubig zu bejahen. Obendrein gerieten sie in diese ungemütliche Situation durch eine verdammt links, ja, o Gott, marxistisch eingestellte Person, wie ich sie damals war. Daraus ergab sich der zweite Konflikt. Dies sage ich jetzt nicht mißbilligend, ich stelle lediglich fest: Den ihren Sonderfrieden mit schlechtem Nachgeschmack genießenden wirklich guten Schriftstellern fehlte die linke Gesinnung. »Pista«, sagte Sándor Weöres in einer Gesellschaft einmal zu mir, »deine Artikel lese ich immer.« Gerührt von den Worten des großen Dichters murmelte ich: »Freut mich, daß sie dir gefallen.« – »Sie gefallen mir nicht«, rief Weöres mit staunender, hoher Stimme, »ich lese sie!« Das nenne ich Anerkennung!

Meine Abgeschiedenheit – fast hätte ich geschrieben: Einsamkeit, aber dieses Wort paßt zu verquälten Seelen – verstärkte noch der Umstand, daß ich mich immer weniger an der ungarischen Wertordnung orientierte. In den frühen sechziger Jahren hatte ich angefangen, eine Satire zu schreiben: Der Diktator eines Kleinstaates fährt mit der Bahn ins Nachbarland. Zwei Kilometer hinter der Grenze will der Schaffner seine Fahrkarte sehen. In der Heimat hängen sogar in den Friseurgeschäften riesige Porträts des Diktators – hier kennt ihn kein Schwanz. Ich hatte eine politische Satire vor Augen, aber ich mußte einsehen, daß fast die gesamte ungarische Kultur das Schicksal meines ausgedachten Diktators teilte. Ich könnte das unserer sprachlichen Isolierung ankreiden, durchbrachen doch die spärlichen Ausnahmen – in erster Linie Bartók und Lukács – nicht mit sprachlichen beziehungsweise nicht mit ungarischsprachigen Mitteln die Grenzen. Aber dieser Umstand allein kann nicht jahrhundertealte, zählebige Tatsachen erklären. Mit dem Odium des Provinzialismus unserer historischen Entwicklung sind auch nichtprovinzielle Persönlichkeiten belastet.

Da das Ungartum seit 1867, von kurzen Unterbrechungen abgesehen, mehr oder weniger in schäbigen Kompromissen lebt, war die mit der jeweiligen Führungsschicht verflochtene Intelligenz darauf eingestellt, um jeden Preis das kleinere Übel zu lieben. Den Erfolg dieser Strategie beweist die in vielem vergleichbare Laufbahn der drei Langzeitherrscher Franz Joseph, Horthy und Kádár: alle drei traten ihr Regiment als Massenmörder an und schwangen sich binnen einiger Jahrzehnte zu liebenden und geliebten Vätern der Nation empor. Außer den bezahlten Kulturburschen halfen ihnen bei diesem akrobatischen Kunststück, zuweilen unbeabsichtigt, auch vornehme Geister mit ihrer distinguiert resignierten, elfenbeinturm-betonten, zynischen oder antiintellektuellen Haltung.

Was die Kádárära betrifft: da hatten die Schriftsteller wirklich um etwas zu fürchten. Wer nicht die Existenzberechtigung der bestehenden Machtstruktur in Frage stellte, durfte immer freier schreiben, ohne ideologische und formale Verpflichtungen. Die Schriftsteller mußten sich für diese in unserer geopolitischen Zone einzigartige Möglichkeit einreden, unsere öffentlichen Zustände seien verhältnismäßig großartig.

Auf dieses selbstbetrügerische Spiel habe ich mich – dank meinem Glücksstern, der mich nach der niedergeschlagenen Revolution nicht in die beginnende Konsolidierung, sondern in den Knast führte – nie eingelassen. In meinem Stück *Der Staatsmann und sein Schatten* (1972) überlegt Széchenyi kurz vor seinem Selbstmord: »Wenn wir nur zwischen zwei Übeln wählen können, bezeichnen wir das kleinere Übel als gut. Ist das richtig? Ich glaube, ja. Aber was geschieht, wenn sich von dem kleineren Übel herausstellt, daß es unerträglich ist?« Ein viertel Jahrhundert lang war dies mein innerstes existentielles Problem. Deshalb fand ich nach der Entlassung aus dem Gefängnis nicht ins literarische Leben zurück, deshalb blieb ich ein Außenseiter, fast ein Emigrant, durch und durch unzeitgemäß.

Nachträglich halte ich das alles für ein großes Glück, wenngleich ich unter meinem Außenseitertum und vor allem unter dem Fehlen von Anerkennung so manches Mal litt. Heute verstehe ich kaum noch, wie ich jahrzehntelang wieder und wieder Theaterstücke für die Schublade schreiben konnte, während meine veröffentlichten Texte gegen eine Mauer des Schweigens prallten. In Lyrik und Prosa äußerte ich mich selbstbewußt »über die verborgenen Zusammenhänge zwischen dem Glück und den Verdiensten«, aber der Ausgang des Spieles beunruhigte mich oft.

Gombrowicz, der stärker und vor allem mit mehr Grund unter der Gemiedenheit litt, schreibt in den postum erschienenen *Polnischen Erinnerungen*: »Doch besitzt der Künstler die innere Überzeugung, und wäre sie auch nur halbbewußt, daß das, was er macht, gut ist und wichtig, dann genügt es, wenn ein oder zwei Personen ihn bestätigen, und schon gewinnt er die Sicherheit, daß sein Werk so gelesen werden kann, wie er sich's gewünscht hat.« Auf die vergangenen Jahrzehnte zurückblickend, empfinde ich Dank, unaussprechlichen Dank gegenüber einigen Frauen, die mir dieses Überwintern ermöglichten.

*

Auf die Frage, wie man sich von seiner einmal erkannten Unreife befreien kann, sind nur individuelle Antworten möglich. Bevor ich auch nur den Namen Gombrowicz' kannte, fand ich Anregung und Wegrichtung in den Texten Brechts. Er sagt, daß das Denken eine ebenso elementare Leidenschaft sein kann wie die Liebe oder die Todesfurcht. Doch wenn es eine Leidenschaft ist, ist es auch künstlerischer Stoff, der auf Gestaltung wartet. Diese Erkenntnis ist Frucht meines privaten Glücks; ich kannte nicht nur aus der Literatur, sondern auch aus dem Leben recht gut etliche Fausts und Hamlets, die in diese Leidenschaft vernarrt waren. In dem künstlerischen Vakuum, das mich nach der Entlassung aufsog, und in dem Gefühlschaos, das in mir ausbrach, erwartete ich vom Denken als künstlerischem Prinzip instinktiv, daß es mich zu irgendeiner Synthese brächte. Auf dieses Prinzip legte ich nicht nur in Essay und Publizistik, sondern auch in Lyrik und Dramatik großes Gewicht, wobei ich mich auf die Tragfähigkeit dieser Gattungen verließ. Ich meinte, in unserer Welt, deren Fortbestehen von unglaublich komplizierten, vielschichtigen, stetig miteinander kämpfenden Interessen gewährleistet und gefährdet wird, stelle das Wollen eines auch im Zwiespalt einheitlichen künstlerischen Weltbilds den Intellekt vor eine ehrgeizige Aufgabe. Die naive Einheit, die in den religiösen Weltbildern lebt und die von Homer bis Tolstoi gelegentlich in der Kunst zustande kam, läßt sich seit dem Ersten Weltkrieg nicht mehr herstellen. Sie scheitert am elementaren Erlebnis dessen, was Ady mit »Alles Ganze ist zerbrochen« beschreibt. Die großen Meister der Avantgarde bauten ihr Werk eingestandenermaßen aus Scherben zusammen. Oder sie benutzten eine einzige dafür, etwa die des Endpunktes, wie der Dramatiker Beckett. Oder sie suchten mit Hilfe intellektueller Synthesen den Weg zurück zur verlorenen Ganzheit, wie Musil, Thomas Mann und Brecht. Oder sie bedienten sich mehrerer Methoden gleichzeitig, wie Gombrowicz.

Natürlich wußte ich, daß die Intellektualisierung in meinem Fall auch den zwangsläufigen Schranken meiner künstlerischen Möglichkeiten entsprang. Mir mangelt es an der Fähigkeit, das Leben der Menschen umfassend darzustellen und (was ich bei vielen Klassikern so sehr bewundere) ihre Gegenständlichkeit reich und umsichtig lebendig werden zu lassen. Ich muß mich auch damit abfinden, daß ich Geschichten meistens nur in ihrer gedanklichen Konzentriertheit erzählen kann. Dieses Defizit wollte ich für mich und mein damals kaum erst erhofftes Publikum wettmachen, indem ich in meinen Dramen die gedanklichen Konflikte in Situationen tödlicher Bedrohung entwickelte und in meinen Gedichten …

O nein, in diese Falle krieche ich nicht. Ich berufe mich nur auf das, was Brecht 1927 gesagt hat: »Alle großen Gedichte haben den Wert von Dokumenten. In ihnen ist die Sprechweise des Verfassers enthalten, eines wichtigen Menschen.«

Dritte Eintragung
(Eine sehr entfernte Assoziation)

In meinen ersten acht Schuljahren interessierte mich in erster Linie der Fußball. In den Halbjahreszeugnissen standen in der Regel ein paar Ungenügend, die ich bis zum Jahresende im Schweiße meines Angesichts in Genügend umwandelte. Als Fünfzehnjähriger, da beschäftigte ich mich auch schon mit Literatur, bekam ich für einen Hausaufsatz über das Babits-Sonett *Epilog des Lyrikers* eine Zwei bis Drei. Weil der Lehrer mir an keiner Stelle mit roter Tinte in die Niederschrift gepfuscht hatte, stellte ich ihn zur Rede, warum er mir keine bessere Zensur gegeben habe. »Weil Sie den Aufsatz nicht selber geschrieben haben«, antwortete er in breitem Dialekt. »Und warum haben Sie mir dann kein Ungenügend gegeben?« erkundigte ich mich. »Weil Sie vielleicht doch was selber reingeschrieben haben«, sagte er.

Wenn ich nur wüßte, wieso mir ausgerechnet das einfällt, wenn ich den Geheimnissen meiner Schriftstellerlaufbahn auf den Grund gehen will!

Mai 1993

Erste Eintragung
(Über das Witzereißen)

Gombrowicz will um keinen Preis ein Witzbold sein. Das schicke sich nicht für ihn. Doch Witze umzingeln ihn, und da er ihnen nicht ausweichen kann, beschließt er, sich nur äußerlich dem Komischen auszuliefern, sich innerlich aber nicht von ihnen verführen zu lassen. Solche Pläne schmiedet er im Kontext prächtiger Witze. Er sieht im Abendlicht Unterwäsche auf der Leine trocknen, wie vergiftete, verdorbene, leichenhaft blasse Flaggen, und dann sieht er die Besitzer selbst dort hängen, schön in der Reihe, als Unterhosen und Hemden, von der anderen Seite des Hauses oder des Daseins auferstanden, wirklicher, als sie in der Wirklichkeit sind. Und da tritt nun grinsend der Witz hervor, ihm wird bewußt, daß die andere Seite aus deren Sicht seine Seite war. In diesem Fall aber hängen tatsächlich die Besitzer der Wäschestücke auf der Trockenleine: nicht in ihrer wahren, nicht in ihrer gedachten, sondern in ihrer natürlichen Gestalt. So Gombrowicz, wenn ich ihn recht verstehe. Wir schreiben 1962.

In Ungarn war es zu jener Zeit aus Pietätsgründen mühseliger, über den Strick und das Hängen Witze zu reißen. In der Institution, deren Tore mir geöffnet wurden, war das Aufhängen zwischen dem Januar 1957 und dem August 1960 eine häufige Tätigkeit. Aufgehängt wurden unter anderem einer meiner besten Freunde, viele Bekannte und der von mir sehr verehrte Ministerpräsident ... Ich hörte, in den Todeszellen sei der Witz zu Hause. »Mir tut der Hals weh, macht nichts, er wird dir schon gezogen werden«, sagte angeblich János Bárány, der »Jancsi mit der roten Mütze«, einige Tage vor der Hinrichtung. Nur Leute wie sie konnten unvoreingenommen über Hängen und Tod witzeln.

Nichtsdestoweniger wurde mir selbst erst im Gefängnis bewußt, daß mich Witze locken, umzingeln. Das Gefängnisdasein ist ohnehin eine Absurdität, und das erst recht nach einer niedergeschlagenen Revolution, wenn das moralische und geistige Niveau der Gefangenen unübersehbar über dem der Wärter liegt. Dort fing ich zu grinsen an, nicht nur, um die Aufseher zu ärgern, sondern auch, weil ich die Komik meines gesamten Umfeldes empfand; sie durchdrang sogar meine Verzweiflung. So wurde ich zum Witzbold, äußerlich und innerlich. Gombrowicz unterscheidet in bezug auf den Humor zwischen seinem Äußeren und seinem Inneren. Doch das Komische entspringt der Betrachtungsweise, die, falls sie existiert, gleichzeitig alle unsere Schichten durchdringt. Die Betrachtung entspringt unserer Fähigkeit, auf den objektiven Humor der menschlichen Existenz zu reagieren. Ein Sonnenuntergang kann nicht komisch sein. Oberste Quelle des Komischen ist der mit Pathos, Selbstbetrug oder Gewalt kaschierte Widerspruch, der zwischen unseren äußeren und inneren Prozessen und unseren Vorstellungen davon besteht.

»Heute könnte ich notieren ›Ich fühle mich schlecht‹, und das wäre vielleicht der Witz, den ich am meisten fürchte.« Diesen Satz von Gombrowicz hatte ich – in Mürzzuschlag – gerade an dem Tag noch einmal gelesen, als mir mein Freund György Dalos eine Anekdote zurückschenkte, die ich ihm einmal erzählt hatte: Zu Beginn der siebziger Jahre war ich dem Präsidenten des ungarischen PEN-Zentrums über den Weg gelaufen, einem windigen Burschen, Genie der Anpassung und des Mantel-in-den-Wind-Hängens, der seinen durchsichtigen Zynismus mit persönlich gemeintem, aufrichtigem Wohlwollen verband. »Du siehst richtig gut aus, Pista«, sagte der Präsident, »ein Vergnügen, dich anzusehen, so gut siehst du aus.« Ich antwortete: »Entschuldige.« Er war ungefähr zwanzig Jahre älter als ich und zog bläßlich sein rheumatisches Bein von Funktion zu Funktion hinter sich her, auf der Sonnenseite des Lebens. Für Gombrowicz wäre es ein schlechter Witz gewesen, hätte er zugegeben, daß es ihm nicht gut ging, denn das wäre dem Eingeständnis gleichgekommen, daß er das Handtuch geworfen hatte, daß er resigniert hatte vor dem peinlich komischen Widerspruch zwischen seiner Situation und seinem Talent. Mir aber wurde klar, daß es auf die Machthaber wie eine Provokation wirkte, wenn ich mich in guter Verfassung befand. Das hatte ich ausgesprochen, und damit nahm ich die Rolle des Witzboldes auf mich:

Revolutionär wäre ich auch gerne geworden, aber
aus dem Stück wurde die Rolle gestrichen,
bleibt noch die clowneske Möglichkeit
doch leider ist der Preis für Reispuder in die Höhe geschnellt,
ich bekomme keine Flicken für meine Pepita-Hose
und spassige Nägel funkeln auf der Bühne
wo ich auf den Händen gehe und Purzelbäume schlage.*

* Deutsch von Barbara Frischmuth.

Zweite Eintragung
(Postmoderne Diskussion)

Mürzzuschlag ist ein österreichisches Städtchen im Schatten des Semmering. Hier wurde drei Tage lang über den Stand und die Zusammenhänge der ungarischen Kultur und Politik diskutiert. Neben viel Prominenz waren auch einige wirklich bedeutende Leute zugegen, unter ihnen junge, deren Laufbahn eben erst begann. Ihr Auftritt machte mich am nachdenklichsten. Gábor Németh verlas einen in der Art des Wittgensteinschen Traktats verfaßten Text, dessen Thema der Fisch war, eher vielleicht der FISCH, und dieser überaus umsichtige, geistreiche Text, der sich keiner Gattung der schöngeistigen Literatur zuordnen läßt, wurde von noch jüngeren Ästheten geistreich und respektvoll analysiert. Als Grundthese entnahm ich ihren Ausführungen, daß ein literarischer Text jeden beabsichtigten Inhalt vermeiden soll, weil sich der Inhalt nachträglich zum Text gesellt, wenn der gut genug ist. Aber kann sich zum Text, fragte ich, ein beliebiger Inhalt gesellen? Wenn zum Beispiel Gábor Németh nicht den Fisch als Thema wählt, sondern den Adler, dann umschwirren ihn Assoziationen mit einem ganz anderen Inhalt. Der Adler ist stolz, der Fisch ist stumm, der Adler schmückt das preußische Wappen, der Fisch ist ein Sternbild, schließt Jonas ein, ist glitschig und naß, der Adler zerfetzt dem Prometheus die Leber, ist ein Raubvogel, König der Lüfte, hat Ganymed entführt, der Fisch, in den Frauenkörper übergehend, wird zur Nixe, der große frißt den kleinen, und die Struktur der Gräten auf dem Teller erinnert uns an die Makellosigkeit der Naturgesetze. Zum Text können sich demnach nur Inhalte gesellen, deren Möglichkeiten von seinen Bestandteilen getragen werden, und die Arbeit des Schriftstellers besteht darin, daß er sie einheitlich ordnet, daß er die Assoziationen, Begriffe, Metaphern aufeinander abstimmt. Was so entsteht, heißt bei Lukács homogenes Medium.

Wie man sieht, harmoniere ich nicht mit dieser Theorie, aber ich sympathisiere mit der geistigen Haltung, die sich darin abzeichnet. Jeglicher Inhalt von einigem Wert versank in den Jahrzehnten des Parteistaates in Schmutz und Leere.

Den jungen Leuten ist sogar der Gedanke zuwider, sie könnten etwas mit diesem Schmutz zu tun haben. Sie brechen eine schlechte Kontinuität in der Hoffnung ab, zu ihrer Arbeit werden, wenn sie sie mit Anstand verrichten, moralische und intellektuelle Werte treten. Das finde ich viel gewinnender als zum Beispiel die Position von Ágnes Heller, die aus ähnlichen Prämissen zu der Schlußfolgerung gelangte, zwischen den verschiedenen Inhalten sei kein Wertunterschied feststellbar. Ihr Relativismus – auf den ich noch zurückkommen werde – spricht überaus praktisch von jedem kleinen Verrat, jeder Selbstaufgabe, jedem Gesinnungswechsel frei. Was mich betrifft, so stimme auch ich der Prämisse zu, aber den Ausweg vermeine ich nicht in der Ausschaltung der Inhalte oder der Relativierung ihres Wertes, sondern in ihrer Erneuerung zu entdecken. In neue Zusammenhänge versetzt, gewinnen die ermatteten Begriffe und Assoziationen Kraft, und es tut ihnen durchaus gut, wenn wir ihre herauskristallisierte Form ironisch, sarkastisch oder pseudoobjektiv mit ihrer realen Funktion konfrontieren. Der Inhalt sollte, wenn er sich aus den Wörtern nicht ausschalten läßt, nicht in Klammern gesetzt oder für unwesentlich erklärt, sondern behandelt werden. Vor allem anderen sollten wir die Wörter ihrer Banalität berauben, und schon fänden wir uns im Reich der Abenteuer und Risiken wieder, wo nichts mehr prophezeibar ist. Der Fisch beispielsweise kann sich in den Gott Endre Adys verwandeln, in einen riesigen Wal, auf dessen rutschigem Rücken zu tanzen lebensgefährlich ist.

Ein ganz besonderes Erlebnis schenkte mir in Mürzzuschlag Ágnes Heller. Seien wir dankbar, wenn uns jemand überrascht, von dem wir es längst nicht mehr erwartet haben! Irgendwann Mitte der achtziger Jahre hörte ich ihr eine halbe Stunde lang im Westberliner Literaturhaus zu – ihr, der ich schon in unserer Kindheit, sie war elf, ich war neun, auf der Eisbahn hinterhergejagt war. Dann kam dies und jenes dazwischen, das, was wir knapp Leben nennen können, Begegnung in Lukács und Trennung ebenfalls in ihm, unausgesprochene Konflikte, räumliche Entfernung, und überhaupt. Während ich im Literaturhaus ihrer vertrauten, sagen wir es so: scharfen Stimme lauschte, in deutscher Instrumentierung, dachte ich bei mir, ich habe sie seinerzeit auf der Eisbahn nicht genug gejagt, mea maxima culpa. Sie erläuterte, die dominierende Kunstrichtung vor dem Ersten Weltkrieg sei der Realismus gewesen, die Künstler stellten also die Wirklichkeit dar. Darauf folgte die Zeit der Ismen, in der der Künstler erst konstruierte, was er darstellen wollte. Dazu zählte Heller die kommunistischen und die faschistischen Künstler, das heißt, sie kehrte Majakowski, Attila József und Brecht mit dem geistigen Abschaum unter einen gemeinsamen Teppich. Das ist etwas, dachte ich, was ein Ex-Marxist und gar ein Ex-Lukács-Schüler ohne völlige Selbstaufgabe nicht tun darf. Nach den Ismen, so Heller, kam die Periode der Postmoderne, in der wir leben und die dadurch charakterisiert ist, daß jeder macht, was er will. Das verstand ich dort im Literaturhaus als Anregung, und ich schlenderte unverzüglich aus dem Saal. Draußen atmete ich die freie Luft der Fasanenstraße tief ein, und seitdem gehe ich Begegnungen mit den Texten Hellers lässig aus dem Weg.

In Mürzzuschlag jedoch hatte uns der Himmel als Diskussionspartner füreinander ausersehen.

Sie verlas eine wohlgestaltete Erklärung – worüber nur? Wenn ich sie richtig verstand, über die Postmoderne, die postmodern die postmodernen Probleme löst. In diesem postmodernen philosophischen Statement war alles postmodern, sogar die neuen Nationalismen und Kriege, die man – wäre Heller konsequent – ebenfalls lieben müßte, da ja die Postmoderne die »einzige bedeutende Richtung«, die »neue, aufstrebende Strömung« und so weiter ist. Aus ihrer Vorlesung erhellte, daß wir einander nicht beurteilen können und daß sich nicht feststellen läßt, wer recht und wer unrecht hat – aber Ansichten dieser Art florierten schon zu modernen, ja zu prämodernen Zeiten, und sie waren ebensowenig ernsthaft wie heutzutage. Denn wenn wir nicht über andere urteilen dürfen, dann verurteilen wir diejenigen, die dennoch urteilen; und wenn es für die Wahrheit nicht einmal in relativem Sinn ein Kriterium gibt, warum soll ich dann der Philosophin Heller eher glauben als Hitler? Wenn also die Postmoderne hierin besteht, lohnt es gar nicht, über sie zu reden, die Philosophin Heller aber redete, und das Zauberwort flog ihr pro Minute usque zweieinhalbmal von den Lippen. Als sie verstummte, fragte ich sie verwirrt – ich saß neben ihr auf dem Podium –, was denn die Postmoderne eigentlich sei. Ich hätte dieses Kunstwort bisher nicht verstanden, und jetzt sei ich endgültig konfus. »Ich habe den Eindruck«, sagte ich, »für die Philosophin Heller ist die Postmoderne das, was für Lukács der Realismus war: nämlich all das, was sie lieben möchte.« Während ich sprach, wurde mir bewußt, daß sich an Hellers Pathos nichts geändert hatte, es nährte sich von der gleichen monolithischen Welterklärung, der gleichen, keinerlei Zweifel duldenden Eindimensionalität wie früher. Innerlich bat ich unseren gemeinsamen Meister auf der Stelle um Verzeihung, denn er hatte seinen Zauberbegriff philosophisch und ästhetisch untermauert, Ágnes Heller hingegen variierte einfach einen Modeslogan, indem sie ihre postmoderne Theorie mit postmoderner Theoriefeindlichkeit zu einer postmodernen Einheit verschmolz. Das alles sprach ich nur teilweise aus, aber es genügte der Philosophin Heller, zurückzuschlagen: Es sei nicht ihre Aufgabe gewesen, im Rahmen einer Universitätsvorlesung allgemein bekannte Begriffe zu klären. In ihrem letzten Satz riskierte sie dennoch eine Definition: »Postmodern ist, was frei ist«, schrie sie, und da überkam mich die Erleuchtung. »Jetzt verstehe ich, was die Postmoderne ist«, sagte ich schamvoll zum rumorenden Publikum, »wenn man dazu nur frei zu sein braucht, dann bin die Postmoderne ich.« Das war eine Überraschung, dieses c'est moi! Ich stand als Sonnenkönig da, um meinen Kopf ein matter Schein, und zu verdanken habe ich das allein der Philosophin Heller!

Dritte Eintragung

Gombrowicz an einem Freitag im Jahr 1962, gleichfalls über die Freiheit: »Oh, geniale und weitherzige Eigenschaft der Literatur: diese Freiheit, Fäden zu spinnen, so als wählte man den Pfad im Wald, ohne zu wissen, wohin er führt – noch was unser harrt …«

Vierte Eintragung
(Die unüberbrückbare Kluft)

Obgleich ich mich seit meiner Studentenzeit als Lukács-Schüler betrachtete, gehörte ich nicht zur Gruppe der Lukács-Schüler. Ich hatte von Anfang an schriftstellerische Ambitionen, sie wollten Philosophen werden. Lukács, ein geborener Pädagoge, war stolz darauf, daß er eine Schule gegründet hatte und daß ihn begabte Schüler umgaben. Er glaubte so gerne an seine geistige Fortsetzung, daß er nicht wahrnahm, daß es in Ungarn von György Márkus abgesehen unter seinen Schülern keine philosophische Veranlagung par excellence gab. Manche – zum Beispiel Ágnes Heller und Ferenc Fehér – verfügen über brillante essayistische Fähigkeiten, und es kann als ihr Pech angesehen werden, daß die Ausstrahlung Lukács' ihren Ehrgeiz weckte, die Große Philosophie zu erschaffen. Zur weltschöpferischen Leistung einer solchen Philosophie ist jedoch – außer guten moralischen Eigenschaften – die Harmonie analytischer und synthetischer Fähigkeiten notwendig. Unsere Zeit ist nicht günstig für eine solche Harmonie. Die meisten Schüler Lukács' sahen das zu seinen Lebzeiten nicht, lieber machten sie sich mit dem Recht des Schülers die von ihm zutage beförderten Schätze frei nutzbar. Als sie später, mit dem Illusionsverlust nach dem Auflodern und Scheitern von '68 und ihrer nunmehr Lukácslosen Emigrantensituation entsprechend, mit dem Marxismus und Lukács brachen, stopften sie das so entstandene Loch mit der kunterbunten Modeware der Zeit, während gleichzeitig ihre Denkweise, ihr Satzbau und ihr Wortgebrauch wieder und wieder Zeugnis ablegten von den inzwischen völlig »inadäquaten« Lukácsschen Wurzeln.

Lukács' unglücklichster Schüler war zweifellos István Hermann, mit dem Ágnes Heller in erster Ehe verheiratet war. Er kam von der zionistisch-kommunistischen Schomer-Bewegung her, wahrscheinlich der intellektuellen Anziehungskraft Lukács' folgend, und landete bei den ungarischen Kommunisten. Er war ein philosophisch gebildeter Mann, doch sein Gehirn zermalmte die aufgenommenen Gedanken, und wenn er die Splitter von sich geben wollte, mochten sie sich einfach nicht zusammenfügen. Er nötigte sich den unsinnigsten Kleister ab, um dennoch mit einer Art Gesamtbild aufwarten zu können, aber jeder Kleber weichte unter dem starken Druck auf, und zuletzt schwammen in einer verdächtigen Brühe gute und weniger gute Ideenstückchen herum. Er hätte ein amüsanter Theaterkritiker werden können, Feuilletonist bei irgendeiner anspruchsvollen Zeitung, aber der unter Lukács-Schülern obligate Philosophenanspruch verlockte ihn, umfassende Werke zu schreiben.

Zwischen seinen Fähigkeiten und seinem Ehrgeiz klaffte ein Abgrund, und unablässig bestand die Gefahr, daß er in die Tiefe purzelte. 1957 beispielsweise distanzierte er sich freiwillig politisch und philosophisch von der kurz zuvor aus rumänischer Internierung nach Hause zurückgekehrten ideologischen Hauptgefahr, Georg Lukács. Er zwang auch seine Frau, ein solches Schreiben abzufassen. (Bei meiner Gerichtsverhandlung im Frühjahr 1957 war Ágnes Heller noch als Entlastungszeugin aufgetreten.) Nach meiner Entlassung fragte ich Lukács, warum er Hermann, der mittlerweile wieder die Kurve als Schüler gekriegt hatte, nicht rausschmeiße. »Schauen Sie«, sagte Lukács, »wenn jemand nur eine Atmosphäre Druck verträgt, kann man nicht erwarten, daß er unter zehn Atmosphären standhält.« Auf dem Philosophenkongreß in Korčula acht Jahre später verurteilten György Márkus und Ágnes Heller den Einmarsch in die Tschechoslowakei, worauf Hermann nicht nur mithalf, sie aus ihrer Stellung an der Universität zu jagen, sondern gleich noch nach der Polizei rief. Da brach auch der Meister mit ihm.

Ich lag im Lukácsbad auf einer Pritsche auf der Terrasse und sah Hermann beim Duschen zu. Das Wasser rieselte auf seinen dicken, gebräunten Körper, er schüttelte sich, patschte sich Bauch und Brust. Dann legte er sich auf die Pritsche neben mir.

»Siehst du, deshalb werden wir uns nie verstehen können«, sagte ich. Wir schrieben 1962, zwei Jahre vorher hatte man mich aus dem Gefängnis entlassen.

»Weshalb nicht?«

»Weil du ein Marxist-Leninist-Lukácsist-Hermannist bist und ich ein Marxist-Leninist-Lukácsist-Eörsiist. Eine unüberbrückbare Kluft.«

Hermann sprang wütend auf und verschwand. Ich aber, der ich kein Leninist mehr bin und Marx und Lukács mit der historischen Personen zustehenden Kritik durch die Gitter des gemeinsamen Ismus von außen her sehe, meine heute noch, was ich damals auf meiner Pritsche liegend gesagt habe, war wichtiger, als es mir irgendeine weltanschauliche Überzeugung hätte suggerieren können. Ich äußerte mich über die alles übertreffende Bedeutung des »Ich«, und das tat ich ganz im Gombrowiczschen Sinn. In dieser Hinsicht war ich schon damals reif, zugegeben, auf unreife Weise.

*

»Ich sehe also, daß er mich mit Geld abspeist; und nicht einfach mit geld, sondern mit Kleingeld! Nach einer so schweren Beleidigung steigt mir das blut in den kopf, ich sage aber nichts. Ich sage erst: ›Ich sehe, ich muß dem Hochwohlgeborenen Herrn sehr klein sein, denn Ihr speist mich auch mit Kleingeld ab, und sicher zählt Ihr mich unter die Zehntausend literaten; aber ich bin nicht literat, sondern nur Gombrowicz!‹ Er fragt: ›Was für ein Gombrowicz?‹ Ich spreche: ›Gombrowicz, Gombrowicz.‹ Er rollt das auge und spricht: ›Wohlan, wenn du Gombrowicz bist, so hast du hier 80 Pesos, und komme nicht wieder her.‹«*

Fünfte Eintragung
(Auf dem sechsten Stuhl)

Ein gefälliges Thema für eine Novelle: Internationaler PEN-Kongreß in Buenos Aires. Sie kommen per Auto, Schiff und Flugzeug, die Größen dieser Welt: Silone, Weidlé, Dos Passos, Spender, Robbe-Grillet und so weiter, und sie palavern drei Tage lang in einem Palais nahe der Wohnung des polnischen Emigranten Gombrowicz. Der wurde nicht eingeladen. Aber er wäre auch nicht hingegangen, wenn er eingeladen worden wäre; natürlich nicht, denn wie sähe das aus, mit dem Überseedampfer um drei Ecken gebracht zu werden

* Zitat aus dem Roman *Trans-Atlantik*

und vom Schiff, die Fenster durchbrechend, geradewegs in den Saal zu den großen Schriftstellern hinabzusteigen …

Gombrowicz wurde wohl nicht eingeladen, weil er die emigrierten polnischen Schriftsteller beleidigt haben sollte, allesamt, und zu allem Überfluß vor dem Kongreß auch noch die argentinische Literatur, weshalb er bei der Nominierung der Auswahlmannschaften nicht für hinreichend liebenswert und tugendsam befunden wurde. Ein Jahr vorher hatte er eine Einladung nach Berlin erhalten, und er war nicht gereist, die Scham hielt ihn ab. Für die Reisekostenerstattung und die Ehrung hätte er den Deutschen auf polnisch aus der *Pornographie* vorlesen müssen. »In meinem Alter«, seufzte er und blieb zu Hause.

Das Wort »Scham« schwebt auch über den Köpfen der Kongreßteilnehmer in Buenos Aires. Gombrowicz nimmt ihnen übel, daß sie über die Erhabenheit der schriftstellerischen Profession faseln, wo doch auf der Hand liegt, daß sie sich mit den von ihnen erwarteten Phrasen nur für die spendierte Reise erkenntlich zeigen müssen. »Eine Kurtisane sagte mir einmal: ›Jeder verkauft irgendwas. Ich verkaufe Fleisch.‹ Aber die hält wenigstens keine Referate über die AUTHENTIZITÄT ALS FUNDAMENT DER ENTWICKLUNGSPERSPEKTIVEN DER KULTUR.«

Wollte ich darüber eine Novelle schreiben, würde ich mich nicht auf die Scham der anderen konzentrieren, sondern auf seine, auf Gombrowicz', daß er es nicht verwand, wie er zurückgesetzt wurde, und Verbindung zu den Großen dieser Welt aufnahm, zu ihnen ging, glattrasiert und mit einer grünen Krawatte zum kaffeefarbenen Anzug. Er ist mit dem großen Weidlé verabredet (wer ist Weidlé? Ich muß nachsehen!), der ihm vor ein paar Jahren einen enthusiastischen Brief über *Ferdydurke* geschrieben hat. Jetzt hockt er kaffeebraun und grün in der Halle des Hotels, wo die Großen dieser Welt untergebracht sind, Weidlé tritt aus dem Lift, die *Pornographie* in der Hand, er hat das Buch aus Paris mitgebracht, damit Gombrowicz ihm eine Widmung hineinschreibe. »Ich atme auf. Aber im selben Augenblick Wut darüber, aufgeatmet zu haben. Und ich wußte, daß er das wußte (unter uns Intellektuellen weiß man alles).« Die Scham des

Aufatmens: daß wir den Beweis für unsere Existenz von anderen erwarten. Aber schon kommen die Fotografen und Reporter, doch mit ihm will keiner sprechen. Überall in der Halle allerlei herumfuchtelnde Journalisten und Interviewte mit erhaben dreinblickenden Gesichtern. »Träume ich? Mir will scheinen, das Mikrophon, das die Presse so eilfertig reicht, verstärkt zwar die Stimme der Literatur, zieht sie aber hinein in eine Atmosphäre von geradezu wilder Unanständigkeit, sinnlich feist statt vom Geist!« So ist es; aber woher dann die entsetzliche Pein, daß sein Stolz in ihm jault und winselt? Er spielt, daß er an Europa gemessen die Provinz sei, er zwängt sich in diese Rolle, um seiner unwürdigen Ausgeschlossenheit eine Form zu verleihen, und auf einmal erschrickt er: Steckt in dieser Rollenverteilung nicht eine tiefere Wahrheit? Panik befällt ihn, ein Brechreiz – »ich, der Einzelgänger, der ich seit dreiundzwanzig Jahren so erhaben bei lebendigem Leibe in Argentinien begraben bin«, »um dann plötzlich, in einer Runde von fünf Sesseln, aufgeregt zu sein wie der letzte Kleinstädter und es unter den Augen der Welt als Muß zu empfinden, daß ich hier akzeptiert, daß ich einer von ihnen werde!«. Verblüfft gewahrt er, daß er trotz seines Hochmuts und ätzenden Spottes in das System der Sessel integriert ist, daß er auf dem sechsten thront! Ich meine, bei Gombrowicz stieß die Genugtuung darüber mit dem Erstaunen zusammen, daß auch er integrierbar war. Aber integrierbar in was? »Die Elite der Weltliteratur wird mit jedem Jahr zahlreicher; aber auch mit jedem Jahr fragwürdiger. Das kommt, weil die Technik der Nachahmung von Größe sich, wie alle Technik, weiterentwickelt. Bedeutend, sogar groß zu sein, ist ja zu einem gewissen Grad auch eine Frage der Technik – und der intelligente zweitklassige Autor weiß heute schon ganz gut, wie und worin er sich ändern muß, um in die erste Klasse zu kommen.« Das Verdienst der französischen Elite zum Beispiel bestehe überwiegend darin, daß sie einen von der Stange gekauften Anzug so zu tragen verstehe, als wäre er maßgeschneidert. »Weil in der Gesellschaft alles funktional ist, wird der gesellschaftliche Bedarf nach Geist durch eine bestimmte Produktion von Höherem, von Größe befriedigt, und es entsteht eine neue

Funktionärsart: der Geistesfunktionär.« Während er diese Worte so exakt formulierte, mußte sich Gombrowicz aus seinem sechsten Sessel erheben. »Meine Wahrheit und meine Kraft beruhen darauf, daß ich mir ständig das Spiel verderbe. Ich bin ein Spielverderber für mich und andere.« Da aber der Künstler – im Gegensatz zum Philosophen und zum Moralisten – das Spiel selbst ist, »Form in Bewegung«, gefährdet sich der Spielverderber unablässig selbst. Dies ist eine extreme Form des Spiels, die man nicht unbedingt überleben muß. Der Geistesfunktionär hingegen geht auf Nummer Sicher, ihn graust vor dem Risiko.

Wir müssen zugeben, daß wir an die Diagnose, die Gombrowicz meisterlich gleichsam an den Rand seiner Scham schrieb, an den Rand des PEN-Kongresses von Buenos Aires, heute nur noch nostalgisch zurückdenken können. Gombrowicz konnte die Krise von Größe und Souveränität noch am Beispiel Sartres veranschaulichen, die »Kakophonie der Niveaus, Tonlagen, Begriffe«, den peinlichen Prozeß, in dessen Verlauf der Große Mensch von den Höhen des Geistes stetig in die Ebene des praktischen Moralisierens abrutscht. Aber wohin sind wir seit Sartre gesunken! Kürzlich tagte der PEN-Club in Dubrovnik, die von der Seereise gebräunten Schriftsteller dienten die Reisekosten ab, indem sie taktvoll die Thematik der Zerstörung und des Genozids mieden, denen in unserer nächsten Nähe, im ehemaligen Jugoslawien, bereits zweihunderttausend Menschen zum Opfer gefallen sind. Für die Serie unbeschreiblicher Tragödien ist in erster Linie die serbische und in geringerem Maß die kroatische Intelligenz verantwortlich, aber der PEN-Club, diese eminente Organisation von Intellektuellen, schweigt, und besonders weitschallend schweigt, wie ich lese, György Konrád, ihr Präsident, getreu seiner vor zwei Jahren bekundeten Auffassung, man müsse warten, bis der Krieg müde werde. Aber der Krieg kann bei den ungleichen Kräfteverhältnissen nur müde werden, wenn die schwächere Seite ausgerottet wird. Mit Konráds Passivität verglichen ist Sartres Aktivismus noch in seiner anfechtbarsten Form eine hohe geistige und moralische Leistung.

Übrigens zeigt nichts die Verlotterung der Ansprüche an die

Vertreter des Geistes so deutlich wie die Laufbahn György Konráds. In den Jahrzehnten des Parteistaates war er ein Vorkämpfer der Souveränität und vielleicht der einzige Staatsbürger in Osteuropa, der offen sagte: Jalta ist ein Skandal, die russische und amerikanische Besetzung Europas Jahrzehnte nach dem Weltkrieg ist sinnlos, unnötig und erniedrigend. Das sagte er naiv, im staunenden Tonfall eines Voltaireschen Naturkindes. Mich ärgerte dieser Stil, ich meinte, gegen die Gewalt führe Konrád seine frommen Wünsche vergebens ins Feld. Deshalb sagte ich 1984 auf einer Konferenz ungarischer Exilschriftsteller in den Niederlanden: Wie schade, daß Breshnew nicht liest, was Konrád zu sagen hat, denn läse er es, schlüge er sich an die Stirn, riefe: Daß mir das nicht eingefallen ist! und zöge unverzüglich aus Osteuropa ab. Heute weiß ich, daß die Geschichte nicht meiner Ironie recht gegeben hat. Die Russen sind aus den Satellitenstaaten abgezogen, die Parteistaaten sind zusammengebrochen, und das Naturkind ist Präsident des Internationalen PEN-Clubs geworden. Er wird mit wertvollen Preisen überschüttet, die er allesamt verdient hat – in den siebziger und achtziger Jahren. Damals trugen ihn die westeuropäischen Potentaten nicht auf Händen, damals wollten sie weder die sensiblen Sowjets vergrämen noch den von ihnen so geschätzten Massenmörder János Kádár. Die ihm zuströmende Anerkennung hätte die gesamte osteuropäische Opposition als Ermutigung verstanden; nur verkörperte Konrád damals noch etwas, das auch im Westen nicht populär ist: das mit geistiger Verantwortung verbundene Risiko. Seither hat sich sein Pathos formalisiert, ist zur Pose erstarrt. Während ich die Texte, die Gombrowicz vor dreißig Jahren über den Niedergang der weltliterarischen Elite geschrieben hat, in mir wachrufe, stelle ich mir vor, wie er die Mundwinkel herabzieht: was würde er zu dem sagen, was heute in den höheren Kreisen zu beobachten ist? Es sitzt der Präsident im idyllischen Garten, arglose Kinderchen wuseln zu seinen Füßen, durch die Bäume huscht die junge Gattin mit Kakao, oje, sagt der Präsident, schon wieder ruft mich die Pflicht auf die Kanarischen Inseln oder an die portugiesische Küste, oje, wo ich es so gut habe hier im Garten, wie langweilig sind die Flugzeuge,

Schiffe, Jachten, oje, und jetzt bin ich in New York, Magnus, Suzanne, Czesław, oje, Magnus ist von uns allen der klügste, Czesław der weiseste, denn er ist auch weise, wenn er nicht weise ist, ich rufe zu Hause an, oje, der kleine Józsi hat schon wieder eingepinkelt.

Es drängt sich die Frage auf: Warum brauchen die meinungsbildenden Kräfte, die Preisverteilungskommissionen, die Kulturpostenvergeber Konrád in diesem Zustand? Als Mann des Geistes war er in seinem Lager eine liebevoll geduldete Person, doch als Geistesfunktionär fährt er gen Himmel. Der Mensch des Geistes ist nicht berechenbar, der Geistesfunktionär hingegen treibt lauter von ihm zu erwartende Gedanken auf die kollektive Weide. Solange du ihn, den Berühmten, liest, darfst du dich klug fühlen, denn alles, worüber er schreibt, ist auch dir eingefallen oder hätte dir einfallen können; indem die Preisverteiler ihn auszeichnen, zeichnen sie sich selbst aus. Sobald ein nach Höherem strebender Geist strauchelt, greifen sie ihm unter die Arme, schwenken ihn über den Köpfen des bildungsinfizierten Publikums und geben ihn zum Verzehr frei, portionsweise.

Juni 1993

Erste Eintragung
(Das Land Ulro)

In einem Antiquariat am Berliner Nollendorfplatz stieß ich auf *Das Land Ulro*, einen großen geistesgeschichtlichen Streifzug, 1977 von Miłosz geschrieben. Gleich am Anfang überkam mich ein Gefühl, das ich gut kenne, seit ich meine Tage mit Gombrowicz verbringe: daß, zum erstenmal in meinem Leben, mein Buch nicht ich schreibe, sondern daß es sich von mir schreiben läßt. Wie ein Kind, das Bausteine zusammensetzt in der Hoffnung, etwas werde schon zustande kommen, eine Burg, ein Palast, womöglich der Turm zu Babel, bis dank der Zuversicht schließlich wackelig und unordentlich aus dem Zusammenspiel von Imagination und Zufall tatsächlich etwas entsteht – so nehme ich staunend wahr, daß meine Ereignisse, darunter die Bücher, die ich lese, einander suchen, sich zu einem Bauwerk ordnen; mir bleibt nur das Spiel des Hin- und Herschiebens und des Verbindens.

Das Land Ulro: Abrechnung mit dem acht Jahre vorher gestorbenen Gombrowicz. *Das Land Ulro:* Abrechnung mit der Welt, die das wissenschaftliche Weltbild über uns gebracht hat. *Das Land Ulro:* Hoffnung auf Erneuerung im Zeichen der religiösen Vaterlandsuche, unter der Ägide des mystischen Katholizismus. »Das Land Ulro zeigt eine zweifache Kontinuität auf: die Kontinuität der hermetisch-mystischen Strömung im abendländischen Geistesleben und die Kontinuität dieser Überlieferung in der geistigen Biographie des Autors«, schreibt im Vorwort zur deutschen Ausgabe die Übersetzerin Jeannine Łuczak-Wild. Gerade deshalb ist *Das Land Ulro* zugleich eine Konfrontation des Autors mit sich selbst, denn in jungen Jahren hatte auch er sich von diesem weltlichen Sozialismus angezogen gefühlt, hatte auch er an Hegels Brust gelegen; von diesem Bewohner und vielen anderen Staatsbürgern des Landes Ulro hat er sich nie ganz gelöst.

Zu finden ist das Land Ulro im Weltreich Blakes. Es ist die Heimat der endgültig aus dem Paradies vertriebenen, aus der göttlichen Gnade ausgestoßenen Seelen. Hier herrscht Urizen, das zum Satan abgekühlte Vernunftwesen. Der Geist dreier Übeltäter der neuzeitlichen Wissenschaft und Philosophie – Bacon, Locke und Newton – verflicht sich mit der menschen- und sinnlichkeitsfeindlichen Diktatur der das Christentum verfälschenden Theologen. »Mit anderen Worten. Blake sah einen engen Zusammenhang zwischen dem Bild des Universums als Mechanismus und der Religion als Moralkodex: hier wie dort rückte das Verallgemeinerte in den Vordergrund, so daß das Einzelne jegliches Gewicht verlor, sei es nun ein Augenblick in der Zeit, unwiederholbar und ungleich allen anderen Augenblicken, oder Farbe und Form dieser und keiner anderen Pflanze oder das Leben dieses und keines anderen Menschen. Denn Urizen ist die Gottheit der Reduktion und engt alles auf Mengenverhältnisse ein.«

So Miłosz.

Blake betrachtete als obersten Gegner der Imagination, also der Menschheit, die Negation. Sie begann am Baum der Erkenntnis. Der Mensch kostete von seinen Früchten, und so gelangte er in das Land Ulro, wo »stupid verlacht der Rationale den geistbegabten Seher«. Der Rationale, der Kritiker und der Negierende halten die Kinder Jerusalems in Sklaverei. Zerstört werden müsse vor allem die Negation, denn

Die Negation ist der Schemen, das Rationale im Menschen
Sie ist ein falscher Leib, eine Verkrustung meines Unsterblichen
Geistes, eine Selbheit, die stets abzutun ist, zu vernichten
Um meines Geistes Angesicht durch Selbstprüfung zu säubern

Zu baden in den Lebenswassern, Nichtmenschliches wegzuwaschen
Komm ich zur Selbstvernichtung mit dem Glanz der Inspiration
Um abzustoßen Vernunftbeweise durch Glauben an den Heiland
Um abzustoßen die Gedächtnisfetzen durch Inspiration
Um abzustoßen von Albions Deckung Bacon, Locke und Newton
Um auszuziehen die Lumpen ihm und an Imagination
Um auszustoßen aus der Dichtung alles was nicht inspiriert ist ...

Hiernach kommt er zum »stupiden Kritiker«*:

Um abzustoßen den stupiden Kritiker der nur angreift
Doch selbst nichts setzen kann, der mit verschlagnem Grinsen schon
Heimlich den nächsten Angriff plant, wie ein Dieb in der Höhle,

* Im Original: idiot Questioner; angreifen (bzw. Angriff) im Original: Questioning (bzw. Question).

> Der Zweifel ausstreut und nennt's Erkenntnis, dessen Wissenschaft
> Verzweiflung ist …

Und es folgt die letzte Lehre:

> Dies sind die Zerstörer Jerusalems, dies die Mörder Jesu
> Die den Glauben leugnen und des Ewigen Lebens spotten …«.

Miłosz' Buch folgt jenem Höhenzug der west- und osteuropäischen Kultur, die im Rebellieren gegen die uniformierende Geistlosigkeit der Massengesellschaften sowie die deformierende Wirkung von Technik, Zivilisation und Wissenschaft einen Weg zurück zu den Quellen des Christentums sucht, zu dem auf persönlichem Erleben und Imagination basierenden Jesus-Glauben, der weder einen organisatorischen noch einen theoretischen Vermittler benötigt. Neben Blake befaßt er sich am erschöpfendsten mit Emanuel Swedenborg, von den Osteuropäern sind ihm Mickiewicz und Dostojewski am wichtigsten. Die beiden Hälften unseres Kontinents vereint die Person seines entfernten Verwandten Oscar Venceslas de Lubicz Milosz, der ein französischer Dichter, jedoch bei seiner Geburt »Untertan des Zaren aller Reußen, Viertelitaliener von der Seite der Großmutter, Natalia Tasistro, Halbjude von der Mutter her« war; er betrieb die Einrichtung der Auslandsvertretung für das nach 1918 unabhängig gewordene Litauen in Paris und Brüssel, und er war bis zu seinem Tod (1939) ein nüchterner, geschickter Diplomat, zugleich aber ein völlig verrückter Visionär, der in den dreißiger Jahren mit der universellen Monarchie auf theokratischen Grundlagen – zuvor von ihm selbst verkündet – brach und für 1944 den Weltuntergang voraussagte, »wobei der Engel der Apokalypse, der in der Hand ein aufgeschlagenes Buch hält und dessen Füße auf dem Meer und auf dem Lande stehen, kein anderer ist als er selbst, O.W.M.«.

Beim Lesen des Buches mußte ich mitunter um mein ironisches Lächeln kämpfen. Das war eine erstaunliche Erfahrung, denn früher, als Gläubiger der Fortschrittsreligion, hätte ich mich über die meisten Passagen und schönen Zitate in *Das Land Ulro* nur ärgern können. Ich hätte keinen Augenblick vergessen, daß ich persönlich der von Blake als stupid hingestellte Rationale, Kritiker und Negierende, ein Anhänger des von Blake verleumdeten Urizen, ein nach den Früchten vom Baum der Erkenntnis hungerndes Wesen war, das sich von Geburt an keine Minute lang weder für Erlösung noch für Verdammnis interessiert hatte. Miłosz hält Dostojewskis Behauptung, die wissenschaftliche Weltanschauung und das Christentum seien unvereinbar, für schicksalhaft. Der russische Schriftsteller wähle letzteres, weil in ersterer kein Platz für die Unbefleckte Empfängnis sei. Mich fasziniert Dostojewski als Moralist gerade mit seiner unerbittlichen Logik, die keinen Aufschub, keine Zuflucht, keine Hintertür duldet. Falls es die Unbefleckte Empfängnis gab, Gehen auf dem Wasser, Erwekkung von Toten, Rendezvous mit dem Steintafel-Gott auf einem Berg, dann waren Wunder organischer Bestandteil der Natur, die auch heute – wie zum Beispiel bei der Transsubstantiation – rituell hervorgerufen werden können. Sosehr mir die zu einer solchen Weltauffassung erforderlichen Wünsche und Erfahrungen fehlen, als ich *Das Land Ulro* las, habe ich Miłosz' Wahrheit und die der zitierten Autoren von der ersten bis zu letzten Seite gespürt: Die Zivilisation im allgemeinen – und die Wissenschaft im besonderen – hat die Menschheit an den Rand eines Abgrunds gewirbelt, in den hinabzublicken ebenso gefährlich ist wie nicht hinabzublicken.

Da ich in diesem Buch phrasenhaftes Politisieren tunlichst vermeiden möchte (andererseits können wir ohne Wiederholen der bis zum Überdruß bekannten – wenn auch mißachteten – Tatsachen nicht über den gegenwärtigen Zustand der Welt reden), versuche ich, ein listiger Weichensteller, meine Erörterungen auf die Gleise der Moral holpern zu lassen. Die politisierende Menschheit läßt sich in zwei Hauptgruppen teilen. Der Selbstbetrüger gafft nicht in den Abgrund, damit ihm nicht schwindlig wird. Er bindet sich einen Strauß aus den Blumen der Demokratie, daran schnuppert er, am Rand des Abgrunds stehend; benommen von dem Duft schließt er die Augen, damit er die schon verwesenden Blätter unter den Blüten nicht sehen muß.

Wer aber in den Abgrund gafft, der endet meistens in irgendeinem Pferch des Zynismus. Unsere auf Ungleichheit basierende Demokratie erscheint so unerschütterlich, daß allen, die ihre Natur durchschauen, jede Absicht zu strukturellen Veränderungen wie ein Windmühlenkampf vorkommt. Meiner Überzeugung nach führte diese Erkenntnis nach dem Scheitern der Studentenbewegung von 1968 Ulrike Meinhof und ihre Freunde, die erste Generation der Rote-Armee-Fraktion, in den Terrorismus: Wenn ein schuldiges System legal nicht zu stürzen ist, muß man auch Schuld auf sich nehmen, samt Gesetzwidrigkeiten und im Namen der Wahrheit. Diese Logik konnte von keiner Logik, sondern nur vom Leben gestürzt werden: In seiner Bedrängnis verstärkte der demokratische Staat seine autoritären Züge, um sich vor dem Terrorismus zu schützen, und mit seiner Propaganda erreichte er, daß breite Schichten der Bevölkerung jede vorstellbare Demokratie mit den kapitalistischen Eigentumsverhältnissen identifizieren. Als die praktische und theoretische Niederlage der Meinhof-Gruppe nicht mehr zu übersehen war, sank auch der Terrorismus auf das Niveau zynischer Kriminalität.

Am Abend des 31. Dezember 1983 saß ich mit einem Whiskey in der Wohnung von George Soros am New Yorker Central Park und sah fern. Bei minus zehn Grad hockte auf dem Straßengitter über der Subway eine bildhübsche Schwarze mit einem Kind auf dem Arm, und der Reporter fragte sie, warum sie nicht eines der für Silvester eingerichteten Nachtasyle aufsuche. Die Frau antwortete mit einem zauberhaften Lächeln, dort seien heute das Gedränge und der Gestank groß, viele Männer seien betrunken und nähmen keine Rücksicht auf das Kind, da habe sie sich entschlossen, lieber auf der Straße zu übernachten, zum Glück komme ja von unten ein wenig Wärme durch das Gitter herauf. Nach Mitternacht ging ich zu einer Fete mit vielen Leuten, dort trug ich zur Unterhaltung bei, indem ich diese Story erzählte. »Ich wette«, sagte ich, »das Fernsehteam ist längst beim Feiern, nachdem es das Material abgeliefert hat, aber die Schwarze sitzt mit ihrem Kind immer noch auf dem Gitter.« Ein Mathematiker jüdischer Abstammung, elegant, großgewachsen, entgegnete: »Was jammerst du: Life is tough!« Was besagt, daß die Gesetze des Lebens brutal sind. Ich malte mir aus, wie der Mathematiker reagieren würde, wenn ich mir ein Märchen über zwei Seifen ausdächte, hergestellt in Auschwitz. Die eine würde, nachdem man sich mit ihr die Hände gewaschen hat, lange flennen, und die andere würde sie anschnauzen: Was jammerst du? Life is tough! Mit Rücksicht auf die Gastgeberin verschwieg ich ihm mein Märchen; der Holocaust ist das einzige Thema, wo jeder, der auf sich hält, seinen Zynismus zügelt.

Zynisch wird, wer erkennt, daß es seine Kräfte übersteigen würde, die Ursachen der Bedrohung abzuwenden, und wer die goldene Wahrheit des »Life is tough« mit der unleugbaren Weisheit des »Ich habe nur ein Leben« verknüpft. Der Selbstbetrüger hingegen – voll verbesserischer Intentionen oder zwecks Absicherung seines Seelenhaushalts – schmeichelt der Welt, indem er sagt, ihre Widersprüche seien innerhalb des gegebenen Systems lösbar. Natürlich können wir beide Typen nicht starr voneinander abgrenzen, denn in den meisten Menschen mischen sich die Charakterzüge auf unterschiedliche Weise.

Um die Terminologie von Blake und Miłosz zu benutzen: Die Selbstbetrüger und Zyniker bringe auch ich im Land Ulro unter. Beim Lesen mußte ich wieder um mein Lächeln kämpfen, weil mich unentwegt der Gedanke plagte, die industrielle Zivilisation hat nicht nur die Wasserstoffbombe hervorgebracht, nicht nur die Löcher im Ozonschild und nicht nur das beispiellose Massenelend in riesigen Regionen der Erde, sondern auch die Massenkultur und die gesteuerte öffentliche Meinung. Blake hat sehr wohl recht:

> Die Imagination ist kein Zustand, sie ist des Menschen Sein selbst.
> Gefühl oder Liebe wird ein Zustand, wenn getrennt von Imagination …

Imagination ist in unserer Zivilisation – oder, wenn man so will, im Land Ulro – Zielscheibe unablässiger Anfechtungen, wird verleumdet und ausgelacht, am liebsten sähe man sie vernichtet. Imagination ist Kennzeichen der unverwechselbaren Persönlichkeit – einer Persönlichkeit, die wie ein Chaplin der *Modernen Zeiten* zwischen Zahnrädern, Hebeln und rätselhaften Mechanismen auf einem Fließband zwischen Geburt und Tod aufgerieben wird. Mir vergeht das Lächeln, aber nach diesen beiden Zeilen lese ich:

> Das Gedächtnis ist immer ein Zustand und Vernunft
> ist ein Zustand der
> Geschaffen wird je zur Vernichtung und Schaffung eines
> neuen Begriffs
> Was sich Erschaffen läßt, läßt sich Vernichten: Formen
> nicht
> Die Eiche wird von der Axt gefällt, das Lamm fällt
> unterm Messer
> Doch ihre Ewigen Formen Bestehn, Allzeit. Amen
> Halleluja.

Die satanische Form, das sind bei Blake: die Vernunft, die »Mathematische Helligkeit: Lang Breit Hoch«, ihnen steht die göttliche Form gegenüber, der die Zeit nichts anhaben kann, weder die Zeit der Erinnerung, die in die Vergangenheit gerichtet ist, noch die der Vernunft, die in die Zukunft blickt. Diese ewige Form muß die menschliche Existenz – also die Vernunft – ausfüllen. Ich finde mein Lächeln wieder. Dorthin folge ich Blake nicht.

Aber mich beunruhigt zunehmend der Gedanke, was ich, in philosophischem Sinn ein Materialist, in dessen Wertesystem die Vernunft einen besonderen Platz einnimmt, gegen die verderbliche Unmenschlichkeit des Landes Ulro ins Feld führen kann. Wenn ich nicht akzeptiere, daß mich nur mystisch religiöse Kräfte aus der mit Vernichtung drohenden Krise unserer Zivilisation führen, weil ich die Vernunft nicht als Gegensatz, sondern als unversiegbaren Quell der Imagination ansehe, und wenn ich andererseits mit meiner Vernunft und der Vernunft anderer keinen Ausweg hieraus erblicke und mir weder mit Selbstbetrug noch mit Zynismus helfen will – wie soll ich dann der Verzweiflung entrinnen?

Miłosz behauptet, »in einem gewissen Sinn bin ich mein ganzes Leben lang ›Katastrophist‹ geblieben«. Diese Einstellung habe den Vorteil, daß man immer auf das Schlimmste gefaßt ist. »Zugleich verbleibt uns die eschatologische Erwartung einer neuen, allumfassenden Harmonie, eines ›Zeitalters des Glaubens und der Kraft‹.« Der Katastrophismus sei, wenn er aufrichtig ist, nur in der Hülle dieser Erwartung zu ertragen.

Da mich in meiner Jugendzeit die Geschichtsbetrachtung Hegels und des Goetheschen *Faust* geprägt hat, die das weltgeschichtlich Böse als Motor der Entwicklung betrachtet, kann es nicht mein Wille sein, jene Zivilisation und Kultur ungeschehen zu wissen, die – um auf Blakes Aufzählung zurückzugreifen – auf der Newtonschen Phantasmagorie, auf Voltaire und Rousseau, Hume und Gibbon und Bolingbroke und der Naturreligion sowie auf den Entdeckungen und Gedanken so vieler anderer neuzeitlicher Wissenschaftler, Philosophen und Künstler basiert. Die Wirtschaftsordnung, der Massenproduktion, Massenkonsum, Massenvernichtung und Massenmensch zu verdanken sind, rief zugleich eine differenzierte Skala unserer Bedürfnisse, Genüsse und Freiheitsmöglichkeiten hervor und eröffnete der Persönlichkeitsentfaltung unübersehbare Möglichkeiten. Das weltgeschichtlich Böse akkumulierte nicht nur die Motive der äußersten Gefahr, sondern auch unschätzbare Werte. Wäre es denkbar, daß ich die Entwicklung von Zivilisation und Kultur mit anderen Triebkräften in Verbindung bringe? Von derlei träumte Marx, als er vom »Reich der Freiheit« sprach. Er meinte, das Zurückweichen der Naturschranken sei ein endloser Prozeß, in dessen Ergebnis so viel Reichtum akkumuliert wird, daß die Befriedigung der immer nuancierteren Bedürfnisse kinderleicht werde. Nun hat sich aber herausgestellt, daß die Marktwirtschaft in absehbarer Zeit nicht beseitigt werden kann und die bisher vorgeschlagenen Techniken dazu a priori ungeeignet sind. Ferner hat sich herausgestellt, daß die Naturschranken zwar zurückweichen können und die äußersten Grenzen dieses Prozesses sich noch nicht einmal vage abzeichnen werden, aber irgendwann schlägt die Natur, wie ein besonders starrsinniger Esel, unerwartet aus und setzt dem Zurückweichen ihrer Schranken ihrerseits Schranken. Das weltgeschichtlich Böse kann man nicht aus dem Gewebe, das es aus sich selbst hervorgebracht hat, herausoperieren. Marx' Utopismus wurde von Marx' Hegelianismus besiegt.

Welches Mittel bleibt jemandem, der diese Operation um keinen Preis mit den Messern der Transzendenz, des Mystizismus, der Kabbalistik vornehmen möchte? Ein Osteuropäer sollte vor solch scharfen Gegenständen besonders auf der Hut sein, denn in dieser Region vermischt sich – wie Miłosz es an Dostojewski und Mickiewicz beweist – das aus mystischen Quellen aufbrodelnde Christentum mit Nationalismus. Wenn also weder Kommunismus noch Mystizismus aus diesem vergifteten Zustand der Welt hinausführen und auch der Terrorismus nicht hilft, wohin soll sich dann jemand wenden, der weder auf das gute Gewissen noch auf die Freude verzichten möchte?

Unter seinen Zeitgenossen nennt Miłosz zwei, die auf ihre Weise auf die enorme Herausforderung geantwortet haben: Beckett und Gombrowicz. Beckett bezeichnet er als den »ehrlichsten Schriftsteller« seiner Zeit, der »die Größe des kapitalistischen Westens trotz aller Unkenrufe über seinen Zerfall« beweise. Beckett sei der Sänger des Nichts. Sein *Endspiel* »ist das Ende von Literatur und Kunst, und insofern diese immer mit jeglicher Zivilisation einhergingen, zugleich das Ende der Zivilisation. Und es liegt unverkennbar Größe darin, wenn, wie bei Beckett und seinesgleichen, das Künstlertum sich vom Ende allen Künstlertums nährt und das *Endspiel* für kurze Zeit noch ein Endspiel in Gang hält.«

Unschwer merkt man, daß hinter Miłosz' Bewunderung ein gewichtiges Urteil steckt. Beckett ist der konsequenteste Bewohner des Landes Ulro; er lügt weder sich noch anderen große Ideen und Glück, Fortschritt, Ratio und Erinnerung vor, doch er akzeptiert die Gesetze dieses Landes auf denkbar tragische Weise. Sein *Endspiel* beschließt die Geschichte dieses Landes, und es läßt nicht einmal die Hoffnung aufkommen, es könne noch ein andersartiges Reich geben. Gombrowicz hingegen, von dem Miłosz sagt, »daß sein Werk hervorragend ist, aber nur für das Land Ulro, in dem es entstanden ist«, ragt mit seinem konsequenten Atheismus unter den Bewohnern dieses Reiches heraus. Miłosz betont ausdrücklich, daß echter Atheismus eine große Seltenheit sei, da man sich schwer eine Geschichte denken könne, aus der der Gedanke des Fortschritts oder der Notwendigkeit oder sonstiger Gesetzmäßigkeiten, also irgendeine Spielart der Harmonie, ausgespart bleibe.

Für den konsequenten Atheisten gilt: »Der radikale Gegensatz zwischen der menschlichen Welt und allem, was außermenschlich ist, wird durch eine andere Gegenüberstellung abgelöst: der Mensch fühlt sich nicht mehr von natürlichen, sondern von bösartigen Kräften und Gesetzen umgeben, und hinter dem Vorhang der unumstößlichen, doch blinden und ohnmächtigen Ordnung kommt etwas wie eine diabolische Macht zum Vorschein.« Gombrowicz sei, so meint Miłosz, nahe daran gewesen, diese Wendung zu vollziehen, und zwar wenn er das Dasein als Schmerz auffaßte. Er belegt das mit einem *Tagebuch*-Zitat aus dem Jahr 1960: »Ich habe große Angst vor dem Teufel. Seltsames Geständnis aus dem Mund eines Ungläubigen. Von der Vorstellung des Teufels komme ich nicht los ... Diese Erde, auf der wir schreiten, ist so von Schmerz bedeckt, bis zu den Knien waten wir in Schmerz – und es ist der Schmerz von heute, von gestern, von vorgestern, der von vor Jahrtausenden – man bilde sich nur nicht ein, der Schmerz würde sich in der Zeit verlaufen, der Schrei eines Kindes vor dreißig Jahrhunderten ist kein bißchen weniger Schrei als der, der vor drei Tagen gellte. ... aber wer sagt euch denn, daß der Tod, indem er euch von dieser Welt erlöst, irgendeine Linderung bringt?« Gombrowicz hält es für denkbar, daß »dort« Schmerz auf uns wartet, der alle unsere Vorstellungen übersteigt.

Bemerkenswert, daß Miłosz den konsequenten Atheismus seines Kollegen anhand eines Zitats beweisen möchte, das bei der Erwägung der Jenseits-Chancen landet. Er nennt Gombrowicz »fast einen Manichäer« – nur »fast« vermutlich deshalb, weil Gombrowicz zwar die Dunkelheit, nicht aber das Licht anerkennt. Ein »fast-Manichäer« kann jedoch kein »wahrer Atheist« sein. Ich aber meine, Gombrowicz' Ausflug ins Jenseits war nur eine logische Verlängerung seiner früheren Argumentation, ein Spiel mit Möglichkeiten, keine Ankunft in der Transzendenz. Ernst meint er es, wenn er sagt, die Welt wurde und werde von bösen Gesetzen verwaltet, und die wann und wo auch immer erlittene Qual könne nicht ungeschehen gemacht werden. Diese Auffassung ist nicht weit entfernt von der Hegels, daß die Geschichte nicht das Gelände sei, auf dem sich das menschliche Glück realisiere und das Böse Vehikel des Fortschrittes sein könne. Aus dem satanischen Prinzip, das die Welt bewegt, folgt nicht unbedingt der Glaube an den lebendigen Satan. Die Angst vor dem Teufel kann auch bedeuten, daß wir kein Mittel gegen das satanische Prinzip finden. Und nicht nur Polizei und Gesetzbuch sind hilflos, auch der Katholizismus. »Ich wiederhole, ich bin kein Feind des Katholizismus, ich bin nur ein Gegner der Funktion, die er nicht erst seit heute in unserer Kultur erfüllt. Aber euer Liberalismus, Wissenschaftsglaube, Sozialismus usw. wissen auch wenig von dem, was ich als Befindlichkeit der Moderne bezeichnen würde.« In dieser total weltlichen Moderne-Suche trennt sich Gombrowicz am schärfsten von seinem Mitemigranten Miłosz. Letzterer sieht sich als Katholiken, der schon früh einsah, »daß es mir nicht gegeben ist, ohne unablässiges Beten zu Gott leben zu wollen«. Nichtsdestoweniger schmiedet er eine moralische Überlegenheit aus seiner Religiosität. Im Mittelalter etwa seien alle religiös gewesen, Gute wie Schlechte. »Ich würde sogar sagen, wenn einer es sich leisten kann, Atheist zu sein, so sollte er es sein. Gombrowicz schien mir wie gesagt im Vergleich zu mir vernünftiger und mit sich selbst einhelliger zu sein, und jetzt füge ich bei: auch ehrlicher.« In einem Tonfall, wo Ironie und Selbstironie nicht voneinander zu trennen sind, bezeichnet er sich mit einem Ausdruck Sartres als »typischer *salaud*«, als einen Fiesling, »der sich so einzurichten weiß, daß er an eine metaphysische Begründung seiner individuellen Existenz glauben kann, das heißt aus der Tatsache, daß er lebt, die Überzeugung herleitet, daß er im voraus zu etwas berufen worden ist«. Zwar ist Gombrowicz ehrlicher, denn seine Moralität rechnet nicht mit transzendenter Belohnung, aber er verdient sie auch nicht, denn er blickt über das Land Ulro nicht hinaus. Seine Ehrlichkeit besteht darin, daß er die Schrecklichkeit, die satanische Natur dieses Landes ohne Selbstbetrug und Zynismus annimmt. Miłosz mag ein *salaud* sein, weil er seinen Luftballon an langer Schnur an

Gottes Zehen bindet, sein kindlicher Aberglaube jedoch erhebt ihn über die Gesetze von Ulro.

Bei aller Hochachtung beneide ich Miłosz nicht: Er muß wahrhaftig an den »kindlichen Aberglauben« glauben, und zwar nicht symbolisch – er muß ihn als eine Kraft sehen, die unseren Alltag formt. Für jemanden, dessen Gedankengänge – nach seinem Buch zu urteilen – so rational sind, ist das wohl nicht leicht. So konnte ihm schon in jungen Jahren die Tragik seines Lebens »als Spannung zwischen zwei gleich starken, einander entgegenwirkenden Kräften – Bejahung, Öffnung, Hingabe auf der einen, Verneinung, Rückzug, Selbstzucht auf der anderen Seite« deutlich werden. Doch Gombrowicz ist um seine Situation auch nicht zu beneiden: Er hat unter der Hilflosigkeit des zwischen die satanischen Kräfte gestoßenen Verstandes zu leiden. Wer diese Bürde zu tragen hat, muß taktisch denken und Kompromisse schließen können, selbst wenn er in seiner Kunst und seiner Grundhaltung keine Zugeständnisse macht. Nur so läßt sich im Reich des Satans das Leben mit beträchtlich weniger Selbstbetrug und Zynismus als sonst weiterführen.

Wenn Gombrowicz' Beschreibung stimmt und wir tatsächlich bis zu den Knien in Schmerz waten, müssen wir dann nicht tagtäglich das Wissen darum verdrängen, um guten Gewissens essen, lesen und lieben zu können? Dieses Dilemma ist auch Miłosz nicht fremd. In einem Gedicht erschafft er einen blühenden Baum, der mit seinem Duft die leidende Menschheit verletzt. Ist Kunst dann nicht unmoralisch?

Aus dem Reich des Schmerzes – man lasse mich *Das Land Ulro* so verstehen – können Antworten auf solche Fragen hinaus in die Freiheit führen. Doch es gibt die Antworten nicht. Können wir vielleicht die Qual verfeinern?

Zweite Eintragung
(Miłosz und Gombrowicz)

Mir scheint, Miłosz fällt es nicht leicht, über Gombrowicz zu schreiben. Ihn mag die Überlegenheit des Überlebens stören. Zwischen 1953 und 1969 konnte er sicher sein, daß sein älterer Kollege von Argentinien her und später aus Frankreich ihn im Auge hatte und auf alles reagierte, was sein Interesse fand, was ihn zu polemischen oder zustimmenden Gedanken anregte. Da im Mittelpunkt des Gombrowiczschen Interesses das Reich lag, das er ICH nannte – welches natürlich das vom ICH aus der Außenwelt Annektierte einschloß –, und da er zum Schutz des Reiches hochwirksame Waffen einsetzte, überlegte Miłosz es sich wohl gründlich, welche Vorbehalte er ihm gegenüber formulierte und wie er das tat. Über seinen Sinn für Qualität hinaus könnte zum Teil dies den respektvollen Tonfall seiner Antwort auf Gombrowicz' Pamphlet *Gegen die Dichter* erklären, der die Vorbehalte und Einwände durchdringt. Miłosz' Verhältnis zu Gombrowicz könnte auch davon geprägt gewesen sein, daß er im Meer der nach polnischer Art »polenzentrischen« polnischen Emigration in ihm den einzig würdigen Partner sah. »Ich und Gombrowicz. Einander wenig ähnlich und eigentlich fremd, wurden wir durch die äußeren Umstände zu einem Zweigespann vereint. Die geschichtlichen Schicksale der Völker haben ihre Mysterien, und zu ihnen gehört der Auftrag des allenthalben im Ausland geschriebenen polnischen Wortes. Zwei Emigranten, von der polnischen Emigration mit Wermut abgespeist, solange sie sich nicht von Ausländern und Neuankömmlingen aus Polen überzeugen ließen, daß wir etwas wert seien, erwiesen wir einander Freundschaft.« Mit diesen Worten leitet der Überlebende in *Das Land Ulro* seine Ausführungen über Gombrowicz ein.

Der Tod beendete nicht nur den Dialog und das Aufeinanderangewiesensein, sondern auch das Gombrowiczsche Lebenswerk, während Miłosz weltweit so bekannt wurde, daß der Nobelpreis drei Jahre nach dem Erscheinen des *Landes Ulro* nur die Krönung war. Gombrowicz hingegen träumte ohne Hoffnung von einem durchschlagenden Erfolg. Wieviel Bücher von ihm in den letzten Lebensjahrzehnten auch erschienen, Übersetzungen in kleine und in Weltsprachen, wieviel Kritiker und Leser ihm auch Anerkennung zollten: seine exzentrische Schreibweise, die für fast alle unbequeme Originalität seiner Gedankenwelt und das Provozierende, das unablässig von seiner Persönlichkeit ausging, setzten der

Zahl seiner Anhänger und Befürworter Grenzen. Nicht nur die aus dem Weiterleben, sondern auch die aus dem Mehr an Erfolg herrührende Überlegenheit dürfte Miłosz beim Nachdenken über Gombrowicz gestört haben. Zuinnerst hält er den Erfolg wahrscheinlich bis heute für verdächtig, zumal wenn er nicht einmal auf Widerstand stößt. Ich nehme sogar an, daß er jemand ist, der unter den eigenen Erfolgen leidet. An einer Stelle unterbricht er seine Ausführungen über Gombrowicz und erzählt, er habe 1993 – da war er zweiundzwanzig Jahre alt – in Anwesenheit zweier namhafter polnischer Literaten bei einer Veranstaltung in Wilna einige seiner Gedichte vorgelesen. Die beiden saßen in der ersten Reihe, so konnte er, als er die Ohren spitzte, hören, wie der eine zum anderen auf russisch sagte, Miłosz sei ein Glückspilz, in wörtlicher Übersetzung: ein »Hätschelkind des Schicksals«. Miłosz deutete den russischen Ausdruck falsch, er faßte ihn eher negativ auf: sie sähen in ihm eine Marionette, mit der das Schicksal sein launisches Spiel treibe. Die Erbitterung, die er da empfand, begleitete ihn durchs Leben, und noch 1976, als er *Das Land Ulro* schrieb, bestimmte sie den Grundtenor seines Erlebnisberichtes. Er sah sich, den Grünschnabel und hübschen Jungen, auf dem Podium, und er sah die beiden erwachsenen, erfahrenen Literaten, »sie ließen sich durch den Schein täuschen, wie sich noch viele täuschen lassen sollten, die darüber zu staunen pflegten, wie gut mir alles gelang, und mich um Ruhm oder Geld beneideten. In Wirklichkeit hielt das Schicksal viel Leiden für mich bereit, und die mit Mitleid untermischte Bewunderung dieser beiden älteren Kollegen war wie das Urbild vorausgeahnter späterer Mißverständnisse. Ich gab im stillen nur ihrem Mitleid recht, das heißt, ich fühlte mich wehrlos gegenüber den Schlichen des Schicksals.«

Eine teuflische Situation: Der Überlebende, den man seiner Erfolge wegen beneidet, schreibt über seinen toten Kollegen, der krampfhaft danach strebte, Erfolg zu haben. Miłosz verachtet ihn darum: »Meiner Meinung nach war Gombrowicz ein armer Kerl, mitsamt seiner ganzen Literatur. Nichts anderes zu tun zu haben, als ›sich einen Namen zu machen‹, schien mir armselig und erbärmlich. Ich habe mich nicht mit dem

Lancieren meines Werks abgegeben, übrigens nicht aus Mangel an Ehrgeiz, sondern ganz einfach, weil es nichts zu lancieren gab.« Wer in einem slawischen Land geboren ist, kann höchstens mit einer eng begrenzten Anerkennung rechnen, wenn er sich auf dem westlichen Kulturmarkt nahezu ausschließlich mit Gedichten und Essays vorstellt. Er ebnete sich also nicht den Weg, und trotzdem erreichte er den Gipfel. Aber seine Freude am Erfolg war nicht ungetrübt, denn Miłosz meinte, dieser gründe sich wenigstens teilweise auf ein Mißverständnis. Die Welt bemerkte nicht die tief in ihm versteckte Tragik, die er erstmals als Heranwachsender erlebt hatte, als er über die Auslese der Arten las und erkannte, daß die Natur von rauhen, gnadenlosen Gesetzen gelenkt wird. Wo eröffnet sich die Möglichkeit zur Liebe, wenn das Land Ulro schier universell ist? Tiefer Pessimismus und zugleich Verzückung, ekstatischer Hymnus – dieser Gegensatz füllt Miłosz' Buch aus, also bittere weltliche Existenztheorie und christliches Verlangen nach der Wonne der Transzendenz. Dennoch erlebt der Leser nicht die Qual der Antinomie, sondern die in ihr enthaltende Hoffnung und Harmonie. Demgegenüber stecken hinter Gombrowicz' dunklem Humor und seinem Abscheu vor Menschen – und Miłosz konstatiert das mit Verwunderung – Heiterkeit, Freude am Spiel, Freude am Wort, so daß Gombrowicz, »in mancher Hinsicht ein Krüppel, durch seine Fähigkeit zu schöpferischer Lust menschlich« wird. Zudem sei er ein Mensch, der sich durch eine höchst nüchterne Urteilskraft auszeichne. Wenn auch der Satan unsere Gesetze diktiert, wenn wir auch bis zu den Knien in Schmerz waten: wir haben die Möglichkeit zu Freiheit. Sie darf jedoch, so Gombrowicz, nicht nach Absolutheit trachten. »Jedes Verlangen, jeder Gedanke, der zu weit getrieben wird, macht sich untüchtig zum Widerstand gegen die Extremismen.« Gombrowicz' Nüchternheit suggeriert, daß sich der Alltagsmensch »auf mittlerer Temperatur« eine Art Freiheit erkämpfen kann, in deren Besitz er die Kataklysmen überlebt. Miłosz, der Tragische, der »Katastrophalist«, wird seines harmonischen Wesens wegen beneidet, Gombrowicz aber, der Verzweifelte, Bittere, den die Kenner höchstens wegen seines Talents beneiden, birgt helle Farben, helles Licht in sich.

Der auf polnische Weise zutiefst gläubige Miłosz möchte sich mit ästhetischen, logischen und geschichtsphilosophischen Mitteln aus dem Land Ulro herausgraben, der Atheist Gombrowicz aber möchte eine Kirche unter den Menschen gründen und durchtränkt sein Werk – gleichfalls auf polnische Weise – mit Zeremonien. In diesen wirkt zuinnerst die Überzeugung, daß die von Menschen geschaffenen Formen unzerstörbar sind. Und was die »Kirche unter den Menschen« betrifft, so meine ich, Miłosz mißversteht sie, wenn er ihr ein System völliger geistiger Gefangenschaft unterstellt, wo die voneinander abhängigen Menschen glauben, das sei die vollkommene Freiheit. Gombrowicz meint, daß »das Bewußtsein, die Seele, das Ich« nicht aus der eigenen Tiefe erstehen, sondern daß sie »eine Resultante unserer Situation sind – in der Welt und unter den Menschen«. Diese Auffassung war anscheinend nicht mit seinem berühmt-berüchtigten Ich-Kult vereinbar. Er löste den Widerspruch so: »... das einzige, was uns Persönlichkeit sichern kann, ist ein scharf ausgeprägtes Bewußtsein gerade für die Abhängigkeiten, die es prägen.« Diese Einsicht in die Wechselwirkung zwischen dem Ich und der Welt mäßigt Gombrowicz' hochmütiges Ich-Bewußtsein nicht, aber sie humanisiert es. Daher auch seine von Miłosz so sehr geschätzte Nüchternheit. Er meint, Gombrowicz war »der Ansicht, daß die Menschheit sich nicht zum Schlimmeren wende, sondern voraussichtlich eher zum Besseren, das heißt beileibe nicht zum Glück hin, sondern lediglich zur Bewußtseinserweiterung«. Das unterscheidet ihn von den Klassikern des schwarzen Humors und der Verzweiflung im zwanzigsten Jahrhundert, denen Miłosz nie geneigt war. Dann kommen ihm Zweifel: Womöglich habe ihn Gombrowicz, wie so viele andere, nur behext, damit er sich den nackten König in Kleidern träume, obgleich doch seine Werke nur ziemlich banale Variationen auf die modischen nihilistischen Tendenzen seien. Oder vielleicht habe er sich nur selbst betrogen, aus taktischen Gründen: er habe Gombrowicz gemocht, weil sie innerhalb der verständnislosen polnischen Emigration aufeinander angewiesen waren. Andererseits müsse er anerkennen, daß bei Gombrowicz Denken, Verhalten und Schreibkunst eine runde Einheit seien. Aber warum ist er dann »in mancher Hinsicht ein Krüppel«? Bei schöpferischen Menschen – mögen sie sonst noch so disharmonisch und entstellt sein – ist diese seltene Einheit höchster Beweis für Gesundheit und eine in klassischem Sinn verstandene Persönlichkeit.

Miłosz' überaus scharfsinnige und kontradiktorische Urteile, von denen ich noch mehr anführen könnte, zeigen an, daß der Überlebende des Schattens seines toten Kollegen nicht ganz Herr wird. Auch er ist ein großer Essayist, ein großer Mensch und nach Ansicht meiner Polnisch lesenden Bekannten ein großer Lyriker, jedoch – zumindest soweit ich ihn kennengelernt habe – einstufbar, erfaßbar. Nach der Lektüre des *Verführten Denkens* teilte Gombrowicz ihn auf in den absoluten Schriftsteller, den östlichen Miłosz, und den westlichen, den Kommunismus-Spezialisten, der ein Protokoll führt, für westlichen Gebrauch, über die Sünden jenes Systems. An anderer Stelle wirft er Miłosz vor, er suche zwischen Geschichte und Metaphysik schwankend seine Pflichten und wage sich von der jeweils aktuellen Geschichte deshalb nicht zu entfernen, weil er die Einsamkeit fürchte. Diese Angst sei unanständig, meint Gombrowicz. »Nein, Miłosz, keine Historie kann dir dein persönliches Bewußtsein, deine Reife, deine Tiefe ersetzen, nichts kann dich von dir selbst entbinden.« Das persönliche Bewußtsein, die Reife, die Tiefe werden – wir sahen es vorhin – von den zwischenmenschlichen Beziehungen, von der Außenwelt genährt. Zur Freiheit führt wiederum nicht die Entschlossenheit, dahin führen aufrichtige, spontane Prozesse. Diese sind jedoch höchst disharmonisch, und sie sind von einer ständigen Gefahrenzone umgeben. Tief in Miłosz – so zwiespältig, verzweifelt, katastrophenergeben er sein mag – steckt jedoch eine Harmonie, die vielleicht gerade aus seinem religiösen Glauben herrührt. Deshalb ist ihm nicht völlig abzusprechen, daß er ein Glückspilz, ein »Hätschelkind des Schicksals« ist. Dagegen ist die Synthese, die Gombrowicz findet – zeremonieller Atheismus, antipolnisches Polentum, mit Heiterkeit verschmolzene Menschenfeindlichkeit, in Absurdität gebettete Nüchternheit, Zuversicht inmitten einer satanischen Welt und ein Ich-Kult, der seine Kraft aus einer Kirche unter den Menschen bezieht –, einmalig und nicht einzustufen. Diese schwer faßliche und oft unbequeme Kombination von Widersprüchen wird noch lange dafür sorgen, daß er nicht zu einem in breiten Kreisen anerkannten Schriftsteller wird. Aber sie sorgt auch dafür, daß er nicht mit den Moden der Zeit verschwindet.

Dezember 1993 bis Februar 1994

(Zweiter Abstecher: Buñuel)
Erste Eintragung

Als ich vor zwei Monaten mit dem letzten Kapitel dieses Buches fertig wurde, wußte ich, daß ich mir noch dieses schuldig war, das vorletzte. Mit Bitterkeit habe ich mich im September 1990 an die Schreibmaschine gesetzt, und jetzt starre ich unbefriedigt, fast verzweifelt auf den Berg von Manuskriptblättern.

Eingelassen habe ich mich auf dieses außergewöhnliche Genre, dessen Grundmaterial ins Magnetfeld der Instinkte gestreute Ideen-Späne sind, weil ich vermeinte, für die herkömmlichen Gattungen – mit Ausnahme der subjektiv geprägten Lyrik und Publizistik – keine Kraft aufbringen zu können. Das Bauwerk des Quasi-Sozialismus, das mich in den Jahrzehnten des Kádárregimes mit kaum noch zu verheimlichendem Abscheu erfüllte, ist zusammengebrochen, aber der Ekel hat sich nicht verflüchtigt. Ungute Emotionen, zwischen Widerstreben und Haß, wühlen mich auf, und ich bringe es nicht fertig, mich von ihnen zu befreien, denn ich würde dann meine Haltung verlieren, die ich meiner lächerlichen Wahrheitsmanie zu verdanken habe.

Formgebung: das ist ein Spiel. Zum Spielen brauchen wir Ruhe. Distanz sogar zu uns selbst. Dieses Buch in seiner formlosen Form habe ich in der Hoffnung begonnen, beim Schreiben werde ich Ruhe finden, die Energie der zufällig zueinander geratenen Stoffe werde sich abklären, und ich werde auf diese Weise die Freiheit gewinnen, die für den nächsten Schritt notwendig ist.

Mit einem Wort: Ich will frei sein.

Ich wünsche mir Freiheit; also leide ich unter dem Fehlen von Freiheit. Innere Freiheit, das ist der Zustand der Unverkrampftheit. Ich wünsche mir krampfhaft, unverkrampft zu sein.

Eine andere Bedingung der Freiheit ist die Fähigkeit, auch in schwierigen Situationen mit sich selbst identisch zu bleiben. Unsere Zivilisation würdigt diese Fähigkeit kaum. Um eine Metapher von Attila József einzubringen: Schon bei der Geburt erwarten uns die Gußformen, in die wir geschwappt werden. Die Familie, die Schule, die staatlichen Institutionen, die Kirchen, die Parteien, die Gewohnheitssysteme – das alles dient dazu, daß wir widerstandslos und nach Möglichkeit mit gutem Gewissen die Gestalt unserer Gußformen annehmen.

Natürlich müssen wir uns bestimmten Normen unbedingt anpassen. Aber die modernen Diktaturen und Demokratien bombardieren, wenn auch mit unterschiedlichen Methoden, unsere Persönlichkeitshülle mit alle Lebensaspekte umfassenden, kleinlich ausgearbeiteten Erwartungen – bis sie die Hülle durchschlagen und das darunter Liegende zu Anpassung an ihre Wünsche zwingen. Wenn eine Generation infolge schneller historischer Veränderungen in den Bombenhagel unvereinbarer Anforderungssysteme gerät und ihr Wohlergehen davon abhängt, ob sie sich ihnen – gegebenenfalls mehrmals – anpaßt, dann wissen die Menschen, wie ein polygamer Ehemann im Bordell, allmählich nicht mehr recht, wen und was sie betrügen und verraten. Ihr Ich wird verschwommen wie eine geträumte Landschaft, es verliert die Konturen. Die Repräsentanten solcher Generationen sind am Vergessen interessiert: Derjenige, dessen Persönlichkeit in den gerade aktuellen Zuständen aufgeht, kann schließlich nicht einmal mehr als Verräter gelten, weil er immer so sein wird, wie er in die Richtung des geringeren Widerstands schwimmend werden kann.

An Gombrowicz zog mich vor allem an, daß er einen enormen Widerstand gegen Dressurbestrebungen entwickelte. Sprößling des alten polnischen katholischen Adels, lehnte er von früher Jugend an alle drei Anforderungssysteme ab, für die er durch seine Herkunft prädestiniert war. Ohne diese Rebellion wäre er nie emigriert. Doch das Exil ist kaum geeignet, die Sonderstellung des Rebellierenden zu verringern. Kein einziger Tag in Gombrowicz' vierundzwanzig Jahren in Argentinien wäre denkbar ohne geradezu krankhafte Steigerung der Widerstandsenergien. Die Normen der polnischen Heimat, die Normen der polnischen Emigration und die Existenzbedingungen in Argentinien zwangen ihn in eine Isolation, in der er sich nur auf sich selbst verlassen konnte. Auf diese Defensivsituation antwortete er mit Aggressivität, nach dem Prinzip »Angriff ist die beste Verteidigung«. Ich kenne diese Aggressivität von mir selbst und liebe sie von Herzen; sie ist Stil (vom ironischen bis zum sarkastischen) und ideelle Kampfstellung gegen die sanktionierten Traditionen. Aber ich muß auch sehen, daß man so einen aggressiven Selbstverteidigungskrieg ohne mühsam heilende Wunden nicht überstehen kann. Was am ehesten des Schutzes bedarf, gerät in Gefahr: unsere Fähigkeit und ständige Bereitschaft zum Glücklichsein. (Nichts ist bezeichnender für den erschreckenden Zustand unserer Zivilisation, als daß dieses Wort von einer sentimentalen Aura umgeben ist.)

Kann man sich in unserer Zeit jemanden vorstellen, der konsequent seinen Selbstverteidigungskrieg mit der Welt führt und nicht verbittert ist? Der nicht die Augen schließt vor den Schrecknissen und sich dennoch die Begabung bewahrt, zu genießen, was zu genießen ist? Solche Fragen brachten mich zu Buñuel. Wie Gombrowicz ist er in einem katholischen Land geboren, obendrein in einer sehr religiösen Familie. Als Kind lebte er acht Jahre in einem Jesuitenkolleg. Als Erwachsener ging auch er in die Emigration, er hielt sich die meisten Jahre auf dem amerikanischen Kontinent auf, allerdings nicht in Argentinien, sondern in Mexiko. Auch er entstammte einer reichen Familie und entwich aus einer privilegierten Existenz in eine oft mit Entbehrungen und Sorgen verbundene Freiheit. Beide waren anarchisch veranlagt und sympathisierten mit dem Anarchismus, beide bezeichneten sich als Atheisten. Sie waren exzentrische Bürgerschrecke, Witzbolde, die sich oft über die Empfindsamkeit anderer hinwegsetzten. Als Künstler erschufen beide eine eigenständige, nur für sie typische Formenwelt. Gombrowicz' Zuneigung zur Unreife und Buñuels frei assoziierende, der Traumlogik folgende Konstruktionsweise bezogen gleichermaßen Nahrung aus der Ablehnung der auf unpoetischer Ratio basierenden Weltordnung. In den *Polnischen Erinnerungen* – Erinnerungen an seine frühen Jahre – schildert Gombrowicz ausführlich, welche Kämpfe es ihn kostete, zu einem eigenen Stil zu kommen. Und als Buñuel gefragt wurde, was er beginnenden Filmregisseuren empfehlen würde, antwortete er, stilistische Ratschläge würde er keinesfalls erteilen, Stil könne man von anderen nicht lernen. Der Stil ist nach Ansicht beider der Abdruck der Persönlichkeit, deshalb kann man ihn nicht nachahmen und nicht fort setzen. Beide sind in der Entwicklungsgeschichte ihrer Kunstgattungen ohne Verwandte.

Aber es bestehen nicht nur Ähnlichkeiten, es gibt auch Unterschiede zwischen ihnen. Gombrowicz zieht einsam seine Kreise, Buñuel hingegen umgibt – ein Gebot seines Naturells und seines Genres – eine Legion von Freunden und Mitarbeitern. Beide waren Weltbürger, aber Gombrowicz setzte sich, um seine Grundhaltung bewahren zu können, unablässig mit dem Geist des Polentums auseinander, auch damit beweisend, daß er unheilbar Pole war. Buñuel verursachte sein Spaniersein kein psychisches Trauma. In den zehner und zwanziger Jahren erzogen ihn die avantgardistischen Bewegungen Spaniens, aber Mitte der zwanziger Jahre ging er nach Paris, und als er 1928 unter Mitwirkung von Salvador Dalí seinen ersten Film gedreht hatte, drückten die französischen Surrealisten beide an ihre Brust. Die Schauplätze der in Spanien, Frankreich und Mexiko entstandenen Buñuel-Filme unterscheiden sich in der Atmosphäre; aber in allen gibt es das gleiche Gefühl des Heimischseins. Demgegenüber war es Gombrowicz, der sich stärker vom Katholizismus löste. Dieser war für ihn eine Tradition, Gegenstand der Darstellung und Polemik, aber keine seelische Großmacht mehr. Buñuel hingegen schlug sich mit dem Katholizismus sein Leben lang herum. Sein Lebenswerk verdankt die beispiellose Weite und Einheit dem Umstand, daß es eine

Brücke schlägt zwischen zwei Extremen: dem atheistisch-anarchistischen, mitunter sogar kommunistisch inspirierten Surrealismus und dem ewige, unveränderliche Werte verkündenden Katholizismus. Bei seiner satirischen Kritik und selbst bei seinen blasphemischen Geistesblitzen schlägt immer wieder die tiefe Bindung an den Glauben seiner Kindheit durch. Am Ende des Lebens charakterisiert er sich so: »Nur ich habe mich nicht verändert. Ich bin weiter Katholik und Atheist, Gott sei Dank.«

Ein auffälliger Unterschied besteht auch darin, daß Gombrowicz am Schicksal seines Werkes hängt, während Buñuel sein Schaffen nur als Folge seines Lebens betrachtet. Der polnische Schriftsteller dreht den Kopf hastig hin und her, er belauert das Feld. Auch Buñuel kennt seine Rivalen, aber er schlägt sich nicht mit Vergleichen herum, das Schicksal seines Werkes beunruhigt ihn nicht. Im Alter behauptete er einmal, er würde alle Kopien aller seiner Filme vernichten, wenn man ihn darum bäte. Das glaube ich ihm zwar nicht, aber immerhin hat er mich überzeugt, daß er sich die Freiheit selbst seinem Werk gegenüber erkämpft hat, und zwar ohne Folterqualen: alles, was ihm wichtig war, machte er ohne Anstrengung zum Objekt seines Genusses.

Zweite Eintragung

»Der Buñuel des *Goldenen Zeitalters* ist ein Mann, der sich seiner selbst und seiner Ideen sicher ist. Ein Mann, der sein Ziel erreicht hat, der die Wahrheit gefunden hat. Er kämpft gegen das, was er haßt, er ist ein Anti. Es ist ein klarer, entschlossener Film ohne Geheimnisse. Nichts. Sehr surrealistisch natürlich, aber ohne Geheimnisse. Meine Gedanken sind glasklar. Nicht meine, sondern die Gedanken der surrealistischen Gruppe sind absolut durchsichtig. Alles, was sie an Anti-Ideen hat: Anti-Familie, Anti-Vaterland, Anti-Religion, Anti-Alles, sie sind ganz klar ausgedrückt, sehr wild. Seitdem sind vierzig Jahre vergangen und der Zufall wollte es, daß ich noch immer derselbe bin. Ich glaube weder mehr noch weniger als vor vierzig Jahren. Ich bin derselbe geblieben, ich habe meine Ideen, die sich natürlich weiterentwickelt haben. Aber heute finde ich eine Welt vor, in der alles vertauscht ist, die Werte, die früher positiv waren, sind heute negativ; rechts und links haben sich vertauscht. Wir leben in einer unwahrscheinlich konfusen Welt. Wir wissen nicht, wohin wir uns bewegen. Die Wahrheit ist unerreichbar und ich glaube nicht an sie. Ich glaube nicht, daß sich die Wahrheit irgendwo versteckt. Mich stören die Leute, die die Wahrheit gefunden haben, persönlich und intellektuell – egal ob in einer bestimmten Doktrin oder in einer bestimmten gesellschaftlichen Gruppe ...« Buñuel wurde 1900 geboren. *Das Goldene Zeitalter* entstand 1930. Obiges Zitat stammt aus dem Jahr 1969 und ist einer Reihe von Gesprächen entnommen, die er mit Max Aub, einem spanischen Schriftsteller deutsch-französischer Herkunft, führte. Der im Zitat enthaltene Widerspruch – er habe die Wahrheit gefunden, jetzt aber glaube er nicht, daß die Wahrheit überhaupt zu finden sei, dabei habe er selbst sich nicht verändert – ist nur ein scheinbarer: Die Wahrheit, die er im *Goldenen Zeitalter* vermeintlich gefunden hatte, ist eine Anti-Wahrheit, eine Negierung aller Wahrheiten mit absolutem Anspruch.

Wenn sich ein alter Mensch vorbehaltlos mit dem indentifiziert, der er vor einem halben Jahrhundert war, dann können wir in den meisten Fällen mit wenig Aufwand aus der betreffenden Person den Philister und Untertan ausgraben. Für sie ist die Historie eine Serie beliebiger Ereignisse, ihre persönliche Geschichte setzt sich aus beliebig austauschbaren Mosaiksteinen zusammen und ist das Resultat des Wirkens eines unpersönlichen Fatums. Buñuel jedoch kann sich mit seinem alten Selbst identifizieren, weil die Geschichte zwar seine Wertordnung und seine Erwartungen zertrümmerte, dem steinharten Kern seiner Persönlichkeit aber nichts anhaben konnte.

Würden wir die beiden genialen Filme seines surrealistischen Anfangs, *Ein andalusischer Hund* (1929) und *Das Goldene Zeitalter* (1930), von Motiv zu Motiv verfolgen, wären wir überrascht, in welchem Maß sich in ihnen alle wichtigen Themen, Obsessionen und bestimmenden Faktoren seines Lebenswerkes finden. Buñuel ähnelt auch in dieser Hinsicht

Gombrowicz, der bereits in seinen frühen Novellen und in *Ferdydurke* die Klangkombinationen schuf, die er später entfaltete und variierte. Beide glaubten daran, daß jedes Segment der Wirklichkeit, in einen unerwarteten Zusammenhang versetzt, Explosivkräfte aufsaugen kann, die fähig sind, die Weltordnung, die sich als sinnvoll hinstellen möchte, zu zersprengen.

Das erste Bild des Buñuelschen Lebenswerkes ist, wie es im Rezeptbuch des Surrealismus geschrieben steht, ein Traum: Es war einmal ... Wir sehen ein Auge, das von einer Rasierklinge zweigeteilt wird. Das Auge, wichtigstes Mittel der Rezeption von Filmkunst, spaltet sich infolge dieses beispiellos provokativen und grausamen Eingriffs. Kann einem solchen Auge Schönheit im herkömmlichen Sinn angeboten werden? In dem bereits zitierten Essay *Pessimismus* erwähnt Buñuel, daß er ähnlich wie die amerikanische Filmschule schöne Bilder vermeidet. In *Nazarin*, 1958/59 gedreht, sollten die ersten Aufnahmen den schneebedeckten Popocatépetl im gleißenden Sonnenlicht zeigen. Sie entstanden, aber dann entschied sich Buñuel doch für eine andere Landschaft: Nazarin stapft einen holperigen Weg entlang, die Gegend rundum ist uninteressant, ärmlich.

Das Zerschneiden des Auges ist ein brutaler und zugleich symbolischer Akt. Diese Ambivalenz ist bezeichnend für das Lebenswerk. Im *Goldenen Zeitalter* wollen Geistliche, Diplomaten und Generäle eine »ewige Stadt« gründen. Hoch auf den Klippen kirchliche Prälaten, in Gold gekleidet, mit heiligen Insignien ausgestattet. Ein Liebespaar stört die Zeremonie. Sie ringen in einer Lehmgrube, völlig bekleidet; ihr unbefriedigtes, tierisches Stöhnen gibt der Verzweiflung der Triebe Ton, brutal und symbolisch und in einer Welt, wo sich zur Sexualität Schuldbewußtsein gesellt und zur Lust die Assoziation von Schmutz. Im letzten Film, *Dieses obskure Objekt der Begierde* (1977), könnte sich der Hauptheld die Angebetete endlich nehmen, im eigenen Schloß, im vorbereiteten Bett. Doch sie ist von der Hüfte abwärts eng und panzergleich in Binden eingewickelt. Offenbar haben wir es mit einem wiederkehrenden Traum Buñuels zu tun: »Ist dann endlich der Augenblick der Penetration gekommen, ist das Geschlecht zugenäht, verschlossen. Manchmal ist auch gar kein Geschlecht zu sehen, es fehlt einfach, wie an dem glatten Körper einer Statue.« Die Filmvariante wirkt humorig, gleichzeitig aber brutal und symbolisch: Der Geschlechtsakt ist etwas Verbotenes, Sündiges, selbst wenn wir über den Liebenden in der Höhe nicht die Skelette der Prälaten sehen.

Wessen Auge war es wohl, das die Rasierklinge am Beginn des Films *Ein andalusischer Hund* und des Lebenswerkes zerschnitt? Ich weiß, Buñuel und Dalí würden diese Frage wegscheuchen wie eine lästige Fliege. Als Voraussetzung für ihre gemeinsame Arbeit hatten sie vereinbart, in ihren Film nur Bilder aufzunehmen, für die es keine rationale Erklärung gibt. Nun klauen sich aber auch der Traum und die abgehobenste Phantasie ihren Stoff aus der Wirklichkeit, weshalb sie eben auf die Wirklichkeit zurückgeführt werden können. Übrigens liegt hierin das Geheimnis des eigenwilligen Realismus im Buñuelschen Lebenswerk. Sein Sinn für Realität konnte es mit seiner Imagination aufnehmen. Deshalb wohl durfte er uneingeschränkt mit seinen Träumen und visuellen Einfällen experimentieren: aus ihnen erschuf er letztlich eine Komposition, aus der wir unsere realen Relationen entnehmen können. Der Hauptheld im *Andalusischen Hund* nähert sich sexuell erregt der Frau, die verängstigt in einer Ecke des Zimmes hockt. (Notabene: Buñuel war seinem eigenen Bericht zufolge in jungen Jahren Opfer des schrecklichsten sexuellen Terrors der Weltgeschichte.) Er dringt mit unglaublichem Kraftaufwand vor, in seinem Schlepp die Hindernisse der Welt: Gewichte, Netze, katholische Priester mit Rosenkränzen und Gebete murmelnd, zwei Konzertflügel, auf jedem ein Eselskadaver. Bevor er die Frau erreicht, flüchtet sie und verletzt beim Zuwerfen der Tür seine Hand, aus der Wunde wimmeln Ameisen. Die Schreckensvision der Ameisen – ein Ausgangspunkt des Films – ist ein Traum von Dalí. Die übrigen Bilder sind ausgedacht. Doch die Bedeutung der Bildfolge ist kein Buch mit sieben Siegeln. »Es gibt Sünde, weil es Religion gibt, oder etwa nicht?« sagt Buñuel zu Max Aub. »Ohne Religion gäbe es kein Gefühl der Sünde. Jede Religion hat ihr Gefühl der Sünde, dessen, was Tabu ist, und dessen, was kein Tabu ist. Und ich hatte immer das Gefühl, daß der Sexualakt ein Tabu ist. Er ist so etwas wie Sünde, Befleckung.« Buñuel faßt hier nicht nur die Erfahrungen seiner Erziehung zusammen, sondern auch die Ansichten des Marquis de Sade, die ihn in seiner Studentenzeit geschockt und befreit hatten. Der Held in de Sades Lehrfabel *Philosophie im Boudoir*, ein Lüstling und Philosoph, sagt: »Jetzt, da wir uns all diesen Dingen wieder zugewandt haben, nachdem wir die Menge der religiösen Irrtümer aufgegeben haben, die uns gefangen hielten, und da wir der Natur wieder näher stehen, dürfen wir nur auf ihre Stimme hören, in der Überzeugung, daß, wenn es irgendwo ein Verbrechen gibt, dieses vielmehr darin besteht, gegen die von ihr verursachten Neigungen zu kämpfen ...« Die oben aufgezählten Bilder lassen sich im einzelnen nicht real erklären, aber die Bedeutung der Bildfolge benötigt keine Erklärung. Solange wir Sehnsüchte haben, schleppen wir ihre Last mit uns herum, unsere Triebe sind dennoch unbesiegbar. Die Jahre, in denen seine Sexualität erwachte, hatte Buñuel bei den Jesuiten verbracht. Er erzählte oft, daß die Schüler keinen Augenblick lang unbeobachtet blieben. Teilweise unterdrückten sie ihr erotisches Interesse, teilweise wandten sie sich Maria zu, wobei sie soweit gingen, vor ihrem Bild zu masturbieren. So kann man sich Schuldbewußtsein fürs ganze Leben einimpfen lassen. Dieses Gefühl findet seinen Niederschlag unter anderem in der Zwangsvorstellung des unerfüllbaren Verlangens, die sich durch Buñuels Lebenswerk zieht. In den beiden surrealistischen Filmen vermag »l'amour fou« keine Befriedigung zu finden, in *Dieses obskure Objekt der Begierde* auch die Liebe des alternden Mannes nicht. In *Der diskrete Charme der Bourgeoisie* hindert die Welt die Filmgestalten unablässig am Essen. In *Der Würgeengel* versagt der elementarste Freiheitswunsch; in *Das verbrecherische Leben des Archibaldo de la Cruz* möchte der Hauptheld vergebens diejenigen, die er liebt, töten. In *Tristana* ist das Verlangen des Pflegevaters nach der Ziehtochter ebenso von Schuldbewußtsein durchdrungen wie in *Viridiana*; im *Gespenst der Freiheit* vergeht die weißhaarige Tante vor Scham, daß sie Verlangen nach dem hübschen Neffen, einem Gymnasiasten, empfindet.

Wenn also auch die absurden Bilder real sind, kann ich zuversichtlich zu meiner vorhin gestellten Frage zurückkehren: In wessen Auge drang 1928 die Rasierklinge ein? Vielleicht in die des Zuschauers? Starrt das gespaltene Auge auf eine gespaltene Welt? Genauer: Erblindet hier konkret, was auf symbolische Weise Zeuge einer Existenzspaltung ist?

Im Jahr des *Andalusischen Hundes* oder im Jahr davor hat Buñuel ein Prosagedicht oder Phantasiespiel geschrieben, *Eispalast*. Über einem von der Ewigkeit umgebenen Abgrund schwankt brüllend ein Gehenkter. Das ist *er*, sein Skelett, an dem nur die Augen unversehrt sind. Ein Fenster öffnet sich, eine Frau erscheint, sie feilt sich die Nägel. Als sie scharf genug sind, reißt sie die einsamen Augen aus dem Skelett, wirft sie auf die Straße. Der Text endet mit diesen Worten:

»Eine Krankenschwester kommt und setzt sich neben mich an den Tisch des Cafés. Sie schlägt eine Zeitung von 1856 auf und liest mit bewegter Stimme: ›Als Napoleons Soldaten in Zaragoza einmaschierten, in das NIEDERTRÄCHTIGE ZARAGOZA, fanden sie nichts weiter als Wind in den verlassenen Straßen. Lediglich in einer Pfütze quakten die Augen von Luis Buñuel. Die Soldaten Napoleons gaben ihnen mit Bajonettstichen den Todesstoß.‹«

Diese Geschichte ist im Film schwerer zu realisieren als die Begegnung einer Rasierklinge mit einem Augapfel.

Dritte Eintragung

»Schön ... wie die zufällige Begegnung einer Nähmaschine und eines Regenschirms auf dem Seziertisch« – diese Definition Lautréamonts mochten die Surrealisten sehr. Da die Zahl der zusammenbringbaren Gegenstände ebenso unendlich ist wie die Zahl ihrer möglichen Rendezvous, verfügte die surrealistische Kunst über Stoff in uneingeschränkter Quantität und beliebiger Qualität. Und deshalb ermüdete ihre Methode relativ schnell. Wenn Beliebiges sich zu Beliebigem gesellt, gewinnt in diesem Verfahren die Routine die Oberhand, die sich dem, was wir erreichen möchten – der Schönheit – verschließt.

Im *Obskuren Objekt der Begierde* möchte der Hauptheld in

der Art eines guten Bourgeois die Frau, die er liebt, ihrer Mutter abkaufen. Die Verhandlungen kommen reibungslos voran, der für beide Seiten beglückende Geschäftsabschluß steht bevor – da, plauz, fliegt eine Ratte in das luxuriös eingerichtete Zimmer, und schon eilt der Lakai herbei. Die Szene stammt aus dem Jahr 1979. Der Surrealismus war als Bewegung und Methode lange tot, aber nicht bei Buñuel. Er nämlich legte das Rezept Lautréamonts nicht nur ästhetisch aus.

»Der Surrealismus hat zwei Seiten: eine moralische und eine poetische«, sagt er 1963. »Durch den Surrealismus bin ich darauf gekommen, daß das Leben einen ethischen Sinn hat, dem der Mensch sich nicht verschließen darf. Durch den Surrealismus habe ich entdeckt, daß der Mensch nicht frei ist. Ich hatte an die absolute Freiheit des Menschen geglaubt, aber im Surrealismus habe ich eine Disziplin gesehen, der ich folgen wollte. Es war eine Lektion für mein ganzes Leben, aber auch ein wunderbarer und poetischer Schritt in meiner Entwicklung.«

Ein ethisches Engagement dieser Art schrieb er in jedem Fall seiner surrealistischen Überzeugung zu: die Tatsache, daß wir essen müssen, sei keine moralische Rechtfertigung für die Prostitution der Kunst. Er habe so manchen schlechten Film gemacht, aber moralisch sei auch dagegen nichts einzuwenden. Den Jungen könne er nur moralisch etwas raten – und er meint Ratschläge, wie ich sie hier zitiere. Der polemischste vielleicht stammt aus einem Interview von 1961: »Die bürgerliche Moral ist für mich die Unmoral, gegen die man kämpfen muß. Eine Moral, die sich auf unsere höchst ungerechten sozialen Institutionen gründet wie Religion, Vaterland, Familie, Kultur – kurz, was man die ›Grundpfeiler‹ der Gesellschaft nennt.« Das Unbewußte und besonders die Träume rebellieren unablässig gegen diese Grundpfeiler und beweisen damit, daß unsere hochgepriesenen Institutionen nicht der unter das Bewußtsein verdrängten Quintessenz unseres Ichs entsprechen. Der Heldin in *Belle de Jour* werden durch sadomasochistische Träume die Lügen ihrer Ehe bewußt. Don Lopes abgeschlagener, blutender Kopf an der angeschlagenen Glocke in Tristanas wiederkehrendem Traum ist ein verzweifelter Aufstand des Unbewußten gegen die unbesiegbar scheinende Wirklichkeit. Wie der Kopf im Traum auch schwingt und pendelt, im Wachsein erwischt sein Besitzer, seine Macht als Familienoberhaupt mißbrauchend, das junge Mädchen. In den historischen Bildern von *Die Milchstraße*, die gleichfalls Phantasien und Visionen sind, wird mittels der traumartigen Handhabung von Raum und Zeit die konzentrierte Menschenfeindlichkeit des religiösen Fanatismus und der kirchlichen Institutionen lebendig. Die realen Bilder wiederum, die nicht weniger phantastisch sind – zum Beispiel die Restaurantszene im vornehmen Hotel, wo der Oberkellner, professioneller Handlanger der Creme der Gesellschaft, den Kellnern einen religionsgeschichtlich-theologischen Vortrag hält –, zeigen, wie das unmenschliche Ideensystem in den Alltag der modernen Gesellschaft eingebaut ist. Im *Diskreten Charme der Bourgeoisie* wetteifern die Schreckensträume und die konventionelle Realität im Aufdecken der Verlogenheit und Brutalität aller zuvor genannten Grundpfeiler. Im *Würgeengel* ist das gesamte Bedingungssystem traumartig. Die Bediensteten fliehen zu Beginn des Films wie Ratten vom sinkenden Schiff, während die vornehme Gesellschaft unfähig ist, das Schloß zu verlassen. Das beängstigende Erlebnis des Eingeschlossenseins ist ein bekannter Bestandteil unseres Traumrepertoires. Charakteristisch für Buñuels große Kunst ist die Balance, die dadurch zustande kommt, daß den Rahmen des Traums bedrükkende, humorvolle, zuweilen gespenstische, jedenfalls aber reale Bilder von der Vertierung der sogenannten besseren Kulturmenschen ausfüllen. In *Er* entlarven in der Kirchenvision gegen Ende des Films die ihn auslachenden Betenden und der Grimassen schneidende Priester die große Lebenslüge des eifersüchtigen Haupthelden: daß er kritikloser Anhänger und zugleich Opfer einer scheinheiligen Kirche und ihres konventionellen, kläglichen Vertreters ist. In *Das Gespenst der Freiheit* wird die auf ihre zuverlässigen Grundpfeiler so stolze Welt von den Füßen auf den Kopf gestellt: die Konstruktion des Films beruhe auf dem Zufall, denn dessen Unbestimmtheit sei faszinierend. Wir erinnern uns: Auch die Nähmaschine hat der Zufall mit dem Regenschirm auf dem Seziertisch zusammengeführt. Aber was bei Buñuel mit Hilfe des Zufalls zusammenkommt, daraus entfalten sich – durch Serien von Gags, also nicht didaktisch – der extrem entleerte Formalismus und die Brutalität eines Weltzustands. Im Eßzimmer wird gekackt, in der Toilette diskret gespeist: unsere tabuisierten Gewohnheiten sind beliebig. Wenn einmal nach einem verschwundenen kleinen Mädchen gefahndet wird, ist die Fahndung wichtiger als das Mädchen; auch seine Gegenwart, ja Mitwirkung läßt bei den Eltern und den Polizisten nicht den Argwohn aufkommen, daß es vielleicht gar nicht verschwunden ist. Zu menschlichen Reaktionen ist ein Strauß fähig, in der letzten Bildfolge des Films. Sein langer Hals zuckt nervös, sobald die nicht sichtbaren Polizisten in die Menge der nicht sichtbaren Demonstranten schießen.

Buñuel, der ohne Unterlaß mit Zufällen und mit Visionen des Wachseins und des Traums spielt, gehört zu den größten Humoristen der Filmgeschichte. Gelächter bringt die Stützen der Gesellschaft ins Schwanken, zumindest, solange wir auf die Leinwand starren. Allerdings sagte Buñuel 1975, Humor sei immer schwarzer Humor, doch er erwarte von den Menschen nicht nur, daß sie lachen, sondern auch, daß sie den Humor verstehen; er lasse sich vom Humor immer gleichsam gegen seinen Willen gefangennehmen. Das heißt, seine psychischen Mechanismen zaubern scheinbar nicht zueinander passende Bilder nebeneinander, die eine humorvolle Wirkung auslösen, weil sie schockartig die Unvernunft einer allgemein akzeptierten gesellschaftlichen oder psychischen Macht aufdecken. Buñuel zitiert Breton: »Das Wunderbarste am Phantastischen ist, daß das Phantastische nicht existiert, alles ist real.« Das trifft in erster Linie auf den Film zu. Vor den phantastisch zusammengetragenen Worten erlahmt meine Phantasie nach einiger Zeit, wenn sie ohne System sind; und sie versagt über kurz oder lang auch angesichts eines Konglomerats von gemalten oder gezeichneten Elementen. Doch »muß jede Photographie den Eindruck erwecken: im Moment der Aufnahme sah der abgebildete Gegenstand tatsächlich gerade so aus, wie er auf der Photographie erscheint«; denn indem »der Film alles glaubhaft machen kann, indem er jedem Gegenstand den gleichen Wirklichkeitscharakter zuspricht, sind in ihm auch der Darstellung des Phantastischen keine Grenzen gesetzt«. Diese Worte von Georg Lukács, die sich auf erstaunliche Weise mit dem Zitat von André Breton decken, könnten Buñuels spezifischen Humor bei der Regieführung erklären. Der Film ist weniger als jede andere Gattung vom Konkreten im alltäglichen Sinn eingeengt. Auch dieses Freiheitsbewußtsein unterscheidet Buñuel von anderen, als links angesehenen Kunstrichtungen. Der gekünstelte Realismus des neuesten sowjetischen Films, stellt Buñuel fest, sei so reaktionär wie das bürgerliche Ideal von Religion, Vaterland und Familie. Von einigen besonderen Werken abgesehen, lehnt er auch den italienischen Neorealismus ab, weil ihm »die Poesie, das Geheimnisvolle, das, was die greifbare Wirklichkeit vervollkommnet und erweitert, fehlt ... Er verwechselt ironische Phantasie mit dem Phantastischen und dem schwarzen Humor.« Sicherlich urteilt er zu pauschal, aber das ist eine organische Folge seiner Anschauung. Wenn Beliebiges geschehen kann, ist es nicht gesetzmäßig, daß genau das geschieht, was geschieht. Das Phantastische bringt anschaulich die unter die Erde gedrängten, unverdrängbaren Begierden ans Licht; so verhilft es der Möglichkeit einer andersartigen Ordnung zu spielerischer Realität. Besonders wichtig ist ein dynamisches Gleichgewicht der Phantasie und der Realität, damit sich die Bilder auf dem Seziertisch letztlich aufeinander beziehen.

Buñuel probierte seine Phantasie gelegentlich an der Realität im soziographischen Sinn aus. Er gewahrte dann bestürzt die unmittelbare und unüberbietbare Surrealität des ausgewählten Daseinssegmentes.

Vierte Eintragung

Rund 90 Kilometer südwestlich von Salamanca liegt ein Landstrich, der Las Hurdes genannt wird. In 52 Dörfern leben dort 8000 Menschen. Erschüttert von ihrem trostlosen Elend, drehte Buñuel 1932 einen Dokumentarfilm über diese Gegend *(Las Hurdes, Land ohne Brot)*. Auf dem Weg zu den Hurdes kamen sie durch La Alberca, ein ziemlich reiches Dorf mit Feudalcharakter. In der Nische einer pompösen Kirche zwei Totenköpfe. Über den Haustüren Inschriften. »Ave Maria, Unbefleckte, die empfing ohne Sünde«. Ein Volksfest, über die Straße ist ein Strick gespannt, an dem, die Beine zusammengebunden, mit dem Kopf nach unten Hähne hängen. Neuvermählte Männer reiten unter ihnen hindurch, reißen ihnen die Köpfe ab. Die Kamera entdeckt in der Menge ein erregtes Frauengesicht: das Schauspiel läßt sich an diesem Spielgelbild rekonstruieren. Ein Kind mit Silbermünzen, darauf christliche Symbole, die an die Amulette wilder Stämme in Afrika oder Ozeanien erinnern.

In den Dörfern der Hurdes Elend, Rückständigkeit, Krankheiten. Der Kommentator sagt, in den zwei Monaten, die die Aufnahmen dauerten, sei niemals Gesang zu hören gewesen. Brot ist eine große Rarität, die Kinder weichen es in einem schmutzigen Bach auf. Weiter oben wäscht eine Frau zerlumpte Kleidung darin, weiter unten watet ein Schwein durch das Wasser, noch ein Stück weiter gibt ein kleines Mädchen einem Säugling im Wasser zu trinken. Die »Reichen« schlachten einmal im Jahr ein Schwein, das Fleisch ist in zwei, drei Tagen aufgebraucht. Zwischen den felsigen Bergen finden nur Ziegen Futter. Der Kommentator sagt, verzehrt werde nur das Fleisch abgestürzter Tiere. Wir sehen, wie eine Ziege in einen Abgrund stürzt. Auf der Straße liegt ein Mädchen, wie sich herausstellt, schon seit drei Tagen. Wir können in seinen Mund sehen: das Zahnfleisch und der Hals sind entzündet. Als die Filmleute zwei Tage später in das Dorf zurückkehren, lebt das Kind nicht mehr. Viele haben einen Kropf. Porträt einer alten Frau: am Hals eine pfirsichgroße Geschwulst. Sie sei zweiunddreißig Jahre alt, sagt der Kommentator. Wir sehen Zwerge und Idioten; nur sie lachen während des ganzen Films. Ein sitzender Mann mit bösem Schüttelfrost. Die Malaria ist hier eine Volkskrankheit. Am Bach wird ein Streifen Land in harter Arbeit von Unkraut befreit, dann holt man von den Hügeln in Säcken Muttererde. Die Männer errichten aus Steinen eine Schutzmauer, aber wenn der Bach Hochwasser führt, zerstört er oft genug ihr Werk. Es fehlt an Dünger, binnen zwei Jahren ist die dünne Bodenschicht ausgelaugt. Das Überleben sichert vor allem die Imkerei. Auf Mauleseln werden in Alberca gemietete Bienenstöcke herbeigebracht. Ein Bienenstock kippt, die ausschwärmenden Bienen stechen das Maultier, bis es verendet. Noch steht es, schlägt mit dem Schwanz, den Hufen, schüttelt auch die anderen Bienenstöcke ab. Später liegt der Kadaver unter den Bienenschwärmen. Der Kommentator teilt mit, wie viele Esel und wie viele Menschen die Bienen in letzter Zeit getötet haben. Ein Mann, den eine Schlange gebissen hat. Schlangenbisse sind nicht unbedingt tödlich, aber viele sterben an der Behandlung. Im Mai und Juni gibt es nichts mehr zu essen. Von einem abgebrochenen Ast stopfen Kinder Kirschen in sich hinein. Der Kommentator führt den häufigen Durchfall auf die unreifen Früchte zurück. Im Haus macht eine Frau Feuer, setzt eine Pfanne darauf. Von draußen sehen wir, wie der Rauch durch die Wände und das Dach entweicht. Es gibt keinen Kamin, keine Fenster. An einer Haustür stumme Männer und Frauen. Im Innern ein toter Säugling. Mit starrem Blick die Mutter. Das ganze Dorf steigt einen Hügel hinauf. Die Frauen haben ihre Kleinkinder auf dem Arm. Den toten Säugling trägt der Vater. Wenn ein Erwachsener stirbt, bindet man ihn zum Tragen auf eine Leiter. Der Friedhof: im Unkraut kleine Holzkreuze oder in den Boden gesteckte Holzstücke. Der Kommentator sagt, die Bewohner der Hurdes hielten trotz der Armut an den christlichen Riten fest. Viele Dörfer sind ohne Friedhof; die Bewohner müssen ihre Toten stundenlang zum nächstgelegenen tragen. Die Familien wohnen allesamt nur in einem Raum. Im Winter schlafen sie angekleidet.

In einigen Dörfern geht nachts eine Frau durch die Straßen. Sie ist Totenausruferin. Ab und zu bleibt sie stehen, schüttelt eine kleine Glocke und betet. Die eine sagt: »Es gibt nichts, was wacher hält, als der ständige Gedanke an den Tod. Sprecht ein Ave Maria, daß die Seele Ruhe bekommt.«

In der Schule, wo die barfüßigen Kinderbeine unter den Bänken pendeln, wird die Summe der Winkel eines Dreiecks durchgenommen, wie in allen Schulen der Welt. An der Wand hängt das Bild einer sehr schön gekleideten Dame. Der Kommentator findet das empörend. Ein Schüler schreibt aus dem Schulbuch einen Beispielsatz an die Tafel: »Achte das Gut des anderen.«

Die Hauptpfeiler der Gesellschaft, die Kirche und das Eigentum, nehmen in der sozialen und moralischen Wertordnung des Dokumentarfilms einen ähnlichen Platz ein wie in den anarchistisch geprägten surrealistischen Werken. Der schwarze Humor schöpft aus dem Widerspruch zwischen dem Dasein und dem ehrlichen oder propagierten Irrglauben darüber; aber Widersprüche sind auch in der Realität zu entdecken, zum Beispiel zwischen den Lebensbedingungen der Menschen und den ihnen aufoktroyierten Ideologien. Mit der freiwilligen Lebensweise der Kartäuser steht das Memento mori im Einklang; aber der zitierte Spruch der Totenausruferin in den Dörfern der Hurdes wirkt wie Hohn und weckt aufrührerische Gedanken, ebenso wie das weihevolle Gebot, das Eigentum zu achten, wenn es uns aus dem Mund derer entgegenklingt, die kein Eigentum haben.

Vergeblich hat Buñuel zu Beginn der Arbeit beschlossen, Phantasie und Lyrik auszuschalten. *Las Hurdes* ist in künstlerischer Hinsicht vom gleichen Schlag wie seine Spielfilme. Die Dramaturgie der Bilder baut auf kraftvollen Gegensätzen auf. Obendrein hat man den Eindruck, die Menschen bewegen sich so und blicken so in die Kamera wie in Buñuels späteren Spielfilmen. Den Schrecken der empörenden Bildsequenzen steigert noch die metallische, teilnahmslose Stimme des Kommentators. Begleitet werden die Bilder von den romantischen Akkorden aus Brahms' IV. Symphonie. Auf diese Weise sind die Hochkultur und ihre Genießer in den Stoff des Filmes hineinkomponiert. Hier ist keine Traumtechnik nötig, damit die Wirklichkeit wie ein Angsttraum wirkt. Wenn sie unerträglich wird, zeigt Buñuel Tierbilder oder nimmt Zuflucht zu einer populärwissenschaftlichen Abhandlung über die Malariamücke. Die kurze Atempause unterbricht den Schrecken der Bilder, sie schafft aber auch den Abstand, aus dem sich die erbarmungslose, unerträgliche Wahrheit des Gesehenen noch klarer und objektiver abhebt.

Nach *Las Hurdes* machte Buñuel rund fünfzehn Jahre lang keinen Film – er konnte auch keinen machen, meinen manche. Vermutlich hatte er über das Ziel hinausgeschossen. Seine surrealistischen Meisterwerke verbot das faschistische Spanien, diesen Film die junge republikanische Regierung mit der Begründung, er beleidige Spanien und verleumde die Spanier. Die Auslandsvertretungen Spaniens wurden angewiesen, seine Aufführung im Ausland zu verhindern.

Buñuel verging die Lust, Filme zu machen. Von seinen Freunden nimmt man nicht gern Schläge hin, wie man sie von seinen Feinden erwartet.

Wir können nur rätseln, mit welchen Gefühlen sich Buñuel zweiunddreißigjährig von der künstlerischen Aktivität verabschiedete, obwohl er wußte, daß drei Werke von Weltniveau mit seinem Namen verbunden waren. Sicherlich machte ihm diese Wende zu schaffen, aber nicht übermäßig. Er arbeitete als Produzent, lebte, beobachtete, wartete ab. Filme zu drehen bereitet Freude, aber es gibt noch andere Freuden. Und andere Aufgaben, zum Beispiel in Bürgerkriegszeiten. Als der spanische Bürgerkrieg ausbrach, meldete er sich bei der republikanischen Regierung, die ihn vier Jahre vorher so sehr gekränkt hatte, zum Dienst. Es gibt Dinge, die wichtiger sind als Filme – etwa der Ausgang des Bürgerkriegs. Buñuel war von Natur aus durch und durch gesund. Diese Art von Gesundheit ist heutzutage bei einem Genie verdächtig. Ich jedoch meine, wirklich frei ist der Künstler, der sich sogar vom Druck seiner eigenen Werke zu befreien vermag.

Wahrscheinlich ist es dieser robusten Gesundheit zuzuschreiben, daß in Buñuels Schaffen, als er in der zweiten Hälfte der vierziger Jahre in Mexiko die Filmarbeit wieder aufnimmt, schädliche Folgen der langen und teilweise unfreiwilligen Ruhepause nicht einmal in Spuren zu entdecken sind. Der Surrealismus als künstlerische Weltbewegung gehört längst der Vergangenheit an, die Hollywoodisierung des Films ist vorangekommen, immer stärker steht er weltweit im Dienst der Brutalität und der Unterhaltungsindustrie. Dennoch setzt der bedeutendste Film Buñuels, der in Mexiko entstand, *Die Vergessenen*, die Tradition von *Las Hurdes* fort. Über vier Monate studierte er intensiv das Leben in den Großstadtslums, insbesondere das der vereinsamten, preisgegebenen Jugendlichen. Das fertige Werk erinnert in vielem an den fünfzehn Jahre vorher gedrehten Dokumentarfilm. Infolge der Akkumulation realer Schrecknisse ruft die Wirklichkeit auch hier eine surreale Wirkung hervor. In erster Linie sorgen hierfür nicht diejenigen Bilder, in denen Phantasie dieser Art direkt wirkt. Kinder bewerfen einen blinden Bettler mit Steinen, dann treten sie den blutenden alten Mann zusammen. Als er sich aufrappelt, starrt ihn auf dem öden, von Abfall bedeckten Gelände ein Hahn an. Und doch ist es nicht dieses Bild, das surrealistisch wirkt, sondern die haarsträubende Brutalität der Szene, die berechnete, kalte Wut der Kinder. Der Produzent des Films erlaubte Buñuel nicht, Visionen zwischen die realen Bilder einzustreuen. Für die erwähnte Szene hatte er ein Orchester aus etwa hundert Personen vorgesehen, auf dem Dach eines im Bau befindlichen Hauses, an dem der blinde Bettler und die Kinder vorbeigehen. Mit diesem Bild wollte er die Zuschauer dazu bringen, daß sie sich fragten: Sehe ich richtig? Mir tut es aufrichtig leid, daß sich der Produzent aus Sorge um den Publikumserfolg der Szene verschloß, aber ich glaube nicht, daß eine solche Vision die Absurdität des Gesamteindrucks beträchtlich erhöht hätte. Sie erreichte Buñuel, indem er aus dem dargestellten Stoff die Gesichtspunkte der Anteilnahme, der Humanität und generell der Moralität sorgsam entfernte. Der blinde Bettler, mit dem wir Mitleid haben müßten, steht an Grausamkeit nicht hinter den kindlichen Verbrechern zurück. Buñuel verachtete die Auffassung, die Armen, die Verlierer müßten als gut und ihre Unterdrücker als Teufel dargestellt werden, und in bezug auf die Neorealisten kritisierte er sie gnadenlos. Wir können der Humanität des Erbarmens nicht in Teilen zur Geltung verhelfen, denn das Ganze ist so, wie es sich zeigt, erbarmenswert. In *Viridiana* sieht man einen Hund, der nach spanischem Brauch so knapp hinten an ein Fuhrwerk angebunden ist, daß er sich im Mitlaufen fast die Beine bricht. Jemand hat Mitleid und kauft ihn, um ihn vor diesen Qualen zu retten. Inzwischen kommt aus der entgegengesetzten Richtung ein weiterer Wagen, hinten ein anderer Hund, ebenso angebunden. Soviel ist Mitleid wert ... (Übrigens nahm den gnadenlosen Regisseur Buñuel nach Aussage seiner Schwester Conchita das Leid der Hunde so mit, daß er ihnen nach den Dreharbeiten Fleisch kaufen ließ.)

Die ins Surreale umschlagende Grausamkeit der *Vergesse-*

nen wird in der letzten Bildfolge gespenstisch. Den ermordeten kindlichen Hauptheiden finden zwei Personen – ein Mädchen und sein Großvater –, die den Jungen mochten. Um keinen Ärger mit der Polizei zu bekommen, rollen sie die Leiche eine riesige Müllhalde hinab. Sie gleitet zwischen den ekelerregenden Endprodukten der Zivilisation abwärts, überschlägt sich (so stürzte in poetischerer Landschaft in *Las Hurdes* die Ziege ab), streckt sich, darauf wartend, jeden Moment vom Müll begraben zu werden.

Auch dieser Film löste eine starke Empörung aus; sogar die engsten Mitarbeiter und Freunde fanden ihn unerträglich. »Eines der großen Probleme Mexikos, damals wie heute, ist ein extremer Nationalismus, der einen tiefsitzenden Minderwertigkeitskomplex verrät. Verschiedene Verbände und Vereine verlangten meine sofortige Ausweisung.«

In einem anderen Film aus der Zeit in Mexiko, *Nazarin*, folgt ein Priester mit der Entschlossenheit Don Quijotes nur seinen Idealen und solidarisiert sich mit Straßenmädchen und Kriminellen; schließlich läßt der Staat ihn einsperren, und die Kirche verurteilt ihn. Sein Weg unter den Menschen gleicht einer Serie von Niederlagen. Keine Ritze, kein Riß, kein Spalt, wo Samenkörner der Hoffnung aufgehen könnten. Wieder erscheint die Welt absurd: da ist ein wahrer Christ, den das Christentum *gerade deshalb* ausstößt. Buñuel gerät hier in die Nachbarschaft Dostojewskis. In diesem Film attackiert er das wirklich existierende Christentum nicht blasphemisch, sondern indirekt: Er stellt eine heutige Christusfigur vor. Nazarin ruiniert nicht nur sein eigenes Schicksal, er hilft auch anderen nicht. Erst die letzten Bilder lassen eine unabsehbare Veränderung ahnen. Ein Polizist begleitet Nazarin über die Felder zum städtischen Gefängnis, auf Wunsch des Bischofs getrennt von den übrigen Straffälligen. Eine Frau bietet ihm eine Ananas an. Zuerst lehnt er ab, dann nimmt er das Geschenk weinend an, »nicht mehr als Zeichen der Barmherzigkeit, sondern zum Zeichen der Freundschaft. Nazario, der Einzelne, verläßt seine Einsamkeit: er hat Gott verloren, aber er hat die Liebe und die Brüderlichkeit gefunden«, zumindest sagt das Octavio Paz über diese letzte Szene.

Die Buñuel-Filme enden oft rätselhaft. Es läßt sich die Möglichkeit einer Wendung zum Guten absehen, aber auch das Gegenteil. Ich wage – nicht als erster – anzunehmen, daß sich der Regisseur unter dem doppelten Druck der finanziellen und der politischen Zensur eine hochgradige Durchtriebenheit angeeignet hatte. Einmal hat er sich dazu selbst geäußert. Die Heldin des Films *Viridiana*, eine Novizin, möchte ihre Ideale im Leben verwirklicht sehen. Viel erreicht sie nicht. Ihr reicher Onkel betäubt sie, um sich an ihr zu vergehen, dann erhängt er sich, weil sie ihn abweist. Viridiana beschließt, ihr Leben in den Dienst der christlichen Wohltätigkeit zu stellen. In ihrer Abwesenheit veranstalten die Bettler – an Leonardos Bild *Abendmahl* erinnernd – eine ausschweifende Orgie, zwei von ihnen vergewaltigen sie fast. Ihre Ideale stürzen zusammen, und die letzten Aufnahmen zeigen sie an der Tür zum Zimmer ihres Cousins. Das war zumindest Buñuels Plan. Aber der Künstler denkt, der Zensor lenkt. In Spanien kann sich eine Novizin nicht zu solcher Schamlosigkeit versteigen. Also sitzt sie zum Schluß mit dem jungen Mann und seiner Freundin zusammen, und sie spielen Karten. Der Regisseur ist dem Zensor dankbar, daß er ihn zu einer mehrdeutigeren und frivoleren Lösung zwang. Ihr Spiel läute ohne Frage eine »menage à trois« ein, schreibt Buñuel.

Was ist das für ein Schluß? Viridiana wird nicht mehr von den lebensfremden religiösen Dogmen gesteuert. Sie ist in die Welt der Menschen heimgekehrt. Aber zu wem? Wie wird sie leben? Was für einem Mann wird sie ihre so mühsam bewahrte Jungfräulichkeit hingeben? Sie kehrt der kirchlichen Heuchelei den Rücken, und was auf sie wartet, das ist die weltliche Heuchelei. Kann uns ein solcher Abschluß freuen? – In *Simon in der Wüste* widersteht der Held, ein Einsiedler, allen Versuchungen auf der Höhe seiner Säule, auf die er zu Beginn des Films umgezogen ist. Mit kläglichem und lächerlichem Pathos wendet er sich von denen ab, die ihn in Versuchung führen wollen; sein schwarzer Bart erbebt voll Schmerz. Ganz am Ende des Films läßt er sich doch noch von einer Frau herumkriegen. Die letzte Aufnahme: Simon, nach heutiger Mode gekleidet, beobachtet in einer New Yorker Disko den Trubel des Tanzes. Er ist von seinem lebensfeindlichen Wahn befreit; aber ist der Ort, wohin er geraten ist, unbedingt besser für ihn? – Tristana wird von ihrem Mann befreit. Was wird sie mit ihrer Freiheit anfangen können? Ihr Gesicht ist hart wie Stein, ihr Blick leer. Mit Don Lope hat sie das Objekt ihres einzigen aufrichtigen Gefühls verloren: das Objekt ihres Hasses. – Archibaldo de la Cruz will töten in einer mörderischen Welt, aber die ausersehenen Opfer kommen allesamt vorher um, von der Hand anderer oder durch Zufall. In dieser Gesellschaft braucht man Glück, nicht nur, um eine Sünde zu vermeiden, sondern auch, um eine zu begehen. Sein letztes Opfer, eine Frau, will er im Ofen verbrennen. Doch statt ihrer verbrennt er ihr Abbild, eine Ankleidepuppe. Diese Aktion befreit ihn von seiner Abnormität, er heiratet die am Leben gebliebene Frau. Ein solches Happy-End beruhigt das Kinopublikum, obwohl er das Durchschnittsleben eines Großbürgers führen wird und mit der Krankheit auch seine Persönlichkeit verliert, und übrig bleibt ein Niemand. – Auch *Er*, ein Epos der pathologischen Eifersucht, endet scheinbar mit einem Happy-End. Die tödlich bedrohte Ehefrau entledigt sich ihres irrsinnigen Ehemanns und heiratet ihren früheren, gutaussehenden und jungen Verlobten, sie bekommen ein Kind. Der Ex-Gatte bleibt am Leben, es scheint sogar, hinter den dicken Mauern eines Klosters sei er gesund geworden. Aber einmal belauert er heimlich die kleine Familie, und danach bewegt er sich im gleichen Zickzackgang durch die Gänge des Klosters wie seinerzeit über die Treppen seines Palastes im Paroxysmus des Wahnsinns. Wenn er seine Leidenschaft verliert, erlöscht sein Leben, wenn er sie bewahrt, lebt er in der Lüge und kann jederzeit aus seinem freiwilligen Gefängnis ausbrechen. Sie mit dem neuen Mann und beider Kind: Gruppenbild der konventionellen Familie. Und die Kirche, Haupturheberin der tragischen Schicksalswende, stark und unanfechtbar wie zu Beginn des Films. – Im *Tagebuch einer Kammerzofe* befreit sich die Heldin von ihrem Verlobten, einem Kindermörder, und von ihren gespenstisch-scheußlichen Herrinnen, sie wird sogar selbst zur Herrin. Im Verlauf des Films verliert sie ihre einmalige Fähigkeit, nein zur Welt zu sagen. Wer will, mag sich mit diesem Ende zufriedengeben. Die List, mit der die meisten Künstler den Wünschen des Publikums nachkommen, dient Buñuel jedoch dazu, sein Publikum in die Irre zu führen.

Unter allen seinen Filmen finde ich nur in *Die Milchstraße* einen freudvollen Ausgang. Die beiden Landstreicher, der alte und der junge, kommen in Santiago de Compostela an, am Ziel ihrer Pilgerreise, sie haben alle Ketzerei und allen vergnüglich-scheußlichen Fanatismus der christlichen Geschichte hinter sich gelassen und werden nun hier, am Tor zu ihren Sehnsüchten, unentgeltlich von einer bildhübschen Hure verführt; sie laufen zu dritt in den Wald, um Nachkommen zu zeugen. Nicht nur der Fanatismus lebt ewig, auch der Mensch. Im Wald gibt Jesus Christus gerade zwei blinden Männern das Augenlicht zurück, danach erschrickt er vor den voraussehbaren Komplikationen und blendet sie wieder. Dieser bittere Gag von weltgeschichtlicher Dimension verträgt sich gut mit der Freude der beiden Landstreicher und der gutherzigen Hure.

Tröstlich kann ich auch noch das Ende in *Dieses obskure Objekt der Begierde* nennen: Der alte Hauptheld fällt mit seiner geheimnisvollen Geliebten einem terroristischen Anschlag zum Opfer. Die Tragödie gleicht fast einem Happy-End; sie wirkt humoristisch, und ich finde sie außerordentlich stilvoll. Im ersten Bild des Lebenswerks wird ein weit geöffnetes Auge von einem Messer zerschnitten; im letzten fliegt der Hauptheld – bourgeoises Alter ego des Filmemachers – in die Luft.

Sechste Eintragung

Es gibt schon eine Vielzahl Abhandlungen darüber, daß der Film – zusammen mit der Fotokunst – seit der Blütezeit der ältesten Kulturen die einzige neue Kunstgattung ist, eine Tätigkeit, die nicht nur auf der Verfeinerung und Arbeitsteilung der Sinnesorgane und nicht nur auf der Ausdrucksfähigkeit des Körpers und des Bewußtseins, sondern auch auf dem

Entwicklungsstand der technischen Zivilisation basiert. Seine Anbindung an die Technik und seine kommerzielle Ausbeutbarkeit erfüllen vornehme Geister bis zum heutigen Tag mit Mißtrauen: der Film sei zwar Kunst, aber prinzipiell sei von ihm nicht zu erwarten, daß er die Höhen anderer Kunstgattungen erreiche. Diesen konservativen Vorbehalt drückt nuanciert und auf hohem Niveau die *Ästhetik* von Georg Lukács aus. Er möchte beweisen, daß der Film gerade infolge seiner »spezifischen Lebensnähe« über beschränktere intellektuelle Möglichkeiten verfügt als beispielsweise die bildende Kunst, weil im Gegensatz zu ihrer »unbestimmten Gegenständlichkeit« seine Gegenständlichkeit authentisch und festgesetzt ist.

Buñuel widerlegt diese Theorie mit seinem gesamten Lebenswerk, und zwar auf die Weise, daß er das objektivierende Auge der Kamera zum Ausdrucksmittel seines Ichs und seiner unerhört komplexen Weltsicht erhob. Natürlich hat jeder Regisseur von Format einen selbständigen Stil, eine selbständige Formensprache und Weltanschauung, jeder hat Lieblingsthemen und Obsessionen. Ihre Lebenswerke bestehen zumeist aus der Summe ausgezeichneter und weniger ausgezeichneter Filme, die jedoch von der Zentripetalkraft einer großen Persönlichkeit zusammengehalten werden. Thema, Stimmung, Konflikte und Helden der erfolgreichen Filme können auf die dargestellte Realität zurückbezogen werden, sie drücken den Stil der Urheber aus und lassen sich in eine innige, zuweilen kathartische Beziehung zu unseren persönlichen Erfahrungen setzen. Aber nur in Ausnahmefällen synthetisiert sich das Lebenswerk zu einer Welt, einem Reich, das den Namen nach seinem Schöpfer bekommt.

Die Subjektivität, die uns aus Buñuels Filmen entgegenströmt, kristallisiert sich nicht um seine reale Person heraus. Anders als Fellini, hat er keinen Mastroianni; er hat kein Alter ego, das seine künstlerischen und amoureusen Probleme, seine gesellschaftlichen Konflikte, sogar die Wendepunkte seines Lebens auf der Leinwand lebendig gemacht hätte. Die Einheit seines Lebenswerks gewährleistet eine gewaltige Emotion, die aus sehr fernen und mit Alltagslogik nicht vereinbarten Quellen gespeist wird, aus seinem ureigenen Katholizismus und aus seinem ureigenen Surrealismus. Der Katholizismus – Frucht seiner Erziehung und der sein Leben ausfüllenden Niederlagen – kommt vor allem in einer Reihe von Blasphemien zum Ausdruck. Aus dem Schloß des Marquis de Sade tritt, am Ende des *Goldenen Zeitalters*, Jesus, fast zusammenbrechend von den Ausschweifungen der *120 Tage von Sodom*, um dann mit seiner Dame noch einmal in das Schloß zurückzustolpern, aus dem nun nur noch deren Todesschrei dringt. Diese Blasphemien – sie durchziehen das ganze Lebenswerk – strömen Verzweiflung darüber aus, daß der Katholizismus und auch Jesus selbst zum Grundpfeiler der verachteten Gesellschaft geworden sind.

Die Buñuelsche Interpretation des Christentums wurde durch das Buñuelsche Verständnis des Surrealismus möglich. Integrierender Bestandteil dessen ist das ethische Engagement, das uns ermuntert, gegen die Ungerechtigkeiten der Welt zu rebellieren. Dies ist die antidogmatischste – also auf die Person zugeschnittene – Rebellion, die man sich denken kann; sie geht von der naiven Prämisse aus, daß wir nicht ertragen müssen, was unerträglich ist. Der büffelstarke, dumme Fleischer in *El Bruto* erkennt, was für ein niederträchtiger Kerl seine Kraft und Brutalität benutzt hat, und er tritt diesen Wurm, seinen Herrn und Gebieter, einfach tot. Gegen diese spontane, naive Reaktion hat Buñuel kein Argument. Aber die Mächtigen dieser Welt sind meistens nicht zu zertreten. Deshalb fügt Buñuel seine eigene naive Rebellion in eine sehr komplizierte, pfiffige, vieldeutige Handlungskette ein. Die freie Handhabung von Raum und Zeit, die Träume, die Visionen, die absurden Assoziationen, die surrealen Lebensfakten – das alles setzt für die Ratio auf unkontrollierbare Weise und dennoch unmißverständlich die Wertordnung außer Kraft, die uns die bestehende Welt und das System ihrer Institutionen aufoktroyieren. Nebenbei decken die »spezifische Lebensnähe« und der dokumentarische Charakter des Films unerwartete Zusammenhänge auf und wird er zur Quelle von Gedanken- und Assoziationsmöglichkeiten, die vollauf der von Lukács geforderten und in seiner *Ästhetik* produktiv – wenn auch manchmal knauserig – angewandten Kategorie der »unbestimmten Gegenständlichkeit« entspricht.

Buñuels weltschöpferische Subjektivität kommt also in erster Linie durch die umfassende Darstellung nicht seiner Person, sondern seiner Sehweise zur Geltung. Nichtsdestoweniger erschuf auch er sich selbst, genauer: den, der er hätte werden können, wenn er nicht zufälligerweise Künstler geworden wäre. Diese selbstironisch angelegte Rolle spielt Fernando Rey, vor allem in *Tristana*, aber auch in *Viridiana* und im *Obskuren Objekt der Begierde.* Don Lope ist ein freigeistiger Herr, Vorkämpfer der bürgerlichen Freiheitsrechte und der Menschenwürde, geborener Gegner der Geistlichkeit. Buñuel legt ihm Sätze in den Mund, die auch ihm selbst nicht fremd sind. Fremd ist ihm auch nicht das außerordentliche Interesse des Don Lope für frauliche Reize. Derselbe Don Lope tyrannisiert seine Pflegetochter, macht sie unter Mißbrauch seiner Macht zu seiner Geliebten, hängt seine liberalen Prinzipien an den Nagel und droht ihr den Tod an, falls sie ihn betrüge. Am liebsten ließe er sie nicht einmal auf die Straße hinaus. Nach Aussagen von Zeitgenossen war auch Buñuel höchst eifersüchtig, er nahm seine angebetete Frau kaum in Gesellschaften mit, und als er Paris verließ, verbot er ihr angeblich, allein oder in männlicher Begleitung – von einem einzigen Freund abgesehen – auf die Straße zu gehen. Ihn quälten ähnliche unerfüllbare Sehnsüchte wie den Onkel Viridianas, Don Jaime, oder wie Mathieu, den Held seines letzten Films. Sie alle sind distinguiert und sensibel, die Überlegenheit der privaten Sicherheit der oberen Klassen haben sie im Blut. Aber die Rebellion der Gefühle zertrümmert ihre Überlegenheit, sie verlieren das Spiel.

Künstler schmeicheln sich gern. In Ausstellungen entdecke ich mit einem Blick die Selbstporträts unter den Bildern; sie strahlen eine nicht verhehlte Eigenliebe aus. Buñuel jedoch hielt für sich selbst die schlechteste Möglichkeit fest, er sonderte unter seinen Komponenten das Künstlertum aus, und übrig blieb der genießerische Bürger, eine Stütze der Gesellschaft. Die betreffenden Porträts sind mit äußerster Sorgfalt ausgearbeitet, mit viel Verständnis, aber erbarmungslos.

Am Ende seiner Biographie beklagt sich Buñuel über das Alter. Er hat nichts zu tun, langweilt sich. Lesen kann er nur mit der Lupe, bei spezieller Beleuchtung. Er ist taub, deshalb hört er auch nicht mehr Musik. »Also warte ich, denke nach und erinnere mich, und eine verrückte Ungeduld läßt mich immer wieder auf die Uhr sehen.«

Warum war er ungeduldig? Worauf wartete er? Auf das letzte große Abenteuer? War vielleicht seine katholische Seele voller Ungeduld? Wollte er sich so schnell wie möglich überzeugen, daß ihn das Leugnen auf einen Irrweg gelockt hatte? Wollte er beglückt von der Gewißheit der Existenz Gottes im ewigen Dunkel der Hölle schwimmen? Oder wollte er sich im Gegenteil vergewissern, daß er recht hatte, wenn er – natürlich mit Gottes Hilfe – Gott leugnete? Erhoffte er womöglich von dem in naher Zukunft zu erwartenden Ereignis eine neuartige Surrealität? Wie es auch gewesen sein mag, nichts halte ich für menschlicher und erhebender als die fortwährend wiederholte Bewegung, wie der zweiundachtzigjährige, taube und blinde Buñuel seine Uhr vor die Augen hebt.

September 1993

Erste Eintragung
(Wieder auf dem Schiff)

Gombrowicz geht wieder an Bord. Wir haben den 8. April 1962. Es ist ein anderes Schiff als das zuletzt gesehene. Dieses bringt ihn nach Europa zurück.

Er war am 22. August 1939 nach Argentinien gekommen, als Tourist, für einige Wochen. Der Krieg brach aus, deshalb kehrte er nicht heim. Er wollte weder Held noch Opfer sein. Mit rühmlichem Mut bekannte er, als eines seiner Motive habe die Feigheit eine große Rolle gespielt. Nach dem Krieg dann war er nicht heimgekehrt, weil nicht nur die deutsche Okkupation und der Nazismus, sondern auch die sowjetische Herrschaft und der Sowjetkommunismus nicht nach seinem Geschmack waren.

Das sind alles wahre Motive. Doch auf der stürmischen See mußte Gombrowicz erkennen, daß sie nicht die volle

Wahrheit ausschöpften. Er hatte unbedingt weggehen müssen, um Gombrowicz werden zu können, im vollen, Gombrowiczschen Sinn des Wortes. Er mußte sich von seinen Zeitgenossen trennen, wenn er nicht mit ihnen alt werden wollte. Der Narr der Unreife und der Jugend erwartete vom totalen Neubeginn und von der Einsamkeit mit gutem Grund eine Verlängerung der eigenen Unreife. Obendrein war er, selbst im Rebellieren gegen das Polentum, so sehr Pole, daß er sich vom Polentum entfernen mußte, da seinem Wesen und Rebellieren nur die Distanz Maß und Form geben konnte. Aus Argentinien gesehen ist die polnische Geschichte eine nicht enden wollende Mißerfolgsserie, die polnische Wertordnung ein Hirngespinst aufgeblasener Wasserköpfe; die polnische Form kann nur durch eine Lupe betrachtet werden. Das alles kann er jedoch nicht verleugnen, denn er ist identisch damit, so daß er gezwungen ist, durch eine globale Steigerung seiner Persönlichkeit die Beschränktheit seiner Nation und seiner selbst zu überwinden. Gleichzeitig erkannte er, daß er an seiner polnischen Existenz festhalten mußte, da er aus ihr seinen Stoff schöpfte. Daran gemessen ist die Menschheit eine zu abstrakte Idee. Er mußte vierundzwanzig Jahre lang von ferne und von außen Pole sein, jemand, der das Polentum mit polnischer Monomanie geißelte. Diese einsame Position machte ihn zu dem, der er wurde.

Jetzt ist er wieder an Bord, und er führt kein Tagebuch mehr, als hätte auf dem wogenden Meer für ihn das Wogen der Zeit geendet. Kein Tagebuch, also keine Gegenwart, nur Vergangenheit: Rückschau und Essay. An die Schiffsreise erinnert er sich in Berlin, vierzig Tage später. Von hier blickt er auf die Ereignisse bei seinem kurzen Aufenthalt in Paris zurück. Und seine Berliner Erlebnisse faßt er 1964 in einem Buch zusammen, dessen erster Satz so lautet: »Vor einem Jahr, am sechzehnten Mai, landete ich auf dem Flughafen Tegel in Berlin.«

Mir scheint, ich muß mich auf den Abschied vorbereiten. Beim Schreiben hat mich sein ruheloses, gischtendes Präsens gefesselt, daran habe ich mal großzügig, mal kleinlich mein eigenes Präsens geknüpft. Natürlich könnte ich Erinnerungen an seine Erinnerungen anknüpfen. Zwanzig Jahre nach ihm kam ich selbst nach Berlin, ebenfalls mit einem Stipendium. Mich hatte ein Einladungsschreiben nicht aus Argentinien, sondern aus meinem Heimatland befreit. Eine Stellung hatte ich schon ein Jahr nicht mehr, publizieren ließ man mich kaum, meine Ehe steckte in einer Krise. Wie anders Berlin doch 1983 war als zwanzig Jahre vorher; aber noch stand unangetastet die Mauer, Symbol einer vernunftlosen Weltordnung. Ich nahm Verbindung zu etlichen Leuten auf, mit denen auch Gombrowicz in Verbindung gestanden hatte. Und auch den Haken gab es noch, den er in der Silvesternacht 1963 im Atelier eines jungen Malers entdeckt hatte, sympathische junge Leute vergnügten sich dort, und hoch oben, fast an der Decke, der Haken, »einsam und tragisch in die nackte Wand geschlagen, nichts schrecklicher als dieser Haken, dort, eingeschlagen, ein Haken, in der Wand, hoch, eingeschlagen, in die nackte Wand« – mit einem Wort, auch der Haken war zwanzig Jahre später noch da, ich könnte es beeiden, war an seinem Platz, jawohl, an seinem Platz, hinweisend auf andere Berliner Haken, die Gombrowicz sich in einer Haftanstalt ansah, dort, wo die Offiziersverschwörer gegen Hitler hingerichtet worden waren. Oder ich könnte Vence heraufbeschwören, wo Gombrowicz seine letzten Jahre verbrachte mit seiner jungen Frau und in einem wunderschönen Haus (sein Eigentum) und wo er im Juli 1969 starb. Da weilte ich gerade in Vence, die Witwe von Mihály Károlyi hatte mich in ihre Künstlerkolonie eingeladen, die den Namen Michel Károlyi Memorial Foundation trug. Ich begegnete dort auch den Charaires, mit denen Gombrowicz regelmäßig zusammentraf, aber seinen Namen hatte ich damals noch nicht einmal gehört. Wenn ich die Notizen über das letzte Jahr lese, sehe ich das Städtchen vor mir, die kleine Matisse-Kapelle, die gestrüppüberzogenen Hänge, die Orangenbäume in der Künstlerkolonie, die Straße zum Strand von Nizza, wo ich winke, bis mich ein Auto mitnimmt. Ich war höllisch glücklich, neun Jahre nach dem Knast dort zu sein, immer noch fast jung, während Gombrowicz ein paar hundert oder ein paar tausend Meter entfernt …

Lassen wir das. Ich lege die Platte von der Schande der Gleichzeitigkeit nicht wieder auf. Diesmal bin ich wahrlich unschuldig. Kehren wir aufs Schiff zurück. Gombrowicz überquert in stürmischen Tagen den Atlantik. Er ist auf dem Heimweg, aus Argentinien nach Europa.

Zweite Eintragung
(»Denn Wirklichkeit, das ist das, was Widerstand setzt«)

Leicht über die Reling gebeugt, suchte Gombrowicz nach dem Schatten eines früheren Schiffs auf der gischtenden See, nach dem des weißen Schiffs Chrobry, das ihn seinerzeit von Gdynia nach Buenos Aires gebracht hatte. Doch auch ein weißes Schiff wirft einen schwarzen Schatten, die Erinnerung verdunkelt sich: jener von Sehnsucht und Erwartung erfüllte Gombrowicz ist tot, von nun an schläft er den ewigen Schlaf in Argentinien. Wer reist dann auf diesem Schiff? In die Passagierliste wurde er mit dem Namen Gombrowicz eingetragen, ach, was für ein Zufall, ein Verwandter vielleicht, oder sind sie nur Namensvetter? Er würde gerne glauben, daß sie es sind: ein und dieselbe Person, die jüngere die Fragen verkörpernd, die ältere die Antworten. Frage und Antwort lassen sich in eine Einheit fassen wie infolge der Erdumdrehung Morgen und Abend. »Ich hatte bisher nicht genau gewußt, warum die Trennung von Argentinien derart zerreißend war. Jetzt begann ich zu verstehen. Europa, für mich, das war der Tod. Diese Rückkehr sagte mir: Schon bist du geschehen. Du bist zu Ende.« Das sagte er zu Dominique de Roux, fast am Ende seines Lebens, im letzten Kapitel einer Reihe autobiographischer Interviews. Aber ich würde schworen, daß er schon unterwegs, über die Reling gebeugt, begonnen hatte, solche Sätze zu formulieren. Er ahnte, daß ihn in Paris und Berlin ein Begriff namens Gombrowicz erwartete, etwa wie ein nach Schätzungen angefertigtes Kleidungsstück, das er ausfüllen soll. Schlüpft er hinein, wird man auf ihn zeigen: Schaut an, Gombrowicz; und sträubt er sich, wird man es ihm über den bloßen Körper streifen wie eine Zwangsjacke: Da steht er nackt neben seinem Zeug und zieht es nicht an, ist das nicht reines Gombrowicztum?

Er langt nach seinem Taschentuch und bemerkt, daß die Tasche leer ist: Er hat die für die Reise gedachten 250 Dollar verloren. Verloren oder gestohlen, es läuft auf eins hinaus, 250 Dollar sind verschwunden, 24 Jahre sind verflossen – mit diesem doppelten Nichts wird er in Barcelona an Land gehen. Nichts ist ihm geblieben, ist das also die Freiheit? Wer ins Nichts gelangt und an nichts gebunden ist, der ist zwar frei, dessen Freiheit ist aber nur mit dem Wort »nichtig« zu charakterisieren. Gombrowicz sehnte sich stets nach lebendigen Strukturen, nach ausgefüllten Formen, die hehren Ideen wollte er mit Alltäglichkeit und Durchschnittlichkeit legieren, die aus der Jagd nach reinen Formen herrührende Entmenschlichung mit Vermenschlichung. Ein stürmischer Wind wehte, eine leichte Seekrankheit machte ihm zu schaffen, seine schmalen Lippen zuckten, sein Magen verkrampfte sich, gleich wird er sich übergeben, um den Aufruhr im Magen mit dem Aufruhr der See zu vereinigen. Ja, die Antwort ist Schmerz, nur er kann die leeren Formen ausfüllen. Auch den fünfunddreißigjährigen Passagier jenes anderen Schiffs kann nur der Schmerz mit diesem Passagier, dem vierundzwanzig Jahre älteren, verschmelzen: »Denn Wirklichkeit, das ist das, was Widerstand setzt; also das, was schmerzt. Und der wirkliche Mensch ist einer, den es schmerzt.«

Können wir diese Verallgemeinerung akzeptieren? Warum ist der Schmerz authentischer als die Freude? Nur, weil er häufiger ist? Wenn im Lauf der Weltgeschichte kein einziges Kinderweinen und Todesröcheln verlorenging, wenn uns aller Schmerz der Jahrtausende umwogt, warum dann nicht auch alles Glück? Der Sturm legt sich, der Brechreiz ist vorbei, Gombrowicz sitzt im Speisesaal und ißt einen Fisch. Die Rechnung muß er erst am Ende der Reise begleichen, bis dahin wird er sich Geld besorgt haben.

Der Schmerz ist nur in der Hölle ein natürlicher Zustand. Und in den Todeslagern, in den Elendsquartieren, unter Verhungernden in der Wüste. Auf meinen Streifzügen durch Amerika im August habe ich, mit zwanzigjähriger Verspätung, den *Roman eines Schicksallosen* von Imre Kertész gelesen. In diesem autobiographisch inspirierten Werk wird ein Fünfzehnjähriger nach Auschwitz und weiter in andere Lager der Nazis verschleppt. Der Junge erzählt und kommentiert seine Erlebnisse, und gerade in die Berichte über die erschütterndsten Ereignisse fügt er immer wieder ein »natürlich« ein. Der alle menschliche Phantasie übersteigende Schrecken ist dort natürlich. Kertész hat für seine Erlebnisse eine literarische Form erfunden: Ein Kind spricht, seine Denkweise und Erfahrungssphäre sind den Tatsachen der Lager gegenübergestellt. Ich aber weiß, daß das eine Fiktion ist, denn in Wirklichkeit denkt ein gar nicht mehr junger Mann an das Schreckensjahr seiner Kindheit zurück. Doch die unvorstellbare »natürliche« Realität von Auschwitz duldet nicht einmal die aufrichtigsten literarischen Ideale. Kertész mag es gespürt haben, oder unter dem Druck der Scheußlichkeiten wird sein Held schnell reif und erwachsen: Bald ist das Literarische aus dem Buch verschwunden, und als der Roman endet, steht vor uns das Leiden als natürlicher Zustand, ohne Gejammer und Gefühlsduselei, hart wie ein Diamant. Vom Tod nach Budapest zurückgekehrt, weckt der Junge mit seinem humanen Haß selbst bei seinen Sympathisanten Gereiztheit, Unverständnis oder – nichts ist mehr zum Verzweifeln und zugleich vergnüglicher – großzügige Vergebung. Dies ist selten in der ungarischen Literatur: Kertész tunkt sein schreckliches Lebensmaterial nicht in eine Moralsoße, löst die Qual nicht in Selbstmitleid auf.

Wäre Auschwitz die ganze Welt – ich würde mich nicht mit Gombrowicz streiten. Aber selbst wenn uns die Zukunft mit einem Super-Auschwitz droht, denn wir leben ja im Schatten eines möglichen Pilzes, kann ich nicht akzeptieren, daß der Schmerz ein natürlicher Zustand des Menschen ist. Wenn nur der ein wirklicher Mensch ist, den Schmerz erfüllt – wie Gombrowicz meint –, dann müssen wir im Interesse unseres Wirklichseins mit voller Absicht im Leid vor Anker gehen. Ich meine, wir müßten im Gegenteil bestrebt sein, daß unsere Fähigkeiten, Freude zu gewinnen, auch unter ungünstigen Umständen nicht verkümmern. Recht gebe ich Gombrowicz darin: Wirklichkeit, das ist das, was Widerstand setzt, und jeden, der einem Widerstand unbedingt ausweichen möchte, halte ich für eine Jammergestalt. Aber sobald wir – nicht nur in der Kunst und in den Sphären des Geistes, sondern auch im alltäglichen, im durchschnittlichen Leben – die widersetzliche Wirklichkeit in Strukturen und Formen zwängen, beseitigen wir die Alleinherrschaft des Leids. Die Echtheit der Demokratie läßt sich daran messen, welche inhaltsvollen und lebendigen Formen und Strukturen sie für diesen Zweck erschafft. Wenn alles auf Widerstand stößt, warum sollen wir dann von vornherein das Leid von dieser Prüfung befreien? Durch das Fenster des trostlosen Vernehmungszimmers im Budapester Untersuchungsgefängnis sah ich, daß das Dach des gegenüberliegenden Hauses von einem Tag auf den anderen eingeschneit war. Das Weiß, das sich wie ein Dämmer aus dem schmutzigen Nebel abhob, fand ich schön. Demnach, sagte ich mir, haben sie die Revolution niederschlagen und mich einsperren können, aber das Skilaufen können sie nicht verhindern. Noch weniger können sie verhindern, daß der Winter kommt, auf den der Frühling folgen wird. Die Zeit läßt sich nicht verhaften. Die Unwiderstehlichkeit der Zeit, die im allgemeinen an die Unvermeidlichkeit des Todes gemahnt, erfüllte mich in jenem Vernehmungszimmer mit unverhohlener Freude: Die Veränderung läßt sich nicht auf die Knie zwingen, schon bedeckt Schnee das Dach gegenüber.

Dritte Eintragung
(Gegen Dante)

Provokation! Attentat gegen die Kultur! Nach dem gelungenen Streich zitiert Gombrowicz stolz ein Telegramm von Ungaretti: »Das Büchlein dieses Polen über Dante ist schändlich. Unsinnig, idiotisch, daß dieses verleumderische Machwerk überhaupt im Druck erschienen ist. Ich habe diese geistesgestörte Scheußlichkeit zerrissen und zum Teufel geschmissen. Ungaretti.«

Die Adjektive hat Ungaretti ungewollt dem schändlichen Polen entlehnt. »Plump!«; »… gewöhnlich!«; »… das ist das abscheulichste Gedicht in der Weltliteratur!«. So urteilt Gombrowicz über Dantes *Göttliche Komödie*. Der greise italienische Dichter faßt sich ans Herz, sein Blick verschleiert sich.

Während Gombrowicz sich bestens amüsiert. »… ein einfältiges, schlechtes, langweiliges Werk!« Und wo darin ist Dante? Wer war Dante überhaupt? Aus dem Florenz des Mittelalters ist nur er geblieben; aber wo ist er? In welchen Gedichtzeilen, Visionen? Die Hölle stellt die »gleichen Situationen, die mit ermüdender Monotonie wiederkehren«, in geschwätziger Abfolge dar; die Qualen sind simpel, die Sünden »kraftlos, eher Ordnungswidrigkeiten, sie locken weder noch stoßen sie ab«. Persönlichkeiten finden hier keinen Platz.

Gombrowicz, der – wie wir sahen – auch zu dem, der er vierundzwanzig Jahre vorher gewesen war, nur mit größter Mühe eine Brücke schlug, betrachtet die Vergangenheit als nicht existent. Täglich marschieren Armeen in den Tod, unbemerkt, taktvoll – selbst die allermeisten Tierkadaver verschwinden spurlos. Aus dem Reich der Toten läßt sich nur mit sehr wenigen Wesen ein Kontakt aufbauen. Gombrowicz' Spaß besteht darin, daß er durch die Wut, die Dante bei ihm weckt, ihn zu einer Person macht, für den Eigengebrauch. »Im höchsten SCHMERZ ist er mir jemand geworden … allein der Schmerz kann verbinden, durch Zeit und Raum hindurch, der Schmerz ist es, welcher die Generation auf einen Nenner bringt.«

Der Schmerz ist diesmal der Demiurg nicht der alltäglichen und der historischen, sondern der metaphysischen Wirklichkeit. Ihre konkrete Ursache erfahren wir am Tor zur Hölle:

> Gerechtigkeit hat mich dem Nichts entrissen;
> Mich schuf die Kraft, die sich durch alles breitet,
> Die erste Liebe und das höchste Wissen.

Liebe? Wie kommt hierher Liebe? Wie konnte Dante dieses Wort im Zusammenhang mit der Hölle aus der Feder schlüpfen? Die Hölle ist die Verkörperung des sinnlosen Fehlens von Liebe. Zum Begriff der Strafe gehört nämlich die erzieherische Absicht. Davon kann aber nicht die Rede sein, wenn sich die Dauer der Strafe – die Ewigkeit – und ihre unerträgliche Intensität nicht ändern lassen. Wenn kein Unterschied besteht zwischen zehn Millionen Jahren Qual und der, die nur einen Augenblick währt, sollten wir das Gerechtigkeitsgefühl begraben oder die Hölle verfluchen. Dante verleumdete die göttliche Liebe, als er sie über das Höllentor schrieb. Wieder überkommt den im Katholizismus herangewachsenen Polen die Wut: wie kann die katholische Welt dieses Werk in Ehren halten? Ist so ein Skandal vielleicht nur deshalb möglich, weil diese Hölle eine schematische ist? »Diese Qualen sind rhetorisch. Diese verdammten rezitieren nur.« Doch die metaphysischen Höllenbrände haben auf das reale Leben übergegriffen. Die Flammen der Inquisition wurden von demselben Moralkodex geschürt wie die unter den Kesseln der *Göttlichen Komödie*, nur daß dort bereits echtes Fleisch schmorte und echt auch die Schreie und das Zähneknirschen waren.

Gombrowicz erkennt, daß der Glaube an ein ins Kosmische erweitertes Leiden unmenschlich ist. Wenn die Ursache der Sünde dem Willen Gottes entspringt, ist Gott notwendigerweise böse, übt er doch für seine eigenen Sünden lebenslänglich Vergeltung an seinen Geschöpfen. Wenn jedoch freier Wille den Menschen zur Sünde verführt, ist die Vorstellung der Hölle böse, weil sie ihn der freien Wesen zustehenden Möglichkeit beraubt, seinen Willen zu ändern. Es ist nämlich unvereinbar mit der göttlichen Gerechtigkeit, daß ein Wesen, das nun aus freiem Willen das Gute wählt, weiter in der Hölle bleibt. Das wäre nur möglich, wenn Gott für den freien Willen der Menschen seinen eigenen geopfert hätte. In diesem Fall würde sich seine Allmacht nicht auf die Hölle erstrecken, ihre Gesetze wären stärker als er, was aus theologischer Sicht absurd ist. Oder ich muß wiederholen, was ich schon im Zusammenhang mit den Leiden Hiobs postuliert habe, daß Gott in der Unendlichkeit seines freien Willens auch auf seine eigene Gerechtigkeit verzichten kann.

Aber wenn das Leid als absolutes metaphysisches Prinzip mit der Liebe nicht vereinbar ist und zu Absurditäten führt, dann kann auch für den realen Menschen des Diesseits der Schmerz nicht das einzige Prinzip sein. Das würde ich Gombrowicz gerne unter die Nase reiben. Beim Wickel bekäme ich ihn freilich nicht, denn er würde mir entgegenhalten, wir könnten zwar in den Abgrund des menschlichen Seins tauchen, aber nur unter der Bedingung, daß wir an die Oberfläche zurückkehren würden. »Aha«, würde ich antworten, »demnach kann also doch nicht nur der Schmerz den Menschen wirklich echt machen, sondern auch, daß er sich heraushebt, herausheben mußte.« Was würde er darauf erwidern? Ich versuche ihn mir vorzustellen. In Argentinien gibt es keine Spur mehr von ihm. Vom Schiff ist er verschwunden. In Berlin, Paris, Vence finde ich ihn nicht. Er ist doch nicht tot? Wie soll ich ihn zu einer Antwort zwingen, wenn er tot ist?

Vierte Eintragung
(Gestern lebte er noch)

»Ich durchwachte die Nacht auf dem Sofa liegend. Um uns Halbdunkel. Nur sein Atmen war zu hören, und der Ventilator. Dann atmete er regelmäßiger, tiefer und kräftiger (er lag im Koma). Das hielt eine ganze Weile an. Dann Stille. Er atmete nicht weiter. Wir gingen sofort zu ihm. Isa suchte seinen Puls. Nichts. Dann nahm sie einen kleinen Spiegel aus ihrer Handtasche und hielt ihn vor seinen Mund. Nichts. Ich rief Dr. Martinov an, er war sofort zur Stelle und registrierte den Tod. Das geschah vor Mitternacht, an die genaue Zeit erinnere ich mich nicht. Dr. Martinov half mir, ihm seinen dunklen Berliner Anzug anzuziehen. Er lag auf dem Rücken, völlig entspannt, die Arme am Körper, die Handflächen zur Zimmerdecke, die Augen friedlich geschlossen. Aber das nach hinten ein wenig ansteigende Haar, der halb geöffnete Mund und die geblähten Nasenflügel verliehen seinem Gesicht eine verblüffende Schönheit. Als ob er in Bewegung wäre, als ob er mit ungeheurer Kraftanstrengung gerade über ein Hindernis springen wollte.« So erinnerte sich an die Nacht des 24. Juli 1969 seine Witwe, Rita Gombrowicz, geborene Marie-Rita Labrosse, am 1. Dezember 1987. Damit beginnt eine neue Geschichte: aus der Gegenwart und dem Imperfekt, wo wir bisher weilten, ist Gombrowicz weiter gegangen, vorwärts, in die endgültige Vergangenheit. Dorthin folge ich ihm vorerst noch nicht, zumindest habe ich es nicht vor. Ich reise morgen zwar nach Sarajevo, also in den Bürgerkrieg, aber nicht mit der Absicht, Gombrowicz einzuholen. Es wird eine seltsame Reise werden, so ohne ihn. Wo ich in den letzten Jahren auch war – ich spürte seine Anwesenheit. Auch im vergangenen Monat, in Amerika. Heiße Wüstenluft, hohes Gras, enorme Entfernungen, ungeheuer ausgedehnte Vorstädte, zahllose gemischtrassige Menschenherden, von Europa sechs bis acht Stunden entfernt. Bedrohliche und beglückende Fremdheit. In einer San Franciscoer Zeitung las ich eine kurze Meldung: Eine vergewaltigte Ehefrau hat ihrem Mann mit dem Küchenmesser den Penis abgeschnitten, danach sprang sie ins Auto, fuhr los und warf unterwegs die beiden blutigen Dinge aus dem Fenster. Die Polizei fand das verwaiste Glied, und ein Ärzteteam nähte es in neuneinhalb Stunden dort wieder an, wo es hingehörte. Ich schrieb darüber unverzüglich eine Novelle – das ausgelieferte, von den Gesetzen nicht wirksam geschützte Opfer greift über kurz oder lang zum Messer, wie wir die Tat moralisch auch bewerten. Beim Schreiben fiel mir ein, daß diese Story ganz nach Gombrowicz' Geschmack gewesen wäre. In ihrer Brutalität nämlich steckt etwas Märchenhaftes, genau wie in den Greueltaten, denen wir in seinen Novellen begegnen. Dann – wieder in Europa – holte mich das Nachleben des Deliktes ein. Die Dame avancierte in Amerika zur Heldin Nummer eins, Dutzende Zeitungen analysieren ihr Tun, feministische Gesellschaften klatschen ihr rhythmisch Beifall, schicken ihr sogar Geld, auch Hollywood hat sich angemeldet, die Summe, die ihr geboten wird, ist gewaltig. Mit der gestrigen Post kam ein neuer Artikel, eine liebe Freundin hat ihn mir aus New Orleans geschickt. Darin bringt ein Experte das Kastriermesser mit dem Penisneid der Täterin in Verbindung. Während ich diesen ungeheuren Unsinn las, hatte ich Gombrowicz' maliziöses Lächeln vor Augen. Doch das war – ich wiederhole es – gestern, und gestern lebte er noch. Heute habe ich, am Ende des *Tagebuchs* angelangt, die Schilderung seines Todes gelesen, und auf einmal ist er so weit weg gerückt wie … sagen wir, wie Dante.

Am 17. November 1968 wäre Gombrowicz fast einem schlimmen Infarkt erlegen. Hinterher mußte er zwei Monate lang bewegungslos liegen. Weitere zwei Monate später, also im März seines Sterbejahres, durfte er die Wohnung immer noch nicht verlassen. In sein Tagebuch trug er ein: »Ich bin nicht gestorben, aber etwas in mir ist tödlich betroffen – was vor der Krankheit war, liegt wie hinter einer Mauer. Eine neue Schwierigkeit zwischen mir und der Vergangenheit ist aufgetaucht.« Dies mag ein großes Erlebnis gewesen sein, und ein großes Thema: jenseits des Lebens und diesseits des Todes zu sein. Das Reich, das er am Anfang des *Tagebuchs* viermal mit dem Wörtchen »Ich« charakterisierte, lag nun hinter einer Mauer. Aber bevor er sich unter ihr hindurch graben oder sie mit letzter Kraft überspringen konnte, stürzte diese Mauer ein.

»Nein, ich schreibe nicht über Berlin, ich schreibe über mich«, bekennt er in Berlin, »ich habe kein Recht, über irgend etwas anderes zu schreiben.« Und im Vorwort zur deutschen Ausgabe der *Berliner Notizen* drückt er den Gedanken noch deutlicher aus: »Also betreffen diese Berliner Notizen zwar Berlin, noch mehr aber mich selber, mich in Berlin. Es fehlt nicht an solchen Menschen, die eine solche Konzentrierung auf sich selber als ein Symptom unerhörten Dünkels erachten. Ich, im Gegenteil, erachte das als eine anerkennenswerte Bescheidenheit und lobenswerte Zurückhaltung. Wer bin ich denn, daß ich Urteile über die Welt, über Städte und Nationen fällen sollte? Spreche ich aber von mir, so bin ich bei mir zu Hause.« Ich schmunzle über diese Finte, mit der Gombrowicz alle seine Urteile in Klammern setzt – Klammern, deren Aufhebung einzig und allein von ihm abhängt –, und zugleich fällt mir ein, was ich vor rund zwanzig Jahren über die Dichtkunst geschrieben habe: daß der Dichter nicht sich selbst ausdrückt, sondern die nur für ihn charakteristischen Verhältnisse, durch die er die Außenwelt in sich hinein saugt. Auch in der Prosa- und der Dramenliteratur drückt sich ein Verhältnis aus, nur in umgekehrter Richtung: hier saugt die Außenwelt die schriftstellerische Subjektivität auf. In der Literatur sprechen wir also immer von uns selbst, unsere Urteile qualifizieren uns. In diesem Sinn stutze ich den oben zitierten Gedanken für mich zurecht: »*Meine Tage mit Gombrowicz* betrifft Gombrowicz, noch mehr aber mich selber, meine Tage mit Gombrowicz.«

Er zitierte gerne dieses Aperçu aus der *Trauung*: »Nicht wir sprechen die Wörter, die Wörter sprechen uns.« Ich nicke zum Zeichen meines Einverständnisses, dann schüttle ich den Kopf. Ein genialer Satz, aber für sich allein nicht stichhaltig, denn es ist kein Zufall und auch nicht unabhängig von uns, welches diese Wörter sind.

Verzeichnis der verwendeten Literatur

Bachmann, Ingeborg: Sämtliche Gedichte. München, Zürich 1995.
Blake, William: Milton. Ein Gedicht. Wien-Lana 1995.
Brecht, Bertolt: Werke. Große kommentierte Berliner und Frankfurter Ausgabe. 30 Bände. Berlin, Weimar und Frankfurt/Main 1988 ff. Daraus: Lyrik-Wettbewerb 1927, Bd. XXI; An die Nachgeborenen, Bd. XII.
Buñuel, Luis: Mein letzter Seufzer. Erinnerungen. Aus dem Französischen von Frieda Grafe und Enno Patalas. Berlin 1988.
Buñuel, Luis: Die Erotik und andere Gespenster. Nicht abreißende Gespräche mit Max Aub. Aus dem Spanischen von Barbara Böhme. Berlin 1992.
Buñuel, Luis: Die Flecken der Giraffe. Ein- und Überfälle. Aus dem Spanischen von Fritz Rudolf Fries und Gerda Schattenberg. Berlin 1991.

Dante, Alighieri: Die Göttliche Komödie. Übersetzt von Wilhelm G. Hertz. Berlin 1960.
Donne, John: Metaphysische Dichtungen. Aus dem Englischen übertragen von Werner Vordtriede. Frankfurt/Main 1961.

Enzensberger, Hans Magnus: Mittelmaß und Wahn. Gesammelte Zerstreuungen. Frankfurt/Main 1991.

Goethe, Johann Wolfgang von: Sämtliche Werke. Vierzig Bände. Frankfurt/Main 1993. Daraus: Faust, Bd. 7.1; Briefe, Tagebücher und Gespräche, Bd. 33.
Goetz, Alice / Banz, Helmut W. (Hg.): Luis Buñuel. Eine Dokumentation. Bad Ems 1965.
Gombrowicz, Witold: Werkausgabe. München, Wien 1988–96.
Gombrowicz, Rita: Gombrowicz en Europe, 1963–1969. Paris 1988.

Hebbel, Friedrich: Werke in zwei Bänden. Bd. 1. München 1978.
Heine, Heinrich: Werke und Briefe in zehn Bänden. Berlin und Weimar 1980. Daraus: Vorwort zur französischen Ausgabe der »Lutetia«, Bd. 6; Romanzero, Bd. 2; Das Fräulein stand am Meere, Bd. 1.

Jandl, Ernst: Gesammelte Werke. Bd. 2. Darmstadt und Neuwied 1985.

Kleist, Heinrich von: Werke und Briefe in vier Bänden. Berlin 1995.

Lessing, Gotthold Ephraim: Werke. In fünf Bänden. Berlin und Weimar 1988. Daraus: Hamburgische Dramaturgie, Bd. 4.

Lukács, Georg: Werke. Darmstadt, Neuwied 1964ff. Daraus: Schriftsteller und Kritiker, Bd. 4; Die Tragödie Heinrich von Kleists, Bd. 7; Geschichte und Klassenbewußtsein, Bd. 2; Die Eigenart des Ästhetischen, Bd. 11f.

Marx, Karl / Engels, Friedrich: Werke. Berlin 1981. Daraus: Karl Marx, Zur Judenfrage, Bd. 1.

Mayer, Hans: Heinrich von Kleist. Der geschichtliche Augenblick. Pfullingen 1962.

Miłosz, Czesław: Verführtes Denken. Frankfurt/Main 1974.

Miłosz, Czesław: Das Land Ulro. Aus dem Polnischen von Jeannine Łuczak-Wild. Köln 1982.

Miłosz, Czesław: West- und Östliches Gelände. Aus dem Polnischen von Maryla Reifenberg. Köln 1980.

Rilke, Rainer Maria: Werke in drei Bänden. Bd. 1. Leipzig 1978.

Rousseau, Jean-Jacques: Discours sur les sciences et les arts. – Lettre à d'Alembert sur les spectacles. Paris 1987.

Sade, Marquis de: Werke in fünf Bänden. Bd. 5. Köln 1995.

Villon, François: Sämtliche Dichtungen. Zweisprachige Ausgabe. Aus dem Französischen von Walther Küchler. Frankfurt/Main 1988.

Weil, Simone: Cahiers. Aufzeichnungen. Herausgegeben und übersetzt von Elisabeth Edl und Wolfgang Matz. 4 Bde. Bd. II. München, Wien 1993.

Weil, Simone: Zeugnis für das Gute. Traktate, Briefe, Aufzeichnungen. Aus dem Französischen übersetzt und herausgegeben von Friedhelm Kemp. München 1990.

Zimmermann, Hans Dieter: Kleist, die Liebe und der Tod. Frankfurt/Main 1989

Personenregister

(Auswahl)

Inhalt